빈대는
어떻게
침대와
세상을
정복했는가

빈대는 어떻게

공포, 히스테리, 집착, 박멸의 연대기

침대와
세상을
정복했는가

브룩 보렐 지음
김정혜 옮김

위즈덤하우스

수년간 저녁 식사 동안 빈대 이야기를 참고 들어 준
남편 마이크에게 이 책을 바칩니다.

지저분한 인간이 끔찍한 이 벌레를 문명 전체에 퍼뜨렸다.
_릴런드 오시안 하워드Leland Ossian Howard,
1902년 미국 농무부 곤충학분과 총책임자

풍뎅이가 황금 날개를 달았네
반딧불이가 활활 타오르네
빈대는 날개가 없어
그래도 아무 문제 없어

호박 벌레는 호박 냄새가 나지
호박 노린재는 가장 고약한 냄새가 나지
그러나 저 늙은 빈대의 향기는
너를 쓰러뜨리기에 충분해

저 빈대가 내 집에 들어오면
나는 지팡이를 짚고
뜨거운 물 주전자를 가져와서 뜨거운 물을 확 부어 버릴 거야
잘 가, 꼬마 아가씨 리자 제인!
_1900년대 경에 불리던 동요

바라건대 내가 정교함이 부족해도 내 취향이 너무 허접해도,
어이없다는 듯 두 손을 추켜올리지도 눈길도 돌리지 말아 달라.
눈을 크게 뜨지도 경멸감에 입을 삐죽이지도 말아 달라.
뻔뻔스럽게도 이 글에서 하찮고 멸시받고 혐오스러운 것들을 소개하는
내 무례에 놀라지도 말아 달라. 부디 바라건대 이번 한 번만 편견과
고정관념을 벗어버리고, 그들에 관해 떠도는 슬프고 수치스러운
이야기들이 전부 엉터리라고, 아니 적어도 아주 많이 과장되었다고
생각해 달라. 내가 어느 구석빼기에 살면서 당신네 집들의 파편을
샅샅이 뒤지고 관찰하면서 당신들이 좋아하든 싫어하든
상관없이 찾아오는 불청객들의 숨은 비밀을 염탐하는
신데렐라 같은 사람이라고 생각해 달라.
_1860년 12월 샬럿 테일러Charlotte Taylor가
《하퍼스 뉴 먼슬리 매거진Harper's New Monthly Magazine》에 기고한
〈불청객Unwelcome Guests〉

일러두기

1. 본문 주석은 모두 옮긴이의 글이다. 다만 일부는 본문 안에 설명하고 '옮긴이 주'임을 밝혔다.
2. 외국어 표기는 국립국어원 외국어표기법에 따라 표기했다. 다만 일부 관례로 굳어진 것은 예외로 두었다.
3. 총서, 단행본, 신문 등은 《 》로, 영화, 노래, 논문 등은 〈 〉로 표기했다.

목차

빈대에 물리다

2004년 늦여름 뉴욕에서였다. 어느 날 오른쪽 다리에 원인을 알 수 없는 오톨도톨한 돌기가 돋았고 정강이 부근에서 시작해 종아리 중간까지 퍼졌다. 주치의를 찾아갔더니 볼펜으로 돌기에 동그라미 표시를 하면서 "붉은 자국이 이 원 밖으로 벗어나면 응급실로 가세요"라고 말했다.

주치의와 나는 그 증상이 거미부터 모기와 진드기까지 온갖 집벌레에 물려서 생긴 거라고 생각했다. 그도 그럴 것이 내 몸의 다른 부위에도 발갛게 부풀어 오른 자국들이 있었기 때문이다. 나는 주치의의 권유로 진드기가 옮기는 라임병Lyme disease 검사를 받았고, 염증을 치료하기 위해 항생제를 복용했다. 아마도 염증은 너무 심하게 긁어서 2차 감염된 결과일 가능성이 컸다. 그리고 통증을 동반한 붓기를 가라앉히기 위해 스테로이드 연고도 처방받았다. 그 증상은 알레르기 반응 때문에 나타났다. 그런데 라임병 검사는 음성으로 판정되었다. 한편 약을 복용한 덕분에 여러 줄로 나 있던 붉은 반점과 종기는 없어졌지만 안심도 잠시, 오래가지 못했다. 두 달간 해충 방역업자가 다섯 번이나 다녀갔는데도 불구하고 계속해서 무언가에 물렸고, 매번 내 침대에서 자고 나면 물린 자국이 생겼다. 정체가 무엇이든 밤중에 내 방을 몰래 숨어드는 무언가가 아직도 그곳에 있었다.

무언가에 물리기 시작했을 때 나는 2년차 뉴요커였다. 당시에는 어떤 법률 회사에 임시직으로 근무하면서, 대학원에 원서를 제출하고 입학시험 준비를 하고 있었다. 조금이라도 여윳돈이 생기면 여행 경비로 다 썼고, 여행을 갈 때면 빠듯한 경비를 아껴 쓰기 위해 호스텔과 저렴한 숙박 시설을 이용했다. 헬스 키친Hell's Kitchen 구역에 있던 내 아파트는 미국 전역과 전 세계에서 뉴욕을 찾아오는 친구들에게는 여관이, 뉴욕에서 새로 사귄 친구들에게는 아지트가 되었다. 그런데 붉은 반점과 부은 자국은 이런 사교 활동에 그림자를 드리웠다. 그것은 예전의 내 생활공간을 되찾기 위해 반드시 해결해야 하는 미스터리였다.

드디어 그 미스터리에 대한 대답을 찾았다. 그런데 내가 의지했던 전문가들이 아니라 생뚱맞게도 캔자스에 사는 아버지가 그 대답을 찾아주셨다. 10여 년이 지난 지금은 정확히 기억나지 않지만, 피부 전문 병리학자였던 아버지가 피부과 전문지에서 내 문제와 관련 있는 정보를 우연히 얻으신 모양이었다. 어느 밤 전화 통화를 하던 중에 내 문제를 설명하자 아버지는 "혹시 네 아파트에 빈대가 있는 게 아니니?"라고 물으셨다.

"빈대요? 말도 안 돼요. 그런 게 실제로 있긴 해요?"

그러나 전화를 끊은 후에 컴퓨터 앞에 앉아서 그 상상의 괴물에 대해 조사했고 마침내 빈대가 '진짜'라는 사실을 알게 되었다. 그뿐 아니라 빈대는 시멕스 렉툴라리우스Cimex Lectularius라는 정식 학명을 가진 생물종으로서, 100여 종의 곤충과 함께 빈대과에 속해 있음도 알았다. 빈대가 동요에 등장하는 상상의 곤충이라는 내 믿음과 적절한 린네 분류법*에 의거한 공식 학명을 가진 동물이라는 새로운 발견 사이의 인지부조화

---

* 스웨덴의 식물학자 카를 폰 린네Carl von Linné가 창안한 동식물 분류법.

를 극복하고 나서, 나는 새로운 해충 방역업자를 고용했다. 또한 몇 주에 걸쳐 옷가지와 침구류를 아파트 건물 지하에 위치한 세탁실로 전부 가져가서 온수로 세탁하고 고온으로 건조시켰다. 여기에 더해 옷장을 발칵 뒤엎었고 구석구석까지 꼼꼼하게 확인하기 위해 매트리스를 몇 번이고 뒤집었으며 서랍장의 서랍을 모조리 비웠다. 그런 다음 빈대가 슬지 않은 의류를 가방에 담아 단단히 묶어놓고, 몇 시간이나 진공청소기를 사용해서 쪽매널 마루의 미세한 금까지 하나도 빼지 않고 청소했다.

이 모든 야단법석을 부린 끝에 빈대 한 마리를 찾아냈다. 그것이 어디서 왔는지는 아마 내가 죽을 때까지도 모를 것이다. 어쩌면 매일 밤 각기 다른 시골 여관에 묵었던 아일랜드 여행에서 따라왔을 수도 있고 긴 주말 연휴를 맞아 라스베이거스를 방문했을 때에 묻어왔을 수도 있다. 두 지역을 유력한 용의자로 꼽는 것은 내가 처음으로 빈대에 물리기 직전 한 달 동안에 그 두 곳을 다녀온 데다가 빈대는 피곤한 여행자들의 짐에 섞여 퍼질 수 있기 때문이다. 한편 아파트 관리인이 이제까지 벌레로 문제가 된 적은 한 번도 없었다고 맹세했지만, 어쨌든 옆집 아파트에서 건너왔을 가능성도 배제할 수는 없었다.

마침내 나는 옷장을 본래 상태로 되돌렸고 의류와 침구류를 적절한 장소에 다시 보관했다. 이듬해 봄 나는 《뉴요커New Yorker》에서 기사 하나를 읽었는데, 이스트빌리지East Village의 아파트에 함께 살던 젊은 여성 세 명이 집에 빈대가 들어와서 고생한다는 내용이었다. 덕분에 빈대가 나 혼자만의 문제가 아니라는 생각에 외로움도 약간 줄어들었다. 결국 빈대로 인한 오명은 농담의 소재가 되었고, 빈대 경험은 이제 술자리에서 들려줄 법한 에피소드가 되었다. 그리고 내 아파트는 차츰 예전의 여인숙과 아지트의 면모를 되찾기 시작했다.

그러나 5년 후 나는 이 모든 과정을 되풀이하게 된다. 두 번씩이나. 하지만 이번에는 헬스 키친 구역이 아니라 브루클린에서였다. 같은 해 여름에 각기 다른 아파트에서 두 번씩이나 빈대와 마주친 것이다. 첫 번째는 브루클린 그린포인트Greenpoint에 살던 남자 친구의 아파트에 빈대가 찾아들었다. 지금은 그 남자 친구가 나와 한 이불을 쓰는 남편이 되었다. 우리는 그가 샌디에이고를 방문했을 때에 머물렀던 호스텔에서 빈대가 옮아온 것이라고 생각했다. 샌디에이고에서 그와 한 방에 머물렀던 친구도 샌프란시스코의 자기 집으로 돌아간 후에 그곳에서 빈대가 나타났기 때문이다. 두 번째 빈대는 남자 친구의 아파트에서 열 블록 떨어진 내 아파트에 등장했다. 빈대들이 남편의 아파트에서 딸려 온 것인지 아니면 새 룸메이트가 인터넷에서 중고로 구입했던 침대 겸 소파에 묻어온 것인지는 지금까지도 가끔 논쟁거리다. 짐을 싸고 청소를 하고 매트리스와 박스 스프링에 고가의 방충 커버를 씌우려고 낑낑대며 보냈던 그해 여름에 나는 뉴스, 블로그, 시트콤에서 빈대 이야기를 보기 시작했다. 게다가 이제 빈대는 일상적인 대화에도 불쑥불쑥 튀어나오곤 했다. 시비에스CBS는 2010년을 "빈대의 해"라고 선언했다. 도대체 무슨 일이 벌어지고 있던 걸까?

　　언론에서 빈대 보도가 폭발할 즈음 나는 과학 전문 프리랜서 저널리스트로 활동하고 있었다. 나는 빈대에 관한 짧은 기사를 싣자고 과학 월간지 《파퓰러 사이언스Popular Science》의 편집장을 설득했다. 이제는 내 아파트에 빈대가 처음 나타난 5년 전에는 없던 일종의 공감대가 형성된 덕분이었다. 더군다나 기사를 위해 취재하는 것이니만큼, 곤충학자들에게 전화를 걸고 빈대와 관련해 내가 원하는 만큼 많은 질문을 할 수 있는 정당한 평계거리가 생겼다. 곤충학자들과의 인터뷰를 통해 대부분의 사람들이 제2차세계대전 이후 근대적인 살충제를 개발함으로써 박멸되었다고 생각하는 빈대가, 사실은 고대부터 존재한 해충이라는 사실을 알게 되었다. 빈대는 적어도 파라오가 이집트를 지배하던 시절부터 인류와 동거했고, 어쩌면 빈대의 기원이 그보다 훨씬 전, 구체적으로 말해 현생 인류가 나타나기도 전인 홍적세*까지 거슬러 올라갈 수도 있다. 그때에 빈대는 동굴에 서식하는 박쥐는 물론이고 가끔 은신처를 찾아서 동굴로 찾아들었던 현생 인류의 가까운 친척들을 흡혈하면서 살았을지도 모른다. 그때부터 빈대는 역사 전반에 걸쳐 인류를 그림자처럼 따라다녔고, 인류가 영구 주거지와 도시에 정착하자 인류와의 관계를 더욱 강화했으며 작은 흡혈 개척자로 세계를 정복했다.

이런 새로운 정보를 접하자, 어릴 적부터 빈대에 대해 전혀 들어 보지 못했다는 사실이 갈수록 이상하게 생각됐다. 내 나이 또래 사람들이 빈대에 대해 모르는 것이, 미래에 어린이들이 바퀴벌레, 개미, 파리에 대해 모를 거라는 생각만큼이나 이상하게 여겨졌다. 그리고 이런 내 생각이 빈대에 얽힌 이야기 중에서 가장 흥미로운 부분이라는 사실을 차츰 이해하기 시작했다. 빈대가 오늘날 재출현한 것은 결코 우연이 아니었다. 오히려 그것은 정상으로의 복귀였고 생태계 항상성ecological homeostasis**을 보여 준다.

자, 이제 빈대가 돌아왔다. 내가 빈대에 처음으로 흡혈 식사를 제공했던 2004년, 뉴욕의 주택보존개발부Department of Housing Preservation and

---

* 약 200만 년 전~1만 2,000년 전 동안을 말하며 인류의 조상이 나타난 시기.
** 생태계는 환경의 작용과 생물의 반작용 그리고 생물 간의 상호 작용을 통해서 생물의 종류와 개체 수뿐만 아니라 물질이나 에너지의 양까지도 평형이 유지되도록 자기조절능력을 발휘한다는 이론.

Development에 보고된 빈대 발생 건수는 확인된 것만 82건이었다. 그로부터 6년 후인 2010년에는 4,808건으로 크게 증가했다. 심지어 빈대가 출몰한 지역은 뉴욕만이 아니었다. 오늘날 빈대는 미국의 모든 주에서 발견된다. 2013년에 실시된 설문 조사에 따르면, 미국의 방역업자 중 99퍼센트 이상이 전년도에 빈대 방역 작업을 했다고 한다. 그 수치가 2010년에는 95퍼센트, 10년 전에는 25퍼센트, 그 이전에는 11퍼센트였다는 데서 알 수 있듯, 빈대가 점점 확산되는 것이 분명했다. 게다가 빈대가 확산되는 것은 비단 미국만의 문제가 아니었다. 특히 호주에서는 빈대와 빈대의 사촌격인 열대빈대tropical bed bug를 합해 2000~2006년 사이에 개체 수가 무려 4,500퍼센트나 증가했다. 비슷한 현상이 전 세계에서 벌어진다. 비록 일각에서는 빈대의 확산 속도가 느려지고 있다고 주장하지만, 사실 그들의 주장은 틀렸다. 오히려 세계적인 그 해충은 삽시간에 퍼져 나가는 곰팡이처럼 갈수록 작은 도시와 마을들로 계속 뻗어 나가고 있다.

《파퓰러 사이언스》에 실을 기사를 작성한 후에, 빈대에 대한 갈증이 해소되기는커녕 빈대에 대해 더 알고 싶었다. 빈대가 어떻게 그토록 맹렬한 기세로 귀환했는지 그리고 다른 사람들은 빈대 문제에 어떻게 대처하고 있는지 알고 싶었다. 이런 호기심에 이끌려 빈대 탐험 여행을 시작했고, 그 여행은 결국 출판 프로젝트로 일이 커졌다. 덕분에 나는 꿈에서도 생각하지 못했던 다양한 경험을 했다. 빈대에게 인공 혈액공급기와 심지어 자신의 팔다리를 흡혈 식사로 제공하는 과학자들도 만났고, 맨 앞줄에 앉아서 빈대에 관한 오프오프브로드웨이off-off-broadway* 록

---

* 전통적인 브로드웨이식 상업연극에 반대했던 오프브로드웨이off-broadway 연극 범위에

오페라도 관람했으며, 오하이오와 버지니아에 있는 공공주택도 방문했다. 그뿐 아니라 빈대를 쫓아서 전 세계를 돌아다녔던 곤충학자들이 남긴 문헌을 조사했고 슬로바키아 동부에 있는 로마족Roma 정착촌과 체코공화국에 있는 박쥐 서식지를 찾아갔다. 이 모든 탐험 여행에서 나는 기껏해야 사과 씨 정도에 불과한 작은 이 해충에게 우리 인간이 얼마나 강렬하게 반응하는지 끊임없이 놀랐다.

그리고 빈대도 알면 알수록 정말 놀라운 생명체였다.

이제부터 같이 알아보자.

서 보다 더 진전한 전위적인 연극 운동.

1장

곤충계의
은둔자

: 빈대란 어떤 곤충일까?

머릿속으로 침실을 그려 보자. 당신의 침실이어도 좋다. 깨끗하고 보송보송한 침구가 깔려 있고 갓 세탁한 이불이 매트리스를 포근히 감싸고 있을지도 모르겠다. 그리고 널브러진 옷가지 하나 눈에 띄지 않을 수도 있겠다. 아마 곱게 개어 서랍장에 두었거나 옷장에 걸어 두었으리라. 혹은 이것과는 사뭇 다른 침실 풍경이 떠오를 수도 있다. 꾸깃꾸깃한 침구에 비뚤비뚤하게 대충 매트리스를 뒤덮은 이불이며 어제 입은 청바지가 옷바구니 옆의 방바닥을 뒹군다. 침실의 모습이 어떻든 상관없다. 은밀한 작은 벌레가 당신의 어줍은 눈에는 보이지 않는 침실 어딘가의 틈새나 구멍을 용케 파고들었을지도 모르겠다. 침대 이음새나 탁자 뒤편의 나사 머리일 수도 있고, 심지어는 아직도 풀지 않은 채로 방 한구석에 처박아 둔 여행 가방의 솔기일 수도 있다. 벌레들은 적갈색을 띠고 몸통은 납작하고 편평하며 작고 비좁은 공간을 가장 좋아한다. 그리고 생애 대부분을 그곳에서 기다리며 보낸다. 무엇을? 바로 당신이다.

그 벌레들은 무엇일까? 일명 침대 벌레bed bug라고 부르는 빈대다. 곤충학자들이 종종 빈대를 은둔 곤충cryptic insect이라고 부르는 것도 작은 공간에 몸을 숨기는 습성 때문이다. 그러나 빈대를 잘 모르는 사람들은 자신이 이제까지 한 번도 빈대를 보지 못한 이유를 종종 오해한다. 빈대가 잘 숨기 때문이 아니라 육안으로 보이지 않기 때문이라고 생각하는 것이다. 그러나 이는 틀린 생각이다. 어찌 되었건 고대부터 존재한 이 해충과 함께 걸어온 인류의 역사는 수천 년을 거슬러 올라간다. 그러다가 전 세계의 대대적인 박멸 작업으로 빈대는 60년간 지구에서 잠깐 자취를 감췄고, 이런 사실로 말미암아 빈대가 현미경으로만 보이는 아주 작은 벌레라는 인식이 굳어졌다. 요컨대 빈대는 상상의 위협인 동시에 눈에 보이지 않는 위협이 되었다. 이랬기에 빈대가 지구의 당당한 일원으로 즉 우리의 세상과 우리의 침대를 공유하는 진짜 동물로 귀환했을 때에 사람들은 더욱 불안하고 심란할 수밖에 없었다. 물론 빈대는 몸을 숨기는 능력이 탁월해서 마치 육안으로 보이지 않는 벌레처럼 여겨질 수 있다. 그러나 실제로는 그렇지 않다. 이는 빈대를 직접 보았던 사람들이 생생히 증언해 준다. 어떤 사람들은 빈대가 다리가 여럿 달린 핏방울처럼 생겼다고 말한다. 한편 빈대의 생김새를 덜 끔찍하게 묘사하는 사람들도 있다. 성충이 된 빈대는 크기와 모양이 렌틸콩이나 사과 씨를 닮았다는 것이다. 빈대를 무엇에 비유해도 좋다. 확실한 것은 빈대가 실체가 있는 물리적인 존재라는 사실이다. 말인즉슨 당신은 빈대를 손바닥 위에 올려놓을 수도, 빈대의 작은 두 눈을 들여다볼 수도, 빈대가 당신의 매트리스를 누비고 다니는 것을 관찰할 수도 있다.

빈대의 삶과 생활이 우리에게는 비밀스럽게 비춰질지도 모르겠다. 그러나 빈대는 다른 모든 동물과 똑같은 기본적인 삶의 방식을 따른다. 먹고 안식처를 찾고 짝짓기를 한다. 빈대는 예나 지금이나 피를 빨아 먹고 산다. 곤충학자들의 말에 따르면 빈대는 며칠에 한 번 혹은 일주일에 한 번 흡혈하고, 거의가 야행성이다. 빈대는 침대 이음새나 탁자의 나사 같은 은신처에 숨은 채로, 당신이 숨을 쉴 때 내뿜는 이산화탄소와 체온

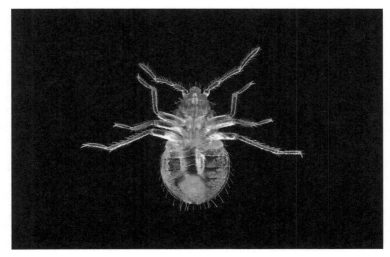

빈대 유충

을 감지한다. 또한 피부가 규칙적으로 배출하는 수백 가지 다양한 화학 물질 중 일부도 감지할 수 있는 것 같다. 그런 다음 빈대는 은신처에서 빠져나와 방바닥을 잽싸게 가로질러 침대 다리를 타고 올라가서 이불 속을 파고든다. 일단 빈대가 당신을 발견하면 갈고리발톱이 달린 발을 이용해 피부에 착 달라붙는다. 그러고는 주둥이라고 하는 기다란 관 모양의 입을 길게 뻗어 흡혈하기에 가장 좋은 부위를 찾아 피부를 탐색한다. 가끔 부리beak라고도 불리는 주둥이 안에는 구기口器라는 기관이 있는데, 이것은 윗입술과 아랫입술인 작은턱maxilla과 큰턱mandible으로 이루어진다. 피부 탐색이 끝나고 공격 부위를 확인하고 나면 이제는 미세한 이빨이 달린 큰턱을 움직여서 마치 가위처럼 피부를 잘라 작은턱이 들어갈 길을 낸다. 그런 식으로 피부 안으로 침투한 구기는 혈관을 찾아서 쉴 새 없이 움직인다. 고인 피를 빨아 먹는 일부 곤충과는 달리, 빈대는 살아 있는 생명체의 혈관에 흐르는 피를 직접 빨아 먹는 흡혈충이다. 고압 상태인 숙주의 혈관과 저압 상태인 빈대의 텅 빈 몸통 사이의 압력 차이 덕분에 빈대는 수도꼭지에 부착된 물 풍선처럼 피를 쪽쪽 빨아들인다.

한편 완벽한 공격 지점은 혈류가 너무 빠르지도 너무 느리지도 않은 부위다. 빈대는 자신의 주둥이로 그런 지점을 찾기 위해 피부를 탐색하는 동안 이따금씩 90도 이상으로 몸을 꺾는 등 현란한 곡예 기술을 펼친다. 일단 성공적으로 혈관을 찾으면 빈대는 마흔여섯 가지 단백질로 이뤄진 침을 분비한다. 그 안에는 혈액이 굳는 것을 막아 주는 항응고제가 함유되어 있는데, 흡혈 식사 중에 혈전, 쉬운 말로 핏덩어리는 반쯤 씹은 고깃덩어리가 목에 걸리듯이 빈대에게 치명적일 수 있기 때문이다. 솔직히 빈대는 혈전에 관한 한 상당히 취약하다. 빈대의 주둥이는 직경이 고작 8마이크로미터*로 비단실 한 가닥보다 더 가늘고, 직경이 7.5마이크로미터인 인간의 적혈구를 간신히 삼킬 정도밖에 되지 않는 것이다. 빈대의 침에 함유된 다른 단백질로는 혈관확장제의 역할을 하는 것도 있고 혈액이 지속적으로 흐를 수 있도록 지혈을 억제하는 성분도 있다. 이외에도 항균 작용을 하는 단백질, 윤활 성분으로 흡혈 활동에 도움을 주는 단백질도 있다. 그뿐 아니라 아직까지는 과학적으로 검증되지 못했지만, 빈대는 다른 흡혈 곤충과 마찬가지로 마취제 역할을 하는 단백질을 통해 숙주를 마비시킬 수도 있다. 그래야 들키지 않고 흡혈 식사를 맛있게 마칠 수 있기 때문이다.

---

* 백만 분의 1미터를 나타내는 단위다. 비단실의 굵기는 15마이크로미터, 사람 머리카락의 평균 굵기는 80마이크로미터다.

빈대 성충의 식사 시간은 대략 8분 정도다. 피를 빨아 먹는 동안 편평했던 몸통이 점차 부풀어 평소 크기의 두 배까지 커지거나 심지어 세 배까지 팽창하기도 한다. 유충이라고 불리는 어린 빈대는 성충보다 필요한 식사량이 적다. 그러나 빈대는 성충이 되기까지 다섯 단계의 유충기를 거치는데, 각 단계마다 피를 공급받을 필요가 있다. 그렇다면 유충이 각 단계에서 피를 먹지 못하면 어떻게 될까? 그 단계에서 성장이 영원히 멈추거나 굶어 죽는다. 빈대는 피를 빨아 먹은 다음 단백질이 풍부한 적혈구를 농축시키고, 나머지 성분, 즉 주요 성분이 액체인 혈청은 흡혈 활동을 하는 도중에 몸 밖으로 배출한다. 빈대는 이런 식사 찌꺼기와 나중에 완전히 소화된 혈분을 침구 위로 배설하고, 이런 배설물이 말라 굳어 검은 얼룩으로 남는다. 이 얼룩이야말로 빈대가 다녀갔다는 확실한 증거다. 게다가 가끔 빈대는 마치 서명처럼 인체에 일직선의 깨문 자국을 남기는데, 이것은 피부와 침대 시트가 만나는 지점에서 여러 마리의 빈대가 함께 피를 빨아 먹은 결과다(어떤 위생곤충학자는 이것을 "돼지 여러 마리가 여물통에 나란히 코를 박고 먹이를 먹는 형국"이라고 묘사했다).

식사로 배를 불린 빈대 성충은 분당 최고 1.2미터의 속도로 이동해서 은신처로 신속하게 돌아간다. 침대 이음새든 나사 머리든 여행 가방의 솔기든 각자가 집이라고 부르는 곳으로 말이다. 이에 반해 유충은 성충보다 움직임이 꽤 굼뜨다. 성충이든 유충이든 모든 빈대는 특수한 감각기관을 통해 길을 찾는다. 가느다란 더듬이에는 물론이고 어쩌면 발에도 분포할 수 있는 그 감각기관은 곤충들의 사회적 행동을 유도하는 데 도움이 된다. 이 기관은 또한 은신처로 돌아온 다른 빈대들이 분비하는 화학물질도 감지한다. 페로몬이라고 알려진 이 화학물질은 동종끼리 무리를 이루도록 조장한다는 이유에서 집합페로몬aggregation pheromone으로 불린다(또한 모든 빈대는 위험한 상황에서 다른 개체들에게 이를 경고하는 신호로서 경보페로몬을 분비하고, 특히 암컷은 유충들이 생애 첫 먹잇감을 사냥하는 데 도움을 주기 위해 화학적 신호를 사용할 수도 있다). 집합페로몬을 감지하고 은신처가 안전한 곳이라면 빈대들은 성충과 유충을 가리지 않고 다섯에서 열 마리씩 집단을 이룬다. 그렇게 무리를 이룬 빈대는 알들 사이에 서로 밀착한 채로 지내면서 허물을 벗고 배설한다. 특히 빈대는 여러 마리가 함께 있을 때 퀴퀴한 곰팡내와 달콤한 과일 향이 뒤섞인 독특한 냄새를 풍기는데, 1936년에 어떤 곤충학자는 그 냄새를 "불쾌한 단내"라고 말했다.

흡혈 식사로 속을 든든히 채운 빈대는 가끔 자연계에서 가장 난잡하고 거칠기로 유명한 짝짓기에 돌입한다. 식사 후에 짝짓기를 시도하는 이유들 중 하나는, 배가 부른 암컷의 행동이 느려지는 데다가 몸통이 통통해져 수컷이 올라타기가 한결 수월하기 때문이다(언젠가 술집에서 귀동냥으로 들은 말인데, 어떤 곤충학자는 이런 짝짓기 습성을 빗대어 빈대가 "통통한 몸을 좋아하는 취향"을 가졌다고 말했다). 빈대는 무척추동물 중에서 외상성 수정traumatic insemination이라는 매우 독특한 방식으로 짝짓기하는 소수의 생물종에 포함된다. 빈대의 교미 방식은 환경에 가장 잘 적응한 형태인 동시에 연구 대상으로도 가장 인기가 높다. 그렇다면 빈대는 어떻게 교미하는 걸까? 먼저 수컷이 암컷의 등에 올라타고, 그런 다음 대략 목 부위에 해당하는 암컷 앞가슴의 위쪽 배판에 머리를 턱 하니 걸친다. 수컷은 발에 달린 갈고리로 암컷을 붙잡은 다음 복부를 집어넣어 몸을 동그랗게 말아 암컷을 감싸 안는 자세를 취한다. 그리고 암컷이 빠져나가지 못하도록 거칠게 포옹한다. 수컷의 복부 끝에는 피하기관이 하나 있는데, 송곳형 생식기lanceolate paramere라고 불리는 것으로 사실상 수컷의 음경이다. 수컷은 날카로운 생식기로 암컷의 복부를 순식간에 찌르고 암컷의 체강體腔에 정액을 직접 주입한다. 이것은 낭만적인 합방이라기보다는 마구잡이식 찌르기에 가깝다.

몸통 아무 데나 찔러 대는 수컷의 이런 행위에 대응하기 위해 암컷 빈대도 나름의 보호기관을 진화시켰는데, 정자유도관spermalege이 그것이다. 암컷의 복부 오른쪽에 브이v 자 모양의 작은 홈이 파여 있는데 그것이 바로 정자유도관이다. 생긴 것은 그래도 정자유도관은 막중한 임무를 수행한다. 말 그대로 수컷의 생식기를 정확한 부위로 유도하는 임무다. 다시 말해 수컷이 날카로운 생식기를 아무 데나 마구 찔러 대도 암컷은 수컷이 정확한 목표 지점을 찾아가도록 교묘히 이끈다. 정자유도관 내부에는 혈구hemocyte라는 면역 세포가 다량 분포하는데, 그것은 포유류의 백혈구와 비슷한 역할을 한다. 즉 암컷이 수컷의 생식기 표피에 기생하는 박테리아에 감염되는 것을 막아 주고 사랑의 상처를 치유하는 데에도 도움이 된다. 한편 정자는 자체적인 항균성이 있어서, 두 가지 역할을 톡톡히 해낸다. 정자 자신이 박테리아에 감염되는 것을 예방할 뿐 아니라 암컷에게는 혈구와 더불어 추가적인 보호막의 역할을 하는 것이다. 암컷의 체내에 들어온 정자는 암컷의 순환계까지 도달하고, 궁극적으로 자궁에 붙은 작은 주머니인 저정낭에 모인다. 암컷은 저정낭에 정자를 보관하면서 수정할 때마다 곶감 빼먹듯 조금씩 빼 쓰고, 추가적인 교미가 없어도 저정낭에 보관된 정자만으로 길게는 5~6주에 걸쳐 수정이 가능하다. 이것은 가령 소박맞은 암컷이 새로운 은신처에서 홀로 생활할 때 특히 유용한 전략이다.

수정 후에 암컷은 매주 다섯 개 남짓한 알을 낳는다. 일생 동안에는 수백 개의 알을 낳을 수도 있다. 하지만 다른 모든 동물과 마찬가지로,

먹이에 대한 접근성과 서식지의 온도 같은 주변 환경에 따라서 암컷 빈대가 낳는 알의 개수도 저마다 다르다. 그러나 몇 개의 알을 낳든 어미 빈대는 끈끈한 점착성 물질을 분비해서 알들을 한데 뭉친 다음 서식지의 표면에 단단히 부착한다(언젠가 브루클린의 어떤 방역업자는 걸걸한 목소리로 빈대 알들이 "마치 작은 캐비아 같다"고 말했다. 반면 나는 나중에 빈대 알들이 작은 쌀알을 더 닮았다고 생각했다). 암컷은 생식기를 통해 산란하는데, 암컷의 생식기는 좀더 전통적인 교미 수단으로도 전혀 문제가 없다. 그런데도 수컷은 필요 이상으로 자주 암컷의 몸을 찌르고 사정을 한다. 암컷 빈대가 가장 많은 알을 낳을 수 있는 최적의 교미 간격은 식사 네 번에 짝짓기 한 번이다. 그러나 대체로 수컷은 같은 기간에 스무 번에서 스물다섯 번까지 짝짓기 한다. 만약 하나의 개체군에 암컷보다 수컷의 개체 수가 너무 많으면 어떻게 될까? 끓어오르는 정력을 주체 못한 수컷들은 암컷들을 마구 찔러 상처를 내고 더군다나 상처에서 회복할 시간조차 허락하지 않아 결국 암컷들이 죽음에 이르게 할 수도 있다. 아니 일부 과학자들은 실제로 그런 일이 벌어진다고 주장한다.

이렇듯 빈대의 기이한 짝짓기 의식에 대한 곤충학자들의 연구는 거의 100년 전부터 시작되었다. 그렇다면 빈대는 어째서 그토록 괴이한 방식으로 교미하는 걸까? 대답은 성적 갈등sexual conflict이라는 진화생물학적 개념에서 찾을 수도 있다. 이것은 특정한 종의 수컷 혹은 암컷이 이성異性을 희생시키면서 번식 가능성을 높여 주는 특징들을 진화시킨다는 이론이다. 그들의 파트너도 이런 달갑잖은 진보에 대응하기 위한 전략을 공동으로 진화시킨다. 이런 성적 군비경쟁sexual arms race은 자연계에서 꽤나 보편적이다. 가령 초파리의 세상에서는 암컷의 생식기에서 가능한 한 정자를 오래 살려 두려는 수컷과 그것을 저지하려는 암컷 사이에 총성 없는 전투가 벌어진다. 한편 사향오리 수컷은 기다란 소용돌이 모양의 음경이 있는 반면, 암컷은 음경의 소용돌이 방향과는 반대 방향으로 비틀어진 복잡한 질을 가지고 있어 원치 않은 구애자들을 쫓아 버릴 수 있다. 빈대의 경우, 수컷이 암컷의 몸에 생식기를 직접 찌르는 방식은 다른 수컷들과의 경쟁에서 우위를 차지하기 위한 진화의 결과물일지 모른다. 다시 말해, 생식기를 암컷의 몸에 직접 찔러 넣어 난소에 좀더 가까워짐으로써, 수컷은 전통적인 교미 방식을 선택한 다른 수컷보다 자신의 정자가 조금 더 빨리 목표 지점에 도달하게 만들려는 걸 수 있다. 다른 연구 결과를 보면, 암컷의 저정낭에 마지막으로 도달한 정자가 난소에 가장 먼저 안착한다고 주장하는데, 이는 암컷과 맨 나중에 교미한 수컷이 '아버지 되기 경주'에서 결승선을 제일 먼저 통과할 수도 있다는 뜻이다. 이는 다시, 수컷들이 시도 때도 없이 미친 듯이 짝짓기를 해 대는 이유를 설명해 줄 수 있다. 그러나 반대의 시나리오도 가능하다. 수컷의 행위를 좌절시키고자 하는 암컷의 적응 전략에 대항해서 수컷이 그런 교미 방식을 진화시켰을 가능성이다. 이유야 무엇이건 과도한 교미에 대한 적절한 저항 전략이 부족한 암컷 빈대에게는 불행하게도 현재 교미를 둘러싼 성 대결에서 패자처럼 보인다.

이 모든 활동은 시멕스 렉툴라리우스라고 불리고 15년 전부터 전 세계 온난 기후대에서 다시 출몰한 빈대의 숨겨진 은밀한 세상을 설명해 준다(이 책에서 말하는 '빈대'는 주로 시멕스 렉툴라리우스를 의미한다). 빈대와 비슷한 음지의 삶을 영위하는 동족 생물종이 100여 종이나 되고, 대부분은 우리의 침실보다는 새 둥지나 박쥐 서식지에 기생하면서 비둘기, 닭, 참새, 생쥐귀박쥐의 피를 빨아 먹는다. 이런 곤충을 통틀어 빈대과Cimicidae 혹은 Cimicids라고 명명한다.

린네 분류법에 따르면 빈대과 곤충은 반시류半翅類, Hemiptera, 영어로는 두 단어로 '진짜 곤충true bug'이라고 부른다. 곤충학자들이 빈대를 영어로 두 단어인 '베드 버그bed bug'로 부르는 것은 빈대가 진짜 곤충에 속하기 때문이다(반면에 집파리house fly의 영어 이름이 두 단어인 것은 집파리가 진짜 파리이기 때문이지만, 나비butterfly의 영어 이름이 한 단어인 것은 나비가 진짜 파리에 속하지 않기 때문이다). 모든 반시류 곤충은 식물이든 동물이든 먹잇감의 외피에 구멍을 내어 내부의 액상 물질을 빨아들이기 위해 흡수형 구기를 가지고 있다. 그런 액상 물질은 나무 이파리의 수액이나 다른 벌레의 체액 혹은 반시류의 경우처럼 더욱 복잡한 체계를 가진 동물의 혈액일 수도 있다. 진짜 곤충들을 총칭하는 반시류라는 용어는 '절반half'을 뜻하는 그리스어 헤미Hemi와 '날개wing'를 뜻하는 프테라Ptera에서 유래한다. 반시류는 몸통에 붙어 있는 날개의 위쪽은 딱딱한 껍데기로, 끝 쪽은 얇은 막으로 구성되어 있다는 점에서 헤미프테라, 즉 반날개 혹은 반시라는 이름이 붙여졌다. 많은 반시류 곤충의 날개는 접었을 때 특유의 엑스x 자 모양을 이룬다. 하지만 반시류 중에서 유독 빈대과 곤충은 발육이 정지되어 흔적으로 남은 유명무실한 날개를 가지는데, 아마도 동물이 가진 가장 단순한 먹이 전략을 사용하기 때문일 것이다. 마냥 앉아서 먹이가 나타날 때까지 기다리는 전략 말이다. 그런 곤충은 어차피 때가 되면 새가 둥지로 돌아가고 박쥐가 서식지로 돌아가듯 우리가 밤이면 늘 침대로 돌아가기 때문에, 굳이 날아야 할 이유가 전혀 없다. 또한 날개는 식사 중에 날개의 깃털과 몸통의 털이 서로 뒤엉키는 것처럼 빈대과에게는 되레 성가신 기관일 수 있다.

주로 전 세계 온대 지방에 서식하는 빈대를 제외하고, 인간을 규칙적으로 흡혈하는 다른 빈대과 곤충은 딱 두 종류다. 하나는 열대빈대로 알려진 시멕스 헤미프테루스Cimex Hemipterus인데, 열대지방에 서식한다는 것 외에 우리가 알고 있는 일반 빈대와 다르지 않다. 빈대와 마찬가지로 열대빈대는 최근에 전 세계에서 다시 출몰했고, 그중에서도 아시아와 인도 그리고 호주가 최대 출몰지다. 특히 호주의 경우 상대적으로 시원한 남부 지방은 빈대가, 따뜻한 북부 지방은 열대빈대가 극성을 부린다. 다른 하나는 서아프리카에서 인간과 박쥐의 피를 빨아 먹는 렙토시멕스 보우에티Leptocimex Boueti, 즉 박쥐빈대bat bug다.

문외한의 눈에는 빈대, 박쥐빈대, 그리고 조류에 기생하는 다양한 빈대가 대동소이하게 보인다. 우선 미간이 넓고 더듬이가 짧다. 타원형의 몸통은 마디 구조로 되어 있고, 이 때문에 줄무늬 모양을 띠며 뻣뻣한 털로 뒤덮여 있다. 세 쌍인 다리도 마찬가지로 뻣뻣한 털이 나 있다. 성충은 짙은 갈색이고 피를 빨아 먹으면 적갈색으로 바뀐다. 유충은 알에서 부화할 때 흰색을 띠고 두 눈은 섬뜩한 붉은색이다. 성장하면서 유충은 밀짚 색깔로 변하다가 점차 어두워져서 갈색이 된다. 하지만 이들이 우리 대부분에게 똑같이 보일지 몰라도, 각 개체는 자신의 독특한 은신처에 어울리는 특징을 갖는다.

내가 빈대의 비밀스러운 삶에 대한 조사를 막 시작했을 때의 일이다. 어느 토요일 아침, 빈대를 연구하던 어떤 여성 곤충학자와 두 시간 동안 전화 통화를 했다. 그녀가 시간을 낼 수 있는 때가 그때 말고는 없었기 때문이다. 그녀의 삶은 온통 빈대를 중심으로 돌아갔고, 일주일 내내 빈대를 연구하고 빈대가 나타나서 식겁한 사람들의 구조 요청 전화에 응대하느라 잠시도 짬을 낼 수 없었다.

전화 인터뷰 중에 그녀가 책 한 권을 언급했는데, 이후 그 책은 내 삶에 중요한 영향을 미치게 된다. 1966년에 출간된《빈대과 곤충에 관하여《Monograph of Cimicidae》였다. 그 책은 출간 후 반세기가 흐른 만큼 시대에 뒤떨어진 내용도 일부 있지만, 아직까지도 빈대에 관한 책 중에서 가장 두껍고 무겁다. 두께가 전화번호부만 한 그 책에는 당시 세상에 알려진 74종의 빈대에 관한 내용이 585쪽에 걸쳐 빼곡히 기술되어 있다. 그때가 2011년인데도 50여 년 전 출간된 그 책을 구하기는 별로 어렵지 않았다. 전년도에 빈대 공포가 최고조에 달하자 미국곤충학회 Entomological Society of America가 재판을 찍은 덕분이었다. 책값이 74달러였으니 종 하나당 1달러인 셈이었다. 그 책은 기나긴 내 빈대 여행의 출발점이었고, 다른 논문과 참고서를 조사하는 중에도 내 손에서 떠나지 않았으며, 예상하지 못한 곳에서 불쑥불쑥 등장하곤 했다.

그 책의 저자는 1940년대부터 1960년대까지 캘리포니아 주립대학교 버클리 캠퍼스(이하 버클리 캠퍼스_옮긴이 주)에 몸담았던 곤충학자로 지난 1세기 동안 빈대 연구 분야에 가장 크게 기여한 로버트 레슬리 유싱어Robert Leslie Usinger였다. 유싱어가 그 책을 집필했던 시절의 곤충학자들 그리고 오늘날의 일부 곤충학자들도, 다리와 몸통 그리고 종 특유의 기관에 나타나는 작은 차이를 토대로 빈대과 곤충들을 구분했다. 비록 내 눈에는 그런 차이가 보이지 않지만 말이다. 그런 나였지만 유싱어의 저서를 처음 보았을 때의 느낌은 지금도 생생하다. 각각의 종이 얼마나 독특한지 현기증이 날 지경이었다. 특히 150쪽이 넘게 세밀하게 그린 커다란 그림들이 지면을 가득 채웠는데, 모두가 유싱어와 동료 몇몇이 직접 손으로 그린 그림이었다. 74종 모두 자신만의 독특한 초상화를 가지고 있었다. 가늘고 긴 것이 있는가 하면 땅딸막한 것이 있었고, 대머리가 있는가 하면 털북숭이가 있었다. 또한 털이 자라는 양식도 더듬이의 생김새도 다 달랐다. 얼굴 옆면에서 직각으로 뻗어 나온 더듬이, 앞쪽으로 흰 더듬이, 뒤로 굽어서 꽁무니를 가리키는 더듬이 등등. 다리는 막대처럼 길고 가는 것부터 짧고 통통한 것까지, 복부는 얇고 끝이 뾰족한 것부터 거의 완벽한 원형을 이루는 것까지 아주 다양했다. 그뿐 아니라 여러 종의 동일 부위를 한눈에 비교할 수 있도록 부위별로 세밀하게 표현한 그림들도 있었다. 가령 여러 더듬이의 길이와 생김새 그리고 털이 난 모양을 정교하게 표현했을 뿐 아니라, 일련의 다리를 어떤 것은 반점으로 또 어떤 것은 음영으로 표현해 각각의 차이점을 확실히 보여 주었다. 심지어 빈대의 생식기를 비교한 그림도 있었다. 한편 조류에 기생하는 빈대와 박쥐빈대 그리고 일반 빈대의 암컷들만 묘사한 그림도 있었고, 암컷들이 가진 다양한 정자유도관의 독특한 모양과 위치를 세밀하게 표현한 그림도 있었으며, 수컷의 생식기만을 따로 모은 그림도 있었다. 특히 수컷 생식기의 그림을 보면, 모두가 왼쪽으로 휘었지만 길이, 굵기, 만곡도, 첨도 등이 제각각이라는 것을 알 수 있었다.

유싱어는 빈대과 곤충 하나하나마다 몇 쪽에 걸쳐 설명했지만, 저서 대부분을 시멕스 렉툴라리우스에게 할애했다. 어쨌든 박쥐와 새들도 빈대에 물려 고생할지는 몰라도, 그 원인이 무엇인지는 이성적으로 생각할 수 없다(혹은 빈대를 잡기 위해 방역업자를 고용할 수도 없다). 그러나 우리 인간은 사정이 다르다. 우리의 피를 훔쳐 가는 동물에게는 돈을 아끼지 않는다. 수수께끼 같은 은둔자, 빈대도 예외가 아니다.

수상한 이 곤충은 언제 어떻게 등장했을까? 그리고 어떤 경로로 오늘날 전 세계에 널리 퍼진 걸까? 어찌 보면 우리 인간이 오늘날의 빈대를 창조했다고 볼 수 있다. 빈대가 처음부터 우리의 피를 빨아 먹고 우리를 쫓아다닌 것은 아니었다. 이는 오직 진화의 결과물이다. 또한 빈대를 전 세계에 퍼뜨린 원흉도 우리 인간이었다. 한마디로 우리 인간은 빈대를 옮기는 효과적인 매개체였다. 이렇듯 빈대의 구구절절한 긴 사연과 반란은 인류의 역사와 복잡하게 얽혀 있고, 빈대의 지난 발자취를 이해하는 것은 인류가 걸어온 길을 밝히는 데에 도움이 된다.

그럼 첫 번째 궁금증부터 해결해 보자. 유싱어와 오늘날의 전문가 대부분은 빈대가 수만 년에서 수십만 년 전에 요즘은 중동이라고 불리는 지중해 해안 지방 어딘가의 동굴에서 탄생했다고 주장한다. 지금도 그렇지만 그런 동굴에는 여러 기생충의 숙주인 박쥐들이 서식했을 가능성이 높다. 가설에 따르면, 인류의 조상들이 안전한 은신처를 찾아서 박쥐가 살던 동굴로 들어왔다. 혹은 인류의 초기 친척들과 교류했고 가끔은 이종異種 간 성관계를 했던 네안데르탈인 같은 원시인류였는지도 모르겠다. 인류의 조상이든 원시인류든, 어쨌든 그들이 동굴 생활을 시작하자 박쥐빈대 일부가 그들의 존재에 눈독을 들였다. 이는 새로운 잠재적 먹이원의 출현이었다. 빈대 같은 일시적 기생충temporary parasitic insect은 숙주에 맞춰서 적응하는데, 특히 접근할 수 있는 먹이원이 제한적인 경우에는 더욱 그렇다. 가령 일시적 기생충의 구기와 다리는 숙주의 피부 유형과 혈액에 딱 맞는 형태를 갖는다. 이렇게 볼 때, 박쥐만이 아니라 인류 조상도 흡혈할 수 있었던 초기의 박쥐빈대들은 박쥐와는 생명 작용과 생활 방식이 확연히 다른 새로운 포유류를 흡혈하는 데 알맞은 독특한 특징을 지녔을 것이다.

빈대가 하나의 숙주에서 다른 숙주로 이동하고, 그리하여 변형된 형태의 빈대가 출현하는 과정은 아마도 혼란스럽고 복잡했으리라 짐작된다. 게다가 그것이 정확히 언제 시작되었는지는 아무도 모른다. 다만 그 이야기를 단순하게 설명하면 이렇다. 우리 조상들은 박쥐보다 적혈구도 더 크고 피부도 더 두껍다. 고로 더 큰 적혈구와 더 두꺼운 피부를 다루어야 했던 새로운 빈대는 박쥐에 기생하던 빈대에 비해 구기가 넓고 길게 진화했을 것이다. 또한 새로운 빈대는 털도 줄어들었는데, 박쥐보다 부드러운 피부를 가진 인체를 쉽게 오르기 위해서였다. 한편 다리는 박쥐에 기생하던 빈대에 비해 길어졌다. 다시 말해 털로 뒤덮인 박쥐의 몸을 쉽게 붙잡으려면 짧고 강한 다리가 유리했지만, 덮쳐 오는 인간의 손을 잽싸게 피하려면 길고 날렵한 다리가 용이했기 때문이다. 그뿐 아니라 박쥐들이 동굴로 돌아와서 휴식을 취하는 낮이 아니라 밤에 먹이 사냥을 할 수 있도록 24시간 주기리듬circadian rhythm에도 변화가 생겼다. 심지어 오늘날에도 빈대는 숙주의 수면 주기에 맞춰서 식사 시간을 유동적으로 조정한다. 새로운 빈대는 이런 유익한 특징을 후손들에게 물려주었다. 그리고 시간이 흐름에 따라 인류가 마을 등지에서 정착해 집단생활을 시작하면서 서로의 생활공간이 한결 가까워졌다. 그러자 인류와 빈대와의 관계가 더욱 끈끈해졌다. 빈대는 인구밀도가 점점 높아지는 주택지에서 번성했고, 난방기를 사용하는 집 안의 열기가 빈대들의 번식과 확산에 일조했다. 더군다나 초기 문명은 무역과 여행을 통해 사람들 간의 교류를 확대시켰고 작은 마을에서 도시로 문명이 점점 옮겨가자, 빈대 사회에도 똑같은 일이 벌어졌다.

인류가 빈대와 공존했다는 구체적인 증거로 가장 오래된 것은 텔 엘 아마르나 지역Tel el-Amarna에서 나온다. 대략 기원전 1352~1336년 사이에 형성된 이집트의 고대 유적지인 그곳은 카이로에서 남쪽으로 약 270 킬로미터 떨어져 있다. 고대 이집트인들은 그곳에 존재하던 도시 아케타텐Akhetaten에서 아케나텐Akhenaten과 스멘크카레Smenkhkare라는 두 명의 파라오가 통치하던 시절 약 25년간 거주했다. 아케타텐은 스멘크카레에 이어 파라오의 자리에 오른 투탕카멘Tutankhamun이 통치를 시작하기 직전에 몰락했다. 그 지역의 덥고 건조한 날씨 덕분에 벼룩과 몇몇 식품 해충food pest* 등 다양한 곤충의 살점까지 온전히 보존될 수 있었다. 그리고 나중에 밝혀진 것이지만, 그런 곤충 화석 중에 빈대도 포함되었다. 특히 빈대 화석은 당시 수도인 아마르나 지역에서 무덤을 건설한 노동자와 경비병들의 숙소로 사용되었을 가능성이 높은 장소에서 발굴되었다. 그뿐 아니라 빈대는 기원전 3세기에 작성된 이집트 파피루스에도 등장하는 것으로 보아, 그곳에서 1,000년 이상을 살아온 것이 틀림없다. 그 파피루스에는 빈대를 몰아낼 주문이 적혀 있다. 또한 빈대는 그 이후에도 아마르나 지역에 계속 존재했을 가능성이 크다. 아랍 출신의 학자인 알자히즈Al-Jahiz에 따르면, 최소한 9세기에 이르러 빈대가 인근 지역으로 확산되었는데, 오늘날 이라크에 해당하는 지역이다. "빈대는 따뜻한 피를 먹으며 특히 인간의 혈액을 아주 좋아한다. 빈대는 보호색같이 자신을 보호해 줄 아무런 장치가 없고, 그래서 누구나 쉽게 알아볼 수 있다. 그리고 이집트를 비롯해 환경이 비슷한 여러 지역에 널리 퍼져 있다."

초기의 역사 문헌은 빈대와 열대빈대를 구분하지 않았고, 특히 빈대와 열대빈대가 공존했을 가능성이 높은 지역에서는 더욱 그렇다. 한편 중동 지역에서 발원하고 현존하는, 세계에서 가장 오래된 3대 종교인 기독교, 유대교, 이슬람교의 경전들에서 빈대에 관한 이야기가 나온다. 먼저 기독교부터 살펴보면, 2세기 사도들의 전설을 설명하는 《신약외경》에 빈대에 관한 언급이 나온다. 《신약외경》에서 요한을 설명하는 부분을 보면 빈대가 밤중에 요한을 공격한다. 요한이 빈대에게 말한다. "벌레들아, 내가 이르노니, 오늘 밤은 집을 떠나 다른 곳에 얌전히 머물 것이며, 하

---

* 식품에 해를 가해 인간에게 피해를 입히는 벌레.

기원전 1352년에서 1336년
사이에 존재한 이집트 유적지에서
발굴된 빈대 화석

나님의 종을 방해하지 말지어다!" 그러자 벌레들은 다음날 아침까지 요한의 충고를 따랐다. 요한은 벌레들의 착한 행동을 칭찬하며 이제 집으로 돌아가도 된다고 말했다. 그러자 벌레들은 "문에서 침대로 서둘러 돌아갔고 침대 다리를 타고 올라가 이음새 사이로 사라졌다."《신약외경》에서 그 벌레를 '빈대'라고 명시하진 않았다. 그러나 (비록 먹잇감이 하나님의 종이든 아니든 빈대는 결코 그렇게 착하게 행동하지 않지만) 그 벌레들이 빈대처럼 침대의 이음새에 숨어 살았던 것은 분명하다.

유대교의 《탈무드》는 최소한 두 군데서 빈대를 구체적으로 언급한다. 둘 중에서도 더욱 확실한 구절은 4~6세기에 기록된 랍비들의 전통적인 구전 율법인 〈미쉬나Mishnah〉의 월경법Niddah에 나온다. 여성의 순결과 월경에 관한 규칙을 설명하는 〈미쉬나〉의 월경법에는, 침대보나 옷에 월경 피를 묻히는 여성은 불결하기에 7일이 지난 뒤 정화 의식으로 목욕을 하기 전까지 성관계를 해서는 안 된다고 명시하는 부분이 있다. 하지만 예외가 있다. 상처에서 배어나왔거나 낮에 도축하는 과정에서 묻었거나 혹은 으깨진 빈대에서 흘러나온 것처럼, 침대보나 옷에 묻은 피가 월경이 아니라는 사실을 증명할 수 있는 여성은 순결하다고 여겨졌다(오늘날 유대인의 공통어인 이디시어yiddish로 빈대는 반트슨yantsn으로 불리는데, 의미 그대로 옮기면 '빈대'를 뜻하고 의역하면 '혐오감을 주는 작은 생명체'를 지칭한다. 키가 작은 사람들을 욕보이려는 의도로 사용되는 반첼vantzel이라는 단어의 어원이 바로 반트슨이다). 마지막으로 이슬람교에 등장하는 빈대 이야기를 해 보자. 일부 이슬람 학자들은 9세기에 기록된 예언자 무함마드의 언행록 《하디스Hadith》중 사히흐 알부카리Sahih al-Bukhari의 기록을 보면 빈대를 지칭하는 것으로 추정되는 부분이 나온다고 생각한다. 이 경전에서 무함마드는 "침대에 누울 때는 옷자락으로 침대 먼지를 세 번 털어 내야 한다"라고 이른다. 학자들은 이 문장을 잠자리를 준비하는 과정에서 빈대 은신처를 청소하는 것이라고 해석한다.

빈대의 확산 경로에 관한 가장 유력한 설은, 오늘날 중동으로 불리는 지역과 북아프리카를 기점으로 유럽과 아시아로 퍼져 나갔다는 설이다. 빈대가 지중해를 어떻게 횡단했는지에 대해서는 확실히 알려지지 않았다. 그러나 해상무역이 왕성했던 청동기 시대에 지중해를 종횡하는 무역선를 타고 전파되었다는 시나리오가 꽤나 설득력이 있다. 고대 그리스 극작가인 아리스토파네스Aristophanes의 설명에 따르면, 적어도 기원전 423년 무렵에는 빈대가 그리스에서 존재했다. 그뿐 아니라 훗날 아리스토텔레스Aristoteles와 디오스코리데스Dioscorides도 빈대를 언급했다. 그리스에서 빈대는 코리스kŏris라는 이름을 얻었고, 일부 곤충학자들은 그 단어가 독특한 향을 가진 식물인 고수coriander의 어원이라고 주장한다. 아마도 으깬 고수 씨앗에서 속이 느글거릴 만큼 달콤한 냄새가 나는데, 그것이 빈대 무리가 풍기는 냄새와 비슷하기 때문인 듯하다. 한편 고대 그리스인들은 빈대가 해충인 동시에 수많은 질병에 효능이 있는 동종요법 치료*의 하나라고 생각했다. 가령 빈대를 쫓아 버리기 위해 그저 토끼나 수사슴의 발을 침대에 매달아 두었던 반면, 열이 날 때는 빈대를 고기와 콩과 함께, 뱀에 물렸을 때는 빈대를 콩하고만, 거머리를 쫓아버리기 위해서는 빈대를 포도주 혹은 와인과 섞어서 섭취했다. 여기에 더해 비뇨기 통증을 치료하거나 빠진 속눈썹을 다시 자라게 하고 싶을 때는 빈대를 으깨어 만든 연고를 사용했고, 빈대의 체액으로는 제모제를 만들었다.

서기 77년 즈음에 빈대가 오늘날의 이탈리아 땅을 밟게 되었다고 로마시대의 학자이자 백과사전 편집자였던 대大 플리니우스Gaius Plinius Secundus가 말했고, 이후에는 로마의 시인 호라티우스Quintus Horatius Flaccus의 시에도 등장하게 된다. 로마인들은 빈대에게 근대 라틴어 명칭의 앞부분인 시멕스라는 이름을 지어 주었는데, 시멕스는 '벌레'라는 뜻이다. 그로부터 약 1,000년이 흐른 후 생물분류학의 아버지인 스웨덴 출신의 위대한 식물학자 린네가 시멕스에 단어 하나를 추가해 마침내 빈대의 학명인 시멕스 렉툴라리우스가 완성되었다. 이는 '침대 벌레' 혹은 '소파 벌레'라는 뜻이다. 그리스인들과 마찬가지로 플리니우스도 빈대가 약재로 사용될 수 있다고 말했고, 콩과 함께 섭취하는 그리스인들의 처방에 대해서는 회의적이었지만 귓병에는 빈대를 태운 재와 장미유를 섞어 사용하라고 조언했다.

지중해의 변방 지역에서 출발한 빈대는 동쪽과 북쪽으로 널리 진출했고, 갈수록 인구밀도가 높아지는 도시와 여행객의 증가가 빈대 확산에

---

* 질병과 비슷한 증상을 일으키는 물질을 극소량 사용해 병을 치료하는 방법.

크게 기여했다. 빈대는 대도시나 항구를 통해 유입되었고, 초기 얼마간은 내륙 지방에서 빈대가 비교적 드물었지만 나중에는 시골 구석구석까지 파고들었다. 서기 600년에 이르러 빈대는 중국에서도 등장했는데, 고대 중국인들은 빈대를 으깨어 피부 상처를 치료하는 연고로 만들었다. 중국인들은 빈대를 취충臭蟲이라고 불렀는데, 이는 중국어로 냄새나는 벌레라는 뜻이다. 중국과 인접한 일본에서 빈대는 마루 벌레라는 뜻의 도코무시とこむし, 마루에 사는 이를 의미하는 도코지라미トコジラミ, 난징 벌레라는 난킨무시なんきんむし로 불린다. 특히 난킨무시는 중국의 옛 수도인 난징南京의 이름을 딴 것으로 추정되는데, 이유는 모르겠지만 일본인들은 희귀하고 진귀하며 작은 외래 물건들과 난징을 관련짓곤 했다.

11세기에 접어들자 빈대는 독일의 문서에도 등장하게 되었고, 마침내는 베네르셴*Venerschen*(작은 성병), 나흐트크라블러*Nachtkrabbler*(밤에 기어 나오는 벌레), 타페텐플룬더*Tapetenflunder*(벽지 도다리)라는 이름을 갖게 된다. 그로부터 수 세기가 흐른 후 독일 작가인 요한 볼프강 폰 괴테Johann Wolfgang von Goethe는 《파우스트*Faust*》에서 파우스트가 계약을 맺은 악마 메피스토펠레스Mephistopheles를 "들쥐, 생쥐, 파리, 빈대, 개구리, 이의 주인"이라고 묘사했다. 13세기에는 빈대가 프랑스 땅을 밟았고, 퓌네즈*punaise*라 이름을 가지게 됐다. 이는 '악취를 풍기다'라는 뜻의 프랑스어 퓌에*puer*로부터 유래한 것이다. 1583년 빈대는 마침내 영국 본토에 상륙했고, 단순히 "벌레"로 불렸다. 이는 벌레가 빈대를 딱 꼬집어 지칭하는 말로 사용된 것으로는 역사상 최초이며 귀신, 악귀, 유령을 뜻하는 스코틀랜드어나 웨일스어에서 유래했을지도 모르겠다. 얼마 지나지 않아 빈대는 유럽 전역에 널리 퍼졌다. 오죽하면 프랑스의 동물학자로 고생물학의 창시자였던 조르주 퀴비에Georges Cuvier가 집필했고 1817년에 출간

되어 큰 인기를 끌었던 박물학서 《동물 왕국Le Règne Animal》에서 빈대를 "굳이 설명할 필요가 없을 만큼 너무 유명하다"라고만 기술했을까. 그가 집에서 기르는 개에 관해서는 한 쪽 전부를 할애해 깨알 같은 글씨로 빽빽하게 설명했으면서 말이다.

유럽을 출발해서 대서양을 건너 아메리카 대륙에 입성한 식민지 주민들에게는 자신들도 모르는 동행이 있었다. 바로 빈대였다. 전해 오는 이야기에 따르면 심지어 메이플라워호에도 빈대가 있었다. 일부 영국인들은 실제 이야기는 그것과 정반대라면서, 빈대가 신대륙에서 출발한 목재 운반선에 실려 영국으로 잠입했다고 주장했다. 그러나 그들의 주장은 신빙성이 없어 보인다. 빈대는 나무가 아니라 인간의 혈액을 빨아 먹고 살기에, 가공되지 않은 원목에 빈대가 처음부터 기생했을 가능성은 없어 보이기 때문이다. 최소한 1748년에는 영국의 식민지에서부터 캐나다까지 빈대가 확산된 것이 분명하다. 처음에는 빈대가 식민지의 관문이었던 항구 마을에 상륙한 다음 무역과 여행을 통해 차츰 내륙의 식민 정착지로 이동했다.

식민 정착지가 확장하면서 빈대의 영역도 덩달아 확대되었고, 급기야 빈대는 "빨간 코트redcoat"*와 "적갈색 납작 벌레mahogany flat"라는 별명을 얻게 된다. 빈대는 중고 가구, 여행자들의 가방, 하녀의 세탁 바구니에 몸을 숨겨 가정으로 잠입했고 점차 이웃집과 인근의 공동주택으로 확산되었다. 빈대는 주택만이 아니라 사무실과 극장에서도 창궐했다. 얼마 지나지 않아 빈대는 개척지를 찾아 떠나는 숙주들과 함께 긴 여행을 시작한다. 처음에는 숙주들과 함께 포장마차를 타고 미국 서부를 정

---

* 식민지 시절 영국군을 일컫은 말.

복했고 훗날에는 기차를 타고 미국 전역을 점령했다. 척박하고 거친 대초원에서의 삶을 회고하는 어떤 글에 뗏장집의 벽을 숟가락으로 긁어서 빈대를 퍼 담을 수 있을 정도로 "빈대 천지"였다는 구절이 나오는 것을 보면 당시 빈대가 얼마나 만연했었는지 쉽게 짐작된다. 마침내 미국 원주민들도 빈대를 일컫는 단어를 만들었다. 나바호족Navajo은 우시츠일리wósits'tli로, 체로키족Cherokee은 갈루이스디galuisdi로 부른다. 한편 호피족Hopi은 빈대 혹은 빈대와 아주 밀접하게 관련 있는 곤충을 통틀어 페세츠올라pesets'ola라고 총칭하는데, 이는 '빈대 사냥에 나서다'는 뜻으로 누군가가 잠이 드는 상황을 은유적으로 표현하는 페세츠올마크누마pesets'olmaqnuma라는 동사가 그 단어에서 파생했다. 안타깝게도 현존하는 역사 기록 중에 빈대가 등장하는 문헌은 아주 소수다. 그런 문헌에 따르면 호주에서도 빈대는 미국 대륙과 비슷한 경로로 침투했다. 1700년대 후반 최초 유럽 정착민들과 함께 호주에 첫발을 디딘 다음 점차 대륙 전체로 확산되었다는 말이다. 이는 비단 미국과 호주만의 이야기가 아니다. 전 세계의 온대 지역에 위치한 다른 유럽 식민지들도 똑같은 경로로 빈대의 침공을 받았을 것으로 보이고, 다들 빈대와 관련해 독특한 역사를 가지고 있다.

1900년대 초반 미국은 그야말로 빈대에 점령당했다. 뒷골목에서부터 고급 호텔에 이르기까지 출몰하지 않는 곳이 없을 정도였다. 오죽하면 뉴저지 주에 베드버그 힐Bed Bug Hill이라는 지명이 생기고 캘리포니아에 베드버그Bed Bug라는 광산 도시가 생겨났을까. 심지어 과학기술 전문지인 《파퓰러 메카닉스Popular Mechanics》와 《빌보드Billboard》 같은 잡지는 모형 빈대 한 봉지를 약 10센트로 판매했다. 또한 빈대는 예술계에도 침투했다. 가령 미국의 사실주의 화가인 에드워드 호퍼Edward Hopper는 빈대를 가지고·짓궂은 장난을 쳤다. 빈대 가족을 수채화 물감으로 실물과 가깝게 그린 다음 하나하나를 오려서, 화가였던 월터 티틀Walter Tittle의 베개에 붙여 놓은 것이다. 미국인들은 변비, 기침, 치질, 간질환, 근육수축, 피부 질환, 유정遺精*, 잦은 하품 등에는 물론이고 말라리아 환자의 고열과 오한을 치료하기 위해 빈대를 팅크tincture** 및 여러 의료용 혼합제제와 섞어 사용했다. 그리고 미시건 주립대학교는 1926년에 특별 농업보고서를 발행하면서 "빈대가 아주 오래 전부터 미국 전역에 퍼져 있던 터라 '빈대 없는' 미국에 관한 기록은 찾을 수 없을 듯싶다"라는 문구를 포함시켰다.

빈대의 침공은 여기서 끝이 아니었다. 빈대는 일상생활만이 아니라 그것에 관한 예술적 표현에까지 파고들었다. 예컨대 영국의 위생곤충학자로 1950~1960년대에 다양한 실험으로 살충제에 대한 빈대의 강력한 저항성을 증명하는 데 일조했던 제임스 로널드 버스바인James Ronald Busvine은 흡혈충이 예술가들의 창의성을 자극하는 소재임을 이해했다. "빈대는 경건함, 사랑, 인간의 무가치함에 대한 상징으로서 문학적 호기심을 충족시켜 줄 것이다. 또한 빈대는 상스러운 글, 가짜 약, 병적인 흥미의 주제이기도 하다."

사실 빈대는 업튼 싱클레어Upton Sinclair, 싱클레어 루이스Sinclair Lewis, 랭스턴 휴스Langston Hughes, 존 스타인벡John Steinbeck, 존 도스 패서스John Dos Passos, 윌리엄 버로스William Burroughs, 앨런 긴즈버그Allen Ginsberg, 헨리 밀러Henry Miller 같은 위대한 문호의 작품에 당당히 얼굴

---

* 성교를 않했음에도 무의식중에 정액이 몸 밖으로 나오는 증상.
** 알코올과 혼합해 약제로 쓰는 물질.

을 들이민다. 특히 헨리 밀러는 자신의 대표적인 일곱 개의 작품에서 빈대를 등장시킬 만큼 빈대에 대한 애정이 아주 각별했다. 문학만이 아니다. 빈대는 음악계에서도 존재감을 과시한다. 블라인드 레몬 제퍼슨Blind Lemon Jefferson의 〈검은 뱀의 신음Black Snake Moan〉에서부터 로니 존슨Lonnie Johnson, 퍼리 루이스Furry Lewis, 베시 스미스Bessie Smith 등등 많은 블루스 가수들이 불렀던 〈비열하고 늙은 빈대 블루스Mean Old Bed Bug Blues〉에 이르기까지, 초기 블루스 음악에서 빈대는 탄식의 대상이다. 그뿐 아니라 〈비열하고 늙은 빈대 블루스〉는 블루스를 넘어 미국의 컨트리음악에 진출했다. 텍사스의 음유시인으로 불렸던 어니스트 터브Ernest Tubb가 1936년 그 노래를 기타 연주와 요들이 포함된 버전으로 녹음한 것이다. 1950~1960년대에 카리브해 지역에서는 칼립소Calypso*가 빈대와 성적인 주제를 결합시켰다. 예를 들어 마이티 스포일러Mighty Spoiler는 〈빈대The Bed Bug〉라는 제목으로, 로드 인베이더Lord Invader는 〈환생Reincarnation〉이라는 제목으로 불렀던 노래를 보면, 여성의 엉덩이를 깨물기 위해 빈대로 환생하고 싶다는 가사가 나온다. 그리고 로드 키치너Lord Kitchener가 부른 〈뮤리엘과 벌레Muriel and the Bug〉에서 벌레가 뮤리엘의 "보물"을 찾는다.

다시 당신의 침실 이야기로 돌아가자. 깨끗하든 지저분하든 혹은 당신이 누구든 간에 상관없다. 아침에 일어나 보니 뭐에 물렸는지 몸이 가렵거나 침대보에 마른 핏자국이 묻어 있다고 하자. 혹은 곰팡이나 후춧가루처럼 생긴 작은 얼룩이 매트리스 가장자리에 여기저기 흩뿌려져 있을 수도 있다. 어쩌면 예전에도 이런 일이 있었지만, 당신은 이제야 그것

---

* 카리브해 지역의 대중음악.

에 특정한 유형이 있다는 생각이 든다. 물린 자국이 일직선이라거나 핏덩어리에 벌레의 으깨진 다리 파편이 남아 있음을 알아차린다. 또는 자세히 살펴보면 후춧가루처럼 생긴 것이 사실은 빈대의 배설물일 수도 있다. 요컨대 당신은 이제야 이것들이 빈대가 간밤에 마음껏 돌아다닌 흔적임을 깨닫는다. 어쩌면 예전에도 짐작을 했지만 믿고 싶지 않았을 것이다. 하지만 그것은 중요하지 않다. 이번에는 빼도 박도 못할 빈대의 흔적을 발견했고, 이것을 계기로 빈대 사냥을 시작한다. 침대보를 걷어 내보니, 평소 베개가 놓여 있는 곳에서 불과 몇 센티미터 떨어진 매트리스 솔기에 작은 빈대 무리가 옹기종기 숨어 있다. 그리고 당신은 수백 혹은 수천 년 동안 사람들이 빈대를 발견했을 때면 으레 하는 일을 한다. 가능한 한 모든 수단을 동원해서 빈대를 찾아 죽인다.

2장

몰락

: 디디티와 빈대 대학살

1935년 스위스 바젤Basel에 위치한 작은 실험실에서 젊은 화학자 파울 헤르만 뮐러Paul Hermann Müller는 커다란 유리 상자에 검정파리 떼를 잇달아 풀어 놓았다. 그리고 무지갯빛의 파리 떼를 풀어 놓을 때마다 에틸알코올이나 아세톤에 녹인 각기 다른 살충제 용액을 분사했다. 주름 잡힌 이마에 군인처럼 검은 머리카락을 바짝 깎은 그는 진중한 성격으로, 17살에 고등학교를 중퇴한 이후 죽 화학공업 분야에 헌신했다. 처음에는 연구실 조수로 시작했지만 나중에는 바젤 대학교University of Basel에서 화학 학위를 받았고 이후 연구원으로 일했다. 위의 파리 실험은, 이제껏 경력 대부분을 식물성 염료와 가죽 무두질에 사용되는 천연 물질을 연구하는 데 바쳤던 그가 시도한 첫 번째 살충제 실험이었다. 평소 식물과 자연에 대한 사랑이 각별했던 그가 파리 실험을 시작한 것도 그런 사랑의 연장선상에 있었다. 즉 식물을 병해충에게서 화학적인 방법으로 지키는 것이 그의 새로운 목표였다. 그는 살충제가 갖추어야 할 이상적인 성질을 머릿속에서 나름대로 정리했다. 많은 곤충에게는 유해하지만 포유류나 식물에게는 무해할 것, 신속하게 작용하고 표면에 오랫동안 잔류할 것, 제조 비용이 저렴할 것, 불쾌하고 자극적인 냄새가 나지 않을 것 등이었다. 니코틴, 페노티아진phenothiazine, 피레트럼pyrethrum, 로테

논rotenone, 티오시안산염thiocyanate은 그의 엄격한 기준을 통과하지 못했다.* 그뿐 아니라 300여 종이 넘는 다양한 화학물질도 시험했지만, 하나도 그의 이상적인 살충제 공식에 어울리지 않았다. 그러나 그는 거듭된 실패에도 실망하지 않고 집요하게 연구를 계속했는데, 좋은 화학자는 끈기가 있어야 한다는 강한 소신이 있어서였다. "지금보다 더, 더 연구에 매진해야 한다." 이것이 그의 좌우명이었다.

드디어 그의 끈기가 보상을 받았다. 기본적인 화학구조 하나가 구체화되었다. 이는 다른 과학자들의 실험을 조사하고 자신이 직접 시도했던 많은 실험에서 얻은 지식이 밑거름이 되어 준 덕분이었다. 그동안 수많은 과학 논문을 닥치는 대로 파헤쳤다. 그러다가 1934년에 발표된 어떤 글에서 뮐러는 자신이 그토록 원하던 것과 유사한 화학물질을 발견했고, 실험실에서 직접 합성했다. 뮐러는 그 화학물질에 염소 원자를 여럿 추가해 화학구조를 수정했고, 그렇게 만들어진 화합물을 파리에게 실험했다. 그러나 실험을 시작한 지 4년째이자 유럽에서 제2차세계대전이 발발한 1939년 9월까지도 그는 이상적인 화학구조를 완성하지 못했다. 그런데 오스트리아의 한 대학원생이 1873년에 제출했던 옛날 박사 학위 논문에서 드디어 꿈의 화합물을 발견했다. 논문에는 그 화합물의 여러 성질과 제조 방법이 기술되어 있었다. 그런데 아무리 샅샅이 뒤져 봐도 이 화합물을 살충제로 사용하는 것에 대해서는 일절 언급이 없었다. 어쨌든 그 화합물은 완벽한 좌우대칭 구조를 이루며 아름다운 자태를 뽐냈다.

---

* 니코틴은 곤충에 강력한 신경독성을 발휘하고, 페노티아진은 살균, 구충 효과가 있다. 피레트럼은 국화과에 속한 제충국에서 추출한 물질을 살충제로 만든 것이며, 로테논은 식물에서 추출하는 천연살충제다. 티오시안산염은 하나의 탄소 원자에 질소 원자와 황 원자가 결합한 화합물이다.

디디티의 개발자 파울 헤르만 뮐러

뮐러는 그 화합물을 파리 떼에 분사했고, 파리들이 순식간에 죽어 바닥으로 떨어졌다. 게다가 그 화합물은 그의 기대대로 잔류성이 아주 강해서 상자 내부 표면에 들러붙었고 다음 번에 투입된 파리들까지도 죽였다. 파리들을 상자에 넣기 전에 아무런 처리를 하지 않았는데도 말이다. 그래서 그는 상자를 분리해서 소독한 다음 한 달 동안 꼬박 공기 중에 내놓았다. 이것은 달리 생각해 둔 것이 있었기 때문이다.

사실 뮐러는 검정파리를 죽이는 데는 관심이 없었다. 그의 궁극적인 목표는 당시 스위스의 농장을 위협하던 외래종인 콜로라도감자잎벌레 colorado potato beetle 를 포함한 농업 해충이었다. 그는 먼저 콜로라도감자잎벌레한테 자신이 만든 새 화합물을 실험했다. 효과적이었다. 또한 집

파리와 하루살이를 대상으로도 성공적인 결과를 얻었다. 끈기라면 누구에게도 뒤지지 않았던 젊은 화학자는 드디어 자신이 생각한 이상적인 살충제의 모든 조건을 거의 충족시키는 화합물을 발견했다. 포유동물과 식물에는 무해한 듯 보였고, 제조하기도 쉽고 비용도 저렴했으며, 사실상 냄새도 없는 데다가 햇빛과 공기 중에서도 안정적이었다. 이는 실내와 실외 모두에서 사용할 수 있다는 뜻이었다. 그로부터 1년이 채 지나기 전에 뮐러가 근무하던 회사 가이기J.R. Geigy Ltd.는 스위스 정부로부터 특허를 받았다(오늘날 가이기는 세계적인 다국적 화학 회사 노바티스Novartis에 합병되었다). 그리고 얼마 후 가이기는 스위스 시장에 두 가지 제품을 출시했다. 머릿니에 뿌리는 분말 살충제 네오시드Neocid와 다목적용 스프레이 살충제 게사롤Gesarol이었다.

이후 몇 년간 과학자들은 뮐러의 화학물질이 식물과 오물을 먹는 해충은 물론이고 흡혈 기생충에도 효과적이라는 사실을 발견하게 된다. 특히 말라리아를 옮기는 모기와 티푸스를 전염시키는 이를 포함해 흡혈 기생충은 구제하기가 어렵기로 악명이 높았다. 70년이 흐른 후 나는 유싱어의 저서를 훑어보다가 뮐러가 발명한 화학물질이 "인류의 오랜 문제에 대한 완벽한 해결책처럼 보였다"라는 문구를 읽었다. 그 화학물질이 바로 디디티DDT로 더 유명한 디클로로디페닐트리클로로에탄dichloro-diphenyl-trichloroethane이고, 인류의 오랜 문제란 바로 빈대를 말하는 것이었다.

디디티는 염화 탄화수소chlorinated hydrocarbon가 함유된 최초의 합성 살충제였다. '탄화수소'는 탄소와 수소 원자 들로 이뤄진 화합물을 일컫는 것으로 유기화합물이다. 이는 탄소 원자가 구조의 기본 골격을 이룬다는 뜻이다. 빈대부터 인간에 이르기까지 지구상의 모든 생명체는 탄소를 기반으로 한다. 탄소는 단백질, 지방, 탄수화물, 디엔에이DNA 등과 같이 생물학적 구조의 핵심 구성 성분인데, 탄소가 다양한 형태의 사슬을 형성할 수 있는 극소수의 원소 중 하나이기 때문이다. 그런 사슬은 화합물의 기본 골격이 되어 다양한 형태의 화합물을 만든다. '염화'는 탄화수소의 기본 골격 구조에서 일부 수소 원자를 염소 원자로 치환하는 것을 의미한다. 각각의 염소 치환은 탄화수소의 성질을 변화시키는데, 클로로포름부터 세제 용액과 페인트 희석제에 이르기까지 염소 치환을 응용한 제품은 수도 없이 많다. 화학자들은 탄화수소에 다른 원자와 원자단atomic group*을 추가하는 방법을 알아내어 더욱 복잡한 분자사슬을 만들었다. 그런 식으로 탄생한 화합물 중 하나가 바로 디디티다. 디디티의 분자구조는 크게 세 부분으로 나뉜다. 먼저 수소 원자 하나와 결합된 탄소 원자 하나가 중앙에 위치한다. 그리고 세 개의 염소 원자와 결합된 또 다른 탄소 원자가 있다. 마지막으로 각각에 수소 원자 하나가 염소 원자로 치환된 한 쌍의 벤젠고리가 있다. 벤젠고리는 탄소와 수소가 고리 형태로 결합된 구조를 일컫는다.

　사랑스럽고 위협적이며 완벽한 좌우대칭을 형성하는 이런 원자 배열 때문에 디디티가 물에 녹지 않는 불수용성과 인체의 지방조직을 포함하여 지방에 녹는 지용성을 갖게 된다. 자연적인 상태에서는 베이킹파우더와 비슷한 고운 백색 분말 형태를 띠는 독성 화학물질인 디디티는 인간과 기타 포유류의 피부를 통해서는 체내로 쉽게 침투하지 못한다. 디디티가 수개월에서 심지어 수년에 걸쳐 표면에 오랫동안 잔류하는 특성을 갖는 것도 독특한 분자구조 때문이다.

　아무것도 섞지 않은 디디티 원제가 살충제로 사용된 적은 한 번도 없

---

*몇 개의 원자가 서로 결합해 마치 한 개의 원자 구실을 하는 집단.

었다. 대신에 희석해 유성 액체 또는 고운 가루로 만들어 해충이 활동하거나 서식하는 모든 곳에 분사하거나 도포하고 또는 연막 살포했다. 해충이 디디티가 묻은 표면에 접촉하면 디디티 미립자가 해충의 발에 착 들러붙는다. 나중에 그 해충은 발로 자신의 몸을 닦다가 몸의 여기저기에 디디티 성분을 묻힐지도 모르겠다. 디디티가 어떻게 해충을 죽이는지는 정확하게 알려지지 않았고, 이는 독물이나 약물의 원료가 되는 많은 인공 화학물질도 마찬가지다. 과학자들은 그런 화학물질이 효과적이라는 사실은 알되 어떻게 작용하는지는 정확히 모른다. 디디티의 경우, 곤충 외골격의 끈적거리는 표피층이 디디티를 흡수하면 디디티가 신경계까지 침투한다는 것이 유력한 시나리오다. 신경계에 침투한 디디티는 이온성 염ionized salt들의 흐름을 방해한다. 이런 염들은 곤충의 움직임과 생각, 아니 적어도 인간의 생각에 해당하는 사고 과정을 관장하는 신경 신호 전달에 핵심적인 역할을 한다. 특히 디디티는 뉴런neuron이라고 불리는 신경세포의 막에 존재하는 나트륨 통로sodium channel에 지대한 영향을 미치는 것처럼 보인다. 나트륨 통로는, 신호가 신경세포 사이와 몸 전체로 이동할 때 나트륨 이온이 세포막을 통과하도록 도움을 준다. 디디티가 침투하면 신경세포 내의 나트륨 이온이 나트륨 통로를 통해 빠져나가고, 나트륨이 부족한 신경세포는 지속적으로 흥분하게 되며, 이는 곤충이 심각한 경련을 일으키는 원인이 된다. 결국 곤충은 죽음에 이른다.

디디티는 비소와 수은 같은 독성 원소 또는 국화를 으깨어 만든 피레트럼처럼 식물에서 추출한 자연 발생적인 독물에 의존하는 것이 아니라, 실험실에서 화학 성분을 결합시킴으로써 인위적으로 만들어 낸 사상 최초의 살충제였다. 디디티의 성공은 알드린aldrin, 디엘드린dieldrin, 린덴lindane, 메톡시클로르methoxychlor 등과 같이 수많은 염화 탄화수소계 살충제의 시대를 열었다.

　이후 디디티의 이야기는 널리 알려져 있다. 간단히 정리하면, 디디티가 그토록 신속하고 광범위하게 사용된 이유는 제2차세계대전 중에 나타난 두 가지 현상과 타이밍이 절묘하게 맞물린 결과였다. 제2차세계대전은 정부가 자금을 지원하고 대규모의 고예산 연구가 주도하는 거대과학big science의 시대를 초래했다. 전쟁이 발발하기 전 몇 년간 독일, 영국, 소련 같은 세계 초강대국들이 전쟁 관련 연구와 개발에 박차를 가했는데, 미국도 예외가 아니었다. 1941년 프랭클린 루스벨트Franklin D. Roosevelt 대통령은 행정명령 제8807호에 서명했고, 그에 따라서 국방을 지원하기 위한 과학연구개발국Office of Scientific Research and Development이 창설되었다. 그뿐 아니라 루스벨트 대통령의 재임 기간에 과학연구개발국과 몇몇 정부기관들이 바주카포, 페니실린을 대량생산할 수 있는 방법과 오늘날 미국 전역에서 '덕 투어duck tour' 관광에 사용되는 디유케이더블유DUKW 수륙양용 차량을 개발했다. 제2차세계대전은 또한 프로그램화된 전자 컴퓨터, 새로운 무선 기술, 대륙간 탄도미사일 등을 개발하는 촉매제가 되었고, 무엇보다도 핵무기 개발을 촉발시켰다. 비슷한 맥락에서 전쟁은 화학기술에 대한 관심과 투자를 증가시켰는데, 디디티와 곧이어 개발되는 다양한 살충제가 그런 관심과 투자의 수혜를 입었다. 1944년 《타임Time》은 디디티를 "리스터Joseph Lister의 살균소독법 발견"에 필적하는 "제2차세계대전의 가장 위대한 과학 발견 중 하나"라고 말했고, 《뉴스위크Newsweek》는 디디티를 혈장血漿, 페니실린과 더불어 제2차세계대전이 낳은 3대 의학 발견에 포함시켰다.

　디디티의 급속한 확산을 촉진한 두 번째 요소는 전쟁으로 말미암아 전염병이 유행할 수 있는 최적의 환경이 조성되었다는 점이었다. 다시 말해 수천 명이 전장에서 뒤엉키고 때로는 불결하고 비위생적인 콩나물 시루 같은 막사에서 생활할 수밖에 없는 전쟁은 대규모 인구집단 형성이라는 전염병 발생의 기본 요건을 충족시켰다. 미국의 세균학자 한스 진서Hans Zinsser의 유명한 글에도 언급되었듯이, 제2차세계대전 이전에 발생했던 대부분의 전쟁에서는 전투보다 질환에 따른 사상자가 더 많았다. "병사들이 전쟁을 승리로 이끈 적은 거의 없다. 오히려 전염병이 선제공격을 퍼부은 후에 병사들이 뒷마무리하는 경우가 더 많다. 발진티푸스는 그 형제자매들인 흑사병, 콜레라, 장티푸스, 이질과 함께 카이사르, 한니발, 나폴레옹 그리고 역사상 모든 장군들보다 전쟁의 승패에 더 큰 영향을 끼쳤다." 이런 질병을 유발하는 병원성 미생물은 하나의 숙주에서 다른 숙주로 이동하기 위해 매개체가 필요하고, 많은 경우 이 매개체는 흡혈 곤충의 형태를 띤다.

제2차세계대전도 초반에는 오랜 역사를 가진 이런 비극적인 공식이 되풀이될 듯 보였다. 당시 가장 위협적인 전염병은 발진티푸스와 말라리아였다. 먼저 발진티푸스는 리케차rickettsia라는 병원체病原體에 의해 감염되고 사람에 기생하는 이가 주요 매개체 역할을 하며 일단 발병하면 심신이 급속도로 쇠약해진다. 그리고 말라리아 원충plasmodium parasite이 감염시키는 말라리아는 학질모기 속Anopheles屬에 포함되는 특정한 종의 모기 암컷이 매개체다. 발진티푸스와 말라리아의 확산을 막기 위한 의학적인 개입 시도가 있었지만 매우 제한적이었다. 1930년대에 한스 진서 같은 여러 세균학자들이 효과적인 발진티푸스 백신을 개발하는 데 힘을 보탰지만, 리케차에 광역 스펙트럼 항생제broad-spectrum antibiotics*를

---

* 광범위한 종류의 세균에 유효한 항생제.

사용하는 것은 1948년에 가서야 비로소 발견되었다. 반면 말라리아 합성 치료제는 1800년대 말에 개발되었고 심지어 제2차세계대전이 발발할 즈음에는 이미 널리 사용되고 있었다. 그러나 전쟁으로 파괴된 광범위한 지역에 퍼져 있는 사람들에게 백신과 치료제를 보급하는 것은 비록 불가능하지는 않아도 매우 어려웠다. 게다가 모기가 서식하는 물웅덩이를 없애고 비누와 따뜻한 물로 몸을 씻고 옷을 세탁해서 이를 죽이는 등등 예방책들이 있었지만, 전시의 혼란스러운 상황에서는 실천하기가 쉽지 않았다. 병원체에 감염된 곤충을 박멸하지 않는다면 발진티푸스와 말라리아의 발병과 확산을 완벽히 예방할 방법이 없었다. 발 디딜 틈 없이 북적거리는 병사들의 막사, 포로수용소, 감옥 등에서 모기와 이는 사람과 사람 사이를 날아다니거나 기어 다니기 때문이었다. 모기와 이에게는 아군, 적군이 따로 없었다(빈대 역시도 병사들을 괴롭히는 골칫거리였고, 심지어 최고위급 군인들도 빈대에 들볶였다. 1943년 미국의 조지 패튼 George S. Patton 장군은 이탈리아의 시칠리아를 침공한 후 아내인 베아트리체에게 보내는 여러 편지에서 막사에 빈대가 많다고 수차례 불평했다).

이제 드디어 전쟁 기술이 탄생시킨 무기가 등장한다. 역사학자 데이비드 킨켈라 David Kinkela 가 디디티의 참전기를 아주 상세히 들려준다. 1942년 가이기 사社가 뉴욕에 위치한 자회사 한 곳에 게사롤 샘플을 보냈다. 얼마 지나지 않아 그곳과 플로리다에 위치한 미국 정부 소속의 어떤 연구소가 첫 번째 실험을 실시했고, 결과적으로 디디티가 이와 모기에도 효과가 있음을 밝혀냈다. 두 흡혈충의 먹이 활동 습성과 일반적인 생명 활동이 다르다는 점을 고려하면 이것은 대단한 발견이었다. 말라리아모기는 번식을 위해 흡혈 식사가 필요하고, 따라서 인간과 매우 가까이 살아야 한다. 또한 말라리아모기는 알, 유충, 번데기, 성충으로 이루어진 네 단계의 수명 주기에서 처음의 세 단계를 물에서 보내는 만큼, 물도 반드시 필요하다. 도랑부터 타이어 자국이 만든 물웅덩이까지 물만 있다면 어디든 상관없다. 그뿐 아니라 모기는 산란과 먹이를 구하기 위해 종에 따라서 수 킬로미터를 날아갈 수도 있는데, 대부분 해질녘이나 밤중에 움직인다. 반면 옷엣니body lice는 날개가 없어서 속옷을 포함해 옷의 솔기에 숨은 채로 먹고 산란하고 배설하며 언제나 숙주와 거의 한 몸처럼 붙어 있어야 한다. 어떤 살충제를 모기와 이 모두에 사용하려면 확실한 살충 효과 말고도 고려할 점이 있다. 모기가 떼로 모여 있는 물웅덩이, 벽, 천장은 물론이고 이가 기생하는 사람의 몸에 사용해도 안전해야 한다는 것이다. 그런데 디디티는 이런 모든 기준을 충족시키는 것 같았다. 연구가들은 물을 포함해 어떤 표면이든 디디트를 뿌렸고, 사람에게 뿌렸을 때는 드문드문 발진만 생겼을 뿐 별다른 부작용이 나타나지 않았다. 그러나 이런 안전성 실험은 장기적인 노출에 따르는 효과는 조금도 고려하지 않은 기본적인 수준이었다. 이렇게 속전속결로 진행된 이유 중 하나는, 어느 정도 당시가 전시 상황이라 전염병을 박멸해야 한다는 압박이 심했기 때문이었다.

이후 연구가들은 뉴욕, 뉴햄프셔, 멕시코에서 현장 실험을 실시했다. 가끔은 아무런 사전 동의를 구하지 않은 채로 이뤄졌다. 현장 실험 결과, 디디티가 실험실 환경이 아닌 야외에서도 효과적이라는 사실이 증명되었다. 또한 미국의 모처, 트리니다드 섬, 이집트, 브라질에서 실시된 후속 실험들에서도 동일한 결과가 나왔다. 1943년 초반이 되자 영국과 미국은 군대 보급품 목록에 디디티를 포함시켰고, 디디티는 때맞춰 전쟁터에 투입되었다. 전시 상황에서 벌레 문제는 갈수록 심화되었고, 당시 보편적인 살충제로 사용한 피레트럼만으로는 이를 해결하기 힘들었다. 연합군의 적이었던 일본이 전 세계 피레트럼 공급의 90퍼센트 이상을 장악하고 있었던 것이 이유 중 하나였다. 일본의 동맹국이었던 독일도 스위스의 가이기 사로부터 게사롤 샘플을 받았고(스위스는 연합국도 추축국도 아닌, 중립국이었다) 다양한 실험을 진행했다. 그러나 독일은 게사롤의 효과에 대해 회의적이었고, 건강에 미칠 잠재적 위험을 우려했으며, 그리스와 유고슬라비아 등과 같이 자국의 피점령국들에서 말라리아를 구제하는 데만 사용했다.

디디티는 1943년 후반 연합군이 베니토 무솔리니Benito Mussolini로부터 북아프리카와 남부 이탈리아를 탈환한 후에 명성을 떨칠 결정적인 기회를 맞게 된다. 나폴리는 물론이고 그보다 규모가 작은 몇몇 이탈리아 마을들이 발진티푸스로 극심한 고통을 받고 있었을 뿐 아니라 대유행으로 번질 조짐이 보였던 것이다. 지난 15년간 남부 이탈리아에서는 발진티푸스가 크게 유행한 적이 없었고, 그래서 그곳 주민들은 발진티푸스에 특히나 취약했다. 주민 열 명 중 약 아홉 명이 이에 옮은 걸로 추정되었다. 게다가 그 지역은 추축국에서 연합국으로 통치자가 갑자기 바뀌는 통에 매우 혼란스러웠다. 식품과 비누 등의 생필품을 공급할 수 있는 운송 및 연락 망이 붕괴됐고, 주민들은 독일군과 연합군의 공습을 피해 나폴리의 석회암 언덕에 있는 수백 개의 방공호로 피신했다. 고로 발진티푸스가 대유행하는 것은 단지 시간문제였다.

1943년 12월 미국의 민간 자선단체 록펠러 재단Rockefeller Foundation의 보건위원회가 남부 이탈리아 지방을 위한 이 퇴치 프로그램을 발족시켰다. 나폴리 시민 약 100만 명을 포함해 총 130만 명 이상이 대상이었다. 보건위원회는 교회, 학교, 철도 역사에 임시 사무실을 마련했고, 디디티 분제를 이에 효과적인 여러 살충제와 섞어서 인력살분기*로 매일 최대 10만 명에게 분사했다. 또한 발진티푸스 확진자의 직계가족은 물론이고 그들 가족이 사는 집에도 디디티 분제를 살포했다. 그러자 두 달이 지나기도 전에 발진티푸스가 통제되었다. 그해 말 디디티는 그 지역에서 말라리아모기를 퇴치하는 데에도 혁혁한 공을 세웠다. 그리고 얼마 지나지 않아 디디티는 전 세계 전쟁터에서 제일가는 살충제가 되었다. 한편 제2차세계대전은 디디티의 도움으로 인류의 전쟁사를 새로 썼다. 미국의 경우 전투로 인한 전사자보다 질병으로 말미암은 병사자가 더 적은 최초의 대규모 전쟁인 동시에, 전 세계적으로도 최근 벌어진 전쟁들 중에서 병사자가 적은 전쟁 중 하나로 기록된 것이다. 뮐러는 디디티의 접촉성 살충 효과를 발견한 공로로 1948년 노벨 생리의학상을 수상했다.

종전 직전에 군수물자를 관리하고 공급하던 미국의 전시생산위원회 War Production Board는 자국 내 디디티 사용 금지를 철회했다. 곧이어 디디티와 몇몇 염화 탄화수소계 살충제는 더욱 은밀한 전투에서 맹위를 떨쳤고, 전 세계의 농장과 가정 안으로 깊이 파고들었다. 이제 다름 아닌 농업 해충 및 빈대 같은 위생 해충과의 전쟁이 시작됐다. 그러자 군 사용 디디티 계약을 독점하던 듀폰DuPont, 허큘리스Hercules, 머크Merck, 몬산토 등은 두말할 필요도 없고, 많은 미국 기업들이 그 기회를 붙잡았다. 가령 김벨스Gimbels 백화점은 전시생산위원회가 디디티 사용 금지를 해제하자 《뉴욕타임스New York Times》에 미국에서 디디티를 사용할 수 있게 되었다는 내용의 전면광고를 실었다. "어제부로 디디티 사용 금지가 해제되었습니다! 내일부터 판매를 시작합니다! 김벨스가 가장 빨리 선보입니다!" 이후 몇 년간은 디디티 광고의 춘추전국시대가 펼쳐졌다.

---

* 인력으로 송풍기를 회전시켜 분제를 살포하는 기계.

"디디티는 나—한테 정말 좋아!"

다우Dow와 듀폰을 비롯해 많은 기업들은 농장, 정원, 가정에서 디디티를 사용할 수 있다는 직접광고를 내보냈다. 그뿐 아니라 미국 농무부도 그런 곳에서 디디티를 사용하는 방법을 설명하는 안내 책자를 배포했다. 특히 살충제 브랜드인 플리트Flit의 유명한 광고캠페인 하나에서는 시어도어 가이젤Theodor Geisel이라는 유망한 신예 만화가가 삽화를 그렸다. 그는 훗날 닥터 수스Dr. Seuss라는 이름을 달고 아동작가가 된다. 또 다른 유명 광고로는 1947년에 발행된 《타임》에 펜솔트 케미컬Pennsalt Chemicals 사가 게재한 전면 컬러 광고가 있다. 그 광고를 보면 강아지, 사과, 주부, 암소, 감자, 닭이 즐겁게 노래한다. "디디티는 나–한테 정말 좋아!"

분말 살충제들은 얼마 지나지 않아 허가나 면허를 받을 필요 없이 일반인 누구라도 사용할 수 있었다. 동네 약국, 하드웨어 매장, 원예용품 판매점에서는 약 0.5킬로그램당 25센트에 판매되었다. 사람들은 디디티

분제를 5~10퍼센트 농도로 혼합 희석해 침대, 커튼, 아기 침대 등 집 안과 잔디밭에 마음껏 뿌렸다. 집 안을 단장할 때도 디디티가 함유된 벽지를 사용했는데, 심지어 디즈니의 미키마우스와 친구들이 꽃과 풍선을 배경으로 장난치며 노는 그림이 인쇄된 유아용 벽지에도 디디티가 함유되었다. 그뿐 아니라 하수관과 스크린도어에 디디티가 함유된 광택제인 페스트로이pestroy와 서티사이드certicide를 칠했다. 애완견을 위한 디디티 제품마저 있었다. 벼룩 전문 살충제인 펄벡스 플리 파우더pulvex flea powder의 만화 광고에서 개들이 노래한다. "이제 벼룩에서 해방이야. 나는 펄벡스 디디티를 뿌렸거든." 한편 깡통에 넣은 가루 디디티 제품인 리디트 엑스riddit-x의 인쇄 광고 슬로건은 이랬다. "너는 정말 운 좋은 강아지야." 1950년대에 방송된 어떤 텔레비전 광고에서는 한 여성이 아일랜드 산 사냥개 품종인 아이리시 세터irish setter에 에어로졸 디디티를 뿌린 다음 적갈색 털에 스며들도록 맨손으로 디디티를 문질러 바른다.

종전 후 30년 동안 미국은 원자폭탄을 터뜨리듯 디디티를 사람과 개인 소유물에 직접 분사하고 비행기를 이용해서 과수원에 공중 살포하는 등의 방식으로 전국에 67만 5,000톤의 디디티를 사용했다. 전 세계적으로 동일 기간 사용된 디디티는 무려 200만 톤에 이른다. 이렇게 미국 전역에서 수백만 가정의 집 안팎과 가재도구가 살충제 잔류 성분의 얇은 막으로 뒤덮이자 빈대가 사라진 듯했다.

그러나 미국에서 빈대가 사라진 것은 오직 디디티 덕분만은 아니었다. 제2차세계대전이 발발하기 전부터 미국에서는 빈대 개체 수가 감소했었다. 아니 적어도, 집 안을 빈대 '청정지역'으로 만들기 위해 힘든 집안일을 거들어 줄 도우미나 다양한 살충제에 정통한 전문 방역업자를 고용할 경제적인 여유가 있는 부유층과 중산층 가정에서는 그랬다. 대서양 너머의 영국에서도 미국과 사정이 비슷했다. 심지어 디디티의 강력한 살충 효과가 발견되기 전인 1930년대에도 영국에서 빈대 개체 수가 감소했다. 이는 순전히 땀과 노력의 결과였다. 빈대 방역팀들은 정부 지원금으로 지어진 오래된 주택을 철거했고 조사관들은 해충을 찾아 주택들을 샅샅이 점검, 또 점검했다. 한편 전후시대에 사용이 급증한 진공청소기를 포함해 경이롭고 현대적인 청소 기술의 발전이 빈대 개체 수 감소에 톡톡한 기여를 했다고 일부 전문가들이 주장한다. 이렇듯 해충이 들끓는 노후 주택을 철거하고 열심히 점검하며 집 안팎을 신경 써서 관리하는 것이 빈대를 통제하는 데 도움이 되었을 수도 있다. 하지만 그런 모든 접근법은 조연이었을 뿐, 주연은 디디티였다. 요컨대 디디티로 도포하는 것이 가장 간단했고 효과적이었으며 널리 사용되었다.

진화는 예측 가능한 흐름을 따른다. 또한 자연은 어떤 형식으로든 특정한 종에 압력을 가한다. 그 압력은 먹이 부족이나 천적일 수도 있고 또는 생존과 번식을 위협하는 다른 무언가일 수도 있다. 그뿐 아니라 생존에 유익한 특성을 지닌 종이 있는가 하면, 그렇지 못한 종도 있다. 예컨대 행운의 여신에게 선택을 받은 생물체는 다른 생물체에게는 허락되지 않는 먹이에 접근할 수 있거나 천적을 교묘히 잘 피해 다닐 수 있다. 또한 이런 유익한 특징은 무작위적 돌연변이random mutation라는 이름으로 유전자에 각인되어 있을 것이며, 이들 생물체를 특별하게 만든다. 생존자들은 번식할 기회를 갖고, 생존을 가능하게 해 준 유전적 특징이 무엇이건 그것을 후손에게 물려주며, 후손들은 다시 그 특징이 널리 퍼질 때까지 지켜낸다. 이 과정을 자연선택 또는 자연도태라고 부른다. 이는 자연이, 비록 의도하지는 않았지만 누가 살아남고 죽을지 선택하고, 종이 지니는 특징을 형성하기 때문이다.

인간을 포함해 거의 모든 고등 생명체의 경우 이런 진화적 변화가 일부를 제외하고는 아주 오랜 시간에 걸쳐 서서히 진행된다. 수만 년이 걸릴 수도 혹은 수백만 년이 걸릴 수도 있다. 왜 그럴까? 척추동물이 단순한 형태의 생명체에 비해 임신 기간이 긴 것이 이유 중 하나다. 이는 다음 세대를 출산하기까지 더 많은 시간이 걸린다는 뜻이다. 또한 그런 동물은 자손을 더 적게 낳고 그 자손은 생식 가능 연령까지 성장하는 데 더 많은 시간을 소비한다. 이런 커다란 변화로 말미암아 가끔은 앞선 세대와는 뚜렷이 구분되는 새로운 종種의 유전자 풀gene pool*을 보유한 개체군이 생겨난다. 그렇다면 이 과정은 얼마나 신속하게 이뤄질까? 여러 요인이 작용하겠지만 대표적인 것은, 각기 다른 개체군의 개체들이 서로 자유롭게 이동하면서 서로의 유전자 풀을 혼합할 수 있는가이다. 가령 물리적인 장벽에 가로막혀 다른 개체군과의 분리가 확실할수록 개체군 간 번식 가능성이 줄어들고 결국 새로운 종으로의 분화에 유리하다. 반면 이동의 기회가 많을수록 유전자 흐름gene flow**이 증가한다.

하지만 일부 생명체는 번식률이 아주 높고 짧은 기간에 수백 혹은 수천의 자손을 생산한다. 박테리아나 곤충 같은 생물종에서 새로운 특성이 비교적 신속하게 진화할 수 있는 것도 바로 이런 특징 때문이다. 인간의 한 세대와 빈대의 한 세대를 비교해 보라. 제2차세계대전 중에 만나서 결혼한 부부는 전후 베이비붐 시절에 자녀를 출산했을지도 모르겠다. 가령 부부가 자녀를 다섯 명 두었고, 그들이 성장해서 각자 가정을 꾸렸다고 하자. 이처럼 인간이 부모-자녀-손자로 이어지는 3세대 동안

---

*어떤 생물 집단 속에 있는 유전 정보의 총량.
** 한 집단에서 다른 집단으로 유전자가 이동하는 과정.

빈대는 세대가 수백 번 바뀌고 개체 수도 수백만으로 늘어났다.

　그들 빈대의 각 세대는 살충제로 뒤덮인 환경에서 태어났다. 가장 나약한 빈대는 살아남지 못했지만, 생존한 일부 빈대는 살충제에 저항성을 갖는 특징을 발전시켰다. 아마도 유전적 돌연변이의 결과였을 것이다. 어쨌든 살충제는 합성 환경synthetic environment이 야기한 위협으로 먹이 부족이나 천적보다도 훨씬 치명적이었다. 전후 세대의 빈대들은 다양한 형태의 살충제와 광택제에도 살아남았고 야간 흡혈 식사를 계속했으며 괴이한 짝짓기 의식을 유지했다. 또한 유전적 돌연변이로 디디티에 강한 저항성을 갖는 새로운 빈대 세대를 번식시켰다. 빈대는 짧은 기간 안에 매우 왕성하게 번식하기 때문에 디디티 저항성 유전자가 유전자 풀을 점령했다(이것은 우리가 현재 항생제 내성균과 관련해 직면한 문제와 비슷하다. 특정 병원균들은 약물을 투여해도 죽지 않고, 결국에는 메티실린 내성 황색포도상구균methicillin resistant staphylococcus aureus, 즉 슈퍼버그 superbug 괴물을 만들어 낸다).

　디디티는 빈대와의 전쟁에서 대승을 거두었고 빈대는 거의 박멸되다시피 했다. 빈대가 그토록 강력한 살충제에 노출된 적이 없었다는 점, 자신을 보호할 수 있는 자연적인 방어 능력도 전혀 없었다는 점이 디디티가 승리한 큰 요인이었다. 디디티 저항성을 가진 빈대들이 빠르게 늘어갔지만 얼마 지나지 않아 우리 인간은 유기인계organophosphates와 카바메이트계carbamates 같은 여러 살충제를 개발했다.* 그런 살충제는 디디

---

*인 성분이 포함된 유기인계와 아미노기와 카복실기가 결합한 카바메이트계의 살충제들은 신경전달 물질인 콜린에스테라아제Cholinesterase에 작용해 신경전달을 교란시키고 곤충이 과도하게 흥분하고 경련을 일으켜 죽게 만든다.

티와 다르게 작용한 까닭에 처음에는 효과적이었다(유기인계 살충제는 지금도 상당한 효력을 발휘하지만 오늘날에는 많은 국가에서 실내 사용이 금지되었다). 그럼에도 불구하고 비록 소수일지언정 전 세계 곳곳에는 살충제와의 전쟁에서 살아남은 빈대들이 있었다. 그리고 디디티에 저항성이 있는 유전적 돌연변이가 그런 빈대의 디엔에이에 숨어서 화려하게 귀환할 만반의 준비를 한 채로 적절한 조건이 갖추어지기만을 기다리고 있었다. 그렇게 빈대가 귀환할 기회를 엿보던 몇십 년 동안 7,600만 명에 이르는 베이비붐 세대는 운 좋게도 빈대에 대해서는 전혀 모른 채로 살았다. 이는 그들의 형제자매들은 물론이고 아들딸들도 마찬가지였다. 그저 빈대는 부모님이 어렸을 때에 지구상에 잠깐 존재했던 곤충이라고만 알 따름이었다.

3장

망각

: 눈에서 멀어지면
마음에서도 멀어진다

1965년 메릴랜드 주 애버딘Aberdeen에 소재한 제한전쟁실험소Limited War Laboratory의 군 소속 곤충학자들은 빈대를 전장에 투입할 방법을 실험하고 있었다. 지구 반대편에서는 베트남전쟁이 갈수록 치열해졌고, 베트콩은 미국과 동맹국들이 예상한 것보다 전투 능력이 훨씬 뛰어났다. 베트콩은 밀림에 익숙한 덕분에 미군을 매복 공격하기가 쉬웠고, 따라서 미군은 밀림에서 게릴라들을 끌어내기 위해 필사적이었다. 미군은 밀림의 울창한 숲이 더는 게릴라 공격의 은폐물이 될 수 없도록 에이전트 오렌지agent orange*와 여러 고엽제를 사용해서 무성한 녹색 숲을 파괴했다. 또한 파괴된 밀림에서 숨어 다니며 은밀하게 활동하는 베트콩들을 색출하기 위해 후각이 예민한 셰퍼드들을 훈련시켰다. 그러나 애버딘의 연구가들은 빈대가 다양한 용도로 활용될 수 있는 유용한 정찰꾼이 될 수도 있다고 생각했다. 덩치가 큰 개들에 비해 빈대는 운송하기가 쉬운 데다가 보살핌과 관심을 덜 요구했고 무엇보다도 훈련시킬 필

---

*미군이 베트남전쟁에서 사용한 고엽제로 저장 용기의 색깔에 따라 오렌지, 화이트, 블루 등으로 나뉘는데, 이 중 가장 많이 사용되고 심각한 피해를 일으킨 것이 바로 에이전트 오렌지다.

요가 없었다.

정찰꾼으로서 빈대의 장점은 또 있었다. 선천적으로 인간을 좋아한다는 점이었다. 애버딘의 과학자들은 빈대의 이런 습성에 큰 관심을 보였다. 그래서 빈대든 아니면 다른 흡혈충이든 간에, 적군의 몸에서 발산하는 체온이나 호흡에 포함된 이산화탄소를 감지할 수 있는지 알아보기 위해 일련의 실험을 구상했다. 빈대 말고도 물망에 오른 다른 흡혈 곤충에는 이름이 알려지지 않은 이, 동양쥐벼룩oriental rat flea이라고 불리는 제놉실라 체오피스Xenopsylla Cheopis, 론스타 진드기lone star tick라고도 불리는 암블리오마 아메리카눔Amblyomma Americanum, 세 종류의 모기들, 키스벌레라고도 불리며 샤가스병Chagas disease*을 옮기는 것으로 악명이 높은 트리아토마 인페스탄스Triatoma Infestans 등이 포함되었다.

애버딘의 과학자들은 후보 곤충 각각이 사람과 가까이 있을 때에 어떻게 행동하는지 관찰하고 그런 행동을 경고신호로 해석할 수 있을지 알아보기 위해 일련의 실험을 진행했다. 먼저, 이는 실험 초기 단계에서 아예 제외되었다. 이는 평소 목적 없이 기어 다니는 습성이 있는데, 사람이 가까이 있을 때도 그런 습성에 아무런 변화가 없었기 때문이었다. 그리고 벼룩은 사람이 가까이 있어도 알아차리지 못했지만, 잠재적 먹이의 냄새를 맡았을 때는 크게 흥분해 팝콘이 톡톡 튀겨지듯 금속 감지기가 설치된 실험실 벽을 두들겼다. 다시 진정되기까지는 아주 오랜 시간이 걸렸다. 이것은 벼룩이 말하자면 재설정이 불가능한 센서라는 뜻이었다. 한편 연구가들은 진드기의 다리에는 추를 매달았는데, 감지기의 벽을 기어갈 때 추의 무게 때문에 끌리는 소리가 만들어지도록 하기 위

---

*멕시코와 중남미의 풍토병으로 심근증과 위장관계 장애가 주요 증상이다.

함이었다. 그러나 그런 노력에도 불구하고 진드기의 부드러운 발은 뚜렷한 소리를 전혀 만들어 내지 못했다. 이제 세 종류의 모기를 실험할 차례였다. 특히 한 모기는 연구가들이 피부와 감촉이 비슷한 박막으로 사람 냄새를 풍길 때마다 확실한 반응을 나타냈다. 그 막이 먹이라고 생각해서 표면을 탐색한 것이다. 연구가들은 소리를 시각적으로 기록하는 포노그래프phonograph를 그 막에 연결시켰다. 전자 기타를 칠 때 현의 진동을 포착해서 전기신호로 전환해 주는 장치와 동일한 포노그래프는 모기가 침을 쏠 때마다 그 행동을 전기신호로 전환시켜 튕긴 기타 현처럼 소리를 만들어 냈다. 마지막으로, 빈대의 먼 친척뻘인 키스벌레는 발을 뗄 때마다 시끄러운 소리를 내면서 유망주로 떠올랐다.

그렇다면 빈대는 어땠을까? 빈대는 성충과 유충 모두 먹이가 가까이 있을 때에 반응을 보였지만, 초기 실험들에서는 상대적으로 어린 빈대들만이 복잡한 센서를 제작할 가치가 있는 강한 반응을 보였다. 이에 연구가들은 포노그래프에 연결된 코일스프링 모양의 피아노 줄로 센서 하나를 만들었다. 모기가 감지기와 연결된 가짜 피부를 물었던 것과 마찬가지로, 빈대 유충은 피아노 줄 위를 오가며 줄을 진동시켜서 소리를 만들어 냈다. 그러나 피아노 줄, 빈대, 포노그래프를 망사 형태의 휴대용 용기에 놓았을 때는 그 소리가 너무 약해서 잘 들리지 않았다. 포기를 모르는 애버딘의 과학자들은 가느다란 강모鋼毛로 상자를 만들었고 빈대와 감지기를 그 안에 놓았다. 이것은 분명 도움이 되었지만, 전장에서 유용하게 사용할 수 있을 만큼 효과적이지는 않았다. 결국 군 곤충학자들이 실험한 다른 최종 후보 곤충들도 의미 있는 결과를 만들어 내지 못했고, 그 프로젝트는 폐기되었다.

1960년대 애버딘 연구에 빈대가 포함된 점이 특이했다. 당시 빈대는 가정 그리고 인간의 집단기억에서 잊힌 존재라 실험실에서도 찾아보기 힘든 곤충이었기 때문이다. 제2차세계대전이 발발하기 전 수십 년간 과학자들의 빈대 연구는 빈대의 기본적인 생명 현상을 밝히고 빈대가 건강한 위협인지 아닌지 판단하며 빈대를 박멸할 방법을 찾는 데에 주된 초점을 맞추었다. 하지만 제2차세계대전 중에 그리고 종전 직후에는 디디티와 여러 독물을 사용하는 실험으로 빈대 퇴치 연구에 주력했다. 디디티가 대대적인 1차 공격을 끝낸 직후부터 1950년대 말까지 약 10년간 빈대에 대한 과학자들의 관심이 현격히 줄어들었다. 디디티가 빈대를 거의 박멸하다시피 했으니 충분히 그럴 만도 했다. 이후 몇 년간에는 빈대가 여전히 골칫거리였던 아프리카와 아시아의 개발도상국들 그리고 런던 위생 및 열대 의학대학원London School of Hygiene and Tropical Medicine(이하 런던 의학대학원_옮긴이 주)같이 가끔 그런 지역에서 활동했던 기관들이 간신히 빈대 연구의 맥을 이어갔다. 해마다 발표되는 연구 논문도 손에 꼽을 정도였고, 그나마도 상당수는 빈대보다는 열대빈대에 관한 내용이었다. 그뿐 아니라 대부분의 연구는, 공중보건이나 살충제 효능 또는 빈대가 디디티와 여타 합성 살충제에 저항성을 발달시켰기 때문에 살충제 저항성에 초점을 맞추었다. 특히 살충제 저항성에 관한 연구는 전후 몇십 년간 계속 증가했다. 이는 천하의 디디티도 자연이 수천 년에 걸쳐 완성시킨 저항성 체계를 완전히 파괴할 수 없었고, 그래서 빈대가 지구상에서 완전히 근절되지 않았기 때문이다.

미국과 영국이 디디티를 전시 보급물자 목록에 추가하고 4년이 흐른 후, 과학자들은 진주만에 있는 막사들에서 디디티에 저항성을 갖는 빈대들을 발견했다. 얼마 지나지 않아 일본, 한국, 이란, 이스라엘, 프랑스령 기아나, 미국 오하이오 주 콜럼버스Columbus에서 저항성이 더욱 강한 빈대들이 나타났다. 1958년 런던 의학대학원의 제임스 로널드 버스바인이 빈대의 디디티 저항성과 더불어 디디티와 비슷한 몇몇 살충제에 대한 교차저항성cross-resistance*을 증명했다. 특히 널리 사용되던 천연 살충제 피레트린pyrethrin에 대한 저항성은 무려 열 배나 증가했다. 1964년 과학자들은 5년 전에 저항성이 증명되었지만 이후에는 어떠한 살충제에도 노출되지 않았던 빈대로 저항성 실험을 했다. 결과는 어땠을까? 빈대의 디디티 저항력은 여전했다.

얼마 지나지 않아 거미류를 포함해 디디티에 강한 면역력을 보이는 이, 모기, 집파리, 초파리, 바퀴벌레, 진드기, 열대빈대 등의 곤충들이 무더기로 나타났다. 1969년 어떤 곤충학 교수가 그런 현상에 대해 인상적인 글을 남겼다. "지난 25년간 벌어진 사건들은 우리에게 두 가지 교훈을 가르친다. 첫째, 인류가 개발한 화학적 해충 방역 수단은 거의 모두가 결국 무용지물이 된다. 둘째, 해충 방역을 그대로 유지해서는 안 되며 오히려 지속적으로 진화하는 역동적인 상태로 유지해야 한다." 다른 말로 화학 방제와 해충의 경주에서는 언제나 해충이 앞선다.

애버딘 실험소의 군 곤충학자들이 빈대를 대상으로 일련의 감지 실험을 진행하기 훨씬 전에, 버클리 캠퍼스의 곤충학자였던 로버트 레슬리 유싱어는 빈대에 관한 권위 있는 보고서를 집필하기 시작했다. 그것이 바로 앞서 설명했던《빈대과 곤충에 관하여》였다. 1940년대 말, 모두가 점잖고 겸손한 과학자라고 입을 모으는 유싱어는 자신 안에 곤충학계의 인디애나 존스가 살아있음을 몸소 증명했다. 처음에는 런던 자연

---

*어떤 약물에 노출되어 저항성이 생긴 후에 그 약물과 비슷한 다른 약물에도 저항성을 나타내는 것.

사박물관의 어떤 큐레이터가 빈대과 곤충에 관한 논문 프로젝트를 진행했었다. 그러던 중 그 큐레이터는 다른 일을 맡게 되었고 그리하여 빈대 논문 프로젝트는 유싱어의 손에 떨어졌다. 사실 빈대과 곤충은 유싱어가 곤충학자로서 가장 좋아하는 대상이 아니었다. 오히려 그는 유충기를 물속에서 보내는 수생 곤충을 좋아했다. 그러나 유싱어는 곤충, 동물학, 자연사에 관한 저서를 집필할 때와 똑같은 열정으로 그 프로젝트에 임했고, 전 세계에 존재하는 빈대와 빈대의 사촌들을 찾아 대장정을 시작했다.

당시 곤충학자들은 특정 지역에서만 사는 토종 곤충을 수집하기 위해서라면 세상 어디라도 쫓아다녔다. 훗날 어떤 곤충 탐험가가 그 시절을 회상하면서 말했듯이 곤충 사냥은 세상에서 "가장 작은 게임"이었다. 유싱어도 예외가 아니었다. 그는 어릴 적부터 탐험가로서의 기술을 연마했다. 처음에는 보이스카우트 대원으로 화석화된 동물 발자국과 아메리카 원주민의 선사시대 마을을 찾아서 그랜드캐니언의 구석구석을 헤집어 다녔고, 나중에는 버클리 캠퍼스에서 곤충학을 공부하는 대학생으로 곤충 세계에 깊이 발을 들였다.

1933년 대공황이 시작될 무렵 곤충학의 꿈나무였던 유싱어는 대학 동창과 멕시코로 곤충 탐험을 떠났다. 유싱어의 어머니는 두 청년을 캘리포니아의 이스트 오클랜드East Oakland 인근까지 태워준 다음, 멀찍이 서서 그들이 지나가는 차를 얻어 타는 모습을 초조하게 지켜보았다. 먼저 그들은 애리조나 피닉스Phoenix로 향하는 차를 얻어 탔다. 그러고는 텍사스 엘파소El Paso로 가는 화물열차에 몸을 실었고 후아레스Juárez 강을 건넜다. 그곳에서 다른 열차로 갈아타고 꼬박 사흘을 달려 멕시코시티Mexico City에 도착했다. 이번에는 목적지인 레알 데 아리바Real de Arriba

로 가는 버스를 이용했는데, 버스 안은 사람보다 닭이 훨씬 더 많았다. 멕시코시티에서 남동쪽으로 약 135킬로미터 떨어져 있고 테마스칼테페크Temascaltepec 외곽에 위치한 레알 데 아리바까지 가는 동안 버스 타이어가 무려 여섯 번이나 펑크 났다. 어느 여름 두 청년이 이렇게 고생길을 자처한 것은 연구용 곤충을 채집하기 위해서였다. 여행 경비가 부족했기에 유싱어는 버클리 캠퍼스의 곤충학과 학생들과 교수들이 연구에 사용할 멕시코 토종 곤충을 수집해 주는 대가로 돈을 받았고, 덕분에 총 110달러가 모였다. 약 두 달이 지난 후 유싱어와 친구는 갔던 길을 거슬러 캘리포니아로 돌아오는 여행길에 올랐고, 버클리에 도착했을 때 그들의 수중에는 1센트와 약 1만 마리의 곤충이 들어 있었다. 그리고 한 사람은 간염에 걸렸다(유싱어는 간염 때문에 1년 후에야 학업에 복귀할 수 있었다). 그 여행으로 모은 유싱어의 곤충 컬렉션에 그가 생애 처음으로 수집한 빈대들 일부도 포함되었다. 유싱어는 그 빈대들을 멕시코의 테후필코Tejupilco에서 몇몇 소년들로부터 열다섯 마리당 1센타보centavo*를 주고 샀다. 나중에 그는 빈대 고유의 디엔에이가 들어 있는 염색체 구조를 밝히는 연구에서 그 표본들을 사용했다.

멕시코로 곤충채집 여행을 다녀오고 15년이 흐른 후 어엿한 버클리 캠퍼스의 곤충학 교수가 되어 있었던 36살의 유싱어는 또 다른 여행을 준비했다. 당시에는 몰랐지만 이 여행은 그의 생애에서 가장 환상적인 여행이 된다. 총 여섯 차례에 걸쳐 20년 가까이 계속되었고 전 세계 5대륙을 누볐으며 이동 거리만도 수만 킬로미터에 이르게 된다. 오로지 빈대, 박쥐빈대, 제비빈대 등등《빈대과 곤충에 관하여》에 수록된 모든 빈

---

* 멕시코의 화폐 단위로 100분의 1페소에 해당한다.

대과 곤충을 수집하기 위해서였다. 여행 중에는 유럽의 유명기관들을 방문해서 그들 기관이 보유한 빈대 컬렉션을 자세히 조사할 수 있는 기회를 얻었다. 영국박물관British Museum은 물론이고 오스트리아 빈 박물관Vienna Museum이 소장하고 있는 빈대들도 둘러보았다. 심지어 1958년에는 동독의 베를린 박물관Berlin Museum이 수집한 빈대 컬렉션을 조사하기 위해 서독에서 동독으로 밀입국하기도 했다. 베를린은 오랫동안 빈대 연구의 중심지였지만, 냉전시대에는 동베를린으로의 접근이 허용되지 않았다. 당시에도 동베를린과 서베를린 사이를 자동차로 이동하는 것은 엄격히 통제되었지만, 유싱어는 달랑 몇 센트만 내고 지하철을 이용해서 베를린 박물관에서 불과 몇 블록 떨어진 곳까지 갈 수 있었다.

한편 유싱어는 살아 있는 빈대를 채집하기 위해 남미까지 여행했다. 그곳에서 속이 빈 파타고니아 나무를 뒤지며 좀체 만나기 힘든 희귀종인 박쥐빈대들을 찾았고, 브라질 벨렝Belém에서는 오직 더 많은 빈대를 만나겠다는 일념 하나로 수로터널을 알몸으로 건넜다. 더러 현지인들이 최근 몇 년 사이 빈대가 들끓는다고 말한 장소로 직접 가 보면, 빈대는커녕 살충제 때문에 황무지로 변한 곳도 있었다. 그러나 어떤 것도 빈대를 향한 유싱어의 열정을 잠재우지 못했다. 그는 더 많은 빈대를 찾아서 넓디넓은 아프리카 대륙을 샅샅이 훑었다. 특히 벨기에령 콩고에서 그의 팀은 박쥐 동굴들을 찾아가기 위해 벌채용 칼로 울창한 숲의 나뭇가지와 수풀을 쳐내며 길을 냈다. 그는 미국에 있는 자신의 집은 물론이고 지구 반대편인 태국과 일본에 서식하는 빈대들을 사냥했다. 이집트를 방문했을 때는 접근로가 없는 박쥐 서식지에 다가가기 위해 채석꾼들을 구워삶아서 고대 때부터 있었던 절벽 면을 발파하도록 만들었다. 또한 도굴꾼들이 파 놓은 여러 터널을 헤집고 다녔는데, 기자Giza의 대大

피라미드로 연결되는 그 터널들은 "세상에서 가장 놀라운 빈대 중 하나"의 서식지였다고 훗날 유싱어가 말했다.

　가끔은 갖은 고생을 하고도 빈대를 발견하기가 어려운 때도 있었지만, 결과적으로 유싱어는 많은 빈대를 찾아냈다. 그리고 빈대를 찾아낼 때마다 실험실에서 빈대를 키우기 위해 살아 있는 상태로 버클리에 있는 자신의 연구소까지 항공우편을 보냈다. 이런 특급 배송품에는 박쥐빈대와 조류빈대 말고도 인간을 흡혈하는 빈대들도 포함되었다. 유싱어의 팀은 그 빈대들에게 박쥐, 닭, 쥐, 비둘기, 토끼 등을 먹이로 주었고 심지어 유싱어는 상황이 허락될 때면 빈대에게 직접 헌혈도 마다하지 않았다(그는 다른 사람에게 그 일을 강요하고 싶지 않았고, 그래서 빈대의 숙주가 되기를 자청했다). 과학자들은 실험을 위해 일부 빈대를 잘라 토막을 냈다. 또 일부는 종의 이름과 발견 장소를 상세히 기록한 두꺼운 유리 슬라이드에 올려 납작하게 편 상태로 말렸고, 또 일부는 관찰하기 쉽도록 시침핀으로 찔러 고정시켰다. 그리고 나머지 빈대들은 다음에 사용할 요량으로 알코올이 든 유리 시험관에 보존했다. 유싱어의 팀은 빈대에게 살충제를 실험했고, 덕분에 실험실은 고약한 화학약품 냄새에 찌들었다. 심지어 그들은 사랑의 큐피드 역할도 했는데, 빈대를 비둘기빈대 등등 여러 종과 교미시켰다. 이는 그런 합방으로 수정이 되고 알을 낳을 수 있는지, 그렇다면 혼혈 빈대가 어떤 모습일지 알아보기 위해서였다. 여담이지만, 비전문가인 내 눈에는 그런 잡종 빈대와 빈대가 거의 똑같아 보였다.

　전 세계 박물관들을 샅샅이 뒤지고 숲과 동굴에서 빈대들의 꽁무니를 쫓아다니며 이따금 가족과 여행을 하는 동안 유싱어는 셔츠의 가슴주머니에 빈대가 든 작은 유리병을 늘 넣어 다녔다. 그러고는 주기적으로 자신의 팔과 다리를 빈대들에게 식사 거리로 기꺼이 제공했다. 사실 유싱어가 어디를 가든 동행했던 빈대들은 장기적인 어떤 실험의 일부였다. 빈대에게 하나의 숙주만 제공하다가 한 세대 이상을 거친 뒤에 숙주를 바꾼다면, 나중 세대의 빈대들이 새로운 숙주를 더 좋아하게 될지 알고 싶었던 것이다(결과적으로 말하면 그렇지 않았다). 따라서 빈대들에게 자신 말고 다른 사람이나 다른 것을 먹이로 제공하는 것은 실험 자체를 망치게 될 터였다.

그러나 그 유리병을 언제나 안전한 주머니 속에만 넣어 둘 수는 없었다. 잠을 자고 샤워를 하는 것처럼 필수적인 일상 활동을 할 때면 어쩔 수 없이 유리병을 주머니에서 꺼내 침대 옆 탁자나 서랍장 위에 올려놓아야 했다. 1959년 여름 서유럽으로 가족 여행을 갔을 때의 일이다. 유싱어는 독일 로텐부르크Rothenburg에서 묵었던 호텔에 빈대를 깜빡하고 두고 나왔다. 로텐부르크에서 동쪽으로 80킬로미터 떨어진 뉘른베르크Nuremberg에 도착하고서야 자신의 실수를 깨달았다. 유싱어 가족이 로텐부르크 호텔로 되돌아갔을 때는 이미 한밤중이었고, 그들이 전날 묵었던 객실은 이미 다른 투숙객이 머물고 있었다. 호텔 주인이 어떤 반응을 보일지 겁이 났던 유싱어는 유리병을 두고 왔다는 사실을 말하지 않았고, 대신에 어제 묵었던 객실과 가까운 객실을 얻어 아침이 되기를 기다렸다. 그 객실이 비자마자 유싱어는 아내인 마샤에게 복도에서 망을 보게 하고 그 객실로 몰래 들어갔다. 그런데 아무리 찾아도 유리병이 보이지 않았다. 초조해진 그는 자신의 전날 동선을 되짚으면서 방 전체를 손으로 샅샅이 더듬었다. 마침내 서랍장 아래의 구석에서 유리병을 찾았다. 유싱어는 신줏단지 대하듯 빈대가 든 유리병을 주머니에 고이 모신 다음 여행을 다시 시작했다. 카이로에서 묵었던 호텔에서도 똑같은 상황이 벌어졌다. 카이로 외곽에서 자신이 사랑하는 수생 곤충에 대한 현장 연구를 하던 중에 그는 빈대를 잃어버렸다는 사실을 깨달았다. 이번에도 역시 빈대들을 구출하기 위해 호텔로 급히 돌아갔고, 객실의 서랍장 맨 위 칸에서 유리병을 찾았다. 그뿐 아니라 런던에서 묵었던 호텔에서도 낮에 외출하면서 서랍장에 유리병을 두고 나갔다. 호텔로 돌아왔을 때 익숙한 냄새가 코를 찔렀다. 바로 스프레이 파리약이었다. 백발백중 디디티가 포함된 파리약이었을 것이다. 다행히도 그의 빈대들은 밀폐력이 강력한 유리병에 들어 있었던 덕분에 간신히 목숨을 구했다. 나중에 그는 호텔 관리 부서에 자신이 스프레이 파리약에 알레르기가 있다고 말했다. 물론 빈대들을 위한 선의의 거짓말이었다.

생애 첫 빈대 논문을 위해 여행을 시작하고 약 17년이 지났을 무렵, 이제 52살의 중년이 된 유싱어는 팜스프링스Palm Springs 외곽에 위치한 어떤 대학 연구소에 칩거했다. 캘리포니아 사막에 위치해 "사방이 선인장과 모래뿐인" 그곳에서 자신이 저술한 서적과 일지 그리고 광범위한 내용이 담긴 연구 노트만을 벗 삼아 밤낮없이 연구에 매진했고, 불과 한 달 만에 초고를 완성했다. 반년 후 원고가 아직 인쇄기에 들어가기 전인데도 그는 벌써 모라비아Moravia로 새로운 빈대 여행을 계획하고 있었다. 모라비아는 동유럽에 위치한 광활한 평야 지대로 당시에는 체코슬로바키아에 속했다.

체코 출신의 곤충학자로 오랜 세월 유싱어의 친구이자 연구 동료였던 달리보르 포볼니Dalibor Povolný에 따르면, 모라비아는 빈대의 서식지인 북쪽과 박쥐빈대가 장악한 남쪽을 가르는 자연적인 경계선 역할을 했다. 눈에 보이지 않는 이런 생태학적 분단이 유싱어의 흥미를 끌었다. 어째서 빈대와 박쥐빈대의 서식지가 그런 식으로 양분된 것일까? 포볼니 연구의 또 다른 업적은, 아프가니스탄의 여러 박쥐 동굴과 체코슬로바키아 전역의 교회들에서도 빈대가 존재한다는 사실을 증명했다는 점이다. 유싱어는 이런 발견이 빈대가 박쥐 동굴에서 기원했다는 증거로 생각했고, 이런 증거를 직접 확인하고 싶은 마음이 간절해졌다. 유싱어에게 기회가 맞아왔다. 소련과학아카데미Academy of Sciences of the USSR가 모스크바에서 열리는 곤충학회에 유싱어를 초대한 것이다. 유싱어는 그 회의에 참석하고, 내친 김에 폴란드에도 들러서 곤충채집을 하기로 마음먹었다. 그래서 그는 일정을 조율하고 여권 문제를 해결하는 등등 이후 2년에 걸쳐 여행을 차근차근 준비했다. 그런데 여행 계획을 짜던 중에 그의 건강이 크게 악화되었고, 암 진단을 받게 되었다. 수십 년 후 그의 아들은, 유싱어에게 동유럽과 소련으로의 빈대 탐험 계획은 두 번의 수술과 방사선요법에서 잠시 벗어나는 정신적 탈출구에 불과했을 거라고 내게 말했다.

출간된 지 40년이 지난 후에 나는 무겁고 투박한 유싱어의 저서를 구입했다. 서문을 건너뛰고 빈대의 역사와 생태학 그리고 생명 작용에 관해 쓰인 본문으로 직행했다. 나는 빈대류 곤충들의 초상화에 감탄했고, 빈대의 역사에 푹 빠져 몇 번이고 되풀이해서 읽었다. 특히 빈대가 지중해에서 여러 지역으로 퍼져 나간 방식에 크게 놀랐다. 그런 방식은 마치 그림자처럼 인류의 모든 움직임을 투영했다. 몇 달이 지나고서야 비로소 나는 충동적으로 앞부분을 펼쳤고, 본문에 실린 수만 개의 단어 중에서 가장 감명 깊은 문장 두 개를 발견했다. 그 두 문장은 유싱어가 파타고니아Patagonia와 이집트 피라미드군에서 실시한 연구를 설명했다. 아울러 트리니다드 섬에서 물고기를 먹고 사는 박쥐들이 가득한 거대한 맹그로브 나무들을 쓰러뜨린 벌목꾼들과 "캘리포니아에서 바늘꼬리칼새white-

로버트 레슬리 유싱어

throated swift의 둥지를 조사하기 위해 깎아지르는 절벽을 밧줄 하나에 의지해 내려가 준" 등반가들에게서 받았던 도움을 소개했다.

그런 다음 나는 유싱어 본인이 아마 꿈에서도 생각하지 못했을 무언가를 했다. 컴퓨터를 켜서 검색창에 "곤충학자 로버트 레슬리 유싱어"라고 입력했다. 그러자 그의 일대기를 간략히 소개하는 글과 1950년대 풍의 양복을 입고 폭이 좁은 넥타이를 맨 채로 삐딱한 미소를 짓는 금발 남자의 사진들이 나타났다. 한 사진에서 그는 현미경 앞에 앉아서 옅은 눈썹을 약간 치켜세우고 왼쪽을 쳐다보고 있었는데, 사진 상에는 나오지 않았지만 그쪽에 누군가가 있는 듯했다. 한편 그의 공식 초상화를 보면, 그는 전매특허인 뒤로 빗어 넘긴 아이비리그 헤어스타일에 카메라를 똑바로 쳐다보면서 이를 전부 드러낸 채로 함박웃음을 짓고 있다. 어떤 전신사진에서는 높은 울타리 앞에 서서 햇빛 때문에 눈을 가늘게

뜬 채 두 손을 허리춤에 가지런히 포갠 모습이었다. 나는 사진 속의 말쑥한 과학자가 벌채용 칼을 휘둘러 길을 내며 울창한 숲 속을 헤매 다니고 어둑한 동굴 속을 기다시피 돌아다니는 모습을 상상해 보려고 했지만 잘 되지 않았다. 한편 버클리 캠퍼스의 웹사이트를 검색하다가 반가운 사실을 알게 되었다. 대학 부속의 에식 곤충박물관Essig Museum of Entomology이 그가 수집한 빈대 수천 점을 지금도 소장하고 있으며 예약자에 한해 일반 대중에게 공개한다는 것이었다. 사실 그 박물관이 소장한 표본은 그가 평생토록 모은 진짜 곤충 6만 1,919점 중 극히 일부에 지나지 않는다. 어쨌건 나는 다음 달에 캘리포니아로 갔고, 박물관 관람을 예약했다.

나는 에식 곤충박물관이 있는 밸리 생명과학관Vally Life Science Building을 찾아서 버클리의 넓은 교정을 돌아다니다 숲 속 오솔길에서 방향을 잃어 헤맨 후에 겨우 목적지에 도착했다. 에식 곤충박물관은 무균 처리된 어두운 복도 끝에 있었다. 문을 열자 길쭉한 방이 나타났고 소독약 냄새가 연하게 풍겼다. 왼편에 있는 작은 방에서는 몇몇의 연구가들이 구부정한 자세로 현미경을 들여다보고 있었다. 내가 "안녕하세요?"라고 인사하자 한 남자가 자리에서 벌떡 일어나 다가와서 악수를 청했고, 나를 방명록이 있는 곳으로 데려갔다. 방명록에 이름을 쓰면서 보니 마지막 방문자가 일주일 전이었다. 서명을 마치고 그의 안내를 따라서 방 안을 가로질러 갔다. 주변에는 유리 뚜껑이 달린 곤충 표본 상자 더미들이 수십 개가 넘었다. 지나치면서 얼핏 보니 친숙한 콜레오프테라Coleoptera, 딱정벌레의 반짝이는 등껍질, 화려한 색깔의 레피도프테라Lepidoptera, 나비와 나비 유충, 오도나타Odonata, 물잠자리와 잠자리의 셀로판처럼 얇은 날개가 보였고, 이외에도 수백 종의 냉동된 곤충이 시침핀에 꽂혀 얌전히 누워 있었다.

"현미경이 필요하십니까?" 그 연구가가 물었다. 나는 필요 없다고 정중히 사양한 다음 엄밀히 말하면 연구 목적이 아니라 그저 빈대들을 보기 위해 박물관을 찾은 것이라고 말했다. 과학적인 목적이 아니라는 내 말에 그는 안경 너머로 나를 물끄러미 쳐다보면서 눈썹을 추켜올렸다. 굳이 말하지 않아도 그가 무슨 생각을 하는지 빤했다. '과학자도 아니라면 이 사람은 도대체 왜 여기 온 거지?'

"나는 작가입니다"라고 입을 떼긴 했지만 무슨 말을 해야 할지 몰라 잠시 말을 멈추었다. 당시는 자료 조사를 갓 시작했고 아직 출판사가 정해지지도 않았으며 출판 제안서라고 해 봐야 몇 쪽 되는대로 긁적인 것이 다였다. 그런 다음 생각나는 대로 말을 이어갔다. "나는 빈대에 관한 책을 쓰려고 해요. 그리고 지금은, 말하자면 조사 단계예요. 유싱어의 《빈대과 곤충에 관하여》를 읽고는 언젠가 이곳을 방문하고 싶었는데, 마침 버클리 캠퍼스 근처에 와 있던 터라, 그래서 생각하기를……." 초조한 마음에 두서없는 설명이 이어졌지만 그는 사려 깊은 얼굴로 내 이야기에 고개를 끄덕였다. 그뿐 아니라 자신이 아는 곤충학자가 남태평양의 어떤 섬에서 겪었던 빈대 일화를 들려주었다. 곤충학자는 침실에 하도 빈대가 많아서 궁여지책으로 침대를 벽에서 떼어 낸 다음 이불자락이 바닥에 닿지 않도록 깔끔히 정리했다. 그렇게 하면 빈대가 침대로 기어 올라오지 못할 줄 알았다. 그러나 웬걸, 빈대는 침대 대신에 벽을 타고 천장까지 올라가서 그의 몸 위로 뚝 떨어졌다. 그의 이야기를 듣고 나는 '누구나 빈대에 얽힌 사연이 있구나'라고 생각했다. 연구가는 말을 마친 다음, 깔끔하게 쌓아 올린 곤충 표본 상자들 너머에 있는 서가 쪽을 가리키며 말했다. "저곳에 유싱어의 빈대들이 있습니다."

유싱어의 빈대들은 내가 좀 전에 보았던 딱정벌레, 나비, 잠자리 표본들과는 달리 나무상자에 보관되어 있지 않았다. 오히려 그가 가리킨 것은 검정 모조 가죽으로 장정된 53권의 책이었다. 책꽂이에서 한 권을 꺼내 두 개의 황금빛 잠금장치를 풀었다. 과연 그 안에서 무엇을 발견하게 될지 감도 잡히지 않았다. 죽은 빈대들이 핀으로 고정된 채 보송보송한 하얀 솜 위에 누워 있을까? 알코올이 든 작은 유리병 속에 붕붕 떠 있을까? 심지어 바싹 말라 쪼그라들어서 내 신발 위로 왈칵 쏟아지지 않을까 하는 엉뚱한 상상까지 했다. 드디어 그것을 열어젖혔다. 그런데 내 생각과는 달리 책이 아니었다. 상자였다. 그 안에는 숫자가 적힌 100개의 나무 칸이 있었고 각각에는 두꺼운 유리 슬라이드가 들어 있었다. 각 슬라이드의 중앙에는 꽤 크기가 되는 누르스름한 나뭇진 덩어리가 있었고, 그 안에 내가 찾던 다양한 빈대들이 있었다. 빈대, 박쥐빈대, 비둘기빈대 그리고 그들의 사촌들. 이들은 소형 증기 롤러로 누른 듯 납작했고, 아주 얇아서 몸통 군데군데가 투명했다. 하나같이 정밀화를 그리기에 완벽한 견본이었다. 나는 그것들을 유싱어의 저서에서 보았던 빈대들의 초상화와 완벽하게 짝을 맞출 수 있겠다고 생각했다. 손으로 쓴 라벨이 깨끗한 테이프로 붙여 있었고, 개중에는 완전한 문장이나 문단으로 단편적인 정보를 들려주는 것도 있었다.

예를 들어 보자. 한 라벨에는 이렇게 적혀 있었다.

서부 사막

엘 만수리아El Mansuriya 서쪽 4킬로미터

이집트, 기자

H. 후그스트랄H. Hoogstraal

한편 좀더 자세한 내용이 적힌 라벨도 있었다.

카코Kako에 있는 동굴
카타냐Katanya 지역의 자도빌Jadotville 외곽
축축한 벽의 천장에 생긴 균열에서
주위가 암흑같이 어두움, 기온 33도
R. 리치R. Leach, R. 파로R. Fareaux
1958년 1월 6일
박쥐 서식

또 다른 라벨에는 이렇게 표기되어 있었다.

시멕스 렉툴라리우스
숙주: 아메리카 원주민 학생
멕시코의 치아파스Chiapas

나는 아예 바닥에 죽치고 앉아서 라벨을 읽느라 시간 가는 줄 몰랐다. 개중에는 "인간에 기생human colony" 또는 "박쥐에서 인간bat to human"이라는 라벨이 붙은 상자들도 있었다. 게다가 지리적인 설명이 아주 다양했다. 아르헨티나, 브라질, 체코슬로바키아, 콩고, 이집트, 핀란드, 독일, 일본, 자바, 케냐, 미네소타, 몽골, 나파 밸리, 네바다, 러시아, 시에라리온, 남아프리카공화국, 태국, 베트남, 예멘. 그뿐 아니라 빈대와 비둘기 빈대를 이종교배시킨 실험 표본을 따로 모은 것도 있었다. 부모 빈대들이 한 슬라이드에 나란히 누웠고, 그들의 자손 세대가 다른 슬라이드들

에 순서대로 놓여 있었다. 말하자면 일련의 일그러진 가족사진인 셈이었다. 한편 칠레 달카우에Dalcahue에서 채집한 거대 빈대로 구체적인 이름은 밝히지 않은 채 단순히 프리미시멕스 속Primicimex屬이라고만 표기된 종도 있었다. 크기를 비교하려고 그 옆에 1센트짜리 동전을 놓아 보았더니, 몸통 크기만 해도 거의 에이브러햄 링컨의 머리만 했다. 일견 봐도 유싱어가 아닌 다른 과학자들이 작성한 것이 분명해 보이는 라벨도 일부 있었지만, 많은 라벨에는 유싱어의 이름이 선명히 적혀 있었다. 그의 필체는 작지만 섬세했고 종이 라벨은 세월의 흔적으로 누렇게 변색되었다. 그러던 중 불현듯 그가 직접 손으로 그런 글들을 적었다는 생각이 들었다. 그러자 라벨을 읽는 것이 마치 타임머신을 타고 시간 여행을 하는 것만 같았다.

유싱어가 《빈대과 곤충에 관하여》를 출간하고 7년이 지났을 때, 미국 동부에 사는 어떤 젊은 과학자가 우연한 기회에 유싱어와 비슷한 빈대 연구 프로젝트를 맡게 되었다. 결과부터 말하면, 그의 연구는 특히 빈대가 살충제 저항성을 갖게 된 과정을 밝히는 데 커다란 기여를 하게 된다. 주인공은 헤럴드 할런Herald Harlan이라는 곤충학자였다. 할런은 1970년대 초반 미국 육군에서 곤충학자로서 경력을 시작했고, 이후 25년간 군 소속 곤충학자로 활동하면서 베트남, 파나마, 사우디아라비아에까지 파병된다. 1973년 할런은 예방의학팀과 함께 뉴저지 주 중서부에 위치한 포트 딕스Fort Dix 기지에 주둔했다.

어느 쌀쌀한 봄날 포트 딕스에서 기본적인 군사훈련을 받던 신병들이 아침에 일어나 보니 벌레에 물린 흔적이 있었다. 포트 딕스의 상주 곤충학자로서 그 원인을 밝히는 것은 할런의 임무였다. 할런은 신병들의 팔, 다리, 상반신에 일직선으로 빨갛게 부푼 자국을 조사했다. 자국의 양식과 위치로 판단하면 모기같이 뉴저지에서 흔히 발견되는 흡혈 곤충들은 아니었다. 어쨌든 쌀쌀한 3월의 밤 기온은 모기들이 활동하기에는 너무 추웠다. 신병들은 잠을 자는 동안 이른 새벽 시간에 벌레의 공격을 받았다고 추측했다. 땀을 흘리며 훈련을 받았던 낮 동안에는 벌레에 물린 흔적을 전혀 발견하지 못했기 때문이다. 그래서 할런은 옅은색의 페인트가 칠해진 콘크리트 막사를 조사했다. 먼저 침상 내부와 주위를 샅샅이 조사했지만 아무것도 발견하지 못했다. 그런 다음 침상에서 가까운 콘크리트 벽에 생긴 미세한 균열과 구멍을 들여다보았다. 미간이 넓고 납작한 빈대들이 그와 시선이 마주쳤다. 슬라이드에 누워 있거나 책 속의 삽화로 등장하는 빈대가 아니라, 살아 있는 빈대를 생전처음으로 맞닥뜨린 것이었다. 할런만이 아니라 당시에는 곤충학을 공부하는 학생과 젊은 곤충학자들 대부분이 슬라이드나 책을 통해 빈대를 만났다. 그는 막사의 1층에 위치한 모든 내무반의 벽을 모조리 조사했고, 총 여덟 개 중 다섯 개의 내무반에서 빈대를 발견했다.

빈대는 아주 드문 벌레였기 때문에 군 당국은 할런에게 그 사건에 대한 상세한 과학 보고서를 작성하라고 지시했다. 그리고 그의 보고서는 이듬해 《군의학Military Medicine》이라는 군사학술지에 실렸다. 또한 할런에게 빈대 퇴치 계획을 수립할 책임도 주어졌다. 그는 민간 방역업자들이 운영하는 육군해충구제부Army's Pest Control Section에 빈대가 발견됐다는 소식을 보고했다. 그들은 포트 딕스에 있는 모든 막사의 침상과 벽의 균열에 다이아지논diazinon이라는 살충제를 살포했다. 다이아지논은 유기인계 살충제로 2004년 건강과 환경에 미치는 위해성 때문에 다른 많은 유기인계와 함께 실내 사용이 금지된다(유기인계 살충제들은 톡 쏘는 강한 마늘 냄새 때문에 많은 사람들이 기피했다). 한편 해충 방역 전문가들이 빈대를 죽일 독약을 들고 부대를 방문하기 전의 일이었다. 빈대의 수수께끼 같은 습성과 종의 희소성에 크게 매료되었던 할런은 조만간 부대에서 빈대가 몰살될 거라는 생각에 마음이 편치 않았다. 당시 빈대는 해충 세계의 검정코뿔소라 할 만큼 만나기 힘든 곤충이었고, 그는 빈대를 곁에 두고서 연구하고 싶었다. 그래서 아무도 모르게 200마리쯤 되는 빈대들을 유리 용기에 담아서 자신의 집으로 가져갔다.

빈대들을 연구해서 의미 있는 결과를 얻으려면 어떻게든 빈대가 살수 있게 만들어야 했다. 할런이 채집한 빈대들은 시멕스 렉툴라리우스였는데, 이는 빈대들에게 사람의 피가 반드시 필요하다는 뜻이었다. 자신의 피가 어느 누구 못지않게 깨끗하다고 생각한 할런은 빈대들에게 직접 혈액 수유를 하기로 결심했다. 빈대가 흡혈하는 동안 탈출하지 못하도록 아내의 스타킹을 팽팽히 잡아당겨 유리 용기의 입구를 막았다. 그런 다음 용기의 입구를 자신의 팔과 다리에 갖다 댔다. 그러나 스타킹은 너무 쉽게 찢어져서 마냥 안심할 수는 없는 노릇이었다. 실제로 우발적인 사고였지만 빈대들이 세 번이나 탈출에 성공했다. 물론 할런은 빈대가 좋았지만 집 안을 마음껏 활보하도록 풀어놓을 만큼은 아니었다. 그래서 스타킹을 떼어 내고 처음에는 데이크론dacron 망사로, 나중에는 구리선 망사로 바꾸었다. 데이크론은 배의 돛과 연의 실을 만드는 데 사용될 만큼 질긴 합성섬유다. 또한 미끄러운 유리면 말고 빈대들이 오르내릴 수 있도록 실험실에서 사용하는 하얀 거름종이를 구겨서 용기 안에 넣어 주었다.

시간이 지나면서 할런의 빈대 집들은 진화를 거듭했고, 결국 할런은 얇은 마분지로 빈대 은신처를 디자인하느라 몇 시간이나 씨름을 했다. 표면적이 늘어나도록 마분지를 세로로 칼집을 낸 다음 아코디언처럼 촘

촘한 주름 모양으로 접었다. 덕분에 빈대들은 미니어처 산악 지대의 마루와 골을 오르락내리락하며 마분지 사이사이를 마음껏 돌아다닐 수 있었다. 그뿐 아니라 몸통을 납작하게 만들어 접힌 부분에 쏙 들어갈 수도 있었다. 몇 년이 흐르고 그 세월이 쌓여 수십 년이 지나자 할런의 빈대 가족은 가장 많을 때는 2만 5,000마리까지 불어났다. 당시 아내와 두 아들과 살던 메릴랜드의 평범한 할런의 집에 빈대를 보관한 0.5~1리터짜리 용기가 약 30개나 되었다. 그의 동료들은 그가 제정신이 아니라고 생각했다. 그러나 당시에는 그들도 할런 자신도 몰랐지만, 그 빈대와 후손들은 훗날 전 세계 곤충학자와 해충 방역업자들에게 신의 선물 같은 존재가 된다.

살충제 혁명의 시작은 곤충학자와 생태학자들이 무미건조한 과학 학술지에서 디디티의 장단점에 대해 열띤 토론을 주고받았던 1940~1950년대에 뿌려진 작은 의혹의 씨앗에서부터였다. 전문가들은 강력한 잔류성을 가진 디디티가 환경에 지속적으로 미치는 부작용을 특히 우려했다. 이런 지속력은 디디티를 빈대 퇴치의 일등공신으로 만들어 준 특성인 동시에 심지어 파울 헤르만 뮐러도 20여 년 전에 고민했던 부분이었다. 그뿐 아니라 전문가들은 디디티의 애초 목표물이 아니었던 곤충 종들과 덩치가 큰 동물들에 디디티가 의도하지 않은 위협이 될 수 있다는 가능성도 심히 우려했다. 물론 해당 동물에 인간도 포함되었다.

살충제 혁명은 1962년이 되어서야 마침내 꽃을 피웠다. 그해 여름 젊은 생물학자이자 과학 전문 작가였던 레이첼 카슨Rachel Carson은 《뉴요커》에 3부작 시리즈를 게재했다. 카슨의 글은 이제껏 전문가들의 전유물이었던 디디티에 관한 갑론을박을 대중에게까지 확대시켰다. 더욱이 9월에는 3부작 시리즈를 더욱 완벽하게 다듬어 《침묵의 봄Silent Spring》

레이첼 카슨

을 발표했다. 카슨의 저서는 출간 직후부터 센세이션을 일으키며 《뉴욕
타임스》가 선정한 베스트셀러 목록에 무려 31주나 머물게 된다. 그뿐 아
니라 《침묵의 봄》은 당시 걸음마 단계이던 환경 운동에 커다란 힘을 보
태 주었고, 과학자와 대중 모두에게서 관심의 핵으로 떠올랐다. 심지어
유싱어는 물론이고 그의 친구와 동료들까지도 모임에서 얼굴을 맞댈 때
마다 카슨의 저서에 대해 토론했다.

카슨의 논지는 단순했다. 살충제를 과수원 등지에서 무분별하게 사
용함으로써 인간은 부지불식간에 지구의 생태계를 변화시키고 있었다.
디디티는 두말할 필요 없고 제2차세계대전과 《침묵의 봄》 출간일 사이
에 개발된 200여 종류가 넘는 다양한 살충제, 제초제, 쥐약 등이 인간의

물길과 하늘길을 따라 이동했다. 특히 디디티는 바람을 타고 과수원에서 인근의 목장, 숲, 마을까지 날아갔다. 또한 빗물에 녹아 지표수로 그런 다음 지하수로 스며들었고, 물길에 씻겨 하류로 흘러들었다. 심지어 디디티는 상층 대기권에서 먼 거리까지 이동할 수 있었고, 그런 특성에 힘입어 결국 지구의 극지방까지 도달했다. 문제는 디디티가 그런 식으로 이동하면서 해충의 천적을 포함해 전혀 무해한 곤충들까지 죽이고 오염시켰다는 점이다. 의도치 않게 살충제에 오염된 많은 곤충은 개구리, 물고기, 새 등등 더 크고 더 복잡한 동물들의 먹이이기도 했다. 디디티는 그런 생명체의 체내 지방조직에 축적되었고, 살충제에 오염된 곤충을 더 많이 섭취함에 따라 생명체 내 디디티 농도는 갈수록 증가했다. 카슨은 저서에서, 디디티가 동물의 몸에 축적됨에 따라 신경계와 생식계를 변화시켰고 수명을 앞당겼다고 주장한다.

디디티는 인체에도 축적되었다. 먹이사슬이 올라갈수록 디디티 농도가 증가한다. 이는 먹이사슬 맨 꼭대기에 위치한 인간의 생물축적이 가장 심각하다는 뜻이다. 디디티에 노출된 벌레를 먹은 물고기, 디디티 잔류물이 묻은 과일, 디디티로 오염된 토양에서 자란 풀을 섭취한 소에서 나온 고기와 우유 등 이 모든 것을 섭취하는 인간은 모든 생명체 중에서 체내 디디티 농도가 최고 수준에 다다를 위험에 직면했다. 실제로도 디디티 잔류물은 인체에 아주 오랫동안 머물렀고 지방조직과 모유에 축적되었다. 그러나 디디티에 노출되는 것 자체가 심각하고 명백한 위험을 야기했는지는 지금까지도 단정할 수 없다. 다만 과용에 따른 직접적인 부작용은 널리 알려졌다. 인간을 포함해 포유류의 급성중독 위험은 비교적 낮았던 반면, 디디티를 직접 접촉한 경우에는 떨림, 관절통, 신경과민, 우울증 등을 유발할 수 있었다. 반면 간접 섭취에 따른 장기적 영향은 딱히 단정하기 어려웠는데, 여러 이유들이 있겠지만 전시 동안 질병을 퇴치하기 위해 디디티 사용을 승인한 군 소속 연구가들이 장기 노출에 대한 실험은 진행하지 않았기 때문이다. 그러나 동물실험에서는 디디티가 간 종양의 발생 가능성을 증가시키는 것이 증명되었다. 한편 인간의 경우는 유방암 발병률이 증가하는 것과 관련이 있다고 여겨지지만, 그것이 직접적인 발병 원인이라는 증거는 아직까지 없다. 디디티는 또한 잠재적 내분비 교란물질이다. 이는 디디티가 성적 발달과 생식기 건강에 매우 중요한 호르몬 신호를 방해할 수도 있다는 뜻이다. 오늘날에는 이런 단편적인 증거를 토대로 미국 정부와 많은 국가들이 확실하지는 않아도 디디티가 발암물질일 가능성이 높다고 규정하고 있다.

생물학적 위험을 알리는 이런 경고에도 불구하고 카슨조차도 《침묵의 봄》 서두에서 살충제가 때로는 필요하다고 인정한다. "내 말은 화학적 살충제 사용을 전면 금지시켜야 한다는 뜻이 아니다. 다만, 생태계에 커다란 영향을 미치는 유독한 화학물질을, 그런 물질의 잠재적 유해성에 대해 거의 혹은 전혀 모르는 사람들의 손에 무분별하게 쥐여 주었다는 뜻이다." 카슨은 전면적인 디디티 사용 금지가 아니라 더욱 표적화되고 사려 깊은 접근법을 옹호했다. 말인즉슨 생태학적 위협을 야기한 것은 디디티 자체가 아니라 사람들이 디디티를 남용하는 방식이었다. 르네상스 시대의 스위스 의사 파라셀수스Paracelsus가 말했듯이 그리고 오늘날 독물학자들이 주문처럼 반복하듯이, 얼마나 복용하느냐가 독이냐 약이냐를 결정한다.

《침묵의 봄》이 출판된 후 10여 년간 디디티의 운명을 둘러싸고 과학계, 화학 산업 부문, 정부 규제 기관 간에, 그리고 각각 내부에서 격렬한 논쟁이 벌어졌다. 미국 농무부는 1950년대부터 1960년대까지 디디티에 대한 규제 조치를 유지했다. 그러다가 1970년 신설된 미국 환경보호청Environmental Protection Agency이 농림부로부터 디디티 관련 책임을 일체 넘겨받았다. 그로부터 2년 후 미국 정부는 1947년에 제정되어 이제는 유명무실해진 연방 살충제·살균제·살서제 법Federal Insecticide, Fungicide, and Rodenticide Act을 손보기로 결정했다. 그 법은 화학 회사들이 자사 살충제의 안전성을 증명하도록 강제할 목적으로 제정되었지만, 실제로는 아무런 실효를 거두지 못하고 있었다.

1972년 지루하고 열띤 일련의 공청회를 거친 후에 디디티는 미국 내에서 사용이 금지되었다. 그러나 화학 회사들이 디디티를 생산하거나 수출하는 것은 불법이 아니었고, 더욱이 일부 화학 회사의 경우는 디디티 사업이 되레 번창했다. 일례로 미국에서 가장 마지막까지 디디티를 생산했던 캘리포니아 몬트로즈 화학Montrose Chemical Corporation of California은 디디티 사용 금지가 결정된 1972년 이후 몇 년간 사상 최대 수익을 올렸다. 몬트로즈 화학은 1982년까지 디디티를 생산했고, 이듬해 로스앤젤레스 외곽에 위치한 마지막 공장을 폐쇄했다. 오늘날 그 공장은 미국 정부가 무계획적인 유해 폐기물을 처리하고 정화하기 위해 1980년에 도입한 슈퍼펀드Superfund* 프로그램의 부지로 사용 중이다.

디디티는 1970년대와 1980년대는 물론 1990년대까지도 전 세계 대부분의 지역에서 여전히 사용되었다. 특히 염화 탄화수소계의 다양한

---

* 포괄적 환경 대응 책임 보상법Comprehensive Environmental Response, Compensation and Liability Act. 화학, 석유 산업에 조세를 창설해 미 연방기구가 공공보건이나 환경을 위협할 수 있는 유해물질 방출에 직접적으로 대응하도록 하는 법률이다.

합성 살충제가 미국과 많은 지역에서 유통되었기 때문에 곤충의 살충제 저항성은 갈수록 증가했다. 빈대도 예외가 아니었다. 자국 내 사용이 금지된 미국을 제외하고 빈대가 여전히 극성을 부렸던 지역에서는 빈대를 퇴치하기 위해 염화 탄화수소계 살충제를 계속 사용했다. 그뿐 아니라 다른 곤충들에게 사용하는 살충제에 의도치 않게 빈대가 노출되기도 했다. 아프리카와 중앙아메리카에서 말라리아가 유행하는 지역이 대표적인 경우로, 이곳에서 세계보건기구World Health Organization는 모기를 박멸하기 위해 가정에 디디티를 살포했고 그럴수록 빈대의 살충제 저항성은 증가했다. 이제 그런 곳에서 저항력을 키운 빈대의 대대적인 반격은 단지 시간문제였고, 빈대에게 남은 숙제는 전 세계 나머지 지역으로 확산할 수 있는 방법을 찾는 것뿐이었다.

4장

귀환

: 양날의 칼,
피레스로이드

맨해튼 54번가에 위치한 체르누킨 극장Chernuchin Theatre에 빈대들이 나타났다. 그런데 빈대들의 차림새가 독특했다. 반짝이고 타이트한 의상은 줄리아드 음악 학교Juiliard School와 뉴욕시립발레단 사이의 쓰레기통에서 주운 옷감으로 만들었고, 더듬이 한 쌍과 두 눈 그리고 날카로운 이빨이 달린 커다란 머리 장식은 재활용품과 할인점에서 구입한 물건들로 대충 흉내만 냈다. 빈대들은 실험실 가운을 입고는 산발 머리를 한 어떤 여성을 가운데 두고 원을 그리며 춤을 추고 노래를 불렀다. 더욱이 그 여성 인질은 무슨 영문인지 지저분한 매트리스 더미에 묶여 있었다.

그녀가 자신을 묶은 사슬을 강하게 잡아당기자 가장 큰 빈대가 그녀를 향해 험악한 얼굴로 세레나데를 불렀다. 팸플릿을 보니 그 빈대의 이름은 시멕스였다. 그의 의상은 1986년작 영화 〈사라의 미로여행 Labyrinth〉에서 검은 마왕으로 나왔던 데이비드 보위David Bowie의 분장을 좋아하는 사람을 크게 만족시켰을 것이다. 시멕스를 연기했던 배우는 6척 장신이었고 작은 금속 파편들이 박힌 카드피스codpiece*가 부착된 청동색의 독특한 스판덱스 바지와 금속성의 술이 달린 망사 상의를

---

* 15~16세기 유럽 남자들이 바지 앞의 샅 부분에 차던 장식용 천.

입었다. 그리고 어깨에는 미식축구 선수의 보호대를 걸쳤고, 버려진 벨리댄스복 치마와 스무 개가 넘는 쓰레기봉투로 망토를 만들어 그 보호대에 매달았다. 그뿐 아니라 청동색으로 색칠한 어깨 보호대에는 피아노 줄에 보석을 달아 만든 기다란 스파이크 장식 스물네 개가 박혀 있어 엉덩이를 흔들 때마다 찰랑거렸다. 그의 머리 장식에는 발 크기 정도의 더듬이 한 쌍이 위쪽으로 쭉 뻗어 있었고, 여러 가닥으로 땋아 묶은 구릿빛 말총머리는 등 뒤로 길게 늘어뜨렸다. 그리고 금속 파편들이 박힌 사타구니 보호대는 무대조명을 받아 반짝거렸고, 그는 마치 누군가가 그 보호대를 잡아당기기라도 하듯 사타구니를 앞으로 내밀며 거만하게 걸었다. 그렇게 걸음을 옮길 때마다 등 뒤에 하나로 묶어 늘어뜨린 레게머리와 망토가 흔들렸다. 그런 인상적인 차림으로 그는 인질로 잡은 여성 과학자에게 자신의 빈대 여왕이 되어 달라고 열렬히 구애했다.

　당연한 말이지만 체르누킨 극장에 진짜 빈대가 나타난 것은 아니었다. 비록 테이프로 칭칭 감은 맨 앞 줄 의자의 낡은 덮개를 보면 진짜 빈대가 나와도 전혀 이상할 것 없었지만 말이다. 대신에 그 극장은 〈빈대들!!!〉을 공연했다. 허리케인 샌디Sandy가 뉴욕을 강타했을 때 이 오프오프브로드웨이 공상과학 록오페라가 2주간 쇼케이스를 열었다. 허리케인의 여파로 중단된 지하철 운행이 아직 재개되지 않아서 나는 브루클린에서부터 극장가까지 자전거를 타고 갔는데 편도로만 한 시간이 걸리는 거리였다. 그렇게 추운 11월의 어느 토요일 아침 브루클린 다리를 숨을 헐떡이며 건너다가 문득 나는 빈대에 대한 내 집착이 약간 지나친 것이 아닌가 하는 생각이 들었다.

　뮤지컬은 기대를 저버리지 않았다. 나는 뮤지컬을 보는 내내 얼굴에서 웃음이 떠나질 않았고 의구심은 저 멀리 날아갔으며 무릎 위에 놓인 작

코미디 공상과학스릴러
록 뮤지컬인 〈빈대들!!!〉의
한 장면

은 노트에 연신 메모를 긁적거렸다. 사실 거대 빈대들은 인질로 잡혔던 여성 과학자가 피레스로이드pyrethroid와 썩은 코코넛으로 만든 강력한 살충제에 의도치 않게 노출되어 육식 빈대로 돌연변이를 일으킨 결과물이 었다. 뮤지컬에는 빈대와 인질로 잡힌 과학자 말고 다른 등장인물들도 있었다. 특히 어떤 배우는 레이첼 카슨의 저서에 실린 그녀의 의상을 그대로 입고 〈침묵의 봄〉이라는 노래를 불렀다. 또한 빈대의 성생활과 살충제에 관한 과학적인 사실들을 양념처럼 포함시켰고, 기다란 실험실 가운을 입은 전형적인 미친 과학자는 실험실에서 알록달록한 색깔의 독물을 아무렇게나 다루었다. 그뿐 아니라 세계적인 팝 가수 셀린 디옹Celine Dion에게서 영감을 받은 여장 인물도 등장했다. 약간의 운이 따라 주었던 제작자들은 약 50만 달러의 제작 비용을 들인 〈빈대들!!!〉을 오프브로드웨이 극장에서 2014년 말까지 오픈 엔디드 런open-ended run* 방식으로 공연하는 것이 목표였다. 그 다음에는 할리우드를 공략할 계획이었다.

사실 그 뮤지컬은 빈대에 헌정하는 첫 번째 무대 공연이 아니었다. 2011년 맨해튼에서 일단의 브로드웨이 오케스트라 연주자들이 러시아의 유명 연극인 〈빈대〉의 부수음악incidental music을 연주했다. 그 연극은 러시아의 미래파 시인 블라디미르 마야콥스키Vladimir Mayakovsky가 1929년에 발표한 동명 시를 각색한 것으로, 사회주의 유토피아, 사랑, 시간 여행하는 빈대에 관한 풍자극이었다. 부수음악은 러시아의 작곡가 드미트리 쇼스타코비치Dmitri Shostakovich가 같은 해에 작곡했다. 한편 나는 2012년 브루클린의 힙스터들이 부시웍Bushwick에 있는 작은 극장에서 공연한 그 연극을 관람했다. 부시웍은 예술가들의 공동주택과 임대주택 단지에 빈대들이 들끓는 것으로 유명한 지역이었으니, 그런 연극을 공연하기에 안성맞춤이지 싶었다.

그 연극을 보았을 즈음 나는 인터넷에서 빈대 음악이 부활하고 있다는 것을 알게 되었다. 이는 1920년대와 1930년대 음반 예술가들의 상상을 훨씬 초월했다. 아마추어 가수와 프로 가수들이 유튜브YouTube와 마이스페이스MySpace에 손수 제작한 다양한 노래들을 게시했다. 블루스의 여왕 베시 스미스의 〈비열하고 늙은 빈대 블루스〉를 다양한 버전으로 리메이크한 노래부터 힙합, 레게, 팝, 펑크록, 리듬앤블루스, 컨트리, 독일 신스팝synthpop, 스윙, 잼밴드jam band, 인디록에 이르기까지 빈대 콘텐츠가 봇물을 이루었다. 빈대 음악이 얼마나 많았던지 최고의 노래만

---

*기한을 정하지 않되 매출액이 목표액을 밑돌면 협의 아래 막을 내리는 방식.

을 골랐는데도 1년이 넘도록 매주 블로그에 새로운 노래를 업데이트할 수 있을 정도였다.

음악만이 아니라 미술계에서도 빈대의 약진이 두드러졌다. 뉴욕에서 활동하는 화가 새뮤얼 마크Samuel Mark가 뉴욕 전역에서 골목길의 벽과 버려진 소파 및 매트리스에 그린 다양한 그라피티 작품들이 대표적이다. 빈대는 또한, 플로리다의 풍자 잡지 《빈대를 구하자Save the Bedbugs》와 워싱턴Washington DC에 위치한 만화업체 버티고Vertigo가 바퀴벌레를 주제로 만든 《해충 방역업자들The Exterminators》 시리즈를 포함해, 내가 낄낄거리며 읽었던 만화와 만화소설graphic novel에도 등장했다. 한편 어떤 만화소설 시리즈에는 코미디 영화의 주인공들인 바보 삼총사를 빈대 전문 해충 방역업자로 둔갑시켰다. 빈대는 영상과 문학으로도 활동 영역을 넓혔다. 일례로 이탈리아 출신 배우 이사벨라 로셀리니Isabella Rossellini가 다큐멘터리 〈그린 포르노Green Porno〉에서 빈대의 성생활을 예술적으로 설명하는 에피소드처럼, 빈대가 등장하는 저예산 영화와 코미디 영화도 있었다. 또한 〈킹 오브 퀸스King of Queens〉, 〈30 록30 Rock〉, 〈오피스The Office〉 같은 인기 텔레비전 시트콤도 빈대를 등장시켰다. 특히 〈오피스〉의 한 에피소드에서는 드와이트 슈루트Dwight Schrute가 빈대를 '모든 게 장난이야'라고 생각하는 우쭐대고 거만한 해충이라고 설명한다. 문학계를 살펴보면, 2011년에 발표된 초자연 스릴러소설이 단연 눈에 띈다. 악귀 같은 빈대들이 브루클린에 위치한 한 고급 주택을 점령하는 과정을 시간 순으로 기술한 그 소설은 스릴러소설의 전형적인 스토리 구성을 따른다. 즉 어린아이들이 있는 가족이 분에 넘치는 좋은 집으로 이사를 간 뒤 끔찍한 사건들이 연이어 터진다. 한편 그 책이 출간되고 채 1년도 지나기 전에 워너브라더스Warner Brothers 영화사가 그 이야기를 영화화하기로 결정했다.

나는 현대판 빈대 르네상스에 크게 놀라는 한편 이런 의구심도 들었다. '어쩌다가 이렇게 됐지? 무슨 조화일까? 존재했다는 사실마저 망각할 정도로 빈대가 거의 없질 않았었나. 그런데 어떻게 빈대가 주인공인 뮤지컬이 거의 매진되고 85년 전의 러시아 연극이 제2의 전성기를 맞이하며 대형 영화사들이 빈대가 등장하는 공포 영화를 제작하게 되었을까?'

빈대를 주제로 한 예술과 문학이 폭발적으로 증가하기에 앞서, 빈대에 대한 언론 보도가 홍수처럼 쏟아졌다. 빈대는 특유의 이질성과 빠른 확산 속도로 말미암아, 앞서 소개한 장엄한 록오페라를 포함해 다양한 예술과 문학 작품에서 유쾌하면서도 어두운 카타르시스를 제공하는 소재가 되었다. 언론 기사가 처음 등장한 것은 1990년대 말과 2000년대 초반으로, 런던의 《가디언Guardian》, 시드니의 《데일리 텔레그래프Daily Telegraph》, 뉴욕의 《뉴욕타임스》처럼 빈대가 재출현한 대도시의 신문에서였다. 대부분은 빈대가 저가 및 소규모 호텔에서 나타났다는 내용이었다. 한편 《타임스Times》는 2005년부터 신종 유행병에 관한 기사들의 소재로 빈대 관련 기사를 꾸준히 내보내기 시작했다. 그러다가 공공도서관에 출몰한 빈대, 사상 최초로 시카고에서 열린 전미 빈대 정상회의, 《뉴욕타임스》의 트레이드마크로 최신 유행을 소개하는 기사 등 갈수록 다양한 분야에서 빈대 기사가 나타났다. 심지어 빈대 피해자들의 외로움과 수치심 그리고 빈대가 대인 관계에 미치는 부정적인 영향을 보도한 기사도 있었다.

빈대가 확산되자 애틀랜타, 오스틴, 산타페, 샌프란시스코, 신시내티, 플로리다 전역에서 발행되는 소규모 지역신문들도 빈대 기사를 실었다. 나는 인터넷으로 빈대 기사들을 검색하다가 2005년 《뉴요커》가 빈대에 물린 여대생에 관한 기사를 내보낼 즈음해 그리고 그 훨씬 전부터, 빈대 기사가 아주 많았다는 사실에 깜짝 놀랐다. 솔직히 고백하자면, 나는 뉴욕의 내 아파트에서 생전 처음으로 빈대를 보고 몇 달 후 《뉴요커》가 보도한 그 기사에서 마음의 위안을 얻기도 했다.

2009년 찌는 듯이 무더웠던 여름, 브루클린에서 나는 한 번도 아니고 두 번이나 빈대와의 전쟁을 치러야 했다. 이듬해인 2010년에는 빈대에 관한 주류 언론의 보도가 절정에 이르렀다. 엠파이어스테이트 빌딩, 유엔 본부, 여성 속옷 브랜드인 빅토리아 시크릿Victoria's Secret의 한 매장, 월도 프 아스토리아 호텔Waldorf Astoria Hotel, 뉴욕공공도서관 등등 뉴욕 전역 에서 빈대가 나타났다는 보도가 줄을 이었다. 시비에스는 2010년을 "빈 대의 해"로 명명했고 해충을 그해의 가장 중요한 건강 기사 중 하나에 포함시켰다. 물론 이런 기사들이 빈대에 관한 최초의 언론 보도가 아니 었지만, 많은 사람들은 그런 기사를 통해 빈대를 처음 알게 되었다. 외계 인만큼이나 생소한 해충이 우리의 성역인 침대 속을 공격하는 것에 대 한 두려움이 인터넷을 통해 급속하게 퍼져 나갔다. 인터넷 세상에서는 마우스를 한 번 클릭하거나 손가락으로 화면을 한 번 밀어 주는 것만으 로도 진위 여부와는 무관한 모든 이야기가 공유된다.

진짜 빈대의 재출현은 최초 언론 보도가 있기 몇 해 전에 시작되었을 가능성이 크다. 1980년대 중반부터 1990년대에 걸쳐 인구밀도가 높은 미국의 동부 해안 지역과 대도시들에서 산발적으로 빈대가 나타났고, 전 세계 다른 지역에서도 비슷한 양상으로 빈대가 재출현했다. 내가 조 사한 바에 따르면, 뉴욕에서 빈대가 최초로 보도된 사례 하나는 1996 년 맨해튼의 어퍼 웨스트사이드Upper West Side에 위치한 어떤 호스텔에 서 발생한 것이었다. 맨해튼에서 활동하는 제프 아이젠버그Jeff Eisenberg

라는 해충 방역업자는 사람들이 무엇에 물렸는지 원인을 밝히기 위해 노력했다. 처음에는 벼룩이나 진드기 혹은 모기에 물렸을 거라고 생각했다. 그러나 그런 해충은 발견되지 않았고, 그래서 비둘기 진드기에 감염되었을 가능성을 의심했다. 그는 줄지어 늘어선 2층 침대, 많은 투숙객들이 사용하던 슬리핑백, 커다란 트래킹 배낭 등등 해외 여행객들로 가득한 호스텔의 내부 전체를 샅샅이 뒤졌고, 마침내 침대 이음새와 침구류의 솔기에 숨어 있던 정체불명의 벌레들을 찾아냈다. 그 벌레들의 정체는 어떤 곤충학자의 도움으로 어렵지 않게 밝힐 수 있었다. 빈대였다. 그러나 그 곤충학자도 빈대를 박멸할 방법에 대해서는 아무런 조언을 해 줄 수 없었다. 그래서 아이젠버그는 은퇴한 동료 방역업자들 중에서 수십 년 전에 빈대를 다루었을 만큼 나이가 지긋한 사람들에게 전화를 걸어 조언을 구했다. 하지만 그들이 언급한 살충제가 이제는 구할 수 없거나 사용이 금지된 터라 그들의 조언조차 아무 도움이 되지 못했다. 모든 노력에도 불구하고 몇 달간 그 호스텔에서는 빈대가 사라지지 않았다. 아마 전 세계의 여행객들이 끊임없이 들락거렸기 때문이지 싶다.

1997년 메인 주 서부 산악 지대에 위치한 여름 캠프장과, 1999년 공항에서 가까워 인기가 높은 뉴저지 시코커스Secaucus의 한 호텔에 빈대가 나타났을 때 방역업자들은 아이젠버그와 비슷한 상황에 맞닥뜨렸다. 또한 1999년 해충 방역업체 오르킨Orkin의 기술 담당 이사인 프랭크 미크Frank Meek는 플로리다 올랜도로 여행을 갔다가 호텔방에서 빈대를 발견했다. 미크는 자사의 현지 사무소에 그 사실을 보고하면서 빈대를 처리해 달라고 요청했다. 그러자 사무실 직원들이 "빈대를 어떻게 없애야 합니까?"라고 되레 반문했고, 미크는 "난들 어찌 압니까?"라고 대답했다.

직업이 직업인지라 미크는 최소한 자신이 싸우는 적이 무엇인지는 알았다. 그러나 대부분의 사람들은 별로 운이 좋지 않았고 적의 정체를 파악하는 데만도 상당한 시간이 걸렸다. 자신의 침대에 숨어서 기어 다니는 무언가를 발견했을 때 사람들은 그것이 진드기나 새끼 바퀴벌레 혹은 진드기와 비슷한 벌레일 거라고 추측했다. 또는 해질녘에 바깥에 너무 오래 머무르다 보니 한창 배가 고플 때인 모기들에게 물렸다고 생각했다. 또 어떤 사람들은 의학적 문제가 생길 때마다 가장 자주 용의자로 지목하는 어떤 절지동물 때문이라고 주장하기도 했다. 바로 거미였다. 사실 거미는 무는 것뿐 아니라 덩굴옻나무 발진부터 박테리아 및 곰팡이 감염은 물론이고 궤양과 포진 심지어 피부암에 이르기까지 많은 의학적 문제의 원인으로 오해받는다. 거미에게 미안한 일이지만 나도 그랬다. 빈대가 처음 나타났을 때 나는 거미를 실제로 본 적도 없으면서 내 아파트 벽에 숨어 사는 녀석이 배가 고파 나를 물었을 거라고 애꿎은 거미에게 화살을 돌렸다. 더군다나 2002년 스페인의 한 호텔에서 오후에 낮잠을 자고 난 후 팔에 일직선으로 물린 자국과 함께 욱신거리는 통증이 느껴졌을 때도 거미 같은 벌레에 물렸을 거라고 생각했다(지금 와서 생각해 보면 그것은 빈대의 작품이었을지도 모르겠다). 진실은 사람들을 무는 거미도 일부 있지만, 일반적인 경우가 아니며 그것조차도 대개의 경우는 자기방어 행동이라는 것이다. 현재 알려진 거미 종은 4만 4,000종인데, 이것은 지구상에 실제로 존재하는 모든 거미 종류의 4분의 1에 불과할 것으로 여겨진다. 그리고 그중에서 인간을 흡혈하는 거미는 단 한 종도 없다.

유난히 극성을 부렸던 모기 때문도 피에 굶주린 불가사의한 거미 때문도 아니라, 빈대에 물렸다는 가혹한 진실에 직면했을 때 나는 그것을 부인했다. 다른 사람들도 마찬가지였다. '빈대라니! 말도 안 돼! 빈대는 현존하는 벌레가 아니라고!' 개중에는 짧게는 몇 주에서 몇 달, 길게는 몇 년간 그 빤한 증거를 무시했는데, 그 바람에 가족, 친구, 이웃은 물론이고 그들이 머물렀던 호텔방에 투숙하는 다른 여행객들에게까지 빈대를 옮기는 사람들도 있다. 그러다가 일부 사람들은 더는 참지 못하고 해충 방역업자를 불렀다. 머지않아 미국 동부 해안 지역과 대도시의 빈대 거점지에서 활동하는 해충 방역업자들은 가려움을 동반한 붉은 반점을 빈대와 연결시키기 시작했고, 그런 지역에서 빈대가 매독처럼 확산되고 있음을 알아차렸다. 그러나 빈대는 아주 오랫동안 사라졌었던 상황이라 연장자들조차 빈대를 박멸할 방법은 고사하고 그저 빈대라는 이름만 들어 보았을 뿐이었다. 그리고 그들 중 누구도 가족 사업을 물려받았건 아니면 새로 사업을 시작했건 젊은 세대에 빈대 박멸 기술을 전수하지 않았다.

해충 방역업자들은 일반 가정이 전대미문의 빈대 공격을 받는 상황에서 자신들이 어떤 역할을 했는지 잘 알았다. 1990년대 즈음까지 일반적인 해충 방역법은, 공공주택과 아파트 건물에는 정기적으로 굽도리 널 baseboard*부위에, 개인 주택에는 필요할 때에 살충제를 살포하는 것이었다. 이후에 등장한 새로운 방역법은 독물이 함유된 미끼를 놓는 것이었는데, 이는 바퀴벌레처럼 도시 건물의 실내 해충을 처치하기 위해 널리 애용되었다. 잠깐 미끼법에 대해 알아보자. 바퀴벌레는 주로 사람들이 떨어뜨린 음식 부스러기와 쓰레기를 먹는다. 따라서 독물이 함유된 작은 먹이로 유인하면 바퀴벌레는 아무 의심 없이 그 먹이도 먹을 것이다. 그런 다음 은신처로 잽싸게 돌아가서는 몸을 둥글게 만 채로 죽고 아마

---

* 바닥과 만나는 벽의 하단부를 따라 보호대 겸 장식 목적으로 몰딩이나 테 돌림을 한 것.

도 그 과정에서 독물에 중독된 배설물을 배출할 것이다. 주위의 바퀴벌레들이 동지의 사체와 독물에 오염된 배설물을 야금야금 갉아먹고 결국 집단 급사에 이른다. 그리고 또 다른 바퀴벌레들이 그 과정을 반복하고…… 마침내 바퀴벌레가 몰살한다. 그러나 흡혈 곤충에 미끼법을 사용하기에는 커다란 문제가 있다. 우선 흡혈 곤충은 가짜 먹이에 쉽게 유인되지 않는다. 게다가 그들의 주식은 살아 있는 생명체의 체내를 흐르고, 그 주식에는 독물을 주입하기 쉽지 않다.

미끼 가설에 따르면, 가정용 스프레이 살충제에서 미끼로의 전환은 빈대들이 창궐할 수 있는 안전한 은신처를 만들어 주었다. 즉, 바퀴벌레에 사용했던 스프레이 살충제가 빈대 개체 수 억제에도 효과가 있을지 모른다고 생각했다. 그러나 한편으로는 바퀴벌레와 빈대의 서식지가 달라서 살충제를 어디에 분사하는가에 따라 빈대에 아무런 영향을 미치지 못할 수 있었다. 바퀴벌레는 주방의 음식물 부스러기가 묻은 식탁, 포장이나 봉투가 찢긴 음식물, 축축한 욕실 구석, 물 묻은 발이 지나가며 만든 얕은 물웅덩이를 좋아한다. 그래서 해충 방역업자는 그런 곳에 살충제 스프레이를 뿌린다. 반면 빈대는 잠을 자는 사람들의 근처를 좋아하는데, 사람들은 특별히 힘든 하루가 아니었다면 부엌이나 욕실 바닥에서 잠을 자지는 않을 것이다.

미끼 유인법이 빈대 확산에 책임이 있든 아니든, 방역업자들은 급속하게 증가하는 빈대 문제를 해결하기 위해 예전의 스프레이 살충제를 다시 사용할 필요가 있었다. 그러나 2000년대 초 해충 방역법으로 미끼 유인법이 널리 사용되고 있었을 때는 다른 대안이 거의 없었다. 당시 미국에서는 침실에서 합법적으로 사용할 수 있는 현대적인 살충제가 피레스로이드 딱 한 종류뿐이었다. 해외에서는 피레스로이드 말고도 몇 가지 대안이 있었다. 피레스로이드는 디디티가 몰락한 이후에 인기가 상승했는데, 이것은 고대부터 사람들이 피레트럼에서 추출한 피레트린이라는 화학물질과 밀접한 관련이 있었다. 1800년경 오늘날 이란에 해당하는 지역의 사람들이 처음으로 피레트럼을 으깨어 가루로 만들어 살충제로 사용했고, 19세기에는 유럽 전역에서 살충제로 애용되었다. 천연 살충제인 피레트럼은 빈대를 신속하게 마비시키면서도 인간과 가축에게는 비교적 무해했고, 이것은 피레트린이 살충제로 인기가 높았던 이유 중 하나였다. 살충제로서 피레트린의 단점은 햇빛에 노출될 때 불안정해진다는 점이었는데, 이는 추가 살포할 때에 상당한 주의가 요구된다는 뜻이었다.

현대판 피레트린인 피레스로이드에서 접미어 '오이드-oid'는 '닮았다' 또는 '비슷하다'는 뜻이고 그리스어에 어원을 두고 있다. 피레스로이드는 쉽게 말해 피레트린을 인공적으로 합성한 화합물이다. 둘 다 화학 구조와 기능이 사실상 동일한데, 다만 피레스로이드는 피레트럼 내부에서가 아니라 실험실에서 만들어진다는 점이 다르다. 합성 화합물은 추가적 제어가 가능하다. 공학 기술자가 화합물의 세부적인 구조를 변화시킴으로써 그 화합물의 세부적인 기능까지도 변화시킬 수 있기 때문이다. 피레스로이드는 빈대 퇴치에 필요한 잔류성을 확보하기 위해 빛 속에서도 더욱 안정적인 상태를 유지하도록 만들어졌다. 피레트린과 피레스로이드가 빈대를 죽이는 과정은 동일하다. 먼저 빈대의 신경 신호를 영구히 활성화시켜서 정상치보다 신경 신호를 수백 아니 수천 배 더 많이 발산하도록 만든다. 그러면 신경계가 교란되고 전신 떨림, 경련, 마비를 유발해서 결국 죽음에 이르게 한다. 어딘지 들어 본 것 같다고? 맞다. 디디티의 효과와 같다. 이는 피레트린과 피레스로이드의 분자가 디디티의 분자와 빈대 체내에서 동일한 방식으로 작용하는 것처럼 보이기 때문이다.

미국인들은 피레스로이드와 그것의 천연 쌍둥이인 피레트린을 여전히 사용했지만, 디디티의 경우처럼 무분별하게 남용하지는 않았다. 그렇다고 해도 그 둘은 널리 사용되었고 오늘날에도 마찬가지다. 2013년을 기준으로 미국 시장에서만도 약국에서 누구나 구입할 수 있는 블랙 플래그Black Flag와 레이드Raid, 전문가용 살충제, 먼지진드기 예방 매트리스 커버, 애완동물용 벼룩과 진드기 연고, 옴 치료제와 이 퇴치 연고, 농약, 정원용 살충제 등 피레트린과 피레스로이드를 함유한 살충제 제품이 3,500개가 넘었다. 예전에 해충 방역업자가 내 매트리스에 피레스로이드를 듬뿍 분사하는 것을 지켜보면서, 나를 괴롭히는 원흉을 없애줄 수만 있다면 무엇이든 더 많이 뿌려 주기를 속으로 바랐던 것을 생생히 기억한다. 미국 전역의 다른 해충 방역업자들도 빈대를 퇴치할 때 달리 뾰족한 수가 없었기 때문에 울며 겨자 먹기로 피레스로이드계 살충제를 선택하고 침실과 침대에 뿌린 다음 부디 좋은 결과가 있기를 바라곤 했다. 하지만 피레스로이드계 살충계가 언제나 효과적인 것은 아니었다.

해충 방역업자들이 생전 처음 맞닥뜨린 빈대와 사투를 벌이는 동안에도, 도시 곤충학자urban entomologist들은 빈대의 출현에 대해서 까마득히 몰랐다. 하물며 피레스로이드와 관련된 문제에 대해서는 두말하면 잔소리다. 대부분의 도시 곤충학자들은 개미, 바퀴벌레, 흰개미같이 더욱 일반적인 도시 해충을 연구하는 일로 생계를 유지했다. 게다가 로버트 유싱어의 저서가 발표된 이후부터 빈대가 다시 출몰할 때까지, 행여 아직 생존해 있고 그 세월 동안 현업에 종사하고 있다 해도 빈대에 대해 많은 시간을 투자한 학자는 극히 일부였다. 빈대가 사실상 박멸되었다는 사실은 해충 방역 산업에게도 그랬지만, 학자들에게도 빈대를 연구할 동기

부여나 명분이 부족했다는 것을 뜻했다.

그러다가 2000년대 초 해충 방역업체들과 업계 종사자들이 학자들에게 빈대 감염 사례가 놀랄 만큼 급속하게 증가하는 현상에 대해 말하기 시작했고, 그러자 상황이 변했다. 선친이 1955년 뉴저지 로렌스빌Lawrenceville에 설립해 2대째 내려오는 해충 방역업체인 쿠퍼 페스트 솔루션즈Cooper Pest Solutions의 부사장 겸 기술 담당 총책임자였던 릭 쿠퍼Rick Cooper도 그들 중 한 사람이었다. 릭은 학창 시절 여름방학 때면 형과 함께 선친의 회사에서 일했고 1991년에는 형제가 사업체를 공동으로 물려받았다.

릭은 해충 방역업자들 중에서 꽤나 유별난 편이었다. 그는 벌레에 관심이 아주 많았고 결국에는 러트거스 대학교Rutgers University에서 곤충학 박사과정을 밟게 되었다. 그러나 어릴 적부터 도시 해충과 싸우면서 성장하고 연구실에서 많은 시간을 보냈음에도 불구하고 릭은 동물분류학 수업 시간에 알코올에 보존된 빈대 표본을 제외하고는 빈대를 직접본 적이 없었다. 그러다가 1999년 빈대가 나타난 어떤 호텔에서 방역 작업을 하면서 마침내 살아 있는 빈대를 처음으로 보게 되었다. 그리고 1년이 지나기도 전에 빈대 방역을 요청하는 일감 의뢰가 여섯 건이 넘었고, 2년째 들어서도 꾸준히 증가했다. 그렇게 3~4년이 되었을 즈음 그는 해충 방역 산업의 전국회의에 참석해서 빈대에 관한 프레젠테이션을 했다. 그 회의에 참석한 해충 방역 전문가 대부분은 아직 빈대를 직접 보지 못했는데, 당시까지는 빈대 발생 문제가 주로 동부 해안 지역에 국한되었기 때문이다.

보통 그런 회의에는 학자들도 참석했다. 릭과 같은 회의에 참석한 켄터키 대학교University of Kentucky의 마이크 포터Mike Potter라는 곤충학자는 릭의 프레젠테이션에 호기심이 발동했고, 휴식 시간에 그를 복도의 한쪽 구석으로 끌고 갔다. 포터는 이번 빈대 사태가 흥미롭다는 것은 인정하면서도, 자신이 사는 곳에서는 아직 빈대 문제가 없다고 말했다. 회의가 끝난 후 둘은 각자의 터전으로 돌아갔다. 그로부터 몇 달 후 포터가 새로운 소식을 들고 릭에게 전화를 걸었다. "좋아요, 릭. 빈대에 관해 가능한 한 모든 걸 말씀해 주세요. 지난 19년간 빈대에 관한 전화는 한 통도 없었는데 한 달 전부터 전화가 오기 시작하더니 이젠 전화통이 쉴 틈이 없네요." 빈대가 렉싱턴Lexington을 강타했다.

2004년 릭은 절친한 친구의 설득으로 저번과는 성격이 다른 어떤 회의에서 빈대에 관한 프레젠테이션을 또다시 하게 되었다. 2년마다 열리는 도시 곤충학 회의National Conference on Urban Entomology였고, 이번에는 애리조나 피닉스에 있는 하이엇 호텔의 대회의실에서 열렸다. 릭은 70명 남짓한 도시 곤충학자들 앞이라 바짝 긴장했지만 막상 프레젠테이션을 시작하자 참석자 중 누구라도 좋으니 빈대 연구를 시작해 달라고 열정을 가득 담아 호소했다.

릭은 빈대가 미 북동부 지역, 플로리다, 캘리포니아 전역에서 확산되는 것을 대략적으로 수치화한 파워포인트 슬라이드를 상영했다. 그러면서 조만간 빈대가 다른 지역으로 퍼져 나가 결국 미국 전체에서 창궐하게 될 거라고 예측했다. 자신에게 주어진 15분을 다 썼을 즈음 그는 질문 시간을 가졌고 이내 어디서, 왜, 어떻게를 쉴 새 없이 쏟아내는 과학자들에게 둘러싸였다. 그도 어떤 대답을 해야 할지 몰랐다. 참석자 대부분은 현재의 빈대 사태에 흥미를 느끼면서도 여전히 의심을 품으며 회의장을 떠났다. 그들은 "빈대가 다시 유행하지 않을 겁니다"라고 말했다. "참신한 이야기지만 연구비를 쏟아 부을 가치는 없습니다"라는 말에 대부분이 동의하는 듯했다. 그들의 속내는 한마디로 이런 것이었다. '당신은 불필요한 공포감을 조장하고 있어.' 그러나 릭이 옳다고 생각하는 참석자도 일부 있었다. 몇 해 전 플로리다의 한 호텔에서 빈대를 직접 보았던 오르킨의 이사도 그들 중 한 명이었다. 맞다, 앞서 언급한 프랭크 미크였다. 그도 이번 회의에서 빈대의 귀환에 관한 연설을 했다. 또 다른 사람은 버지니아 공대Virginia Tech의 디니 밀러Dini Miller라는 곤충학자였는데, 그녀는 그해 말 대학에서 빈대 실험실을 만들기 시작했다. 또한 마이크 포터와 곤충 행동과 화학 생태 전문가인 케네스 헤인스Kenneth Haynes 등 켄터키 대학의 여러 교수들도 빈대 연구소 설립을 계획하기 시작했다. 머지않아 두 대학의 과학자들은 미국에서 수십 년 만에 처음으로 공식적인 빈대 실험실을 갖고 활발한 연구에 시동을 건다.

이들 과학자들은 몇 가지 질문에 대한 대답을 찾고자 했다. '빈대들이 어디서 나타난 걸까? 어떻게 그토록 급속하게 확산될 수 있었을까? 피레스로이드계 살충제에도 왜 쉽게 죽지 않는 걸까?' 먼저 연구가들은 빈대에 대해 공부하고 빈대 연구가 어디까지 진행되었는지 알기 위해 예전의 문헌을 꼼꼼히 살펴봐야 했다. 그래서 포터와 밀러 같은 과학자들은 당시에 절판되었지만 그래도 가장 중대한 최근 연구였던 유싱어의 논문을 비롯해 1930년대와 1940년대에 발표된 논문들을 샅샅이 훑었다. 그들 중에는 도서관 상호대출제도를 통해 비록 낡기는 했지만 어쨌든 유싱어의 저서를 구할 수 있었던 일부 운 좋은 과학자들도 있었다. 그러나 다른 과학자들은 1966년 초판을 최대 300달러까지 주고 직접 구입해야 했다. 그들 과학자가 유싱어의 논문을 비롯해 많은 문헌들을 조사한 덕분에 살충제에 저항성을 보이는 신종 빈대의 기원에 관한 많은 가설이 만들어졌다.

한 가지는 분명했다. 빈대가 인간을 따라다닌다는 점이었다. 우리 인간이 빈대의 식사 거리이고, 따라서 우리가 전 세계를 돌아다님에 따라 빈대도 우리와 함께 돌아다니기 위해 진화했다. 이런 이동 양식은 유싱어와 다른 곤충학자들이 주장하듯이, 빈대가 적어도 수천 년에 걸쳐 걸어온 과정이었다. 심지어 디디티가 광범위하게 사용된 이후에도 일부 빈대는 살아남았고, 피를 빨아 먹을 수 있는 인간 거주지를 찾아냈다. 그러나 그런 거주지가 어디였는지 또한 빈대가 그곳에서 다른 곳으로 어떻게 확산되었는지에 대해서는 합의된 가설이 없다.

어떤 가설에 따르면, 미국의 경우 빈대는 자생종으로서 아마도 저소득층의 공공주택과 노숙자 쉼터같이 주류 사회에서 소외된 공동체에서 명맥을 이어 왔을 것으로 추정된다. 이런 가설이 허무맹랑한 것만은 아니었다. 많은 사람들의 경험이 해당 가설을 뒷받침해 줄 뿐 아니라, 디디티가 널리 사용된 이후 수십 년 동안 빈대가 뉴욕의 할렘부터 워싱턴까지 저소득층 공공주택 단지 주민들의 고혈을 짜 먹는 사진과 보고서도 있었다. 요컨대 돈과 지역사회의 지원 없이는 기적 같은 살충제인 디디티조차도 소용없었다. 또는 빈대가 미국 전역에 산재하는 양계장처럼 인간이 아닌 제2의 숙주 주변에서 은신처를 찾았을 수 있다는 주장도 있었다. 위의 두 시나리오 모두, 빈대가 그런 먹이원에서 탈출해 다른 지역으로 이동하기 위해서는 매개체가 필요했다. 다시 말해 빈대는 가족이나 친구를 방문하는 사람, 직장에 출퇴근하는 사람, 중산층이 사는 아파트나 주택으로 이사하는 사람들의 바짓단이나 가방 솔기에 숨어서 하나의 지역사회에서 다른 지역사회로 이동했다. 어쩌면 빈대가 닭장에서 농가로 그리고 트럭을 타고 더 먼 곳으로 이동했을 수도 있다. 아니면 방역법이 살충제 살포에서 미끼 유인법으로 변화함으로써 빈대의 집단

서식지에서 개체 수가 증가했고, 그런 서식지의 거주민들이 일상생활을 함에 따라 빈대가 그들을 따라서 다른 곳으로 확산되었을 것이다.

다른 전문가들은 빈대를 더욱 효과적으로 퍼트리는 교통 수단뿐 아니라 지리적 한계를 넘어선 잠재적 빈대 저장소가 있다고 반박했다. 교통 수단 중 하나가 바로 비행기고, 잠재적 빈대 저장소는 바로 이 세상 전부다. 1978년 미국 의회가 운임, 노선, 비행 일정같이 항공 산업의 핵심 내용에 대한 정부의 통제를 철폐하는 항공규제완화법Airplane Deregulation Act을 통과시켰다. 이것은 신설 항공사들이 시장에 진입할 수 있는 길을 열어 주었고 기존 항공사들이 노선을 증편하도록 부추기면서 항공 산업에 무한 경쟁 바람을 몰고 왔다. 1980년대 초반 그 법이 단계적으로 실시되자 항공사들은 고객들이 저가 항공권을 좋아한다는 사실을 재빠르게 포착했다. 이에 항공사들은 더 저렴한 항공권을 제공해 고객을 유치하기 위한 치열한 경쟁을 벌였다. 운임이 저렴해지고 노선이 증편되자 국내 여행이 증가했다. 그뿐 아니라 항공규제완화법이 시행된 이후 10년간 고유가로 항공 산업 전반이 타격을 입었음에도 불구하고, 미국 내에서 연간 운항 편수가 두 배 이상 증가했다.

1990년대 초, 전 세계의 상업적 항공 산업을 자유 시장 체제로 유도하는 항공자유화협정Open Skies Agreement과 미국의 항공규제완화법의 영향을 받아 국제선에서도 비슷한 현상이 벌어졌다. 그때부터 미국은 세계 130개국 이상과 이런 협정을 연이어 체결했다. 1990년대 초에서 2000년대 초 사이 10년간 사실상 전 세계 모든 지역에서 미국을 오가는 국제노선이 증가했고, 다른 수십 개의 국가들 사이에서도 항공교통이 증가했다. 더 많은 승객은 물론이고 온갖 물건으로 꽉 채운 그들의 여행 가방, 트렁크, 배낭을 싣고 전 세계 곳곳을 누비는 항공기가 증가하자, 빈대가 비행기에 숨어 탈 기회도 더 늘어났다.

당연한 말이지만 하늘길을 둘러싼 이런 모든 상황은 빈대의 재출현과 확산에 영향을 미친 일부 요소에 지나지 않는다. 가령 빈대가 전 세계로 확산한 이유로 현대에 발발한 전쟁들을 꼽는 전문가들도 있었다. 전쟁을 수행하기 위해 그리고 평화를 유지하기 위해 군인들이 빈대의 발원지로 알려진 중동 지역을 비롯해 세계 곳곳에서 상당 기간 동안 주둔했기 때문이다. 또 다른 전문가들은 해외 이민자 수가 증가한 것을 원인으로 지목했다. 이민자들은 고국을 방문할 때는 친지들에게 나눠 줄 선물을, 다시 집으로 돌아올 때는 마음의 위안이 되고 향수병을 달래 주는 익숙한 물건들을 잔뜩 챙겨 온다고 주장했다.

개연성 있는 시나리오가 또 있다. 전 세계적 부의 증대와 새로운 글로벌 경제가 그것이다. 돈이 많아질수록 사람들은 더욱 많은 물건을 살 수 있다. 그런 물건은 전 세계에 흩어져 있는 공장에서 생산된 다음, 항공기나 선박 혹은 기차를 통해 운송된다. 그리고 사람들은 그런 물건을 사서 옷장과 서랍장 그리고 침대 옆 탁자 서랍에 차곡차곡 쟁여둔다. 기업들은 해외에 있는 공장과 유통 및 물류센터를 감시하도록 관리자를 파견하고, 그 관리자들은 항공기로 이동해 호텔에서 머문다. 한편 지역사회 차원에서는 생산과 구매가 증가함으로써 낡은 가구를 새 가구로 바꾸는 사람들이 늘어났을 것이다. 그리고 그들은 헌 가구를 쓰레기 트럭이 수거해 가도록 혹은 공짜 가구를 찾는 누군가가 가져가도록 길가에 내놓는다.

그뿐 아니라 좀더 넓은 차원에서도 변화의 바람이 분다. 점점 더 많은 사람들이 전 세계의 대도시로 이주해 서로의 생활공간이 더욱 밀접해지고, 이런 환경은 다시 빈대가 이 집에서 저 집으로 더욱 쉽게 옮겨 가도록 만든다. 요즘에는 세계 인구 70억 중 절반 이상이 도시에 거주한다. 또한 세계 인구가 1950년 이래로 세 배 가까이 증가한 데서 알 수 있듯이, 도시인구 자체도 크게 늘었다. 요컨대 우리는 국제간 거래든 활발한 소비활동이든 아니면 도시인구 집중화를 통해서든, 빈대가 확산할 수 있는 더 좋은 기회를 제공했을 뿐 아니라 더 많은 식량도 공급했다.

과학자들이 빈대 재출현의 시작점을 밝히기 위해 이런 가설들을 시험하기에 앞서, 혹은 새로운 빈대 퇴치법을 찾기 위해 빈대의 생명 작용을 이해하려는 노력을 시작하기에 앞서, 해야 할 일이 있었다. 즉 실험실을 확보하는 일이었다. 빈대를 연구하려면 찔러도 보고 쑤셔도 보고 독물도 사용해 보아야 할 터였고, 그렇게 하려면 결국 작게는 수천 마리 많게는 수십만 마리의 빈대가 필요했다. 최소한 실험 한 건당 수백 마리가 필요하고 재고를 신속하게 보충해야 하는 것은 당연지사였다. 또한 행복한 환경에서 더 많은 알을 낳도록 건강한 빈대를 직접 키우는 법을 배워야 했다. 이는 실험실 빈대에게 야생 빈대가 자연 환경에서 추구하는 것들을 제공해야 한다는 뜻이었다. 바로 먹이와 은신처였다. 그러나 빈대가 나름 교활한 데다 워낙 비밀스러운 음지의 삶을 살며 감지기와 살충제 모두에 저항성을 가진 터라, 실험실에서 키우기가 상당히 까다로웠다.

다행히도 그들 과학자보다 앞서서 빈대를 키웠던 훌륭한 선배가 있었다. 바로 유싱어였다. 그들은 유싱어가 버클리에서 빈대들을 키운 방법에 대한 단서를 얻기 위해 유싱어의 저서에서 앞부분의 약 60쪽에 걸친 빈대 사육법을 급하게 훑어봤다. 물론 그의 저서를 구할 수 있을 만큼 충분히 운이 좋았던 과학자들에게만 해당되는 이야기였다. 유싱어의 저서에 대한 수요가 계속 이어지자 2007년에 미국곤충학회는 자신들이 "빈대 바이블"이라고 부른 《빈대과 곤충에 관하여》의 재판을 발행했다.

재판은 300부만 발행했는데 3년이 지나기 전에 전부 팔려 3판을 찍어야 했다. 그러나 과학자들이 유싱어의 저서와 빈대에 관한 초기의 여러 논문에서 도움을 받았음에도, 빈대 실험실을 만드는 것은 결코 만만하지 않았다. 정보도 구식인 데다가, 시대가 달라지면서 빈대 연구에 대한 기대도 진화했기 때문이었다. 그렇다면 유싱어의 시절에는 어떻게 빈대를 키웠을까? 사람의 팔을 규칙적으로 제공하기도 했고, 토끼의 몸통에서 털을 약간 깎은 다음 빈대가 든 유리병을 안장주머니처럼 깎은 부위에 매달아 빈대가 토끼의 맨살을 물게도 했다. 또는 스티로폼 덩어리에 박쥐를 묶어 놓고, 활짝 편 박쥐 날개의 민감한 피부 쪽에 빈대가 든 용기를 단단히 고정시키기도 했다. 그리고 당시에는 이런 모든 방법이 윤리적이며 실용적이라고 널리 여겨졌다.

오늘날까지도 비슷한 방법을 사용하는 실험실이 일부 있지만, 대부분의 과학자는 스스로가 빈대의 먹잇감이 되거나 살아 있는 동물을 숙주로 제공하고 싶어 하지 않았다. 그렇다면 해결책은 무엇이었을까? 적어도 빈대가 자신의 먹잇감이 살아 있는 숙주라고 믿도록 인체가 발산하는 여러 신호 중 최소한 두 가지를 그대로 모방하는 인공적인 급식 장치를 만들어야 했다. 체온과 같은 섭씨 약 37도의 온도와 피부 같은 얇은 막이 그것이다. 켄터키 대학과 버지니아 공대를 포함한 일부 대학의 과학자들은, 약물 실험에서 빈대를 사용한 스페인 연구가들이 2002년에 발표한 논문을 비롯해 인공적인 빈대 급식 장치에 관한 여러 논문을 토대로, 직접 급식기를 만들기 시작했다. 가령 어떤 과학자들은 온수관이 혈액 주변을 순환하면서 혈액을 따뜻하게 유지시킬 수 있도록 만든 특수한 유리병을 주문 제작했다. 또 어떤 과학자들은 실험실 모기에게 먹이를 공급하기 위해 만들어진 고가의 장비를 구입했다. 어떤 형태의 급식 장치든 연구가들은 빈대의 가느다란 입이 구멍을 낼 수 있도록 투과성의 얇은 비닐, 액체 실리콘으로 코팅한 얇은 그물망, 소시지 껍질로 이용하는 케이싱, 콘돔 등과 같이 장치의 입구를 신축성이 좋은 다양한 재질로 막아야 했다.

일단 인공 급식기를 만든 다음에는 그 안을 채울 차례였다. 과학자들은 수의학과의 도움으로 고양이, 소, 개, 말에서 뽑은 피, 의학 연구용품 공급업체에게서 얻은 닭의 피, 유효기간이 지나서 수혈할 수 없는 사람의 혈액 등으로 실험했다. 그러나 빈대의 식성은 의외로 까다로웠고, 그런 피조차도 꾸준히 공급하기 힘들었다. 한편 수의학과들은 종종 헤파린이나 구연산나트륨으로 피를 희석했는데, 비록 과학적으로 입증된 사실은 아니었지만 일부 전문가들은 그런 피가 빈대에게는 너무 독해서 약 7개월만 먹이면 빈대가 죽는다고 주장했다. 또한 양계업체들에게서 공급받은 닭의 피도 문제의 소지가 있었다. 양계장들은 이따금씩 진드기를 없애기 위해 닭들에게 살충제를 뿌리곤 했던 것이다. 실제로도 살충제 성분이 함유된 닭의 피를 공급받은 탓에 실험실의 빈대들이 절멸하는 사고가 알려진 것만도 두 건이었다. 마침내 많은 연구소는 토끼의 피를 최종적으로 선택했다. 토끼 피는 인간의 혈액과 유사했기에 약물 실험용으로 판매하는 의료 기술업체들로부터 쉽게 구할 수 있었다. 이들 업체는 토끼 피를 희석하기 위해 화학물질을 사용하는 대신에, 섬유소라고 불리는 경硬단백질을 기계적인 방법으로 제거했다. 섬유소는 혈전 내부에서 성에처럼 번지고 이내 혈전을 딱딱하게 만들기 때문에 과다 출혈을 예방하는 데 도움이 된다. 가령 베인 상처가 생길 때에 섬유소가 필요하다. 그러나 섬유소는 빈대가 식사를 할 때 골칫거리로 등장한다. 섬유소가 함유된 피는 냉장시키면 덩어리로 변하고, 그런 덩어리는 빈대의 작은 입으로 빨아들이기에 너무 크다. 그래서 의료 기술업체들은 섬유소를 제거하기 위해 신선한 토끼 피를 유리막대로 저어서 혈전을 인위적으로 만든다. 두세 번 저어 주면 혈전이 유리막대에 들러붙고, 유리막대를 빼내면 섬유소는 쉽게 제거된다. 이렇게 섬유소를 제거한 토끼 피는 냉장 저장고에서 최대 3주까지 보관할 수 있고, 빈대의 작은 입으로도 무리 없이 삼킬 수 있다.

이제는 은신처 문제에 대해 알아보자. 먼저, 빈대는 적절한 온도가 유지되는 비좁은 공간이 필요했다. 또한 과학자들이 빈대를 실험하고 먹이를 주려면 빈대를 이리저리 자유롭게 옮길 수 있어야 했기에 빈대의 은신처는 운반이 용이해야 했다. 그리하여 대부분의 과학자들은 빈대의 집으로 돌려서 열고 닫는 마개가 있는 유리병이나 플라스틱 병을 선택했고, 병의 입구는 망사로 된 천으로 막았다. 한편 병 안에는 접은 마분지나 거름종이를 넣어 빈대가 숨을 수 있는 안락한 장소를 제공했다. 그뿐 아니라 대부분의 실험실은 온도가 자동으로 조절되는 인큐베이터에 빈대 집들을 여러 줄로 차곡차곡 쌓아 보관했다. 언젠가 오하이오 주립대학교Ohio State University의 빈대 실험실을 방문했다가 그런 인큐베이터 내부를 직접 본 적이 있었는데, 마치 심하게 썩어 검게 변한 잼 유리병들로 가득 찬 냉장고 같았다(내가 수백 마리의 빈대가 자신들이 배설한 오물 사이에서 우글우글 모여 있는 병 하나를 뚫어지게 쳐다보자 "빈대는 본래 지저분한 걸 좋아합니다"라고 실험실의 수석 곤충학자가 말했다).

은신처까지 마련한 다음에는 이제 실험실을 완성할 마지막 단계가 남았다. 바로 빈대를 번식시키는 일이었다. 수십 개의 독특한 혈통을 대표하는 1세대 빈대들이 낳은 일부 알들은 수만 마리의 개체군으로 불어나게 될 터였다. 과학자들은 그런 1세대 빈대 대부분을 뉴욕과 신시내티

같은 도시의 빈대 피해를 입은 주택들에서 직접 수집했다. 한편 해충 방역업자들은 이미 오래 전부터 깨달았지만, 이런 빈대들은 피레스로이드에 대한 저항성의 징후를 나타냈다. 심지어는 살충제를 뒤집어쓴 먼지나 살충제의 잔류물이 쌓여 있는 곳을 몸도 한 번 떨지 않은 채 기어 다니는 빈대들도 있었다.

연구가들은 그런 빈대들이 살충제에 얼마나 강한 저항성을 갖는지 또한 어떤 유전적 돌연변이가 있었기에 그런 저항성을 갖게 되었는지를 밝혀내야 했다. 이는 기준점으로 삼아 비교하기 위한 대조 집단이 필요하다는 뜻이었다. 즉 피레스로이드에 여전히 취약성을 드러내는 빈대들도 필요하다는 이야기다. 표준 유전자 분석을 하면, 피레스로이드에 취약한 빈대와 저항성이 있는 빈대의 분자구조에서 나타나는 근본적인 차이를 밝힐 수 있을 것이다. 그리고 이것은 다시, 화학 회사들이 새로운 살충제를 개발하는 데 도움이 될 수도 있었다.

이상적인 빈대 후보는 오랫동안 현대의 살충제 폭격의 영향권에서 안전하게 보호된 빈대 가문일 터였다. 그런데 그런 빈대를 어디서 구할 수 있을까? 다행히도 그런 빈대들이 메릴랜드 교외 지역의 유리병들 안에서 조용한 삶을 살고 있었다.

군 소속 곤충학자인 헤럴드 할런이 수십 년 전 뉴저지의 육군 기지 막사에서 구출해서 몰래 키워 왔던 빈대들은 빈대가 재출현할 때까지 곤충학계에 널리 알려지지 않았다. 그러다가 1990년대 후반 생전 처음으로 빈대와 맞닥뜨린 전문가들 사이에 할런의 이름이 회자되기 시작했고, 그의 빈대도 덩달아 유명세를 탔다. 처음에 그들은 할런에게 빈대가 어떤 곤충이고 빈대를 퇴치할 방법이 무엇인지에 대해 물었다. 그러나 머잖아 전국의 학자들로부터 실험실에서 직접 빈대를 키울 방법에 관한 조언을 요청하는 전화와 이메일이 쏟아지기 시작했다. 그런 다음에는 그의 빈대들을 분양해 달라고 요청하는 문의가 이어졌다. 할런은 그런 요청을 받으면 빈대를 작은 플라스틱 병에 고이 포장해서 우체국을 이용해 발송했고, 오늘날까지도 할런은 그런 요청에 일일이 대응해 준다.

빈대가 재출현해 놀란 사람들이 할런에게 처음으로 도움을 요청하고 10여 년이 흐른 2011년 여름, 나는 그의 사무실을 방문했다. 워싱턴 인근의 국방부 건물에 위치한 그의 사무실은 곤충학에 관한 서적과, 고무로 만든 거미와 뱀 등 각종 해충 방역 회의에서 가져온 기념품으로 발 디딜 틈이 없었다. 내 눈앞에 앉은 할런은 어느덧 60대 노신사가 되어 있었다. 대머리에 짙은 눈썹이 인상적인 그는 금속테 안경을 썼고, 잠자리 무늬의 실크 넥타이는 화려한 색상의 곤충 모양 넥타이핀으로 와이셔츠에 단단히 고정되어 있었다. 내가 그 넥타이핀을 보고 감탄하자 그는 진짜 날도래caddisfly로 만든 것이라고 설명했다. 날도래 유충은 입에서 토해 낸 끈적끈적한 실로 돌과 모래를 솜씨 좋게 엮어서 집을 짓는다. 그가 아는 보석 세공사가 날도래 유충에게 금과 준보석 부스러기들을 건축자재로 제공했고, 그 유충의 창작물을 장신구로 만든 것이었다.

할런은 내게 빈대에게 먹이를 주는 시범을 직접 보여 주었다. 그는 한 면을 고운 망사 천으로 씌운 작고 납작한 상자를 고무 밴드로 팔에 단단히 고정시켰다. 상자의 본래 용도는 메달이나 동전을 진열하는 케이스였다. 할런은 상자 안에 있는 40마리 남짓한 배고픈 빈대들을 가리키면서 먹이를 주는 시범을 보일 때에 그 상자를 사용한다고 말했다. 내 오른쪽의 탁자 위에 놓여진 몇 개의 유리병들은 입구를 망사 천으로 막고 둘레는 강력 접착테이프와 고무 밴드를 여러 번 감아서 단단히 봉인되어 있었다. 할런은 시범을 보일 때는 상자를 사용하지만, 더 많은 빈대에게 식

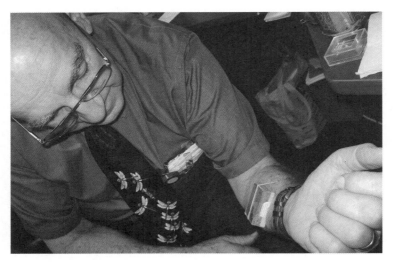
자신의 팔을 먹이로 제공하고 있는 헤럴드 할런

사를 제공하기 위해 대개는 한꺼번에 유리병들을 자신의 팔이나 다리에 갖다 댄다고 말했다. 유리병마다 손으로 직접 쓴 라벨이 붙어 있었고, 식사 날짜가 꼼꼼하게 적혀 있었다.

할런은 자신의 집에 가면 사무실보다 더 많은 유리병이 있다고 했다. 전부 합치면 약 6,000마리였고 대략 한 달에 한 번꼴로 먹이를 준다고 덧붙였다. 계산해 보니 그가 1년에 최소 7만 2,000번 빈대에 물린다는 이야기였다. 알레르기 반응은 없는지 묻자, 바짓가랑이를 걷어 올려 빈대에 물린 자국 하나를 보여 주었다. 종아리에 1달러짜리 은화만 한 부은 자국이 발그스름하게 나 있었다.

탐욕스러운 빈대들이 할런의 팔에서 맛있게 흡혈 식사를 하는 동안, 내 손에는 그가 인터뷰를 시작할 때에 준 선물이 들려 있었다. 검은 뚜껑이 달린 작은 유리병이었는데, 그 안에는 다양한 성장 단계의 죽은 빈대 서른대여섯 마리가 알코올에 보존되어 있었다. 나는 집에 돌아온 후 그 유리병을 책상 위 컴퓨터 모니터 바로 아래에 고이 모셔 두었고, 가끔 엄지와 검지로 가볍게 잡아 천천히 빙빙 돌려 보곤 한다. 아니, 가끔이 아니라 아주 자주, 그것도 당신이 생각하는 것보다 훨씬 자주. 그러면 스노 글로브snow globe를 흔들 때처럼 빈대가 투명한 액체 속에서 공중제비 넘듯 움직이고, 유리병 바깥에 붙은 라벨이 보였다 사라졌다를 반복했다. "빈대, 시멕스 렉툴라리우스 L. 집에서 기른 개체군, 2010년 9월, 메릴랜드 크라운스빌, H. J. 할런."

빈대들이 할런의 팔에서 피를 배불리 빨아 먹는 동안 나는 그 상황을 자세히 보고 싶은 마음에 몸을 앞으로 기울여 관찰했다. 빈대의 몸이 빵빵해지고 점점 붉은색으로 변하는 것이 보였다.

"어떤 느낌이세요?"

"무언가가 아주 살짝 찌르는 것 같은 느낌입니다." 그가 대답했다. "참 설명하기가 어렵군요. 어찌 보면 붓으로 팔을 문지르는 것 같다고도 할 수 있겠군요. 그림 그릴 때 쓰는 약간 뻣뻣한 붓 말입니다."

그는 빈대가 피를 빨아 먹는 복잡한 과정을 손동작을 섞어 가며 설명했고, 가끔 생각하기 위해 말을 멈출 때면 마치 기도라도 하듯 깍지 낀 두 손을 턱 앞에 갖다 댔다. 그러는 동안에도 작은 상자는 그의 팔에 그대로 붙어 있었다. 그는 상자를 슬쩍 내려 보더니 내 쪽으로 팔을 내밀었다. "보이시죠? 몇 마리의 몸이 커지기 시작했습니다. 여기 이쪽에 있는 것은 수놈인데 몸이 상당히 커지고 있네요."

빈대들이 식사를 마쳤을 때 할런은 빈대 상자를 떼어 한쪽으로 치워 놓고, 나를 근처 탁자에 있는 현미경 쪽으로 가 보라고 손짓했다. 그는 유리병 하나를 열고 흔든 뒤 죽은 빈대와 박쥐빈대 몇 마리를 흰색 플라스틱 트레이의 얇게 파인 홈에 떨어뜨렸고, 트레이를 현미경 아래로 밀어 넣어 조절 나사를 만지작거렸다. 그런 다음 뒤로 물러나서 나더러 현미경을 보라고 했다. 빈대와 박쥐빈대의 생김새는 거의 똑같았지만, 유싱어가 직접 그린 그림에서처럼 박쥐빈대가 털이 더 많았고 안면에 턱수염같이 뻣뻣한 털이 자라 있었으며 작은 몸 전체가 털로 덮여 있었다. 그리고 빈대와 박쥐빈대 모두 복부에 검은 자국이 있었는데, 마치 잉크 얼룩 같았다. 나는 얇은 외골격을 통해 뚜렷이 보이는 그것이 빈대가 마지막으로 했던 흡혈 식사의 증거물임을 알게 되었다. 나는 카메라를 현미경의 접안렌즈에 대고는 사진을 찍었다. 현미경의 밝은 조명 안에 들어 있는 빈대 두 마리를 제외하고는 영상 대부분이 검은색이었다.

헤어질 시간이 가까워졌을 때 할런은 자신이 키우는 빈대들의 건강과 생식력에 대해 설명하면서 사무실의 다른 편에 있는 서랍장으로 나를 이끌었다. 그 모습이 마치 자식에 대한 자부심으로 어깨에 한껏 힘이 들어간 아버지 같았다("네가 먹은 음식이 곧 네 자신이지. 음식이 사람을 만드는 법이니까."). 그곳에는 플라스틱 통, 유리병, 라텍스 장갑 한 쌍, 소독용 알코올, 바셀린, 의료용 핀셋이 있었다. 이것들은 할런이 빈대를 분류할 때 사용하는 도구였는데, 그가 빈대들을 분류하는 솜씨는 몇 년간 전국 각지에 생겨나는 실험실에 보내기 위해 빈대들을 작은 플라스틱 병에 옮겨 담느라, 거의 예술의 경지에 올랐다.

그는 직접 시범을 보여 주었다. 먼저 빈대가 든 유리병을 서랍장 상단에 탕탕 쳐서 빈대가 유리병 바닥에 떨어지도록 만들었다. 그리고 우아한 춤사위처럼 넥타이를 셔츠 안에 집어넣고 라텍스 장갑을 끼더니 유리병을 알코올로 닦았다. 유리병을 플라스틱 통 위로 가져가 뚜껑을 열고 입구를 바셀린으로 꽤 두텁게 발랐는데, 빈대들이 탈출하는 것을 막기 위한 오일 장벽이었다. 그런 다음 유리병 안에 있는 마분지 한 장을 의료용 핀셋으로 조심스럽게 꺼냈고, 다이아몬드를 고르는 보석 세공사의 손놀림으로 빈대 열 마리를 집어 작은 유리병에 옮겨 담았다. 그 유리병에도 역시 마분지 조각이 들어 있었다. 그러고는 뚜껑을 닫고 내게 건네주었다. 나는 그 유리병을 얼굴에 바짝 갖다 대고 빈대들이 마분지를 오르락내리락하는 모습을 관찰했다. 그리고 입구 쪽에 입을 갖다 대고 망사 천으로 덮인 뚜껑 너머로 후 하고 호흡을 내뱉었다. 그러자 빈대들이 내 호흡에 섞인 이산화탄소에 자극을 받아 위쪽으로 기어 올라왔다. 빈대들이 움직이자 희미한 진동이 내 손가락을 간질이는 느낌이 들었다. 하지만 그런 감각이 진짜일 가능성은 없어 보였다. 이번에는 엄지와 검지로 유리병을 잡은 채 얼굴에서 멀찍이 떨어뜨렸다. 그러자 빈대들이 내 몸에서 발산되는 열기에 이끌려 입구 부분에서 내 손가락이 닿은 지점으로 이동했다. 내가 그들에게 흥미를 느끼듯이, 빈대들도 비록 더하지는 않을지라도 나만큼이나 내게 흥미를 갖는다는 사실에 약간 혼란스러워 하면서 유리병을 다시 서랍장에 올려놓았다.

내가 그날 할런의 사무실에서 깨달았고 맨 처음으로 실험실에서 빈대를 키우고자 한 연구가들도 확실히 알았던 사실이 하나 있었다. 할런의 빈대 양육은 이제는 괴짜 같은 군 곤충학자의 이상한 취미가 아니었다. 수십 년간 그는 빈대를 격리된 상태에서 키워 왔다. 할런의 빈대는 40년 가까운 세월을 살충제와 여타의 유해한 환경에서 벗어나 안정적으로 살았고, 그래서 좋은 대조 집단의 모든 특징을 지녔다. 할런의 빈대들은 모든 살충제에 취약했고, 건강하고 생식력이 뛰어났으며, 아파트와 주택에서 포획한 빈대들과는 달리 키우기도 쉬웠다. 그리고 아기가 젖병을 본능적으로 물듯이 인공 급식기를 아무런 거부감 없이 받아들였다. 아마도 수 세대 동안 따뜻한 보살핌을 받고 일관성 있는 환경에서 생활했던 터라, 실험실 환경은 그들 빈대의 자연적인 삶에 가까웠고, 당연히 쉽게 적응할 수 있었다. 요컨대 헤럴드 할런은 본의 아니게 빈대 실험실이 필요로 하는 것을 정확히 창조했다.

일반 가정에서 수집한 빈대의 까다로운 습성 때문에, 켄터키 대학과 버지니아 공대의 실험실들이 실질적인 연구를 준비하는 데만도 1~2년이 걸렸다. 그들의 연구 목표는 크게 두 가지였다. 빈대가 어떻게 해서 급속하게 확산되었는지 그리고 어째서 퇴치하기가 어려운지를 밝히는 것이었다. 이후 몇 년간 이어진 실험은 마침내 결실을 맺었고, 2006년 연구 결과를 종합해 일련의 논문을 발표했다. 그러나 사실 실험 결과는 매우 실망스러웠다. 버지니아 공대는 버지니아 주 알링턴Arlington의 아파트 단지에서 수집한 빈대들로 실험했다. 결과부터 말하면, 그들 빈대는 할런의 빈대보다 일반적인 피레스로이드 살충제에 노출되었을 때에 생존률이 거의 340배나 높았다. 한편 켄터키 대학의 연구팀은 신시내티와 렉싱턴에서 포획한 빈대들로 실험했고, 전체적으로 볼 때 할런의 빈대들보다 피레스로이드계 살충제에 대한 저항성이 1만 2,765배 더 강했다.

해외의 전문가들 사이에서도 신종 빈대의 강력한 저항성을 증명하는 보고가 이어졌다. 가령 런던의 연구가들은 영국 전역의 일반 주택과 호텔에서 채집한 빈대들로 실험했다. 그들 빈대는 일단의 피레스로이드계 살충제에 사실상 아무런 반응을 보이지 않았다. 반면 할런의 빈대와 살충제에 취약한 또 다른 두 개체군의 경우, 그런 살충제에 99퍼센트의 치사율을 보였다. 살충제에 취약한 두 개체군 중 하나는, 화학 회사인 바이엘 크롭사이언스Bayer Cropscience가 독일의 몬하임 암 라인Monheim am Rhine에서 수십 년간 키운 개체군이었다(할런의 빈대가 이례적인 것만은 분명했지만, 그렇다고 유일무이한 존재는 아니었다. 예전의 살충제 개발 프로그램에 사용되었던 빈대의 후손들이 전 세계 몇몇 실험실에서 살고 있었다). 또한 호주에서는 곤충학자들이 살충제에 취약한 독일 빈대와 시드니에서 수집한 빈대를 비교했고, 결과적으로 시드니의 빈대들이 델타메트린 deltamethrin에는 40만 배, 페르메트린permethrin에는 무려 140만 배나 저항성이 더 강하다는 사실을 발견했다. 델타메트린과 페르메트린 모두 피레스로이드계 살충제다.

빈대들이 피레스로이드계 살충제에 아주 강한 저항성을 지닌 것은 분명했고, 그런 강력한 저항성이 빈대의 급속한 확산에 일조했을 가능성이 컸다. 만일 빈대를 죽이기 힘들다면 빈대는 무언가에 숨어서 새로운 은신처로 이동할 수 있을 만큼 오랫동안 생존할지 모른다. 또한 그런 강력한 저항성을 후손들에게 물려줄 것이다. 그렇다면 그런 저항성은 어떤 식으로 작용했을까? 2008년, 피레스로이드에 머릿니가 저항성을 갖는 유전적 근거를 연구하던 매사추세츠 대학교 애머스트 캠퍼스University of Massachusetts Amherst(이하 애머스트 캠퍼스_옮긴이 주)의 과학자들은 그 물음에 관심을 가졌다. 머릿니의 저항성은 샴푸와 헤어크림에 함유된 국소용 살충제 성분에서 기인했을 공산이 컸다. 머릿니에서 발견되는 동일한 유전자가 빈대에도 존재하는지 궁금했던 연구가들은 두 빈대 개체군으로 일련의 실험을 실시했다. 한 개체군은 뉴욕에서 채집한 야생 빈대로 저항성이 강했다. 반면 다른 개체군은 플로리다의 한 실험실에서 20년 넘게 키운 빈대들로, 할런의 빈대와 독일 몬하임의 빈대처럼 살충제에 매우 취약한 희귀종의 하나였다. 한편 플로리다의 빈대들은 애버딘 연구가들이 1960년대 후반 곤충을 이용한 베트콩 색출 실험에서 사용했던 빈대의 후손일 가능성도 있었다. 물론 애버딘의 빈대들은 연구가에서 연구가에게로 수십 년간 전해진 터라 누구도 확신할 수는 없었다.

애머스트 캠퍼스의 연구팀은 버지니아, 켄터키, 영국, 호주 등지의 연구가들과 비슷한 표준 실험을 실시했다. 실험 결과 뉴욕에서 발견된 빈대 개체군이 플로리다 실험실에서 키운 대조군보다 피레스로이드 저항성이 264배 더 강하다는 사실이 드러났다. 그런 다음 애머스트 캠퍼스의 과학자들은 머릿니의 피레스로이드 저항성과 관련 있는 특수한 일련의 유전자들을 조사했다. 유전자는 단백질을 생성하라는 명령을 전달하고, 단백질은 다시 생명체의 몸과 생명 활동을 구성하는 성분이 된다. 동일한 종에 속하는 모든 개체들은 동일한 일련의 유전자를 갖는다. 이것이 바로 유전적인 측면에서, 빈대를 인간과 다른 모든 유기체와 구분하는 특징 중 하나다. 그러나 각 개체의 유전자는 저마다 작은 차이를 보이고, 그래서 개체마다 독특한 특질을 가지게 된다. 가령 빈대의 경우는 피레스로이드에 대한 저항성, 인간의 경우는 담갈색의 눈동자가 이런 특질에 해당된다.

이런 차이는 돌연변이 또는 유전자가 생성되는 방식에서의 변화 때문에 나타난다. 애머스트 캠퍼스의 과학자들은 나트륨 통로를 프로그램화하는 유전자에 주목했다. 나트륨 통로는 신경세포의 말단 등 모든 세포막에 존재하는 튜브 모양의 단백질이다. 이런 단백질은 본질적으로 작은 분자 기계molecular machine들로 나트륨이 세포막을 통과해서 세포 안으로 이동할 수 있도록 해 준다. 그리고 이런 이동은 신경충격nerve impulse*에서 필수적인 많은 단계 중 하나다. 일반 곤충의 신경계에서, 아니 사실상 동물 대부분의 신경계에서 신호는 기다란 실 같은 신경을 통

---

*신경의 한 국부를 자극했을 때 생물체의 세포 혹은 조직에서의 전압의 변화.

해 뇌와 몸의 나머지 부분 사이를 이동하고, 몸에게 세상과 어떻게 상호 작용하고 반응해야 하는지 명령한다. 쉽게 말하면 사람의 목소리가 전화선을 타고 이동하는 것과 비슷하다. 다만 전기가 이런 생물학적인 전선을 타고 직접 이동하는 것이 아니라, 신호는 전기로 충전된 염들이 폭포수처럼 쏟아지는 형태를 취한다. 신호가 신경세포에서 신경세포로 이어져 몸 전체로 전달되려면, 나트륨 통로의 한쪽 끝에 있는 문들이 열려 염의 한 종류인 나트륨을 통과시키고 메시지 전달을 끝내면 닫혀야 한다. 다시 말해 세포막의 나트륨 통로는 나트륨을 이동시켜 주는 개폐기 역할을 한다(신호전달 시스템에는 또 다른 종류의 염도 필요한데, 바로 칼륨이다. 신경이 새로운 신호를 받아들이도록 재설정하는 과정에서는 세포막 밖으로 나트륨을 내보내고 칼륨을 받아들이는 나트륨-칼륨 펌프가 필요하다).

할런의 빈대가 피레스로이드에 노출되면 살충제는 빈대의 신경계까지 곧장 침투하고, 튜브처럼 생긴 나트륨 통로 단백질에 들러붙어 마치 문의 버팀돌처럼 나트륨 통로의 문을 활짝 열어 둔다. 이는 일단 신경이 메시지를 내보내기 시작하면 브레이크 없는 자동차처럼 멈출 수가 없다는 뜻이다. 빈대가 경련을 일으키다 죽는 것도 바로 이 때문이다. 반면 피레스로이드에 저항성을 지닌 곤충들은 관련 유전자에 독특한 돌연변이가 나타나고, 이로 말미암아 그 유전자는 약간 이질적인 나트륨 통로 단백질을 생성하게 된다. 그리하여 피레스로이드는 나트륨 통로의 문을 계속 열어 둘 만큼 강력한 효과를 발휘하지 못한다. 따라서 정상적으로 통로의 문이 닫혀 신호는 중단되고, 빈대는 목숨을 부지한다.

애머스트 캠퍼스의 과학자들은 머릿니 실험을 통해 어떤 유전자가 나트륨 통로를 제어하는지 그리고 피레스로이드 저항성을 유발하는 돌연변이가 어떤 모습인지 이미 알고 있었다. 고로 빈대 실험에서는 뉴욕 개체군과 플로리다 개체군 모두에게서 동일한 유전자를 찾아 실험하기만 하면 되었다. 구체적으로 말해 그들 과학자는 유전자를 구성하는 디엔에이 사슬에서 뉴클레오티드nucleotide*의 서열, 다른 말로 유전자 알파 벳의 철자를 읽고 서로를 비교해야 했다. 그래서 그들은 무엇을 발견했을까? 피레스로이드에 저항성을 지닌 빈대는 취약한 빈대에게는 보이지 않는 한 점 돌연변이single-point mutation**가 두 개 발견되었고, 둘 모두가 피레스로이드 저항성의 원인일 가능성이 점쳐졌다. 다시 말해 만일 유전자가 나트륨 통로를 설명하는 문장이라고 치면, 뉴욕 개체군과 플로리다 개체군의 유일한 차이는 철자 두 개의 오타뿐이었고, 각 오타가 피레스로이드 저항성의 원인일 수 있다는 뜻이다.

곤충의 나트륨 통로에서 나타나는 이런 돌연변이는 녹다운 저항성 knockdown resistance으로 불리고, 빈대와 머릿니에서 유독 보편적이다. 그 이름은 1940년대 디디티에 저항성을 지닌 집파리를 관찰하면서 유래했다. 녹다운 저항성은 디디티에 노출된 파리들이 잘 날지 못하거나 심지어 잘 걷지도 못해서 말 그대로 쉽게 녹다운되는 현상을 설명했다. 녹다운을 유발하는 유전적 돌연변이는 특정한 살충제에 대한 곤충의 신경 민감도를 저해한다. 이것은 제2차세계대전 이후 수십 년간 연구가들이 빈대와 많은 곤충들에게서 발견한 것과 동일한 종류의 저항성이었을 뿐 아니라 디디티와 피레스로이드계 살충제 사이에서 발견된 교차저항성과도 일치했다. 이것은 당연하다. 디디티와 피레스로이드계 살충제가 신경계의 동일한 부위를 공격할 때, 결과적으로 둘 중 하나를 무력화시키는

---

* 염기, 당, 인산의 세 가지 요소로 구성된 화학적 단위체로서 디엔에이 사슬의 기본 구성단위.
** 유전자에서 한 염기쌍의 화학적 변화로 인한 돌연변이.

나트륨 통로의 물리적 변화는 다른 살충제도 무력화시킬 것이니 말이다. 디디티에 지속적으로 노출된 빈대들은 이런 돌연변이를 유지했을 것이다. 물론 디디티 사용이 금지된 이후에 디디티의 영향력에서 벗어나면서 저항성이 약해졌을 수는 있다. 그러나 가까운 조상들이 저항성 유전자의 정보를 보유했던 터라, 일단 빈대들이 피레스로이드계 살충제에 노출되면 저항성을 지녔던 예전의 상태로 더욱 신속하게 돌아가도록 만들었다.

이렇게 해서 과학자들은 빈대가 강한 저항성을 갖게 된 잠재적 원인을 밝혀냈다. 이제는 돌연변이 빈대들이 어떻게 해서 신속하게 확산되었는지를 밝힐 차례였다. 이번 연구의 결과도 암울했다. 2010년 켄터키 대학의 연구가들이 발표한 논문을 보면, 켄터키, 오하이오, 미시건, 뉴저지, 매사추세츠, 뉴욕 등지에서 채집한 100개 이상의 개체군에서 약 88퍼센트가 강한 저항성을 생성시키는 두 가지 돌연변이 중 하나 혹은 둘 모두를 가지고 있었다. 동일한 해에 노스캐롤라이나 주립대학교North Carolina State University의 연구팀도 캘리포니아, 네바다, 텍사스를 포함해 미 중서부 전역과 동부 해안에 이르기까지 15개 주에서 채집한 빈대들로 연구를 진행했고, 비록 논문으로 발표되지는 않았지만 켄터키 대학의 연구팀과 사실상 똑같은 결과를 얻었다.

그러나 그런 빈대 중 일부는 심지어 녹다운 돌연변이가 없는데도 불구하고 피레스로이드계 살충제에 저항했다. 곤충 생리학자이자 독물학자인 수바 레디 팔리Subba Reddy Palli가 이끄는 켄터키 대학의 또 다른 연구팀은, 때로는 빈대가 독물을 분해하기 위해 매우 효과적이고도 강력한 물질대사를 한다는 사실을 발견했다. 이런 빈대들은 효소라고 불리는 발달된 형태의 단백질을 진화시켰고, 효소는 피레스로이드계 살충제를 분해한 다음 무해한 살충제 성분을 빈대의 몸 전체로 전달했다. 마치 아무리 많이 마셔도 취하지 않는 술고래처럼 말이다. 팔리 팀의 연구가들은 이처럼 피레스로이드를 분해하는 효소를 80종 가까이 발견했고, 아직 발견 못한 효소가 더 있을 것으로 추정했다. 어쨌든 변형된 그런 효소가 유전적 변화에 의해 촉발되었을 가능성이 컸다. 그러나 버지니아 공대의 또 다른 연구 결과를 보면, 빈대들은 살충제가 신경계로 침투하는 것을 차단하기 위해 더욱 두꺼운 외골격을 발달시켰을 수도 있다고 한다.

설상가상으로 신종 빈대는 우려를 자아내는 이런 모든 새로운 특징들의 결정판일 수도 있다. 실제로 2012년 과학자들은 녹다운 돌연변이와 강화된 효소를 가진 개체군을 발견했다. 그렇다면 여기에 더해 두꺼운 외골격을 발달시켰거나 유전자에 내재되어 있지만 아직 우리에게 발견되지 않은 형태의 저항성을 지닌 빈대가 출현할 수도 있는 것이다.

생물체에서 유전적 돌연변이를 발견하는 방법들 중 하나는 유전정보의 완전한 총합을 뜻하는 게놈genome을 조사하는 것이다. 2011년 스물대여섯 명의 연구가들이 빈대 유전자의 게놈 지도를 완성하기 위해 빈대 게놈 컨소시엄Bed Bug Genome Consortium이라는 공동 프로젝트를 발족시켰다. 사실 그들의 연구는 아이5케이i5K라고 명명된 더욱 포괄적인 프로젝트의 일부였다. 향후 5년 내에 5,000종의 곤충과 절지동물의 게놈 서열을 밝히는 것이 목표인 아이5케이는 종종 제2차세계대전 당시 미국의 원자폭탄 개발 계획인 맨해튼 프로젝트에 빗대어 "곤충학의 맨해튼 프로젝트"라고 불린다. 빈대의 경우 목표는 빈대의 두 가지 게놈을 구성하는 유전자 알파벳의 정확한 배열, 다른 말로 서열을 밝히는 것이었다. 하나는 빈대가 가진 거의 모든 세포의 핵에서 발견되고 또한 부모 양쪽에게서 물려받은 유전물질을 구성하는 핵 게놈이다. 다른 하나는 미토콘드리아 게놈인데, 이것은 발전소처럼 세포에서 에너지를 생산하는 작은 기관인 미토콘드리아에 존재하는 독특한 유전물질을 포함한다. 한편 미토콘드리아의 디엔에이는 모계로만 유전된다. 다시 말해 미토콘드리아 디엔에이에서는 어머니, 어머니의 어머니인 외할머니, 외할머니의 어머니인 증조외할머니, 이런 식으로 모계 형질만이 발견되고 그런 형질은 세대를 통틀어 동일한 형태를 유지한다. 빈대의 핵 게놈과 핵보다 훨씬 작은 미토콘드리아 게놈을 구성하는 염기쌍의 전체 목록은 빈대의 수만 가지 유전자를 설명해 주는 빈대의 유전적 원형genetic template을 제공할 터였다(염기쌍은 두 줄의 뉴클레오티드로 이루어져 유전자 알파벳을 구성하고, 이것이 바로 그 유명한 디엔에이의 이중나선 구조의 기본 골격을 형성한다).

그러나 유전자 목록을 완성하는 것만으로는 생명체가 어떻게 기능하는지를 완벽히 이해할 수 없다. 말하자면 유전자는 일종의 취급 설명서다. 즉 읽고 복제하는 몇 가지 중요한 단계를 거친 다음에야 유전자는 생명체의 구조와 기능을 구성하는 단백질로 전환될 수 있다. 그런 단계 중 하나에서 디엔에이의 복사본이라 할 수 있는 아르엔에이RNA* 분자는 디엔에이의 메시지를 단백질을 생성시키는 세포에게로 전달한다. 한편 특정한 순간의 모든 아르엔에이를 합쳐서 전사체轉寫體, transcriptome라고 부른다. 전사체는 매 순간 변화하면서 마치 스냅사진처럼 해당 순간 몸에서 무슨 일이 벌어지고 있는지 혹은 어떤 단백질이 만들어지고 있는지에 대한 정보를 제공한다.

---

* 유전자 본체인 디엔에이가 가지고 있는 유전정보에 따라 필요한 단백질을 합성할 때 직접적으로 작용하는 고분자 화합물.

빈대 게놈 컨소시엄은 빈대의 게놈을 읽기 위해, 10여 년 전 인간 게놈 프로젝트Human Genome Project에서 사용된 것을 개선한 염기 서열 분석기sequencing machine를 사용했다. 유전자 염기 서열 분석은 엄청난 노력이 요구되는 힘든 과정으로, 과학자들은 디엔에이를 작은 조각으로 나누고 각 조각을 일일이 서열 분석기에 집어넣어야 한다. 분석이 끝나면 분석기가 각 조각의 염기쌍 데이터를 토해낸다. 2013년 초 해당 컨소시엄은 빈대의 게놈을 구성하는 9억 6,000만 개의 염기쌍을 연결했고, 이는 인간 게놈 염기쌍의 약 3분의 1에 해당한다. 그리고 수억에 달하는 빈대의 전체 염기쌍 중 5퍼센트 미만이 특정 시간에서의 아르엔에이 총합인 전사체의 유전정보를 결정하는 것으로 추정된다. 한편 연구가들은 빈대의 게놈에는 약 2만 개의 유전자가 있을 것으로 추측했다(인간의 경우는 대략 2만 5,000개이다).

프로젝트가 종결되면 전 세계의 연구가들은 빈대 게놈의 각 영역과 독특한 유전적 역할을 명확히 연결시킬 수 있을 것이다. 그리고 관련 정보는 인터넷으로 공개되어 빈대의 유전적 특징이 무엇인지 알고자 하는 누구라도 원하는 정보를 얻을 수 있을 것이다. 빈대의 유전자 이야기를 자세히 조사하면, 살충제에 저항성을 가진 새로운 돌연변이를 찾아낼 수 있을지도 모른다. 또는 암컷 빈대가 외상성 교미에서 생존하는 방법에 대한 통찰을 얻을 수도, 빈대가 거의 눈에 보이지 않는 비좁은 공간에 숨는 법을 어떻게 아는지 이해하게 될 수도 있다. 이런 정보는 어떤 것이라도, 빈대를 퇴치하는 새로운 방법을 개발하는 데 도움이 될 수 있다.

빈대 게놈 연구에 헌신하는 팀이 빈대 게놈 컨소시엄 외에 또 있었다. 내 이웃 중에 포드햄 대학교Fordham University의 진화유전학자가 있다. 어느 날 나는 브루클린의 한 술집에서 그가 빈대 게놈 연구에 참여하고 있음을 우연히 알게 되었다. 처음에는 빈대 게놈 컨소시엄의 일원이라고 생각해서 약간의 혼란이 있었지만, 알고 보니 그는 경쟁팀 소속이었다. 비록 당시에는 컨소시엄 측도 포드햄 대학교 측도 상대방의 목표에 대해서는 전혀 몰랐지만 말이다. 그런데 신기하게도 미국 자연사박물관 그리고 코넬 대학교와 공동으로 게놈 연구에 헌신하는 그의 연구팀은 빈대 게놈 컨소시엄과 많은 점에서 거의 쌍둥이라 할 만큼 닮았다. 사용하는 기법과 기기도 똑같고, 프로젝트 마감 시한도 엇비슷하며, 심지어 권위 있는 동일한 과학 저널들에서 논문을 발표할 계획이었다.

또한 두 팀 모두 동일한 종류의 빈대를 사용하고 있다. 빈대 한 마리로는 염기 서열 분석기가 읽을 수 있는 충분한 정보를 제공하지 못한다. 너무 작기 때문이다. 게놈 지도를 완성하기 위해서는 수백 마리의 빈대에서 얻은 많은 양의 유전자 수프genetic soup가 필요하다. 그뿐 아니라 그 수백 마리 빈대도 유전적으로 가능한 한 비슷해야 한다. 그래야 성분이 거의 동일한 수프가 만들어지고 게놈을 재구성하기 위해 염기 서열 분석기가 읽은 디엔에이 가닥들을 서로 일치시키기도 쉬울 것이기 때문이다. 더군다나 그들 연구가의 최종 목표는 새로운 빈대 퇴치법을 찾는 것이기에, 살충제 저항성의 원인이 되는 유전적 돌연변이가 가능한 한 적은 빈대를 사용하는 것도 중요하다. 그래야 나중에 저항성을 가진 빈대 개체군들의 염기 서열을 밝힐 수 있을뿐더러, 살충제에 취약하고 혈통이 같은 실험용 빈대의 게놈과 확연히 구분될 것이기 때문이다. 이런 점에서 빈대 게놈 연구에 헌신하는 두 연구팀에게 완벽한 연구 재료는 동종끼리 교배하고 화학물질에 취약한 할런의 빈대들이다. 이는 헤럴드 할런이 수십 년 전에 수집한 빈대들이 빈대 세상에서 최초로 염기 서열을 완벽히 해독된 게놈 지도를 갖게 될 것이라는 뜻이다.

2012년 말 체르누킨 극장에서 거대 빈대들이 무대 위에서 춤을 추는 것을 보고 겨우 2주일이 지났을 때였다. 나는 내가 빈대 연구의 세상에 얼마나 깊이 빠져 있는지 확실히 깨달았다. 아니 솔직히 말하면 너무나 깊이 빠져 있어 있는 돈을 전부 긁어모아 테네시 녹스빌Knoxville에서 열리는 제6차 미국곤충학회 연례회의에 참석할 여비를 마련했다. 불과 1년 전 헤럴드 할런의 사무실에서 그가 빈대들에게 수혈하는 것을 보았을 때, 내가 1년 후 곤충학회의 회의에 참석하게 될 거라고 누가 말했다면 콧방귀를 뀌었을 것이다. 수천 명이 참석한 녹스빌 회의는 곤충학자 수백 명의 연구를 소개했고, 특히 빈대는 관심이 집중되는 연구 주제여서 빈대만을 다루는 특별 시간이 별도로 진행되었다. 이름하여 "빈대 연구: 세계적인 빈대 재출현 따라잡기"였다. 네 시간이나 걸렸던 회의 시간 내내 나는 그야말로 천국에 있는 기분이었다.

빈대에 관한 많은 프레젠테이션 중에서 특히 내 눈길을 끌었던 내용이 있었다. 일단의 집단유전학자들이 특정 프로젝트를 위해 표본들을 은밀히 수집해 왔다는 것이었다. 내가 그것에 관심을 가졌던 이유는 그들의 프로젝트가 빈대 게놈 연구를 보완해 줄 수도 있다는 점 때문이었다. 한편 집단유전학은 유전자 흐름을 연구하는 학문으로, 유전자 흐름이란 대립유전자allele라고 불리는 다양한 형태의 유전자들이 공간이나 시간 혹은 공간과 시간을 초월해 종 전체로 확산되는 현상을 일컫는다. 이런 정보는 특정한 종의 다양한 개체들이 서로 어떤 관련이 있고, 어떻게 이동하며 진화했는지를 이해하는 데 도움이 된다. 그뿐 아니라 지리적 계통발생geophylogeny이라고 불리는 지역 중심의 계통수family tree도 작성할 수 있다. 특히 빈대의 경우 그런 데이터는 다음과 같은 물음에 대한 답을 찾는 데에 도움이 될지도 모른다. 살충제 저항성이 언제 어디서 시작되었나? 미국의 빈대는 해외에서 유입된 것이 아닌 자생종인가? 살충제 저항성은 전 세계 거의 모든 곳에서 동시에 자연 발생했을까? 아니면 빈대의 진앙지가 따로 있었고 그곳에서부터 전 세계로 서서히 확산되었을까? 빈대 회의의 발표자 중에 노스캐롤라이나 주립대학교의 분자생태학자로 상냥한 말투가 인상적이었던 에드 바르고Ed Vargo도 있었다. 그는 빈대의 현재와 과거의 유전학적 역사에 관한 사진을 곁들여 파워포인트 프레젠테이션을 발표했다. 그의 프레젠테이션은 전 세계 주택과 박물관에서 수집한 빈대들의 유전자 흐름을 추적함으로써 위의 질문들에 대한 대답을 찾아가는 과정을 보여 주었다. 나는 그의 프레젠테이션을 듣는 내내 노트북을 연신 두드리며 메모를 했고, 빈대들의 사진을 담은 슬라이드가 상영되었을 때는 손을 멈추고 화면을 응시했다. 전 세계에서 수집한 빈대들과 흥미로운 사연으로 나를 깊이 매료시킨 유싱어의 빈대들이 일부 포함되었던 것이다.

몇 달이 흐른 후 나는 바르고와 수차례에 걸쳐 전화 통화를 했다. 그가 에식 곤충박물관을 방문했을 때는 물론이고 그 이후의 행적에 대해서도 세세한 부분까지 모두 듣고 싶었다. 그는 빈대에 대한 나의 광적인 호기심에 약간 당황한 듯했다. 간단히 추리면 이랬다. 내가 버클리 캠퍼스를 방문하기 2년 전인 2009년 상쾌한 어느 봄날, 바르고는 북아일랜드 출신의 박사과정 대학원생 워런 부스Warren Booth와 함께 에식 곤충박물관의 방명록에 이름을 적었다. 단순히 구경을 위해 박물관을 찾았던 나와는 달리, 바르고와 부스가 그곳을 방문한 목적은 수십 년 전에 수집한 유싱어의 컬렉션에서 일부 빈대의 디엔에이 샘플을 추출하기 위해서였다. 그들은 박물관 측으로부터 세계적인 집단유전학 연구에 포함시킬 샘플을 추출할 수 있도록 사전에 허락을 받았다.

박물관의 큐레이터가 바르고와 부스에게 일련의 빈대들을 보여 주었는데, 2년 후 내가 방문했을 때에 보여 준 것과는 다른 빈대들이었다. 앞서 말했듯이 내가 안내받은 곳은 유리 슬라이드를 보관하던 검은색의 책들이 꽂힌 선반이었고, 그 슬라이드에는 종잇장처럼 납작해진 수백 마리의 빈대가 누워 있었다. 반면 그들은 서랍 하나를 통째로 받았는데, 그 안에는 뚜껑 없는 상자들이 들어 있었다고 했다. 그리고 상자 안에는 열여섯 개의 커다란 유리병과 각 유리병에는 솜과 마개로 밀봉된 열두 개의 유리 시험관이 들어 있었다. 그리고 알코올을 채운 각 시험관에는 온전한 형태의 빈대들이 둥둥 떠 있었다. 어떤 시험관에는 몇 마리만, 또 어떤 시험관에는 수백 마리가 들어 있었다. 이 빈대들은 유리판 위에 바싹 말라 으깨진 상태로 누워 있는 빈대보다 디엔에이를 추출하기에 훨씬 좋은 재료였다. 다만 아쉬운 점은, 유리판의 빈대들에 비해 시험관에 붙어 있는 라벨에는 빈대에 얽힌 사연이 제대로 기록되어 있지 않았다고 했다. 심지어 구체적인 채집 장소에 대해 언급 없이 캘리포니아와 체코슬로바키아처럼 대략적인 지명과 연도 그리고 종의 이름만 달랑 기록된 라벨도 있었다고 한다.

바르고와 부스는 각 시험관에서 두 개의 샘플을 추출해도 좋다는 허락을 받았지만, 곤란한 문제가 하나 있었다. 그들은 샘플을 추출한 후에 사실상 원형 그대로의 빈대를 반환해야 했던 것이다. 먼저 그들은 화학 약품에 강하고 질긴 니트릴 실험용 장갑을 착용하고 시험관의 마개를 열기 시작했다. 그러고는 숙련된 솜씨로 솜 충전제를 뽑아낸 뒤 버클리, 오하이오, 카이로, 나가사키, 피츠버그 등에서 잡은 빈대들을 핀셋으로 아주 조심스럽게 꺼냈다. 또한 그런 빈대와 계통학적으로 관련 있는 세 종의 빈대들을 같은 방법으로 꺼냈다. 그런 다음 알코올로 채워진 작은 플라스틱 병에 빈대들을 넣어 뚜껑을 돌려 달았고, 각 병에는 시험관에 붙어 있던 빈약한 정보를 연필로 베낀 라벨을 붙였다. 마지막으로, 도서관에서 책을 대출할 때처럼 서류 뭉치에 서명을 했고 플라스틱 병을 가방에 담아 노스캐롤라이나까지 안전하게 가져왔다.

이후에 나는 부스와도 수차례 통화를 했고, 역시도 나는 강렬한 호기심을 보이며 세세한 부분까지 물어보았다. 나는 그런 일련의 전화 통화에서 빈대를 조금도 손상시키지 않으면서 디엔에이를 추출하기 위해서는 아주 섬세한 방법이 요구된다는 사실을 알게 되었다. 롤리Raleigh에 있는 실험실로 돌아온 후에 부스는 플라스틱 병에서 빈대를 하나씩 꺼내 해부현미경의 트레이에 놓고 흔들리지 않도록 핀셋으로 잡았다. 그러고는 마치 성형외과 의사처럼 미적인 부분을 해치지 않도록 정확성을 기해서 날카로운 수술용 메스를 마디 구조의 하복부에 나 있는 가로줄에 갖다 댔다. 배에 칼을 댄 빈대는 그 상태로 액체 세제에 며칠 담가 두었다. 그러자 빈대의 부드러운 세포와 체액이 투명한 세제 속으로 흘러나왔다. 또한 세제가 세포의 벽을 무너뜨렸고, 그 틈으로 미토콘드리아와 핵은 물론이고 세포의 독특한 부위들인 여타의 세포소기관organelle들이 빠져나왔다. 부스는 내부의 유전물질들이 빠져나오도록 효소를 사용해서 세포소기관들을 더욱 잘게 분해했다. 이제는 원심분리기에 넣고 돌릴 차례였다. 먼저 미토콘드리아, 핵, 세포의 나머지 기관들이 분리되었다. 세탁기로 탈수할 때 세탁물에서 물을 짜내듯이 말이다. 알코올은 세포 내의 디엔에이가 유리되는 데 도움이 되었고, 원심분리기를 좀더 돌리자 디엔에이가 나머지 세포 물질에서 분리되었다. 각 단계는 오직 디엔에이만 남을 때까지 화학반응과 자동 여과 작용을 통해 불필요한 분자들을 제거했다.

유싱어의 빈대 컬렉션은 수십 년 묵은 것인 데다가 빈대의 보존 상태도 좋지 못해서 디엔에이가 크게 훼손되었기에, 부스는 단편적인 유전정보만 추출할 수 있었다고 한다. 당연한 말이지만, 부스는 이를 가지고 지리적 계통수의 일부만 작성할 수 있었다. 때문에 부스에게는 두 개의 핵심적인 녹다운 돌연변이의 존재 여부를 조사하는 방법 외에 다른 대안이 없었다. 이론적으로 볼 때 녹다운 돌연변이에 관한 데이터를 빈대가 채집된 연도와 연결시키면 피레스로이드와 디디티에 대한 빈대의 저항성 양식을 밝힐 수 있다. 결과물은 흥미로웠지만 완전한 이야기를 들려주지는 못했다. 가장 오래된 빈대들에서는 두 개의 녹다운 돌연변이 중 하나만 발견되었고, 이는 적어도 하나의 녹다운 돌연변이는 디디티가 도입된 이후에 발생했다는 것을 암시했다. 만일 과학자들이 더 오래된, 즉 1940년대 이전에 살았던 빈대들을 찾을 수만 있다면, 디디티와 저항성 사이의 더욱 깊은 관련성을 증명할 수 있을지도 모른다.

바르고와 부스는 에식 곤충박물관의 빈대로 실험했을 때와 거의 비슷한 시기에 또 다른 프로젝트를 완성했다. 미국 동부 해안 일대 스물한 곳의 아파트 단지에서 채집한 약 200개의 표본으로 계통수를 작성한 것이다. 이번에는 유전물질의 상태가 아주 좋았기 때문에 바르고와 부스는 녹다운 돌연변이를 조사하는 것 외에도 두 가지 분석 기법을 사용할 수 있었다. 디엔에이 유전형 분석과 미토콘드리아 디엔에이 분석이었다. 디엔에이 유전형 분석 기법은 미소부수체microsatellite를 조사하는 방법인데, 미소부수체는 게놈에서 염기쌍이 반복되는 영역을 일컫는다. 부모 양쪽은 자식 세대에 이런 반복된 염기 서열 혹은 그것에서 약간 변형된 염기 서열을 물려준다. 이것은 미소부수체가 각각의 빈대들을 구분하고 각 빈대가 주변의 다른 빈대들과 어떻게 관련 있는지를 보여 줄 수 있다는 뜻이다. 이는 다시, 같은 침실이나 주택에 서식하는 혹은 더 넓은 지역에 흩어져 있는 빈대들의 가족 관계를 이해할 때에 특히 유용하다. 한편 미토콘드리아 디엔에이 분석은 오직 모계로만 유전되는 유전자적 특징을 나타내기 때문에 빈대 가족들이 장기간에 걸쳐 어떻게 연결되어 있는지를 명확히 보여 준다. 모계 유전이라는 것은 모든 세대를 통틀어 일가의 모든 암컷 빈대가 동일한 미토콘드리아 디엔에이를 보유한다는 의미다.

　바르고와 부스는 당혹스러운 연구 결과를 얻었다. 계통수가 예상치 못한 구조를 띤 것이다. 핵 디엔에이는 같은 도시에 있는 두 건물에서 발견된 빈대들이 상당히 이질적이라는 사실을 드러낸 반면, 빈대들의 전체적인 유전자 다양성은 도시별로 별다른 차이가 없었다. 아니 상당히 흡사했다. 달리 말하면 각 도시에 서식하던 빈대들은 다양한 지역에서 이동한 것처럼 보였고, 이는 빈대가 양계장 인근의 인구 밀집 지역이나 공동주택이 아니라 다양한 장소에서 유입되었다는 가설과 일치했다. 게다가 가령 오하이오에서 발견된 빈대와 뉴욕에서 발견된 빈대의 유전적 변이가 뚜렷한 차이가 없었다는 점에서 볼 때, 빈대 개체군이 분리된 지가 오래되지 않았다는 결론이 가능했다. 오히려 상당히 최근에 공통의 조상에서 분리되었을 가능성이 컸다. 그뿐 아니라 또 다른 흥미로운 점은 동일 아파트 단지에서 출현한 빈대들의 유전자 분포 양식이 믿을 수 없을 만큼 밀접하게 관련이 있었다는 사실이었다. 아니 솔직히 말하면 관련성이 아주 지대해서, 그 데이터를 근거로 동일 아파트 단지의 많은 세대에서 발견된 다양한 빈대들이 사실상 암컷 한 마리의 후손들이라고 해도 무리가 없을 정도였다. 아마도 그 암컷은 나중에 자신의 자식들과 교미했을 수도 있고, 형제자매 간인 자식들은 다시 자기들끼리 근친교배했을 것이다.

새로운 계통수들은 흥미로웠지만, 바르고와 부스는 빈대의 이동을 완벽히 설명해 줄 만큼 충분한 데이터를 확보하지 못했다. 그렇게 하려면 전 세계에서 훨씬 더 많은 빈대를 수집할 필요가 있을 터였다. 그렇다고 소득이 없는 것도 아니었다. 그들의 연구는 빈대 과학자 대부분에게서 합의를 하나 이끌어 냈다. 저항성을 지닌 빈대들의 본적이 아주 다양하다는 사실이었다. 그러나 빈대의 구체적인 본적에 대해서는 과학자들 사이에서도 의견이 분분했다. 내가 과학자들에게 빈대의 구체적인 본적에 대해 물어봤을 때도 대답이 크게 엇갈렸다. 가령 오하이오 주립대학교의 빈대 연구가들은, 오하이오에서 발견된 빈대들은 소말리아 이민자들이 들여온 것이라고 주장했다. 그들은 콜럼버스와 신시내티의 소말리아 이민자들이 모여 사는 동네에서 빈대가 특히 많이 발견되었다는 점을 근거로 제시했다. 한편 켄터키의 경우 빈대가 가장 먼저 재출현한 곳은 잃어버린 아이들lost boys이라고 불리는 수단 난민들의 가정에서였다. 그래서 포터를 비롯해 다른 과학자들은 켄터키의 빈대 역시도 아프리카에서 건너왔을 거라고 추정했다. 해외 과학자들 사이에서도 의견이 분분하기는 매한가지였다. 영국의 빈대 출현에 대해 영국의 어떤 전문가에 따르면, 일부는 케냐 이민자들이 빈대를 들여왔다고 주장하고 또 일부는 터키에서 휴가를 보낸 영국인들을 따라 들어왔다고 생각했으며 또 다른 일부는 호주에서 출발한 어떤 짐 가방을 용의자로 지목한다고 했다. 혹은 브라질 여행객들을 빈대 택배기사로 꼽는 사람들도 있다고 했다. 그러나 그 전문가는, 남미에 있는 자신의 일부 동료들은 미국에 책임의 화살을 돌린다고 말했다. 그들의 주장인즉슨, 디즈니월드를 방문한 브라질 관광객들이 귀국하면서 미국의 빈대를 브라질로 들여왔다는 소문이 떠돈다는 것이다.

노스캐롤라이나 주립대학교의 집단유전학자들은 다른 가능성을 발견했다. 바르고와 부스 그리고 그들의 동료인 곤충 행동 전문가 코비 샬 Coby Schal은, 피레스로이드에 대한 저항성이 전 세계에서 동시다발적이고 자연 발생적으로 나타났다는 주장은 터무니없는 억측이라고 생각했다. 오히려 어딘지는 확실히 몰라도 진원지가 한두 군데 있을 거라고 주장했다. 즉 저항성을 가진 빈대들이 여행객의 증가에 힘입어 진원지에서 여러 곳으로 확산되었다는 것으로 추정했다. 사실 세계화 시대에서는 그런 가설이 허무맹랑한 것만은 아니었다. 빈대들이 여행자나 짐에 숨어 고향을 출발해 처음에는 몇몇 국제적 중심 도시들로 이동했다가, 또다시 그곳으로부터 전 세계로 뿔뿔이 흩어졌으며 새로운 고향에서 신속하게 번식하고 확산되었을 가능성은 충분하다.

구체적인 지명은 몰라도 진원지가 갖추어야 할 몇 가지 확실한 조건이 있다. 첫째, 진원지는 빈대들이 번성하는 온대나 아열대 지역이었음이 분명하다. 둘째, 바퀴벌레들의 주요 무대인 부엌과 욕실 그리고 침실이 오랫동안 피레스로이드계 살충제나 디디티에 대량으로 노출되어 왔던 곳이어야 했다. 셋째, 최근에 빈대가 재출현하기까지 수년에 걸쳐 사람들의 이동이 잦았던 곳이어야 했다. 마지막으로, 그런 곳에 서식하던 빈대들은 유럽과 미국 등 최근에 재출현한 지역들에서 발견된 빈대의 유전적 특징을 공유할 필요가 있었다.

피레스로이드계 살충제는 수십 년에 걸쳐 전 세계에서 사용되었지만, 특히 말라리아 유행지인 동남아시아와 아프리카 일부 지역에서 더욱 광범위하게 사용되었다. 사람들은 잠을 잘 때 모기에 공격당하지 않도록 피레스로이드계 살충제를 침실에 정기적으로 살포했다. 그뿐 아니라 심지어 침대 위 천장에 매달아 놓은 모기장에도 살충제 성분이 포함되었다. 이처럼 항시 살충제에 노출된 환경은 매일 밤 흡혈 식사를 위해 이런 유독한 장애물을 뚫고 다녀야만 했던 빈대 종들을 인위적으로 선택했고, 결과적으로 저항성을 지닌 빈대가 번성하게 되었을 것이다. 반면 동남아시아는 주로 열대빈대의 고향이었고, 미국에서 재출현한 빈대 가운데서 열대빈대는 얼마 되지 않았다. 그러나 아프리카에는 열대빈대와 빈대 모두가 서식했고 특히 빈대 서식지와 말라리아 유행지가 겹치는 지역들이 있었다. 대표적인 곳이 케냐, 소말리아, 수단이었다. 이 가설은 미약하나마 어느 정도 실험적 근거도 있었다. 가령 1980년대 말에 있었던 어떤 연구는 피레스로이드로 처리된 침대 모기장이 1999년 탄자니아 전역과 감비아에서 열대빈대의 침입을 막는 데에 혁혁한 공을 세웠다는 사실을 발견했다. 한편 2002년에 실시된 또 다른 연구는 침대 모기장이 탄자니아에서 빈대가 저항성을 갖게 된 원인이었다고 주장했다. 하지만 거기까지였다. 바르고와 부스도 2000년 무렵 말라리아가 창궐했던 잠비아에서 채집한 빈대들을 연구했다. 그러나 그 빈대들에서는 유럽과 미국에서 발견된 것과 똑같은 녹다운 돌연변이 양식이 발견되지 않았다.

바르고와 부스는 피레스로이드계 살충제가 수십 년간 널리 사용되었던 동유럽을 개연성 높은 또 다른 진원지로 꼽았다. 들리는 소문에 따르면, 빈대가 전 세계에서 재출현하기 전부터 동유럽에는 빈대가 만연했다고 한다. 시인이었던 마야콥스키가 수십 년 전에 빈대 풍자극을 집필한 러시아, 로버트 유싱어가 죽기 전에 빈대 탐험 여행을 계획한 체코공화국과 슬로바키아를 포함한 동유럽 전역에서 말이다. 실제로 프라하에서 박사과정을 밟고 있던 온드르제이 발빈Ondřej Balvin이라는 대학원생이 노스캐롤라이나 주립대학교 연구실로 보내준 빈대 표본을 보면, 서

유럽 일대와 미국에서 발견된 빈대들이 유전학적인 측면에서 동유럽에서 발견된 빈대들의 부분집합일 가능성이 있었다. 비록 그 데이터는 100퍼센트 신뢰하기에는 역부족이었지만, 그래도 아주 흥미로운 것만은 틀림없다. 1989년 베를린 장벽이 붕괴되고 2년 후 소련이 해체되었을 때 그 지역을 오가는 여행이 더욱 자유로워졌다. 그런 사태가, 이후 10여 년간 빈대가 전 세계 나머지 지역으로 퍼져 나갈 발판이 되었다고 해도 틀린 말은 아니었다.

5장

박멸

: 모든 수단을 동원해서
빈대를 퇴치하라

쌀쌀했던 2009년 10월 새벽 3시 반 즈음 소방차 한 대가 신시내티 북서쪽 조용한 교외 지역을 향해 달리고 있었다. 소방관들이 현장에 도착하고 보니 벽돌로 지어진 아파트 건물의 2층 창문 하나에서 시뻘건 불꽃이 뿜어져 나오고 있었다. 소방관들은 트럭에서 뛰어내려 수십 명의 아파트 주민들을 대피시키기 위해 현장으로 달려갔다. 바깥으로 대피한 주민들은 추운 새벽 공기에 벌벌 떨면서 화재가 난 세대의 바깥에 서 있는 나무에 벌건 불꽃이 혀를 날름거리는 것을 지켜보았다. 소방관들은 화재 현장으로 신속하게 진입했고, 자욱한 연기가 새어나오는 침실로 들어가 보니 매트리스와 박스 스프링이 벽에 기댄 채로 불타고 있었다. 소방관들이 도착하고 20분 만에 화재는 진압되었다. 새까만 숯이 된 증거와 몇몇 목격자들의 증언을 짜 맞추어 소방관들은 화재가 발생한 아파트에 살던 젊은 남자가 빈대를 잡기 위해 침대에 소독용 이소프로필알코올isopropyl alcohol을 뿌린 것이 화재 원인이라고 잠정적인 결론을 내렸다. 나중에 소방 당국은 그 남자가 이소프로필알코올을 뿌린 다음에 담뱃불을 붙이려고 라이터를 켰다가 폭발하는 바람에 화재가 발생했다고 공식적으로 발표했다. 크게 다친 사람은 없었지만 재산 피해가 최소 2만 달러에 이르렀고, 아파트 관리인은 그의 가족을 아파트에서 내보냈다.

그러나 뒷이야기는 약간 달랐다. 인터넷으로 오하이오의 어떤 신문에 실린 그 화재 기사를 처음 읽었을 때 나는 다음과 같은 생각이 머리에서 떠나지를 않았다. 정말 빈대가 사람을 그렇게까지 무모하게 만들 수 있을까? 도대체 무슨 생각을 했기에 방 전체에 알코올을 뿌리고 라이터를 켰을까? 만일 그런 상황에 처했다면 나도 그와 똑같은 절박한 선택을 했을까? 그 기사를 다시 찬찬히 읽어 보니, 비록 정확한 번지수는 나와 있지 않았지만 아파트가 위치한 거리 이름이 언급되어 있었다. 화재 발생 장소를 내 눈으로 꼭 보아야 했다. 다행히도 직접 찾아갈 필요는 없었다. 나는 구글의 스트리트뷰Street View로 신시내티의 그 거리를 검색했고 이미지를 확대했다. 그리고 문제의 아파트 단지를 찾기 위해 이리저리 둘러보면서 몇 블록을 샅샅이 뒤졌다. 드디어 찾았다. 그런 다음 이미지를 다시 확대해 가능한 한 모든 각도에서 그 건물을 살펴보았다. 벽돌 건물은 사방이 깔끔한 잔디밭으로 둘러싸여 있었다. 아파트 단지의 번지수는 보였지만 그 외에 아무런 단서도 찾을 수 없었다. 이내 나는 화재가 발생한 세대의 정확한 주소를 찾기 위해 인터넷을 샅샅이 뒤졌다. 아파트 계약 정보면 더할 나위 없이 좋겠지만, 평범한 그 동네에서 추운 가을날 새벽에 일어난 일에 대해 말해 줄 수 있는 사람과 연결시켜 줄 정보라면 무엇이든 상관없었다. 그러다가 어떤 부동산 임대 웹사이트에서 그 아파트의 세대 하나가 매물로 올라와 있는 것을 발견했다. 물론 빈대로 얼룩진 과거에 대해서는 아무런 언급이 없었다. 나는 답장을 받지 못할 거라고 생각하면서도 웹사이트에 나와 있는 연락처로 메시지를 보냈다.

얼마 지나지 않아 전화가 울렸다. 아파트 관리인에게서 온 전화였다. 처음에 관리인은 내가 무엇을 원하는지 살짝 혼란스러워 했고 또한 내 짐작이지만 내가 아파트를 구하고 있는 것이 아니라는 사실에 다소 실망한 듯했다. 그런데도 관리인은 자신이 아는 대로 그 화재 이야기를 들려주었다. 내가 신문에서 읽은 내용과 거의 일치했다. 단 한 가지, 관리인의 말에 따르면 담뱃불을 붙이려고 한 것이 아니었다고 했다.

"그는 침실에 스프레이를 뿌린 다음 물 담뱃대에 불을 붙였어요. 그런데 담뱃대가 마치 대포처럼 방을 가로질러 날아갔어요. 그래서 알코올에 불이 옮겨붙었고 모든 것이 불타 버렸죠."

"물 담뱃대요?" 내가 반문했다. "대마초 피울 때 사용하는 담뱃대 말씀인가요?"

"네. 맞아요." 그녀가 대답했다. "게다가 케이크를 굽는 중이라 오븐을 켜 놓고 있었대요. 오븐만이 아니라 집 안의 가전제품은 모조리 전원이 켜져 있었대요. 도대체 정신이 어떻게 박혔기에 새벽 3시에 그런 짓을 할까요?"

그렇다면 마약에 취한 사람만이 빈대를 불태워 죽일 무모한 생각을 하는 것일까? 결과적으로 말해 그렇지 않았다. 옛날 신문 기사를 좀더 검색하다가, 미국 전역에서 빈대 때문에 의도치 않은 화재가 발생한다는 사실을 알게 되었다. 사람들이 민간 처치법으로 빈대를 직접 잡으려다가 실수로 집에 불을 냈던 것이다. 가령 어떤 사람들은 침대나 소파에 소독용 알코올이나 인화성의 일반 살충제 또는 둘 다를 뿌린 다음 담뱃불을 붙였다. 또 어떤 사람들은 뜨거운 열기가 빈대를 죽인다는 말을 어디선가 들은 후 히터나 라디에이터의 온도를 지나치게 올렸다가 집에 불을 내기도 했다. 빈대 잡으려다 초가삼간 태운다는 말이 괜히 있는 게 아니었다. 대개는 수천 달러 하는 전문적인 열처리 비용을 아끼려다가 이런 사단이 벌어졌다. 그뿐 아니라 나중에 알고 보니 전문가들도 불을 낼 뿐만 아니라 그런 사건에 대비한 특별 보험도 있다고 한다.

나는 표백제, 염소 가스, 약국에서 판매하는 정원용 살충제에 중독될 수 있다는 사실도 알게 되었다. 전문가들은 분무식 살충제가 빈대를 죽이지 못한다는 증거가 있음에도 불구하고 사람들은 마치 어설픈 불꽃놀이를 하듯 그런 살충제를 너무 많이 그것도 동시다발로 사용한다고 말했다. 그리고 2011년 미국의 질병통제예방센터Centers for Disease Control and Prevention가 발표한 "주간 질병률과 사망률 보고"에서 노스캐롤라이나에 사는 어떤 남성이 우발적인 사고로 65살의 아내를 죽음에 이르게 했다는 안타까운 기사를 읽었다. 그의 아내는 평소 심장에 문제가 있었고 신장질환, 제2형 당뇨병, 우울증을 앓고 있었다. 그런데 그가 미등록된 두 종류의 살충제와 스프레이 깡통 살충제 일곱 통을 집 전체에 뿌리는 바람에 그런 어처구니없는 사고가 벌어진 것이었다.

이런 황당한 사건에 모두가 충격을 받는 것은 아니었다. 오하이오 주 농무부의 매트 빌Matt Beal에게 2009년 신시내티에서 발생한 아파트 화재 사건에 대해 물었을 때, 그는 그 소식을 듣고도 전혀 놀라지 않았다고 말했다. 그 화재가 발생했을 즈음 우발적인 실수로 집에 불을 낸 사람들에 관한 이야기가 꾸준히 기사화되고 있어 이미 익숙했다는 것이었다. 심지어 그에 따르면, 그런 사고가 몇 달 전부터 오하이오 전역은 물론이고 미국 전역에서도 심심찮게 발생했다. 당시 빌은 수개월 전부터 오하이오 주의 빈대 문제와 관련해 환경보호청에 도움을 요청하기 위한 준비 작업을 해 왔다. 주민들의 절박한 자가 처치법에도 손을 써야 했고, 오하이오 해충 관리 협회Ohio Pest Management Association와 많은 해충 구제 조직들의 권유가 있었기 때문이었다. 어찌 되었건 빌과 그의 동지들의 생각도 그랬지만, 그런 문제가 발생하는 것은 빈대를 저렴한 비용으로 효과적으로 박멸할 수 있는 방법이 없기 때문이었다. 특히 아파트 단지, 공공주택, 대학 기숙사, 실버타운, 노숙자 쉼터처럼 하나의 건물에 많은 사람들이 밀집되어 사는 공간에서는 더욱 그러했다. 이런 공간에서는 단 한 곳에서만 빈대가 나타나도 머리가 아홉 달린 히드라만큼이나 골칫거리다. 그곳에 나타난 빈대를 박멸해도 끝이 아니다. 머리를 잘라도 다시 자라나는 히드라처럼 지긋지긋한 독종이 되어 이웃집들에서 나타난다.

빈대를 퇴치하기 위해 방역업자들은 예나 지금이나 몇 가지 방법을 혼용한다. 이른바 병해충종합관리integrated pest management라고 불리는 접근법이다. 이 접근법에는 살충제 외에도 일반 청소와 진공 청소, (빈대가 고춧가루처럼 빨개질 때까지 열을 가하는) 열처리, 의류와 침구류를 뜨거운 물로 세탁하고 고온으로 말리는 방법, 산업용 증기 분사기를 사용한 가구 증기살균 등이 포함된다. 또한 규조토diatomaceous earth라고 불리는 석회화된 해조류나 이산화규소로 만든 분말을 방에 뿌리는 방법도 포함되는데, 규조토와 이산화규소는 곤충의 외부 골격에 함유된 지방을 흡수하고 탈수 증상을 유발시켜 죽인다. 그뿐 아니라 천막을 쳐서 밀폐시킨 건물이나 트레일러에 독가스를 가득 분사하는 것을 비롯해 황화 불소sulfuryl fluoride를 이용한 훈증 소독법도 사용된다. 하지만 많은 전문가들은, 특히 화학 산업에 우호적인 전문가들은(비록 대부분이 화학 산업에 우호적이지만) 빈대 문제가 아주 심각할 때 가격적으로 가장 합리적이면서 효과적인 대안은 살충제라고 주장한다. 한편 피레스로이드계 살충제에는 저항성이라는 복병이 있다. 다시 말해 설령 효과가 있다고 해도, 저항성을 가진 까다로운 빈대를 퇴치하기에는 살충 효과가 너무 느리다. 그리하여 오하이오의 해충 방역업자들에게는 더 강력한 살충제가 필요했다.

빌은 켄터키 대학의 마이크 포터와 그의 동료들이 시중에서 판매하는 피레스로이드계 살충제와 실험 목적으로는 빈대에 사용이 가능하지만 일반 가정에서는 사용이 법적으로 금지된 여타 살충제를 비교한 데이터를 검토했다. 벼룩 잡는 애완동물 목걸이에 널리 사용되는 프로폭서 propoxur라는 카바메이트계 살충제도 그중 하나로, 특히 프로폭서는 빈대가 접촉할 경우 100퍼센트의 치사율을 보였다. 프로폭서는 불과 2년 전까지만 해도 주거용 살충제로 사용할 수 있었고, 이는 한때 환경보호청이 프로폭서에 대해 가정에서 사용해도 안전하다고 아니 적어도 허용 불가한 위험은 없다고 판단했다는 뜻이다(환경보호청은 '안전하다'는 단어를 기피하는데, 사용량과 상관없이 그리고 있을 법한 모든 상황에서 100퍼센트 무해한 살충제가 없다는 것도 한 이유였다). 그러나 얼마 지나지 않아 프로폭서는 행정기관들 사이의 힘겨루기에서 제물이 된다.

미국 시장에 진출하려면 해당 살충제를 판매하는 회사는 광범위한 독성 시험과 환경 시험을 통해 상대적 안전성을 증명해야 한다. 환경보호청은 그런 시험의 결과 데이터를 검토하고 승인 여부를 결정한다. 만일 승인되면 환경보호청은 그 살충제를 어디서 어떻게 사용할 수 있는지를 명시하고, 그런 사용법을 기술하는 상세한 라벨을 등록시킨다. 이는 라벨에 적힌 지침을 정확히 따른다면 해당 살충제가 인간에게 아무런 해를 가하지 않을 것이라는 뜻이다. 적어도 그 살충제를 시험한 과학적 연구에 따르면 그럴 것이다.

환경보호청에 라벨이 등록된 기업에는 몇 가지 선택권이 주어진다. 먼저, 그 제품을 제조하고 판매할 수 있는 권리를 갖는다. 둘째, 특정 화학 회사와 그 살충제의 제조 기술에 대한 라이선스 계약을 체결하면 그 회사가 살충제를 제조하고 판매한다. 셋째, 등록 번호를 다른 회사에 판매하고 라벨에 대한 소유권을 그 회사에 양도함으로써 그 살충제와 완벽한 남남이 된다.

　살충제와 관련해 라벨을 등록하는 것 외에도 환경보호청의 중요한 임무가 또 있다. 등록된 살충제가 특정 환경에서 합리적 수준의 안전성을 보장하지 못할 가능성을 보여 주는 새로운 데이터가 나타나면, 살충제의 사용에 의문을 제기할 권한이 있는 것이다. 프로폭서가 바로 이런 조항에 걸려들었다. 2007년 환경보호청은 프로폭서가 아동 보호를 위한 새로운 안전성 기준을 통과했다는 추가 증거를 요청하기로 결정했다. 아직까지는 프로폭서가 허용 불가한 위험을 야기한다는 확실한 증거는 없었다. 그러나 환경보호청은 아이들이 프로폭서로 처리된 굽도리 널을 만진 다음 그 손을 입에 집어넣는 시나리오를 우려했다. 환경보호청은 프로폭서 등록 번호를 소유한 주요 화학 회사들에게 프로폭서를 가정에서 사용해도 합리적 수준의 안전성이 보장된다는 것을 증명하는 새로운 시험이 필요할 거라고 통보했다. 우연찮게도 당시는 이들 화학 회사들이 또 다른 일련의 회사들에게 가정 내 사용을 위한 등록 번호를 넘겨 생산과 판매에서 손을 뗀 터라, 직접 생산하지 않는 제품을 위해 회사가 새로운 독성 시험을 하는 것은 비용 부담이 너무 컸다. 그래서 이들 회사는 주거용 사용 등록을 아예 철회해 버렸다. 어쨌건 그들에게는 다른 여러 시장이 있었으니 상관없었다. 사무실 건물과 육가공 공장 등 대개 어린아이들이 출입하지 않는 여타의 장소에서는 프로폭서를 여전히 사용할 수 있었던 것이다.

　빌은 프로폭서가 아이들에게 실질적인 위협이 된다는 확실한 데이터가 없고 또한 아주 최근까지도 명백한 문제 없이 일반 가정에서 사용되었기 때문에, 환경보호청에 프로폭서를 18조 면제조항Section 18 Exemption

에 포함해달라는 청원을 제출했다. 18조 면제조항은 연방 살충제·살균제·살서제 법으로 환경보호청에게 미국 내 살충제를 통제할 권한을 부여한다. 이 면제조항에 따라서 환경보호청은 주 정부의 요청이 있을 경우 등록 외적인 용도로 특정 살충제를 사용하도록 허락할 수 있다. 단 여기에는 중요한 단서가 붙는다. 먼저 그 살충제가 반드시 필요한 긴급 상황이 있어야 한다. 둘째, 그 살충제가 요청된 방식으로 사용해도 합리적 수준에서 안전해야 한다. 빌은 대학의 곤충학자들과 화학 회사의 대표자들에게서 지지 서한을 다섯 통 받았다. 그리고 신시내티 외곽에서 물 담뱃대로 인한 화재가 발생하기 불과 일주일 전에, 그런 지지 서한을 첨부해 환경보호청에 세 가지 프로폭서 제품에 대한 청원서를 제출했다. 그런 다음 결과가 나오기를 기다렸다.

빈대에 관심을 갖고 탐구를 시작했던 초기의 일이다. 나는 버지니아 공대의 곤충학자로 미국에서 현대적인 빈대 실험실을 최초로 설립한 사람 중에 하나인 디니 밀러를 만나기 위해 버지니아로 갔다. 그때까지만 해도 나는 사람들이 살충제를 오용해서 집을 홀라당 불태우거나 스스로 중독되기도 한다는 사실을 전혀 몰랐다. 어느 저녁 태국 식당에서 만났을 때 밀러는 자신이 연구와 에너지를 대부분 집중시키는 버지니아에서 빈대와 공공주택이 연출한 극적인 드라마를 시간 순으로 재빨리 설명했다. 나는 카레 음식을 먹는 짬짬이 그녀의 이야기를 간추려 노트에 기록했다. 밀러는 살충제와 관련된 법률이 빈대 발생 문제를 공개적으로 드러내거나 빈대 확산을 통제하는 데 별로 효과적이지 못하다고 평가했다. 그런 다음 대화는 살충제와 살충제를 규제하는 방식에 대한 것으로 흘러갔다. 살충제 규제 방식은 해충 방역업자들이 빈대 문제를 처리하는 방식에 직접적인 영향을 미친다. 나는 그런 대화를 통해 프로폭서 논란과 오하이오 주와 환경보호청 간의 대치 상태에 대해 처음 알게 되었다.

"그것은 리스크 컵risk cup 개념 전체와 직접적인 관련이 있습니다." 그녀가 말했다.

나는 기록하던 손을 멈추고 밀러를 쳐다보았다. "네? 리스크 컵이요? 진짜 컵 같은 건가요?"

밀러는 나를 쳐다보면서 깊은 한숨을 내쉬었다. 그 모습에서 연민과 체념이 느껴졌다. 리스크 컵 개념은 쉬운 주제가 아니었고, 그녀의 눈빛이 이렇게 말하는 듯했다. '저기요, 당신은 자신이 무엇을 조사하고 있는지도 잘 모르는군요.' 그런 다음 밀러는 아이스티와 물이 담겨 있던 유리잔을 교육 도구로 삼아서 환경보호청의 리스크 컵 개념에 대해 속성 과외를 해 주었다.

밀러는 상상의 컵으로 우리의 살충제 노출 정도를 어떻게 측정하는지 열심히 설명했다. 나는 그녀의 설명을 들으면서 연신 고개를 끄덕였지만, 솔직히 말해 그날 태국 식당에서는 물론이고 이후에도 리스크 컵 개념을 완전히 이해하지는 못했다. 그로부터 몇 달이 지나서였다. 나는 며칠 동안 담당 기관인 환경보호청의 문서를 이 잡듯이 뒤졌다. 또한 환경보호청 담당자와도 장장 한 시간여에 걸쳐 고통스러운 전화 상담을 했다. 그제야 비로소 리스크 컵 개념을 정확히 이해할 수 있었다. 그렇다면 리스크 컵이란 무엇일까? 간단히 설명해 주겠다. 작은 컵 하나를 떠올려 보라. 감기약의 병뚜껑처럼 눈금이 새겨진 투명한 플라스틱 컵이다. 그리고 당신의 수명이 70세라고 하자. 평생 동안 미량의 살충제가 당신의 체내로 유입될 때마다 각 살충제의 잔류 성분이 그 컵에 축적된다. 씻지 않은 사과를 먹고, 욕실 싱크대 아래서 바퀴벌레를 발견한 후에 레이드 스프레이를 사방에 뿌리고, 프로폭서가 함유된 벼룩 잡는 목걸이를 목에 건 강아지와 최근에 제초제를 뿌린 뒷마당에서 공 던지기 놀이를 하는 등등 말이다. 이론적으로는 컵이 꽉 차지 않는 한, 그런 살충제 때문에 암 같은 건강상 문제가 생기지는 않을 것이다. 그러나 너무 많이 노출되면 컵이 넘치게 된다.

리스크 컵 아이디어가 처음 세상에 나온 것은 30여 년 전이었다. 그러나 현대판 리스크 컵 개념은 1996년 식품품질보호법Food Quality Protection Act에 명시되어 데뷔했다. 식품품질보호법은 연방 살충제·살균제·살서제 법과 그것과 관련 있는 연방 식품·의약품·화장품 법Federal Food, Drug and Cosmetic Act의 개정법이다. 클린턴 행정부가 식품 안전을 위해 도입한 식품품질보호법에는, 최신 과학에 힘입어 업그레이드되었고 어느 정도는 레이첼 카슨과 그녀의 저서 《침묵의 봄》이 남긴 유산으로부터 영감을 얻은 새로운 살충제 안전 요건이 포함되었다. 클린턴 행정부가 식품품질보호법을 도입한 것은 일반적인 살충제가 국민의 건강, 특히 어린아이들의 건강에 부정적인 영향이 미치지 못하도록 확실한 법적 장치를 마련하기 위해서였다.

미국 연방 정부는 식품 품질에 관한 새로운 규제가 도입되기 전부터, 사람들이 농업용 살충제에 노출될 수 있는 모든 환경과 관련해 살충제 각각에 대한 리스크 컵 개념을 적용했었다. 그런 환경에는 식품, 식수, 집 안팎, 공원과 골프장 같은 오락 시설 등이 포함됐다. 한편 환경보호청은 농업용 살충제의 위험 허용치를 결정하기 위해 화학 회사들에게 동물 실험을 통한 독성 데이터를 요구했다. 그런 다음 동물들에게 아무런 해를 입히지 않는 최대 수치의 100분의 1로 일일 인체 노출 허용량을 설정했다.

새로운 식품품질보호법에 따라서 각 농약에 하나의 컵을 할당했고,

각 컵은 해당 화학물질이 사용되는 잠재적인 모든 환경의 총합으로 결정했다. 무슨 뜻일까? 가령 어떤 살충제가 수원지로 스며들 가능성이 있는 지역의 농작물, 일반 가정, 잔디밭, 애완동물, 다양한 주거지역에서 사용된다고 하자. 이럴 경우 그 살충제에 할당된 리스크 컵의 내용물은 그런 모든 장소에서 잔류하는 살충제의 양을 포함한다. 또한 새로운 법률은 각 계열별 살충제가 신경계에 어떤 영향을 미치는지를 토대로 계열별 누적 효과를 고려했고, 각 계열마다 별개의 리스크 컵을 할당했다. 예컨대 나트륨 통로의 정상적인 기능을 방해해서 신경계를 파괴하는 살충제들의 리스크 컵은 다시, 동종 계열 살충제의 누적 리스크 컵에 합쳐졌다. 환경보호청은 종래처럼 모든 살충제에 대해 동물 독성 실험 데이터를 계속 요구하는 한편, 허용치를 추가적으로 열 배 더 낮추었다. 이는 부분적으로는 신경계의 발달이 완성되지 않아 살충제에 더욱 취약한 어린아이들의 건강을 배려한 조치였다.

환경보호청은 리스크 컵이 가득 차지 않은 살충제에 대해서는 새로운 용도를 등록해 줄 수도 있다. 그러나 컵이 넘친다면 화학 회사는 해당 살충제가 기존 데이터보다 독성이 낮아졌음을 증명하는 데이터를 제시해야 한다. 또한 새로운 법률에 의거해 환경보호청은 이미 유통 중인 제품이라도 더욱 엄격해진 안전 요구 사항을 충족시키는 새로운 독성 데이터를 제출하도록 강제할 수 있게 되었다. 프로폭서의 운명이 바로 여기에 달려 있었다. 환경보호청은 이런 조항과 관련해 1997년부터 화학 회사들에게 공문을 보냈다. 최초 대상은 신경계에 작용하는 두 화학물질인 카바메이트계와 유기인계였는데, 인체의 건강에 미치는 영향을 보고하는 증거가 갈수록 늘어났기 때문이었다. 디디티와 마찬가지로 카바메이트계와 유기인계 살충제는 곤충의 신경계를 공격하지만 작용 방식은 다르다. 이온 통로의 문을 계속 열어 두어 신경을 지나치게 흥분시키는 디디티와 달리, 카바메이트계와 유기인계는 단백질의 하나인 콜린에스테라아제 생산을 억제한다. 콜린에스테라아제는 신경들이 서로 신호를 주고받기 위해 반드시 필요한 신경전달물질을 유지하는 데에 도움을 준다. 그러나 작용 방식은 달라도 최종 결과는 동일하다. 곤충이 심하게 경련을 일으키다가 죽는다. 문제는 인간의 뇌에도 콜린에스테라아제가 존재하다는 사실이다. 고로 환경보호청은 카바메이트계와 유기인계 살충제가 인간의 신경계에도 곤충과 비슷한 피해를 입히지 않는다는 증거를 원했다.

환경보호청의 공문을 접수한 일부 기업들은 권고대로 추가적인 독성시험을 실시했고, 환경보호청이 요구한 정보를 제공했다. 이는 더 많은 실험실 동물들을 살충제에 노출시키고 그들 동물이 살충제에 얼마만큼 노출되면 건강에 문제가 생기는지를 기록했다는 뜻이다. 반면에 등록이 말소되는 길을 자발적으로 선택한 기업들도 있었다. 결국 많은 카바메이트계와 유기인계 살충제는 미국과 많은 국가들에서 디디티의 뒤를 이어 역사의 뒤안길로 사라졌다. 적어도 그런 계열의 주거용 살충제는 가정과 특히 침실에서 사용하는 것이 사실상 금지되었다.

2013년 추운 1월의 어느 날 나는 콜럼버스 인근의 목가적인 전원 지대를 찾았다. 그곳에 위치한 평범한 흰색 건물에 오하이오 주립대학교의 빈대 실험실이 있다. 나는 커다란 회의 테이블을 사이에 두고 매트 빌과 마주 앉았다. 그는 신중하고 걸걸한 목소리로 프로폭서에 대한 이야기를 들려주었다. 그가 환경보호청에 18조 면제조항 적용을 요청하는 편지를 보낸 지도 벌써 3년이 훌쩍 지났다. 대화 중에 그는 프로폭서와 관련해 환경보호청과 주고받은 편지 뭉치 속에서 중요한 편지 하나를 찾아 보여 주었다. 환경보호청이 보낸 첫 번째 편지였다. 사실 첫 번째 편지를 받는 데만도 무려 8개월 이상이 걸렸다. 그것마저도 당시 오하이오 주지사였던 테드 스트릭랜드Ted Strickland가 진심을 다해 빌의 요청을 지지하는 편지를 보낸 덕분이지 싶다고 빌이 말했다. 환경보호청은 확실한 결정을 내리지 못하고 차일피일하는 것에 대해 이렇게 설명했다. "가장 우려되는 노출 시나리오는 아이들의 흡입 위험과 손을 입으로 가져가는 행동을 포함합니다." 그 후 스트릭랜드가 편지를 두 번 더 보냈다. 그러나 환경보호청은 여전히 결정을 미루었고, 결국 그들 사이의 무전기는 침묵만 흘렀다(빌을 만나고 몇 주 후 나는 환경보호청의 담당자에게서 프로폭서가 "규제의 연옥"에 빠져 있으며 오하이오든 어디에서든 새로운 독성 데이터를 제출할 때까지 그 연옥을 탈출하지 못할 거라는 말을 들었다).

빌은 오하이오가 성공한다는 것을 전제로 다른 스물 몇 개 주도 프로폭서에 대한 면제조항 적용을 요청하는 청원을 제출하는 데에 관심을 보였다고 말했다. "이제 어떻게 되는 겁니까?" 내가 물었다. "혹시 더 많은 사람들이 프로폭서를 사용한다면 곤충의 저항성이 더욱 신속하게 나타나지 않을까요?"

빌도 내 시나리오가 이론적으로는 가능하지만 실제로 그렇게 될 가능성은 없다고 딱 잘라 말했다. 오직 허가를 받은 해충 방역업자들만이 프로폭서를 구매할 수 있을 거라는 이유에서였다. 이는 프로폭서가 디디티나 피레스로이드계 살충제만큼 남용되지 않을 거라는 뜻이었다. 사실 허가를 받은 방역 전문가만이 구입할 수 있는 프로폭서에 반해, 아무나 구매할 수 있었던 디디티나 피레스로이드계 살충제는 노출된 거의 모든 곳에 낮은 수준의 잔류 성분을 남겼다. 빌의 이론은 이랬다. 치사량보다 낮은 수준으로 살충제에 지속적으로 노출되는 것이 저항성을 키우는 아주 좋은 방법인 반면, 훨씬 치명적인 무언가를 짧은 시간에 집중적으로 사용하는 것은 곤충이 저항성 유전자를 복제하고 확산시키기 전에 곤충의 개체 수를 크게 낮출 수도 있다.

나는 빌의 아이디어를 진화생물학자 두 명에게 들려주었다. 그러자 그들은 일부 빈대는 자연적으로 살충제에 저항성을 갖게 된다면서 다른 가능성을 제시했다. 만일 살충제에 취약한 유전자를 가진 그들의 형제자매 빈대가 살충제로 인해 죽고 나면 번식 경쟁이 사라지고, 이는 저항성을 지닌 빈대 개체 수가 급증하는 사태로 이어질 수 있다는 것이었다. 심지어 더욱 강경한 목소리를 내는 과학자들도 있었다. 일례로 호주의 위생곤충학자인 스티븐 도깃Stephen Doggett 은 프로폭서에 관한 오하이오 주의 움직임은 "어리석고 멍청한" 행위라고 일침을 놓았다. 카바메이트계에 저항성이 있는 빈대들이 이미 호주와 영국에서 발견된다는 것이 이유 중 하나였다. 도깃은 어차피 디디티와 피레스로이드와 똑같은 길을 가게 될 구시대의 살충제를 되살리기 위해 노력할 이유가 무엇이냐고 반문했다. 그렇지만 빌의 생각은 약간 달랐다. 적어도 피레스로이드계 살충제를 사용하지 않는 동안 프로폭서와 교대로 사용할 수 있는 새로운 살충제가 개발될 때까지만이라도, 프로폭서는 오하이오 주가 공공주택, 아파트 단지, 양로원 같은 빈대들의 집단 서식지를 파괴할 수 있도록 해 줄 거라고 주장했다.

이미 새로운 빈대 퇴치제가 시중에 유통되고 있었다. 대표적인 것이 피레스로이드와 네오니코티노이드neonicotinoid를 혼합한 살충제였다. 한편 합성 니코틴인 네오니코티노이드계 살충제는 여러 환경문제 중에서도 특히 뚜렷한 이유 없이 꿀벌 개체 수가 감소한 원인 중 하나로 지목되기도 한다. 솔직히 말하면 이미 동물 실험에서 이 혼합 살충제에 특정

개체군이 저항성을 보였다. 그러나 유효 살충 성분이 빈대의 신경계를 다양한 방식으로 직접 공격하기 때문에 피레스로이드계만 사용할 때보다 빈대에 대한 살충 효과가 더 뛰어났다. 또 다른 살충제들은 클로르페나피르chlorfenapyr처럼 빈대 퇴치 전용으로 등록된 것들이다. 특히 클로르페나피르는 빈대의 몸이 에너지를 사용하는 방식을 파괴해 빈대를 죽이되, 신경을 공격하는 살충제보다 살충 효과가 느리게 나타난다. 또 다른 대안은 성장억제제라고 불리는 살충제였다. 빈대의 발달과 관련된 호르몬들을 흉내 내어 성장을 억제하는 이런 살충제는, 빈대의 성장을 막아 성충이 되지 못하게 해 생식 활동을 원천 봉쇄하는 효과가 있다. 물론 성장이 억제되어 생식력은 없어지더라도 흡혈 활동 능력은 유지될 수 있다. 사실 성장억제제 아이디어는 1930년대부터 사용되었다. 특히 곤충학자에 딱 어울리는 이름을 가졌던 케임브리지의 곤충학자 빈센트 브라이언 위글스워스 경Sir. Vincent Brian Wigglesworth*이 성장억제제 발견에 커다란 공을 세웠다. 그러나 새로운 연구에 따르면 성장억제제는 라벨에 허용된 것보다 훨씬 더 많은 양에 노출된 빈대에게만 살충 효과를 발휘했다고 한다. 그뿐 아니라 자체 살충력은 없지만 특정 살충제의 살충 효과를 부추기는 협력제synergist라는 제품들도 있었다. 하지만 빈대 체내의 각기 다른 분자 경로에 영향을 미치거나, 각기 다른 유전자나 단백질 또는 전사물轉寫物, transcript**에 작용하는 대안적인 살충제들이 발명된다면, 저항성이 발생할 가능성을 낮출 수도 있다. 어쩌면, 아마도, 혹시나 말이

---

* 위글wiggle은 꿈틀거리며 움직인다는 뜻이다.
** 디엔에이에서 아르엔에이 중합효소에 의해 합성되는 아르엔에이. 전사는 디엔에이에 적혀 있는 유전정보를 아르엔에이에 옮기는 과정을 말하고, 아르엔에이 중합효소가 이 과정을 맡는다.

다. 시도해 보기 전에는 아무도 확신할 수 없는 법이다.

다시 빌과의 만남으로 돌아가자. 우리는 무슨 주제로 대화하든 매번 오하이오 주민들에 대한 이야기로 되돌아갔다. 프로폭스와 환경보호청 이야기를 할 때도 대안적인 살충제에 대해 이야기할 때도 그랬다. 빌은 주민들이 "그래서는 안 되는데도 여러 가지를 억지로 뒤섞고 마구잡이로 함께 사용하고" 있다며 우려했다. 우발적인 방화자와 살충제 남용자들이 있었고, 분진이 사람의 폐에 축적되어 폐질환을 유발한다고 알려진 규조토를 남용하는 사람들도 있었다. 또한 가족이 먹을 음식을 사야 할 돈을 살충제에 쓰는 사람들도 있었다. 한편으로는 빈대를 공격하는 것이 타당하고 실용적인 행동인지 신경조차 쓰지 않는 사람들도 있었다. 이를 단적으로 보여 주는 일화가 있다. 오하이오의 어떤 주민은 전문가들이 그에게 에어로졸 살충제를 지속적으로 사용하는 것은 빈대를 아파트 건물 전체로 퍼뜨리게 할 뿐이라고 충고했을 때 이렇게 대꾸했다. "내 집에서만 빈대가 사라진다면 아무 상관없습니다."

빌이 말했다. "절박한 사람들이 극단적인 조치를 취할 것입니다." 그의 말을 액면 그대로 받아들인다면 빈대와 관련된 사건이 자주 발생한다는 것을 뜻했지만, 가만히 들여다보면 프로폭서에 대한 오하이오 주 정부의 속사정을 내비친 것이었다.

오하이오 주민들이 이런저런 살충제를 뒤섞고 자가 처치법을 사용하기 훨씬 전부터, 다양한 민간 빈대 퇴치법들이 있었다. 나는 그런 방법들을 찾아 수집하기 시작했고, 그런 역사적 사례가 늘어날수록 내 자부심도 덩달아 커졌다. 일부는 오늘날의 비극만큼이나 유감스러웠고, 또 일부는 이상하기 짝이 없었다. 그중 문서로 기록된 가장 오래된 자료는 이집트인들이 빈대를 쫓아낼 때에 외던 주문, 주문과 비슷한 효력을 기대하며 침대에 토끼 발이나 수사슴 발을 매달아 두었던 고대 그리스인들의 기록이었다. 한편 최근 몇백 년 동안에는 빈대 피해자들이 바리케이드를 치고 트랩을 놓는 등 약간 단순한 방법을 동원했다. 또한 침대의 각 다리 밑에 파라핀이나 등유를 가득 채운 접시를 놓는 민간요법도 있었는데, 그렇게 하면 빈대는 미끄러워서 침대 다리를 타고 매트리스 위로 기어 올라가기가 힘들었다. 또 어떤 사람들은 침대에 부착할 수 있도록 구멍을 뚫은 가문비나무 판자나 버드나무로 만든 바구니도 사용했는데, 이는 빈대에게 대안적인 은신처를 제공하기 위해서였다. 그러고는 이튿날 아침 간밤에 판자 구멍이나 바구니 틈새에 숨어든 빈대들을 잡아 으깨어 죽였다. 한편 1927년 오스트리아-헝가리 제국왕립군대 Imperial and Royal Austro-Hungarian Army가 발간한 보고서에는 발칸반도에서 널리 사용된 민간요법 하나가 기록되어 있는데, 바로 침대 아래에 콩잎을 두는 것이었다. 나는 독일어로 작성된 보고서밖에 찾을 수 없었고, 그래서 손으로 직접 베껴 쓴 다음 일일이 번역했다. 간단히 소개하면, 빈대가 콩잎을 지나갈 때 잎의 솜털이 덫의 역할을 하면서 빈대를 단단히 가두면 나중에 콩잎을 수거해서 불태웠다는 것이다. 이 접근법은 훨씬 오래 전부터 널리 사용되었을지도 모른다. 가령 1670년대 말 영국의 철학자인 존 로크John Locke는 말린 강낭콩 잎을 베개 아래나 침대 근처에 놓아두면 빈대를 막을 수 있다고 적었다. 그뿐 아니라 1777년 프랑스 루이 15세의 보좌관은 프랑스 신문에 보낸 편지에서 콩잎이나 컴프리comfrey 잎이 빈대를 막는 데에 효과적이라고 말했다.

1790년엔 미국에서 처음으로 빈대 잡는 장치가 특허출원되었다. 그리고 얼마 지나지 않아 사람들은 자신들이 만든 빈대 트랩과 빈대 방지 침대로 특허를 신청하기 시작했다. 1920년 무렵에는 그런 자가 발명품으로 특허를 신청하는 건수가 아주 많아서 미국 특허청은 이를 효율적으로 처리하기 위해 다음처럼 특별 분류코드를 만들었다. 대분류 43, 소분류 58, 소분류 107, 소분류 123 혹은 "포획, 트랩으로 잡기, 유해 동식물 구제장치: 트랩: 곤충: 빈대용."

한편 트랩보다 더 믿을 수 있으면서 훨씬 위험한 방법은 독물을 사용하는 것으로, 이것은 해충 방역이 전문화되면서 더욱 널리 사용되었다. 17세기 말 영국에서 최초로 알려진 해충 방역 전문가들 중 일부가 사무실을 열고 본격적으로 사업을 시작했다. 가장 유명한 방역업체는 가족 기업으로 "여왕 폐하와 왕실의 해충 파괴자들"이라고 자칭했던 티핀 앤드 선스Tiffin and Sons였다. 그들의 런던 사무실의 간판에는 "평화 파괴자들은 우리 손에 맡겨 주세요. 확실히 파괴해 드립니다"라고 적혀 있었다. 최소한 100년 동안 존속했던 이 가족 기업은 대저택을 상대로만 특제 혼합제를 사용했고, 이는 부자들조차 빈대의 공격을 받았다는 것을 증명한다. 심지어 티핀 앤드 선스의 방역업자가 조지 3세의 딸인 샬럿 공주의 침대를 처리한 일화를 회상하는 역사 기록도 있다. 그 기록에 따르면, 방역업자가 빈대 한 마리를 발견해 공주에게 보여 주자 공주는 다음과 같이 말했다고 한다. "앗! 징그러워. 어젯밤에 나를 괴롭혔던 정체가 저거였단 말이지. 절대 살려 두지 마." 한편 방역업자는 그 빈대가 "왕족의 피를 먹어서 그런지 상태가 유독 좋아 보였다"라고 말했다고 한다.

티핀이 빈대를 박멸하기 위해 사용한 특제 독물은 당시에 사용되었던 다른 독물과 비슷했을지도 모르겠다. 대표적인 것이 존 사우설John Southall의 논퍼레일 액nonpareil liquor이었다. 영국의 신사 과학자gentleman scientist*였

---

* 연구로부터 얻을 수 있는 물질적 보상에 신경 쓰지 않아도 될 만큼 재정적으로 여유가 있

던 사우설이 카리브해 여행 중에 만난 자메이카의 어떤 노인에게서 그 특제 용액을 조제하는 법을 배웠고, 영국으로 돌아와서 그것을 널리 판매했다. 사우설은 또한 빈대를 유리병에 담아 와서 연구했고, 1730년에 연구 결과를 담은 《빈대론*A Treatise of Buggs*》을 발표했다. 빈대에 관한 최초의 과학 논문으로 알려진 그의 저서는 이후 150년간 인기를 끌었고, 심지어 오늘날에도 꾸준히 재발행된다. 나는 초판이 1실링이었던 그의 저서를 아마존Amazon에서 14달러에 구입했고, 나중에 뉴욕 공공도서관에서 내가 가진 것과 출판 시기가 다른 책을 무료로 대출할 수 있었다. 두 책 모두에서 가장 마음에 들었던 부분은, 사우설이 빈대를 현미경으로 처음 관찰했을 때에 얻은 결과를 토대로 독특한 방식으로 이를 설명하는 내용이었다. "빈대의 몸은 가장 아름다운 양서류인 거북이처럼 생겼고, 등은 투명하고 정교한 줄무늬가 있는 껍질로 덮여 있다. 빈대는 다리가 여섯 개인데 생김새나 연결 모양 그리고 털까지도 게의 다리들과 똑같다. 목과 머리는 두꺼비를 닮았고, 특히 머리에는 거친 털이 있는 뿔 세 개가 오뚝 돋아 있다. 코끝에는 꿀벌의 침보다 더 예리하고 더 작은 침이 달려 있다."

논퍼레일 액의 오리지널 조제법은 남아 있지 않지만, 어쩌면 살충제로 사용할 수 있는 열대식물인 자메이카 콰시어quassia가 비밀 재료였을지도 모르겠다. 1793년에 재발행된 그의 저서에는 당시 영국에서 구할 수 있었던 재료로 만든 새로운 빈대 퇴치제를 설명하는 부록이 추가되었다. 쥐손이풀, 야생 박하, 우드스퍼지wood spurge, 광대버섯이 그것이다. 한편 새로운 빈대 퇴치제에 살충 성분을 추가하기 위해 독버섯을 사용

어서 과학을 취미로 하는 사람을 말한다.

했을 가능성도 배제할 수는 없지만, 독성 원소인 수은의 화합물로 독성
이 매우 강한 염화수은mercuric chloride을 추가했을 가능성이 더 높다.

그렇다면 인류가 사용한 빈대 퇴치 방법 중에서 가장 무분별하고 무
책임했던 선택은 무엇일까? 승자를 딱 꼽기는 힘들어도 분명 수은은 아
니었다. 나는 개인적으로 그 종목의 가장 강력한 우승 후보가 용접용
토치라고 본다. 1900년대 초 미시건의 공공주택 감독관들은 토치로 수
많은 철제 침대에 화염을 분사했고, 1930년대에는 해군사관학교를 갓
졸업하고 유에스에스USS 애리조나 호에 승선한 대원들도 빈대를 퇴치하
기 위해 똑같은 방법을 사용했다. 또 다른 흥미로운 사례는 오하이오에
서 찾을 수 있는데, 이것은 오하이오 주가 현재 직면한 문제들의 전조가
된다. 1907년 소방서장들은 빈대 때문에 발생한 많은 화재 사건을 보고
했다. 사람들이 빈대를 잡으려고 매트리스에 휘발유를 흠뻑 뿌린 다음,
틈이나 금처럼 휘발유가 닿지 않은 부분이 있는지 성냥불을 켰다가 집
을 홀라당 태워버린 것이다.

한편 18세기 말엽 미국에 기이한 빈대 퇴치법을 소개하는 책이 출간
되었다. 제목은 하도 길어서 읽기조차 힘들었다. 《해충 박멸법 총집합-
도시와 시골 주민 모두에게 귀중하고 유익한 동반자: 빈대, 이, 벼룩, 쥐,
생쥐, 두더지, 족제비, 애벌레, 개구리, 개미, 달팽이, 파리, 나방, 집게벌
레, 말벌, 긴털족제비, 오소리, 여우, 수달, 모든 종류의 물고기와 조류
등을 안전하고 신속하게 퇴치할 수 있는 방법을 포함함. 편자공을 위한
지식, 또는 말 구매와 관리 그리고 치료법에 관한 가이드. 원예사와 농
부가 알아야 할 모든 지식, 또는 원예와 농사 등등에 관한 지식. 시골의
대지주, 농부, 모든 말 소유주가 주목할 만한 다양한 문제에 관한 지침》.
이 책은 빈대 박멸법으로 침대 틈새에 화약 가루를 뿌린 다음 불을 붙

이라고 제안한다. 또한 이 방법이 효과가 없으면 끓인 토끼 내장을 침대 아래에 두거나, 약쑥과 독초인 헬레보어hellebore를 "적절한 양의 소변과 섞어" 끓인 물로 침대 프레임을 닦으라고 나와 있다.

1800년대와 1900년대 초 미국에서는 비소와 수은으로 만든 유독성 스프레이가 널리 사용되었다. 또한 염화수은과 달걀흰자를 섞거나 테레빈유, 휘발유, 등유 같은 가연성 액체를 섞은 혼합액이 빈대 퇴치제로 광범위하게 사용되었다. 특히 주부들은 그런 퇴치제를 깃털에 묻혀 갈라진 틈과 균열이 있는 곳의 다양한 빈대 서식지에 문질렀다. 한편 좀더 안전한 독물도 사용되었는데 말린 국화꽃에서 추출한 분말 형태의 피레트럼이 대표적이었다.

역사적으로 볼 때 빈대 문제가 아주 심각할 경우 최상의 방법은 훈증법일 것이다. 실제로 해충 방역 전문가들은 주택, 기차, 선박에서 훈증법을 사용했지만, 훈증법에 사용되는 많은 기체는 독물만큼이나 위험했다. 가령 1900년대 영국에서 인기 있었던 훈증 살충제의 하나는 콜타르를 증류해 얻은 가연성 증기인 헤비나프타heavy naphtha였는데, 대개는 밀폐가 잘 된 뜨거운 방에서 사용되었다. 한편 유황 분말을 태우는 훈증법도 사용되었는데 "불과 유황"이라 불린 이 훈증법은 가구와 섬유류를 손상시키는 것은 물론이고 화재 위험도 있었다. 그뿐 아니라 인화성이 매우 높은 에틸렌옥시드ethylene oxide 같은 발암물질, 혹은 독일 나치가 홀로코스트 중에 가스실에서 사용한 것으로 악명 높은 치클론 비Zyklon B같이 맹독성의 시안화수소hydrogen cyanide를 포함하는 훈증 살충제도 있었다. 이런 훈증법을 사용하는 해충 방역업자들은 보는 것만으로도 공포심을 자아내는 방독면을 착용했다. 믿기 힘들겠지만 심지어 방독면조차도 빈대가 우글거렸다. 1943년 버지니아의 캠프 리Camp Lee에서 찍

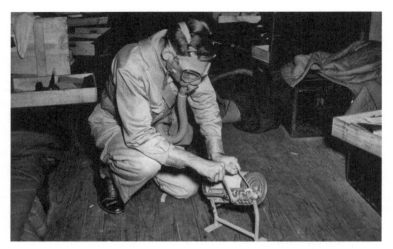

방독면을 착용한 한 남자가 1946년 버지니아의 캠프 리에서 특수 따개로 훈증 살충제 깡통의
뚜껑을 제거하고 있다.

은 사진들을 보면, 육군이 사용하던 방독면의 주름과 솔기에서 빈대 시
체들이 보인다. 게다가 그 시대에 나온 어떤 군사 전단지를 보면 신병들
에게 빈대가 슬었는지 확인하기 위해 각자 장비를 정기적으로 점검하라
고 상기시키는 내용도 있었다.

위험은 차치하고라도, 역사적인 모든 빈대 처치법에는 공통적인 다른
문제도 있었다. 가령 트랩은 적절한 시간에 적절한 곳을 지나가는 빈대
들만 잡을 수 있었다. 또한 가연성 액화 석유는 빈대가 접촉해야만 살충
효과를 내는데, 빈대가 저녁 식사를 위해 나타나기 전에 휘발하고 말았
다. 피레트럼의 살충력도 오래가지 못했다. 미국의 가장 유명한 발명가
중에 한 사람이었던 조지 워싱턴 카버George Washington Carver조차도 빈
대를 100퍼센트 죽이는 독물을 발명하지 못했다. 그의 처치법은 20세
기 초에 아주 잠깐 성공했지만, 이내 무용지물이 되었다. 훈증법과 열처

리법의 살충력은 일시적이었고, 일단 공기 중으로 흩어지고 나면 살충력도 사라졌다. 심지어 방에서 빈대를 완벽히 처리한다고 해도 끝이 아니었다. 가방이나 빨래 바구니에 숨어서 방으로 다시 침입한다면, 처음부터 다시 시작이었다.

다들 알듯이 디디티는 결과적으로 장기적인 살충력을 제공했고, 이는 피레스로이드계 살충제와 여타 합성 살충제도 그랬다. 그러나 그런 살충제가 가져다준 마음의 평화는 오래가지 못했다. 저항성이나 환경 및 인체에 미치는 영향에 관한 우려가 결국 모든 살충제의 발목을 붙잡았다.

과거의 빈대 박멸 방법에 관한 기록을 수집하고 리스크 컵과 현대의 살충제에 대해 조사하면서, 나는 새로운 해결책이 정말 그토록 찾기 힘든 것인지 궁금했다. 내 생각에는, 화학 회사들이 이런저런 성분을 섞어 피레스로이드계 살충제나 프로폭서 혹은 디디티보다 더 효과적인 혼합물을 만들면 되지 싶었다. 목마른 사람이 우물을 파는 법, 나는 직접 알아보기로 했다. 어느 날 나는 독일행 비행기에 몸을 실었다. 세계적인 화학 회사 바이엘Bayer의 자회사인 바이엘 크롭사이언스의 본사를 방문하기 위해서였다.

바이엘 크롭사이언스의 본사는 뒤셀도르프Dusseldorf와 쾰른Cologne의 중간 지점에 위치한 라인 강변의 작은 마을 몬하임 암 라인에 있다. 나는 시차에 시달리고 날씨도 안 좋았던 데다가 택시 운전사가 목적지를 착각하는 바람에 약속 시간보다 30분 늦게 도착했다. 택시 운전사에게 바이엘 크롭사이언스로 가 달라고 했는데 그는 호텔에서 그곳과 정반대 방향에 있는 다른 바이엘 단지로 착각했던 것이다. 물에 빠진 생쥐 꼴로 허둥지둥 도착했을 때, 미리 약속이 되어 있었던 제품 개발 관리자 폴커 구츠만Volker Gutsmann이 안내 데스크 주변을 서성이고 있었다. 산뜻한 청색 셔츠에 안경을 쓴 구츠만이 신분증 배지를 건네주었고, 이내 낮은 건물들이 불규칙하게 들어서 있는 멋진 구내로 나를 안내했다.

우리가 가장 먼저 들른 곳 중 하나는 화학 도서관이었는데, 보잉 737을 보관할 수 있을 만큼 커다란 창고 안에 있었다. 그곳에서 연구원인 마틴 아담체프스키Martin Adamczewski가 우리와 합류했다. 구츠만과 나는 아담체프스키를 따라서 여러 개의 육중한 문을 거쳐 좁은 철제 통로를 지났다. 통로 아래에는 가루 화학물질이 든 수백만 개의 유리병을 보관하는 높은 랙rack들이 넓디넓은 공간에 죽 뻗어 있었다. 아담체프스키는 그런 샘플 중 절반 정도는 지난 20～30년간 바이엘 크롭사이언스가 직접 제조했다고 설명했다. 나머지는 다른 회사들에게서 구입한 것들이었다. 각 화학물질은 소금 한 자밤 분량으로 몇 밀리그램씩 작은 갈색 유리병에 담긴 채로 랙에 걸린 빨간 선반 위에 정렬되어 있었다. 마치 그 모습이 사열한 병사들 같았다. 아담체프스키는 가령 바이엘의 어떤 과학자가 이런 화학물질 중 하나로 살충력 실험을 하고 싶을 때는 온라인 신청 양식을 통해 주문하면 도서관의 로봇 군대가 알아서 찾아 준다고 말했다.

나는 철제 통로에 서서 발아래의 로봇들이 철거덕 소리를 내며 활기차게 일하는 모습을 지켜보았다. 로봇 하나가 랙 사이의 좁은 통로에 설치된 트랙을 따라 윙 소리를 내며 움직였다. 사실 로봇은 단순한 플랫폼이었다. 일단 플랫폼이 트랙을 따라 움직이다가 랙 하나와 일직선상에 위치하면, 공기압으로 움직이는 리프트가 플랫폼을 위로 쏘아 올렸고, 이미 컴퓨터 프로그램을 통해 목표물로 입력된 화학물질이 담긴 갈색 유리병이 보관된 선반 앞에 멈춰 섰다. 그런 다음 컨베이어 벨트가 움직였고 선반이 랙에서 로봇에게로 미끄러졌다. 선반을 받아든 로봇은 아까 왔던 길을 되밟아서 일련의 다른 로봇에게 그 선반을 전달했다.

바이엘 크롭사이언스 화학 도서관:
분말 화학물질이 작은 병에 담긴
채 랙에 보관되어 있고,
로봇(사진 중앙)이 트랙을 따라
이동하면서 필요한
화학물질을 찾아 준다.

바이엘의 과학자들은 내가 그 다음 단계들을 다 볼 수는 없을 거라고 말했다. 그런 단계들이 두 개의 방에 나눠서 이뤄지는 까닭이었다. 안타깝게도 첫 번째 방은 다른 방문자들이 내 시야를 가려서 볼 수 없었고, 두 번째 방은 내가 지나갈 때 작동하고 있지 않아 로봇들은 조용히 제자리를 지키고 있었다. 아쉬워하는 내 마음을 헤아렸는지 아담체프스키가 그 로봇들이 작동할 때의 순서를 간략히 설명해 주었다. 먼저 로봇들이 금속 집게로 화학물질이 든 유리병을 집어 다른 로봇들의 발톱 모양 집게에 전달한다. 이번에는 스캐너가 식별 스티커의 바코드를 읽을 수 있도록 집게가 유리병을 빙글빙글 돌린다. 그런 다음 용매를 추가해서 화학물질을 용해시킨다. 마지막으로 마이크로티터 플레이트microtiter plate라고 불리는 평평한 플라스틱판에 새겨진 수백 개의 작은 홈에 눈에 보이지 않을 만큼 미량의 용액 방울을 떨어뜨리고 플라스틱판을 호일로 밀봉한다. 여기까지가 로봇들의 역할이다. 과학자가 주문을 넣고 며칠 후에 이런 일련의 과정을 거쳐 배달원이 마이크로티터 플레이트를 그의 실험실까지 배달하는 것이다.

만일 바이엘의 연구원이 특정 해충에 선별적으로 작용하는 새로운 살충제를 개발하려 할 때, 화학물질을 얼마나 시험할 수 있을까? 물론 프로젝트마다 다르지만, 도서관에 보관된 화학물질의 약 절반을 사용할 수 있다(다른 화학 회사들에서는 알맞은 화학물질을 선택하는 일련의 과정이 대학들의 연구나 문헌을 조사하는 것처럼 좀더 전통적인 수단을 통해 이뤄질 수도 있다. 파울 뮐러가 디디티를 개발할 때에 기존 과학논문을 샅샅이 훑었던 것처럼 말이다). 이제는 공이 연구원들에게로 넘어왔다. 화학 도서관에서 가져온 화학물질들은 먼저, 제약회사들이 유망한 신약을 개발할 때에도 사용하는 고속대량 스크리닝high throughput Screening 과정을 거친다. 한편 아스피린을 발명한 바이엘도 세계 최대의 제약사 중 하나다. 고속대량 스크리닝은 자동화된 기계와 컴퓨터를 사용해 수천 가지의 생물학적 혹은 화학적 실험을 동시에 수행한다. 살충제를 발명하는 과정에서 흔히 이용되기도 하는 고속대량 스크리닝은 연구가들이 화학물질이 어떤 모습이고 어떻게 작용하는지에 관한 아무런 사전 지식 없이 수많은 화학물질을 조사할 때 매우 유용한 방법이다.

바이엘의 고속대량 스크리닝 장치는 매일 100~150개의 마이크로티터 플레이트를 시험할 수 있고, 각 플레이트는 384개의 홈이 있다. 그리고 실험 종류에 따라서 수백 개의 홈이 화학물질로 채워질 수도 있다. 비록 일반적인 경우는 아니지만 어쨌든 모든 장비가 한꺼번에 작동한다면, 일주일에 약 20만 가지의 화학물질을 시험할 수도 있다. 불과 100여 년 전에 뮐러가 검정파리를 대상으로 고작 수백 가지 분자를 시험하느라 4년을 꼬박 바친 것에 비하면 놀랄 만한 발전이다.

우리 일행은 화학 도서관을 나와서 빗속을 뚫고 잔디밭을 가로질러 다른 건물로 갔다. 바이엘의 연구원들이 설명한 바에 따르면, 그곳 건물에 있는 작은 방에서 잠재적 살충제를 찾기 위한 1차 고속대량 스크리닝이 이뤄진다고 했다. 나는 이번에도 로봇들을 관찰했는데, 엄밀히 말하면 슬라이딩 트랙에 연결된 다관절형 팔articulated arm이었다. 로봇 팔은 화학 도서관에서 보내온 화학물질로 가득 찬 마이크로티터 플레이트를 집는다. 그러고는 호일을 벗기고 내용물을 표적물질과 섞은 다음 결과를 모니터링하고 기록했다. 바로 이 실험에서 사용되는 표적물질은 곤충의 체내에서 발견되는 단일 효소single enzyme다. 만일 살충제로서 가능성이 큰 분자는 그런 효소에 결합되고 기능장애를 유발할 것이다.

복도 끝의 더 큰 방에서는 더욱 전형적인 살충제 시험이 이뤄졌다. 그곳 로봇들의 생김새는 1차 고속대량 스크리닝에 사용된 로봇들과 거의 같았다. 만일 내가 방문한 그날 로봇들이 작동했더라면, 마이크로티터 플레이트의 작은 홈 각각에는 곤충의 실제 신경계에 존재하는 것과 똑같은 이온 통로가 포함되도록 유전자가 조작된 살아 있는 세포가 담겨 있었을 것이다. 그리고 로봇은 도서관에서 가져온 화학물질을 인위적으로 조작된 이온 통로에 주입하는 동시에, 전기 반응에서 나오는 빛을 포착하는 고감도 카메라로 이온 통로의 변화를 모니터링했을 것이다. 한편 이때의 이온 통로 변화는 색상으로 표시된다. 이 단계의 목적은 특정한 화학물질이 이온 통로의 정상적인 기능을 방해하는지 확인하는 것이다. 나중에 과학자들은 색상의 농도를 측정할 수 있는 특수한 영상 분석 소프트웨어로 각 반응의 강도를 측정하게 된다. 결과적으로 이온 통로의 정상적인 기능에 아무런 영향을 미치지 못하는 화학물질들은 살충제 후보군에서 배제될 것이다.

고속대량 스크리닝의 도움을 받는데도 불구하고 500개에서 1만 개 사이의 화학물질이 일련의 1차 시험을 거치는 데는 짧게는 6주, 길게는 4개월이 걸린다. 과학자들은 1차 시험을 통과한 화학물질을 화학 도서관의 로봇들에게 재주문하고, 새로 받은 화학물질로 또다시 일련의 실험을 진행한다. 이런 과정을 용량반응시험dose response test이라 부르는데, 효소든 아니면 이온 통로든 애초의 표적물질이 각 화학물질의 각기 다른 농도에 어떻게 반응하는지를 조사하고 반응 강도에 따라 등급을 매긴다. 이번 실험을 통과하는 화학물질은 많아야 수백 개에 불과하다. 그리고 다음 단계에서는 화학물질이 오직 의도된 표적에게만 선별적으로 반응하는지 아니면 다른 많은 표적에게도 반응하는지를 알아보기 위한 정밀 시험이 이뤄진다. 가령 많은 표적과 반응하는 경우, 분자는 살아 있는 곤충의 신경계까지 절대 도달하지 못할 수 있다. 신경계에 도달하기 전에, 외골격이나 체내 어딘가에 존재하는 여타의 단백질들에게 먼저 반응할 것이기 때문이다. 이런 분자 역시도 살충제 후보군에서 제외된다.

이 단계까지 이뤄지는 모든 실험은 기업의 채용 과정과 닮았다. 채용 과정에서도 기업이 원하는 인재상과 맞지 않은 지원자들은 탈락하지 않는가. 그러나 바이엘의 과학자들은 아직 진정한 시험은 시작조차 하지 않았다고 말했다. 진정한 시험 단계까지 도달하는 화학물질은 하나도 없을 수도 있고 수백 개에 이를 수도 있다. 그러나 이런 화학물질조차 아직까지는 살충제로서의 약간의 가능성만 있을 뿐이고, 이후에도 일련의 복잡한 과정을 거쳐야 한다.

또 다른 건물에서 나는 제바스티안 호스트만Sebastian Horstmann이라는 새로운 연구원을 소개받았다. 그 연구원은 호리호리한 체격에 키가 컸고 목소리가 너무 작아서 그의 말을 알아들으려면 의자에 가만히 앉아서 온 정신을 집중해야 했다. 호스트만은 컴퓨터에 저장된 프레젠테이션 자료를 보여 주면서, 다음에 이뤄질 일련의 실험을 설명했다. 먼저 도서관 로봇에게서 더 많은 시험용 화학물질을 주문한다. 주문한 화학물질이 도착하면 일단의 과학자들은 많은 고속대량 스크리닝 로봇들로 새로운 화학물질을 실험한다. 이번 실험의 목적은 화학물질들이 유충을 완전히 죽이는지 아니면 신체 일부와 기관 일부에만 피해를 입히는지 확인하는 것이다. 여기에서 효과적인 살충력을 증명해 보이지 못한 화학물질이 또 한 차례 걸러진다. 그뿐 아니라 추후에 이뤄지는 일련의 실험에서는 피레스로이드계 살충제를 포함해서 현재 유통되는 살충제와 동일한 분자 경로를 따르는 다른 화학물질들도 후보군에서 추가로 제외된다. 이미 많은 해충들이 그런 살충제에 저항성을 보일 가능성이 크기에 더 이상 실험할 가치가 없는 것이다. 이게 다가 아니다. 살충 효과가 너무 서서히 나타나는 화학물질도 살충제로 제품화할 가치가 없다는 뜻이므로, 후보 목록에서 이름이 빠진다.

마지막 슬라이드까지 본 다음 호스트만은 책상에서 일어서더니 나를 기다란 복도로 데려갔다. 복도 끝에 일련의 방이 있었다. 그곳에서는 살아 있는 성충을 대상으로 최종 후보로 오른 화학물질들을 시험한다. 실험 곤충은 태어날 때부터 복도의 반대편 끝에 있는 최첨단 곤충 사육실에서 성장한다. 사실상 그곳은 곤충 탁아소로, 잘 먹어 포동포동 살이 오르고 윤이 나는 바퀴벌레, 개미, 빈대가 담긴 통들이 몇 개의 방을 가득 채웠다. 실험실에서 배양되었으니 당연한 말이지만 일부 빈대들은 살충제에 취약했다. 특히 빈대가 담긴 통을 들여다보다가 내 눈앞에 있는 빈대들이 독일판 헤럴드 할런 빈대라는 사실을 깨닫고는 경외심에 전율마저 일었다. 바이엘이 지난 수십 년간 키워 왔던 빈대들은 예전에 살충제 실험이 활발했던 시대의 유물인 셈이었다. 실험실들에는 다양한 재질의 타일, 광택제를 바른 나무 조각과 원목 조각, 두루마리 벽지 등등 평범한 집 안에서 발견할 수 있는 다양한 물건으로 가득한 캐비닛이 여러 개 있었다. 또한 여러 실험 장비도 갖춰져 있었을 뿐 아니라, 새로운 살충제로서의 가능성이 있는 화학물질을 다양한 농도로 희석해서 칠한 타일 위에 모기 통들이 놓여 있었다.

호스트만은 살아 있는 곤충에 대한 실험과 안전성을 평가하는 연구가 동시에 진행 중이라고 말했다. 가령 화학물질들을 쥐에게도 먹이고 세포 배양 단계에서도 주입하는데, 이는 살충력 유무를 확인하고 살충력이 있다면 어느 시점에서 효과가 나타나는지 알아보기 위해서다. 한편 소핵 시험micronucleus test은 화학물질들이 세포 분열 단계에서 염색체의 구성을 방해하는지 여부를 알려 주는데, 만일 방해한다면 이는 성장하는 배아에 나쁜 영향을 줄 가능성이 있음을 시사한다. 또한 각 화학물질이 인체에서 암을 유발하거나 호르몬을 모방할 수 있는지를 점검하는 시험도 진행된다. 특히 호르몬 모방 작용은 생식기 건강과 발달을 방해하는 것으로 알려져 있다. 그뿐 아니라 화학물질들이 나트륨 통로에 어떤 영향을 미치는지도 조사 대상이다. 인체의 신경계에 존재하는 나트륨 통로를 실험실에서 직접 배양해서 진행하는 이 실험은 화학물질들이 나트륨 통로의 기능을 방해해 인체가 경련을 일으키다 사망에 이르게 하는지를 알아보려는 것이다. 이외에도 화학물질이 환경에 미치는 영향을 조사하기 위한 다양한 생태 독성ecological toxicology 실험도 나트륨 통로 실험과 비슷한 방식으로 진행한다.

이 모든 시험을 통과해서 다음 단계까지 이르는 화학물질은 손에 꼽을 정도이고, 가끔은 단 하나의 후보만 남는 경우도 있으며 심지어 후보가 전혀 없는 경우도 있다. 하나든 몇 개든 최종 후보가 있다면, 제품화 가능성을 알아보기 위해 살충제의 여러 성분과 결합시키는 시험이 진행된다. 호스트만은 그런 화학물질로 현장 실험도 진행한다고 말했다. 실험실의 통제된 환경과는 달리, 곤충의 행동에 아무런 제약이 가해지지 않는 바깥세상에서도 그런 물질들이 효과적인지를 확인하기 위함이다. 이게 끝이 아니다. 만약 화학물질이 현장 실험에서 계획한 대로 효과를 발휘한다면, 이제 바이엘은 전 세계 화학 기업과 대학교에 소속된 파트너들에게 샘플을 보내어 그 화학물질이 다양한 나라와 기후에서 얼마나 효과적인지 점검하는 단계로 나아간다. 혹시라도 이런 시험을 통과한다면, 아니 이런 시험을 통과해야만 바이엘은 미국 환경보호청은 물론이고 환경보호청과 같은 임무를 수행하는 다른 국가들의 기관에 살충제 등록을 신청한다.

이제 공은 규제 기관으로 넘어간다. 규제 기관들은 먼저 바이엘의 살충제 제품, 독성 시험 데이터, 효능 시험 데이터를 면밀히 조사한 후, 등록 신청을 거부하거나 라벨을 내어 주는 양단간의 결정을 한다. 라벨이 허락되면 드디어 10년 가까운 세월과 2억 5,600만 달러 이상을 쏟아 부은 결과물이 세상에 모습을 드러낸다. 출전 준비를 마친 군인처럼 현실에서 자신의 임무를 수행할 만반의 준비를 마친 채로 말이다. 이제 바이엘은 특허가 만료되기까지 어떻게든 투자금을 회수하기 위해 최선을 다해야 한다. 특허가 만료되면 다른 화학 회사들이 막대한 살충제 개발비를 한 푼도 쓰지 않고 바이엘의 살충제 청사진을 베껴 제품을 만들 수 있기 때문이다.

바이엘 말고도 새로운 살충제를 개발하는 복잡한 사업에서 고군분투하는 기업들이 또 있다. 바스프BASF, 다우Dow, 듀폰, 신젠타Syngenta 등등 전 세계 10~15개 남짓한 거대 화학 기업들에서 위와 똑같은 과정이 반복된다. 나는 몇몇 화학 회사에 소속된 과학자들에게 빈대용 살충제를 개발할 가능성에 대해 직접 물어보았다. 그들의 대답은 실망스러웠다. 만약 화학 회사들이 빈대 살충제로서의 가능성이 큰 화학물질을 발견한다고 해도, 합리적인 수준의 투자 수익을 예측할 수 없다면 살충제 개발에 뛰어들지 않을 거라고 대답한 것이다. 이는 그 화학물질이 어떤 곤충을 죽일 수 있고 각 곤충별로 예상되는 수익이 얼마인지 철저히 계산한다는 뜻한다. 사실상 곤충은 크게 농업 해충, 질병 매개체, 덜 위협적이되 성가신 다양한 위생곤충 등 세 범주로 나뉜다. 궁극적으로 볼 때 살충제의 약 80~90퍼센트는 농업 해충을 표적으로 삼는다. 농업 해충용 살충제 시장이 가장 크게 형성되어 있으며 화학 회사들도 농업 해충에 가장 큰 관심을 기울인다.

따라서 농업 해충을 하나도 죽일 수 없다면 제품화될 가능성은 아주 희박하다. 반면 적어도 일부 주요한 농업 해충에 효과가 증명된다면 화학 회사는 두 번째 범주에 관심을 쏟는다. 즉 말라리아모기 같은 질병 매개 곤충을 퇴치하는 데도 효과적인지 시험한다. 그리고 높은 수익성이 보장되는 질병 매개 곤충에 대한 살충력이 증명되어야만 화학 회사는 세 번째 범주인 위생곤충으로 눈을 돌린다. 미천한 신분의 빈대가 바로 이 세 번째 범주에 포함된다.

사업적인 관점에서 볼 때 위의 논리는 합리적이다. 빈대가 점령한 부동산은 농장과 과수원의 거대한 면적에 비하면 새 발의 피다. 주택, 아파트 등등 전 세계의 모든 주거 공간의 면적과 우리의 먹을거리를 생산하는 드넓게 펼쳐진 들녘을 비교해 보라. 우리의 작은 생활공간에서, 특히 침실에서 사용할 수 있는 살충제의 양을 농약과 비교하는 것 자체가 어불성설이다. 게다가 빈대는 질병을 옮기지 않는다고 여겨지고, 그래서 빈대 퇴치는 세계적인 공공보건의 주요 목표가 아니다. 화학 회사들이 보기에 빈대는 흔히들 말하는 돈이 되는 해충이 아니다.

그들 과학자는 화학 회사들이 새로운 빈대용 살충제를 개발할 가능성이 없어 보인다는 주장 외에도, 기존의 살충제들을 빈대에 사용할 수 있을지 실험 중이라고 말했다. 행여 가능성이 큰 제품을 발견한다면 화학 회사들은 미국 환경보호청에 빈대나 침실에 사용할 수 있다는 내용을 포함시킨 새로운 라벨을 신청할 수 있다. 그렇게만 된다면 화학 회사들은 농업 해충과 질병 매개 해충에 대한 살충제의 위해성 실험은 생략할 수 있기 때문에 새로운 살충제를 개발하는 것보다 저렴하다. 그럼에도 기존 살충제를 사용해서 빈대를 겨냥한 새로운 실내용 살충제를 개발하는 비용과 안전성 및 효능을 증명하는 데이터를 환경보호청에 제공하는 비용 등등을 합하면 최대 50만 달러가 필요할 수 있다. 환경보호청에 등록한 새로운 빈대 퇴치제는 이런 투자 비용에다가 제조와 유통에 소요되는 비용 모두를 회수하기 위해 시판 중인 피레스로이드계 살충제보다 비싼 가격이 매겨져 가격 경쟁력이 떨어질 수밖에 없을 것이다. 게다가 새 제품의 생산 시설이 안정적인 궤도에 접어들 때까지 이런 고가 정책을 유지해야 할 것이다. 대량 생산은 대량 판매를 의미하고, 이것은 살충제의 가격 책정에 영향을 미치는 하나의 요소다(또 다른 요소는 소비자가 생각하는 적정한 가격이 얼마인가다). 이 모든 시나리오를 종합해 볼 때, 소비자들은 비교적 신제품이면서도 가격이 저렴한 빈대용 살충제를 만나기까지 몇 년이 걸릴지도 모르겠다. 당연한 말이지만 일단 제품이 인기를 얻고 나면 저항성이 발생할 위험 때문에 살충제의 수명은 갈수록 짧아진다. 가령 20년 전에는 곤충류와 진드기류의 500종 이상이 살충제에 저항성을 지녔다고 알려졌다. 그러나 오늘날에는 그 수가 600종으로 증가했고, 관련 비용만도 연간 600억 달러에 이르는 것으로 추산된다.

새로운 빈대 살충제와 관련된 암울한 전망에 실망감을 안고 뉴욕으로 돌아온 후 나는 대안적인 방법에 대한 자료를 조사하기 시작했다. 그러다가 "최소 위험" 등급으로 분류된 서른한 가지 화학물질 중에서 일부로 살충제를 제조함으로써 법의 허점을 악용하는 기업들이 있다는 사실을 알게 되었다. 그런 화학물질은 환경보호청이 요구하는 고가의 독성 시험 요구 기준에서 면제되고, 따라서 수억 달러에 달하는 투자 비용을 고스란히 아낄 수 있다. 한편 그런 화학물질은 통틀어 25비b 성분이라고 불리는데, 연방 살충제·살균제·살서제 법에서 그런 화학물질이 명시된 조항이 바로 25비이기 때문이다. 25비 성분에는 시더유cedar油와 시트로넬라유citronella油와 박하유 같은 방향유, 사과와 오렌지와 레몬에서 추출한 약산성 물질, 소금 및 건혈분dried blood과 섞은 달걀까지 비교적 무해한 성분 등이 포함된다.

1988년 환경보호청은 25비 성분들의 안전성이 확보되었다고 판단했고, 이로써 화학 회사들은 관련 제품을 더욱 쉽게 출시할 수 있는 길이 열렸다. 25비와 관련된 제품을 생산하고 판매하기 위해서는 몇 가지 조건을 충족시켜야 한다. 첫째, 유효 성분이나 살충 효과가 증명된 화학물질이 사전 승인 목록에 포함되고 비非유효 성분도 비슷한 목록에 이름이 올라 있어야 한다. 둘째, 제품 라벨에는 각 유효 성분의 농도는 물론이고 다른 모든 성분이 반드시 명시되어야 한다. 또한 기업들은 공공보건과 관련해 특정 해충과 질병을 연결시키는 주장을 해서는 안 되며 제품 라벨에도 거짓 정보를 기재할 수 없다.

25비 제품들은 하드웨어 매장과 동네 약국에서 쉽게 찾아볼 수 있었다. 또한 일부는 대형 할인 마트에서도 판매되는데, 마케팅 전략의 차원에서 빈대 방지 매트리스 커버 바로 옆에 진열되어 있다. 그런 제품들은 대개 "100퍼센트 천연 성분", "닿기만 해도 빈대가 죽는다!", "미 환경보호청 승인 획득" 같은 슬로건을 떡하니 달고 있다. 엄밀히 따지면 맞는 말이지만, 그런 슬로건은 오해의 소지가 있다. 그들 제품의 유효 성분들이 합성이 아니라 천연에서 유래한 것은 맞지만, 천연이라고 해서 반드시 안전하거나 좋은 제품이라는 뜻은 아니며, 오히려 가끔은 마케팅 전략으로 악용되기도 한다. 또한 그 제품들이 접촉성 살충 효과가 있다는 주장도 아마 맞는 말이겠지만, 표면에 들러붙는 잔류성이 없다면 이것은 빈대가 한밤중에 모습을 드러내는 정확한 순간에 스프레이를 뿌려야만 도움이 된다는 뜻이다(격분한 어떤 곤충학자는 "빈대가 나타나는 순간에 스프레이를 뿌려야 한다면 차라리 망치로 때려잡아 돈을 아끼는 편이 낫습니다"라고 말했다). 게다가 25비 제품군이 환경보호청으로부터 안전성 승인을 받았다는 주장도 틀린 말은 아니지만, 여기서 함정은 환경보호청이 화학 회사에게 유효성 데이터를 요구하지 않는다는 점이다. 달리 말해 환경보호청은 25비 제품들의 살충 효과 여부는 전혀 고려하지 않는다.

화학물질마저도 우리를 구제할 수 없다면 도대체 무엇이 우리를 구해 줄까? 옛날 기법을 약간 뒤틀면 빈대를 퇴치할 대안적인 방법을 찾을 수도 있지 않을까? 오늘날의 연구가들은 몇백 년 전 발명가와 기술자들이 그랬듯이, 더 효과적인 빈대 트랩을 만들기 위해 노력한다. 나는 그들이 무슨 일을 하는지 알기 위해 현재 진행 중인 연구에 대해 면밀히 조사했다. 녹스빌에서 열린 제6차 미국곤충학회에 참석했을 당시, 유싱어의 빈대들과 집단유전학에 관한 프레젠테이션 외에도 내 눈과 귀를 사로잡은 발표가 또 있었다. 발표자는 캘리포니아 주립대학교 어바인 캠퍼스(이하 어바인 캠퍼스_옮긴이 주)에서 곤충 생체역학insect biomechanics을 연구하는 과학자였다. 그는 존 로크와 옛날 발칸반도 사람들이 사용했던 빈대 트랩을 직접 시험하기 위해, 강낭콩 이파리 뒷면에 빈대들을 내려놓았다. 1940년대에 미국 농무부 소속의 과학자들은 강낭콩 이파리에 나 있는 솜털이 일명 찍찍이 테이프처럼 빈대 다리의 뻣뻣한 털을 꽉 쥐고 빈대가 움직이지 못하게 만든다고 주장했다. 그러나 어바인 캠퍼스의 과학자들은 고성능 주사 전자 현미경scanning electron microscope으로 콩잎에 들러붙은 빈대를 관찰함으로써 이런 가정이 틀렸음을 증명했다. 나는 곤충학회에서 콩잎의 날카로운 모상체毛狀體*가 마치 고기를 매달아 놓는 갈고리처럼 빈대의 발을 뚫은 사진을 보고는 경악했다. 찍찍이에 걸려서가 아니라 갈고리에 발이 꿰어서 빈대가 움직이지 못하는 것이었다. 발표자는 인조 형태로 모상체를 만들어 빈대 트랩으로 판매할 수 있다고 주장했다.

한편 뉴욕에 있는 스토니 브룩 대학교Stony Brook University 과학자들은 거미줄 원리를 이용해서 빈대를 포획하기 위해, 인간의 머리카락보다 더 얇은 합성사로 짠 직물로 연구를 진행했다. 그리고 몇몇 경쟁 회사들은 예전의 침대 다리 받침접시를 현대적으로 재해석한 다양한 색상의 플라스틱 접시로 한창 실험 중이다(재미있는 사실은 빈대가 빨간색과 검정색 중

---

* 식물 표피에 나 있는 돌기 모양의 구조.

어떤 색에 더 잘 꼬이는지가 하나의 토론 쟁점이라는 것이다).

그뿐 아니라 동료 빈대들에게 특정한 방식의 행동을 유도하는 페로몬을 모방한 미끼로 연구하는 과학자들도 있다. 그런 가짜 페로몬을 감지한 빈대들은 동지가 발산한 페로몬으로 착각해 페로몬의 신호대로 행동하게 된다. 예컨대 런던 의학대학원 과학자들은 흡혈 식사 후 은신처를 찾아가는 데 도움이 되는 집합페로몬이 빈대 배설물에 함유되어 있다는 확신을 가지고, 배설물들을 차곡차곡 모으고 있다. 빈대의 배설물에서 발산되는 작은 냄새 분자들이 공기 중으로 퍼져 나가 빈대의 더듬이에 있는 화학물질 감지기에 들러붙는다. 그러면 빈대들은 점점 더 강한 냄새가 나는 쪽으로 이동하다가 마침내 은신처까지 도달하는데, 이는 은신처에서 가장 짙은 냄새가 풍기기 때문이다. 이런 원리에 입각하여 런던 의학대학원 과학자들은 현재 집합페로몬의 화학물질을 분리하기 위해 노력 중이고, 일단 분리에 성공하고 나면 그 화학물질로 끈끈이 트랩을 만들 예정이다. 그리고 그 트랩이 그들의 계획대로 작용한다면, 화학물질이 빈대를 유인해서 트랩으로 끌어들일 것이다.

예나 지금이나 트랩으로 빈대를 잡는 데는 곤란한 문제가 하나 있다. 트랩이 효과를 발휘하려면 빈대가 반드시 트랩을 지나가야 한다는 점이다. 심지어 빈대가 트랩을 지나간다고 해도, 그것은 방에 빈대가 존재한다는 사실을 증명할 뿐, 모든 빈대를 트랩에 가두거나 죽인다는 뜻은 아니다. 그렇게 하기 위해서는 절대 빠져나갈 수 없는 확실한 킬러가 필요하다. 합성 화합물질로 만든 살충제는 비싸면서도 확실한 효과는 보장하지 않기 때문에, 일부 과학자들은 빈대를 독물로 처리하는 대안적인 방법을 찾고 있다.

펜실베이니아 주립대학교Penn State University의 과학자들은 곤충에 질병을 유발시키는 곰팡이균인 백강균에서 그 대답을 찾을 수 있다고 생각한다. 전 세계에 분포하는 토양 진균인 백강균은 생물 살충제 biopesticide이다. 다시 말해 동물, 박테리아, 식물을 포함하는 생명체는 물론이고 광물과 유류油類에서 발견되는 천연 살충제이다. 백강균의 먼지 같은 미세한 백색 포자는 본래 지방질의 표면을 아주 좋아한다. 오염된 토양을 통해서든 아니면 감염된 곤충을 통해서든 곤충이 그런 포자와 접촉하면, 포자는 미끄러운 외골격의 가장 바깥쪽 표피층에 들러붙는다. 그런 다음 곤충의 몸을 이루고 있는 수분을 흡수해 포자가 발아하고, 발아된 포자는 외골격을 뚫고 체내로 침투한다. 거기서부터 곰팡이의 균사가 뻗어 나가고, 곤충의 순환계에서 곰팡이가 피어 급기야 순환계가 곰팡이로 막힌다.

펜실베이니아 주립대 과학자들은 매끄러운 인쇄 용지와 까칠한 저지 jersey 등등 다양한 표면에 유백색의 백강균 혼합액을 뿌린 다음, 그 위에 빈대를 올려놓았다. 할런의 빈대와 야생에서 채집한 개체군 모두 3∼6일을 넘기지 못했다. 그러나 제품화하기 위해서는 백강균이 환경보호청이 규정한 생물 살충제 요구 조건을 충족해야 한다. 그 요구 조건은 합성 살충제만큼이나 엄격하다. 생물 살충제에 대해 환경보호청은 독성만이 아니라 과민성hypersensitivity과 감염성infectivity에도 주의를 기울이는데, 이는 환경보호청이 백강균이 사람의 피부에 자극을 주거나 피부를 뚫고 체내로 침투해서 혈액 속에서 곰팡이를 피우지 않을 거라는 확실한 증거를 원한다는 뜻이다.

한편 빈대가 반드시 돌아가게 되어 있는 장소에서 빈대를 공격하기 위한 연구도 있다. 바로 혈액이다. 혈액은 빈대가 수천 년 동안 생존할 수 있었던 자양분이기도 하다. 2012년 나는 버지니아의 한 병원 응급실에서 근무하는 의사를 인터뷰했다. 그는 자신과 몇몇 자원자들에게 개와 가축의 심장사상충 예방에 널리 사용되는 구충제인 이버멕틴ivermectin을 투여했다. 이버멕틴은 1980년대 말부터 주로 사하라사막 이남의 아프리카에서 다양한 회충에 의해 감염되는 사상충증river blindness* 환자를 치료하는 데 사용되고, 가끔은 머릿니와 사면발이에 옮았을 때 그리고 옴에 걸렸을 때에도 처방된다.

그 의사와 자원자들은 이버멕틴을 복용한 후에 살아 있는 빈대를 자신의 팔에 올려 흡혈하도록 했다. 결과는 어땠을까? 이버멕틴이 함유된 혈액을 먹은 일부 빈대는 사망 선고를 받았다. 그러나 모든 빈대가 죽은 것은 아니었다. 더군다나 그 방법을 실제로 사용하려면, 현재 안전하다고 증명된 기간보다 훨씬 오랜 기간에 걸쳐 이버멕틴을 복용해야 할 필요가 있을 것이다. 그래서 결론은? 이 방법을 가정에서 사용하지 마라 (나는 이버멕틴의 제조사인 머크 사에게 그 실험에 대한 회사의 입장을 물어보았지만, 정중히 거절당했다. 또한 머크 사가 이버멕틴을 살충제로 사용하는 것과 관련해 임상 시험을 할지도 의심스럽다. 약품에 대한 새로운 라벨을 승인받는 데는 일반 살충제보다 돈도 훨씬 더 많이 드는 데다가 시간도 더 많이 걸리기 때문이다).

혈액을 안전하게 또는 손쉽게 오염시킬 수 있는 방법이 없다면, 다른 대안은 혈액이 빈대의 소화기관에 도달한 이후에 승부를 거는 것이다. 2009년 일본의 쓰쿠바에 위치한 산업기술총합연구소National Institute of Advanced Industrial Science and Technology의 과학자들이 빈대의 내장에 분포하는 공생 박테리아를 손상시키면, 빈대의 건강에 문제가 생긴다는 사

---

* 강에 사는 파리의 기생충을 통해 감염되는 열대 피부병으로 사람의 눈을 멀게 할 수 있다.

실을 발견했다. 문제의 공생 박테리아는 볼바키아 속Wolbachia屬에 포함되는데, 볼바키아라는 명칭은 1924년 모기의 창자에서 그 박테리아를 발견한 과학자들 중 한 사람의 이름을 딴 것이다. 곤충의 체내에 기생하는 유익한 박테리아 중에서 가장 흔하고 지구상에 알려진 모든 곤충 종들의 약 3분의 2에서 발견되는 볼바키아는 음식에서 핵심 영양소를 흡수할 때와 생식 능력에 도움을 준다. 또한 볼바키아는 위글스워디아 글로시니디아Wigglesworthia Glossinidia처럼 곤충에서 번성하는 미생물 생태계의 일원이다. 한편 곤충 호르몬의 권위자인 위글스워스 경의 이름을 딴 위글스워디아 글로시니디아는 특히 체체파리가 비타민 비B를 합성하는 데 도움을 준다고 알려져 있다. 곤충만이 아니라 인체에도 건강에 필수적인 다양한 비타민을 생산할 때 유용한 장내 미생물이 존재한다.

일본 산업기술총합연구소의 과학자들은 빈대 내 볼바키아가 비타민 비 합성에 관여하는 위글스워디아 글로시니디아와 비슷한 역할을 한다고 추정했다. 이 아이디어를 시험하기 위해 그들은 항생제를 주입한 토끼 피를 실험실 빈대에게 먹였고, 그러자 빈대 체내에서 볼바키아가 전멸했다. 그 공생 박테리아가 없는 빈대는 성장 장애와 불임을 겪었다. 그런 다음 과학자들이 비타민 비를 함유한 혈액을 빈대에게 먹이자, 성장 능력과 생식력이 정상으로 돌아왔다. 그러나 이것은 어디까지나 많은 조건이 엄격이 통제된 실험실 환경에서 얻은 결과일 뿐이다. 다시 말해 항생제가 현실에서도 빈대를 죽일 수 있을지는 확실하지 않다. 더군다나 인체에 항생제를 투여한다면 갈수록 심화되는 약물내성 박테리아 문제를 가중시킬 뿐 아니라 현재의 빈대 문제에도 부정적인 요소가 추가될 수 있다. 즉 빈대의 볼바키아도 항생제에 저항성을 키우게 될 수도 있다는 말이다.

모든 기초연구가 흥미롭기는 해도, 어떤 연구도 빈대를 완벽히 퇴치할 수 있는 방법을 제시하지 못한다. 대신에 그런 연구 결과들을 기존의 종합적 방역 전술에 통합시킬 필요가 있을 것이다. 그럼에도 근본적인 문제는 여전하다. 트랩이든 화학물질이든 혹은 생물학적 조작이든, 아무리 좋은 전술이 나와도 버지니아에서 만났을 때 디니 밀러가 언급한 장애물을 극복하지 못할 것이다.

　"빈대 방역에서 가장 어려운 점은 빈대 자체가 아닙니다." 그녀가 말했다.

　"그럼 무엇이 가장 어렵습니까?" 내가 되물었다.

　"바로 사람입니다."

　그렇다. 집주인에게 빈대가 나타났다는 사실을 숨기는 것도 사람이고, 방역을 하지 않는 것도 사람이며, 살충제 라벨에 적힌 주의 사항을 지키지 않는 것도, 해충 방역업자의 지침에 주의를 기울이지 않는 것도, 아예 처음부터 빈대를 피할 수 있는 방법에 관한 현명한 조언을 무시하는 것도 전부 사람이다. 심지어 의도치 않게 소독용 알코올과 성냥으로 매트리스에 불을 지르는 짓도 사람이 한다. 단언컨대 사람이 이렇게 하는 한은 아무리 뛰어난 기술도 우리를 빈대로부터 구해 줄 수 없다.

6장

공포

: 자다가 무언가에 물릴 때

장소는 브루클린의 한 아파트다. 아노키Anoki는 냉동실의 한쪽 귀퉁이에 빈대 두 마리를 넣어 두었다. 그 옆에는 거의 바닥을 보이는 3년 묵은 아이스크림 통이 놓여 있었다. 아노키는 두 마리의 빈대를 일회용 플라스틱 용기에 담아 샌드위치를 싸는 싸구려 봉지로 세 겹이나 둘둘 말았다. 빈대들은 오래 전에 죽었고 냉동실에 보관한 지도 1년이 훨씬 넘었다. 아노키가 빈대를 냉동고에 보관한 본래 이유는 집주인에게 방역 비용을 청구할 때 필요하면 증거로 보여 주기 위해서였다. 그러나 빈대 문제가 해결된 이후에도 그는 빈대를 냉동고에 그대로 두었다. 라살레 바닐라 스위스 아몬드의 마지막 한 입을 냉동고에 보관하는 이유도 똑같았다. 지금은 애인이 된 댈린Daelyn과 데이트를 시작한 초기에 처음으로 둘이 같이 나눠 먹고 남은 아이스크림이었다. 요컨대 둘 다 중요한 기억에 대한 물리적인 표상이었다. 아이스크림은 행복한 기억의, 빈대는 불행한 기억의 물리적 증거였다(아노키와 댈린 모두 가명이다. 나는 그들의 실명을 사용하지 않기로 약속했다).

　나는 눈 덮인 1월의 어느 날 아노키와 댈린을 만났다. 그때는 아노키의 아파트에 빈대가 나타난 지 1년도 더 지났을 때였다. "아노키는 빈대를 냉동고에 넣어 두었다는 말을 내게 하지 않았어요." 댈린이 웃으며 말했다. "그래서 '빈 봉지가 냉동고에 왜 들어 있지?'라고 생각하며 무심코 봉지를 열어 보고는 무엇인지 알았죠."

"그래서 봉지를 다시 냉동고에 넣어 두었나요?" 내가 물었다.

"네, 그랬어요. 아노키가 왜 빈대를 보관하고 있는지 알았거든요."

나는 우리 세 사람 모두가 아는 어떤 친구를 통해 그들을 소개받았다. 당시 나는 가능한 한 많은 빈대 피해자들을 인터뷰하기 위해 사방으로 손을 쓰고 있었다. 처음에는 그들의 아파트에서 몇 블록 떨어진 커피숍에서 만나기로 약속했었다. 그런데 커피숍은 김이 모락모락 피어오르는 따뜻한 음료를 앞에 두고 조용히 노트북을 두드리는 사람들로 꽉 차 있었다. 빈대 출현과 흡혈 곤충에 대한 진솔한 대화를 나누기에는 실내가 너무 조용했다. 다행히 바로 옆집이 시끌벅적한 술집이라 우리는 그곳으로 자리를 옮겨 뜨거운 토디toddy*와 스타우트 흑맥주를 주문했다. 세련된 젊은 커플답게 둘 다 뿔테 안경에 비니beanie로 멋을 낸 아노키와 댈린이 마침내 자신들의 경험을 들려주었다.

아노키는 대략 1년 3개월 전에 처음으로 빈대에 물리기 시작했고, 그때는 아노키와 동거를 시작하고 얼마 지나지 않았을 때였다. 복부에 빨간 돌기가 일직선으로 생기자, 처음에는 단순한 발진이라고 생각했다. 그러나 너무 가려웠고 다른 부위에도 계속 반점이 생겼다. 주치의를 찾아가자 항히스타민제와 연고를 처방해 주었고 피부과 진료의뢰서를 발급해 주었다. 그리고 피부과 의사도 또다시 연고를 처방해 주었고 붓기를 가라앉힌다면서 스테로이드 주사까지 놓았다. 그러나 발진이 갈수록 자주 생기는 원인이나 발진을 멈추게 할 방법에 대해서는 어떤 의사도

---

* 위스키에 레몬, 설탕, 따뜻한 물을 섞은 음료.

몰랐다.

다행히도 댈린은 한 번도 물리지 않았고 대학원의 첫 학기를 보내느라 아주 바빴다. 그래서 아노키는 집에 홀로 남아서 직접 단서를 찾기 위해 인터넷을 샅샅이 뒤졌다. 그러다가 빈대에 관한 다양한 이야기와 빈대에 물린 자국 사진을 게재한 여러 웹사이트를 방문하게 되었다. 그는 침구류를 걷어 내고 매트리스 커버를 벗겨 빈대가 있는지 구석구석 살펴보았지만 아무것도 찾지 못했다. 그렇게 여러 주가 흘렀다. 아노키는 매일 아침이면 새로운 반점이 생겼고, 복부에서 시작된 반점이 차츰 팔과 어깨로 번져 갔다. 아노키는 마침내 집주인에게 전화를 걸었고, 집주인은 부자지간인 해충 방역업자 둘을 고용했다. 조사를 위해 먼저 도착한 아들은 얼마 지나지 않아 매트리스 아래에서 빈대 네 마리를 찾아냈다. 아노키가 이미 확인했노라고 장담했던 곳에 옹기종기 모여 있었던 것이다. 아노키는 그중 두 마리를 냉동고에 넣었고 나머지 두 마리는 이제까지의 고통을 복수하듯 으깨 죽인 다음 버렸다.

그때부터 대대적인 청소가 정신없이 이어졌고, 아노키는 스트레스로 머리가 지끈거렸다. 그러나 그 스트레스는 약과였다. 살충제를 뒤집어쓴 아파트에서 풍기는 악취로 스트레스는 더욱 심해졌다. 게다가 조만간 댈린의 가족이 방문할 예정인 데다가 댈린의 기말시험도 코앞이었다. 더욱이 생전 처음으로 인생에서 중요한 사람과 한집에 사는 스트레스도 장난이 아니었다. 심지어 가뜩이나 빠듯한 생활비는 거의 바닥을 드러냈고 새 침대를 살 돈도 없었다. 또한 자라 보고 놀란 가슴 솥뚜껑 보고 놀란다고, 행여 작은 보푸라기 하나가 나타날 때마다 마치 미친 사람처럼 빈대를 찾아 온 집 안을 발칵 뒤집었다. 찢어질 만큼 꽉 채운 커다란 쓰레기봉투가 나올 때마다 수심은 깊어졌다. 봉투 안에 든 옷에도 빈대가 꼬였을까? 아니면 이번에는 빨래방에 가서 세탁하지 않아도 되려나?

평소에도 쉽게 우울하고 불안해 했던 댈린은 이번 빈대 소동에 대해 특히나 깊은 죄책감을 느꼈다. 빈대들이 내 이삿짐에 따라온 것은 아닐까? 아니면 아노키와 돈을 모아서 샀던 중고 의자에 딸려 왔을까? 아노키도 강박장애 등등 나름대로 힘든 시간을 보냈다. 그러나 담당 치료사는 아노키가 빈대 문제에 잘 대처하고 있다고 말했다. 특히 빈대들이 사라진 것처럼 보인 후 아노키가 끝없이 점검하고 청소하던 버릇을 서서히 중단했을 때에는 확실히 그랬다. 그는 더 이상 빈대에 물리지 않았고 아파트는 예전 상태로 돌아왔다. 물론 정신 훈련이 필요했지만 이제는 앞으로 나아갈 때라는 것을 그도 잘 알았다.

나를 만나기 몇 주 전 어느 날 아노키는 단단히 작정을 하고 냉동실의 빈대들을 우두커니 쳐다보고 있었다. 마침내 새 침대를 장만한 댈린과 아노키는 비록 꽤 오랫동안 빈대가 나타나지 않았지만 어쨌든 쓰던 매트리스를 플라스틱 시트로 다섯 번이나 꽁꽁 싸고 초강력 테이프로 단단히 감아서 막 내다 버린 참이었다. 아노키는 빈대가 든 일회용 용기를 꺼내 들고 아파트를 나가 몇 블록을 걸어가서 길가에 있는 쓰레기통에 버렸다.

"오랫동안 보관하던 빈대들을 갖다 버리니 어떤 기분이 들었습니까?" 내가 물었다.

"10년 묵은 체증이 내려가는 것 같았습니다." 아노키가 대답했다.

사실 알고 보면 빈대를 냉동실에 숨겨 두는 것은 그리 이상한 행동이 아니다. 나는 아노키와 댈린을 만나기 몇 달 전부터 빈대 피해자들을 인터뷰했었다. 그들도 빈대와 관련해 나름대로 의식을 치렀고 충동적인 행동에 사로잡혔다고 했다. 가령 매일 잠자리에 들기 전에 가벼운 밤술 한 잔을 마시듯 항히스타민제를 먹는 아파트 건물 소유주도 있었다. 그는 항히스타민제가 어떤 술보다 신경을 누그러뜨려 준다고 말했다. 또한 빈대로 식겁한 어떤 가족은 자동차 두 대를 포함해 살림살이며 옷이며 거의 모든 것을 내다 버렸다. 심지어 어떤 기자는 방역업자가 처음부터 그녀의 집에 빈대가 없었다고 말했음에도 불구하고 몇 년간 모았던 신문 스크랩북과 수십 권의 일기장까지 죄다 버렸다. 내 친구의 지인은 한술 더 떴다. 그의 아내는 평소에도 불결함에 대한 강박적 두려움을 갖고 있었는데, 극장들에서 빈대가 나타났다는 이야기를 듣고는 걱정이 얼마나 심했든지 둘 다 폴리에틸렌polyethylene 방호복을 입지 않고는 절대 극장에 가지 않겠다고 선언했다. 사람들이 납이나 석면을 제거할 때 입는 방호복 말이다. 그래서 부부는 딱 한 번 방호복을 입고 극장을 간 적이 있었는데 다른 관객들이 어찌나 불편해 하고 불안해 하던지, 부부는 아예 극장에 발길을 뚝 끊어 버렸다. 나와 같은 동네에 사는 친구의 집에도 빈대가 들었는데, 빈대를 옮긴 범인은 분명해 보였다. 룸메이트의 남자 친구였다. 친구의 집에 빈대가 나타나기 전에 그의 집에 빈대가 먼저 나타났기 때문이다. 그러나 친구는 집 안을 샅샅이 방역한 후에도 몇 달간이나 거미딱정벌레와 새끼 바퀴벌레의 사진들을 찍어 방역업자의 휴대전화로 전송하면서 물었다. "빈대 아닐까요????"

한편 워싱턴에 사는 어떤 여성은 회의 참석차 방문한 뉴올리언스의 호텔 객실에서 빈대에 물렸다. 그녀는 네 명의 룸메이트와 함께 사는 아파트까지 빈대들이 따라 왔을까 봐 너무 걱정이 되었고, 몸에 있는 수십 개의 물린 자국이 호텔에서 물린 것인지 아니면 집에서 새로 물린 것인지 확실히 해야 했다. 그래서 그녀는 복잡한 추적 장치를 가동했다. 먼저 물린 자국마다 바로 옆에 파란색 펜으로 작은 동그라미를 그렸다. 다음 날에는 옆에 파란색 동그라미 표시가 없는 새로 생긴 자국을 찾아 일일이 삼각형을 그렸다. 그 다음에는 작은 네모를 그렸다. 주말이 되자 그녀의 몸은 온통 볼펜 자국으로 뒤덮여 샤워를 해도 없어지지 않았다.

그러나 내가 가장 좋아하는 이야기 중 하나는 뉴욕에 사는 내 친구의 사연이다. 그녀는 남자 친구와 동거하던 아파트에서 빈대에 물렸는데, 알고 보니 아파트 건물 전체에 빈대가 들었다. 건물 주인은 수수방관했고 내 친구는 빈대 때문에 세 번이나 방역을 했다. 집 안에는 긴장감이 감돌았다. 한 번은 옷 가방과 규조토의 하얀 가루가 날아다니는 가운데서 말다툼을 벌이던 중 남자 친구가 분을 못 이겨 욕실에 들어가 문을 잠가 버렸다. 그렇게 한 시간쯤 흐르자 내 친구는 거의 포기했고, 남자 친구가 마음껏 골을 내도록 내버려 두었다. 갑자기 남자 친구가 사각팬티 하나만 달랑 입은 채 욕실에서 나오더니 말했다. "이렇게 하면 물린 자국을 찾기가 쉬울 것 같아서 말야." 그는 화가 나서 욕실에 들어간 것이 아니었다. 빈대 때문에 무력감이 느껴지고 골치가 아파서 욕실에 들어가 몸의 털을 모조리 깎아 버린 것이었다.

나는 위의 모든 이야기에 십분 공감한다. 언젠가 빈대 때문에 한바탕 홍역을 치르던 중에 나도 기이한 행동을 했으니 말이다. 한 번은 한밤중에 방충제를 사방에 뿌리고 침대에 가만히 누워 천장을 뚫어지게 쳐다보면서 팔이나 다리에 느껴지는 아주 작은 감각에도 몸을 움찔거렸다. 또한 침대를 벽에서 떨어뜨려 놓았고 이불과 시트를 모두 걷어 냈으며 방바닥에는 양면테이프로 바리케이드를 쳤다. 그러나 그런 노력도 허사였다. 나는 계속 빈대에 물렸다. 또 한 번은 애장품이던 푹신한 안락의자를 룸메이트의 도움을 받아 갖다 버리기도 했다. 그 의자에서 낮잠을 자는 동안 빈대에 물렸다고 확신했기 때문이었다. 심지어 몇 시간에 걸쳐 서재에 있는 수백 권의 책을 하나하나 진공청소기로 꼼꼼하게 먼지를 털어 냈고 거의 1~2센티미터 간격으로 서랍장 내부의 이음새에 증기를 쐬었다.

곤충이 불안감을 야기한다는 것은 놀라운 사실이 아니다. 곤충에 대한 비이성적인 두려움, 다른 말로 곤충공포증entomophobia으로 고통받는 사람이 1,900만 명에 이르는 것으로 추정된다. 온몸이 마비되는 그런 불안감을 겪지 않는 사람들이 더 많지만, 그들도 곤충을 보면 혐오감이나 역겨움을 느낀다. 철학자이자 곤충 생태학자인 제프리 록우드Jeffrey Lockwood는 저서 《오염된 마음The Infested Mind》에서, 이런 감정적 반응의 원인을 두 가지로 요약한다. 하나는 인류의 진화적 과거이고, 다른 하나는 문화적 현재이다. 진화론에 따르면, 우리는 곤충의 기이한 생김새와 빠른 움직임에 공포를 느끼는 성향이 있다. 무엇보다 일부 곤충은 맹독성의 침을 분비하거나 치명적인 질병을 옮길 수도 있어 사실 매우 위험하다. 우리 조상들의 입장에서는, 진짜 곤충은 물론이고 곤충처럼 보이거나 곤충처럼 움직이는 모든 것들에 무관심하다가 그들의 제물이 되느니, 차라리 무조건 피하는 편이 더 현명했을지도 모르겠다. 가령 평범한 나비에도 깜짝 놀라는 사람은 스스로가 어리석게 느껴질지언정, 오래 살아서 자신의 분신을 남길 가능성이 더 클 것이다. 그리고 그의 분신 역시도 곤충을 보고 쉽게 놀랄 것이다. 반면에 자세히 살펴보지 않고 무심코 틈새에 손을 집어넣는 사람은 보이지 않는 무언가에 쏘이거나 찔려 죽을지도 모른다. 록우드는 우리의 현대 문화가 이런 성향을 더욱 부추긴다고 주장한다. 우리는 가족과 또래들의 행동에서 곤충에 어떻게 반응해야 하는지를 배운다. 예컨대 어릴 적에 부모님이 바퀴벌레가 나타날 때 비명을 지르고 얼굴을 찌푸린다면, 우리도 똑같이 반응할 가능성이 더 크다.

또한 록우드는, 갈수록 증가하는 도시 공간 덕분에 우리가 곤충을, 아니 적어도 지구상에 존재하는 것으로 여겨지는 1,000만 종의 곤충 대부분을 더욱 쉽게 피할 수 있다고 주장한다. 그러나 여기에는 반대급부가 따른다. 위험한 곤충과 무해한 곤충을 구분하는 우리의 능력이 퇴화된 것이다. 항균 처리되어 위생적이고 외부 세상과 점점 더 철저하게 분리되는 현대의 생활공간에서는, 곤충의 출현은 침략으로 여겨진다. 게다가 항균 비누와 다양한 청소용 스프레이 덕분에 청결함에 관한 우리의 기대 수준이 한 차원 높아졌다. 결국 우리는 곤충을 가끔 마주치는 것조차 참을 수 없는 지경이 되었다.

반면 말라리아나 웨스트 나일 바이러스West Nile Virus*를 옮기는 모기와 가까이 사는 사람들은 어떤지 생각해 보자. 몸의 털을 밀지도, 물린 자국마다 볼펜으로 표시하지도, 방호복으로 온몸을 꽁꽁 감싸지도 않는다. 또한 세속적인 소유물을 몽땅 버리지도, 몇 시간이나 진공청소기를 돌리지도 않는다. 비단 모기만이 아니라 바퀴벌레나 쥐 또는 좀과 같은 공간에서 사는 사람들도 그렇게 하지 않는다. 사실 빈대에 대한 우리의 반응은 빈대에게는 억울한 면도 있다. 대개 우리는 빈대를 보면 질병 매개 곤충이나 일반적인 생활 해충을 볼 때보다 훨씬 과격한 반응을 보인다(아노키는 냉동고 일화를 이야기하던 중에 "빈대에 대해서는 논리 따위는 아무 소용 없습니다"라고 말했다). 그렇다면 빈대가 그런 곤충과 무엇이 다

---

* 우간다 웨스트 나일 지역에서 최초로 발견된 질병으로 병원소는 새이며 모기를 매개로 사람에게 전파된다. 독감과 비슷한 증상으로 시작하며, 발열, 두통, 무력감, 근육통, 피로, 피부 발진, 구토 등의 증상을 보인다.

르기에 이런 푸대접을 받는 걸까?

빈대가 우리를 한밤중에 공격한다는 점이 하나의 원인일 수 있다. 잠을 잘 때 우리는 나약해진다. 인간은 렘수면REM 즉 급속안구운동rapid eye movement이라고 불리는 휴식 단계에 의존하는데 렘수면은 기억 강화, 학습, 감정 통제에 매우 중요한 요소라고 알려져 있다. 또한 우리가 가장 강렬한 꿈을 꾸는 수면 주기이기도 하다. 하룻밤에 여러 차례 경험하는 렘수면 중에 우리의 몸은 사실상 마비되어 꿈을 신체적인 행동으로 옮기지 못하고, 그래서 우리는 무방비 상태에 빠진다. 한편 진화론적으로 말하면, 렘수면을 경험하는 인간과 여타의 동물들은 수면을 취하기 위해 안전한 피난처를 찾는 성향이 있을 수 있다. 일단 그런 곳을 찾으면 가능한 한 기생 곤충까지 포함해서 어질러진 주변을 말끔히 청소한다. 그런 다음 그 공간을 안락하게 만들어 주거나 천적으로부터 보호해 주는 나뭇잎 아니면 다른 물건들로 채운다. 동물들은 예전보다 한층 안전해진 오늘날의 주거 공간에서도 이런 의식을 이어간다. 가령 잠을 자기 전에 개는 자신의 침대 주변을 순찰 돌고 사람은 문단속을 한다. 이와 똑같은 충동이 아마도 우리 조상들을 동굴로 이끌었을 것이다. 아니 적어도 가끔은 그랬을 것이다. 빈대의 기원에 관한 이론 하나는, 빈대 출현이 안전한 잠자리를 찾고자 하는 우리 인간의 본능적인 욕구와 직접적인 관련이 있다고 가정한다.

잠을 자는 동안 우리 인간이 무방비 상태로 나약해진다는 사실은 밤이 어둡다는 이유로 더 큰 불안감을 자아낸다. 이것은 오래 전부터 인간의 집단정신에 뿌리내리고 있다. 수면 역사학자sleep historian인 로저 에커치Roger Ekirch는 말한다. "밤은 인간 최초의 필요악이자 가장 오래되고 가장 자주 출몰하는 두려움이다." 에커치에 따르면, 산업혁명 이전의 서구 문화에서 밤은 도둑과 짐승은 물론이고 살인과 여타 폭력적인 행위에 익명성을 보장해 주는 망토를 제공했다. 더군다나 그 시절에는 집 안을 밝히는 유일한 빛인 화롯불이 모두가 잠든 사이에 집을 불태울 수도 있었다. 과거에는 귀신, 마녀, 악마 같은 초자연적인 어둠의 존재도 밤에 더욱 기승을 부렸던 것처럼 보였다. 사람들은 집의 모든 문을 잠그고 성문을 내리고 밤 기도문을 읊조림으로써 이러한 실질적인 위협과 인지된 위험 모두로부터 스스로를 보호했다. 그뿐 아니라 편안한 수면을 위해 밤마다 침대를 샅샅이 점검하면서 이와 벼룩과 빈대를 잡기 위해 '벌레 사냥'에 땀을 흘렸을 것이다. 에커치는 이와 벼룩과 빈대를 초기 근대 곤충학의 불경한 삼위일체라고 불렀다. 깨끗하고 안전한 침대야말로 수면의 성소인 동시에 친밀한 밤의 대화와 성생활의 성역이었다.

해가 진 다음에도 세상을 환하게 밝혀주는 전깃불 등의 기술 발전에 힘입어 밤에 대한 인간의 본연적인 두려움이 줄어들고 밤의 의식 일부가 사라진 것은 분명하다. 그럼에도 불구하고 오늘날까지 기세를 떨치는 두려움이 있다. 그런 두려움을 부추기는 데는 많은 것이 필요하지 않다. 일례로 작가인 테주 콜Teju Cole은 2011년에 발표한 소설 《무방비 도시Open City》에서 인간의 나약함과 빈대를 절묘하게 결합시켰다. 주인공이 뉴욕의 다섯 개 자치구 모두에서 만연하는 빈대에 관한 자신의 감정을 철저히 되짚어 보는 장면에서다. "빈대에 대한 두려움은 원시적이었다. 피의 주술적 힘, 꿈을 꾸는 시간, 가정이라는 이름의 성소, 식인 행위, 보이지 않는 무언가에 공격당하는 것에 대한 두려움 등이 혼합되어 있다." 이런 생각은 내가 "당신은 왜 빈대를 두려워합니까?"라고 물어본 거의 모든 사람들이 공감한다. 그들의 표현 방식은 달라도, 요점은 침대가 휴식의 공간 다른 말로 가장 힘든 날에도 편안함을 제공하는 보호

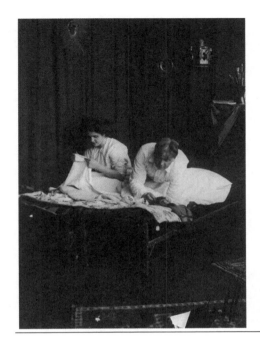

"사랑하는 친구들에게:
우리는 벌레들을 찾느라
거의 매일 밤을 꼬박 새웠다네."
1907년경 빈대를 잡는
어느 부부의 모습

공간이라는 것이다. 우리가 잠을 자고 눈을 감고 완전히 무장해제할 수 있는 가장 안전한 공간이 바로 침대다. 우리와 침대를 함께 쓰면서 안전한 수면을 방해할 뿐 아니라 피까지 빨아 먹는 무언가는 현관 밖에서 윙윙거리는 웨스트 나일 모기보다, 뒷마당에 내놓은 쓰레기를 뒤지는 쥐보다 더 강력한 침략자요 더 큰 위협처럼 느껴진다. 요컨대 빈대는 성스러운 침대에 대한 우리의 현대적인 환상을 깨부수는 원흉이다.

또한 우리는 수면에 대한 새로운 기대를 갖게 되었다. 역사상 가장 청결하고 위생적인 환경을 자랑하는 현대사회는 언제 어떻게 휴식을 취할 것인가를 새롭게 정의했다. 예컨대 에커치는, 현대인들이 선조들보다 침대에서 잠을 자는 시간이 짧아졌고 가끔은 수면 자체를 성가신 일이나 사치로 생각한다고 주장한다. 오늘날에는 양질의 수면에 대한 압박이 갈수록 거세진다. 물론 요즘에는 생명을 앗아갈 만큼의 포식자나 엎어진 화롯불 같은 실질적인 위협 또는 마녀 같은 미신적인 위협은 크게 줄어들었다. 대신 짖어 대는 개나 이웃집의 시끄러운 텔레비전 소리 같은 사소한 방해 거리에도 수면 주기가 깨어졌다고 볼멘소리 하는 사람들이 많다. 산업혁명 이전에는 빈대 사냥에 잠을 설쳤을지 몰라도 빈대가 쾌면에는 큰 위협이 아니었다. 그러나 오늘날에는 양질의 수면에 관한 한, 빈대가 훨씬 중요한 위협으로 부상했다.

곤충 중에서도 흡혈 곤충이 가장 근원적인 두려움을 야기할 성싶다. 아마도 인간과 흡혈 곤충의 첫 만남 이후부터 죽 그랬을 것이다. 마이클 르헤인Michael Lehane은 저서 《곤충의 흡혈 생물학Biology of Blood-Sucking in Insects》에서, 영양가가 풍부한 고단백 식품인 피를 빨아 먹는 흡혈충의 능력은 대략 2억 년 전에서 6,500만 년 전 사이, 즉 공룡이 지구상에 존재하던 쥐라기와 백악기 동안 최소 여섯 차례에 걸쳐 진화했을 것이라 주장한다.

흡혈 곤충의 기원은 확실히 알려진 바가 없지만, 르헤인은 크게 두 가지 시나리오를 제시한다. 첫 번째 시나리오는, 오래 전에 동물의 둥지에 살았던 곤충이 연루되어 있다. 그런 곤충은 곰팡이류나 배설물 같은 일반적인 식사를 하던 중에 우연히 둥지 주인의 죽은 피부와 털을 먹었을 수도 있다. 그러다가 일부 곤충은 살아 있는 피부를 소화시킬 수 있도록 진화했을 것이고, 그로부터 오랜 시간이 흐른 후에는 피를 주식으로 살아갈 수 있을 만큼 진화했을 것이다. 그렇다면 피는 어떻게 찾았을까? 어쩌면 아물지 않은 상처나 딱지가 떨어진 상처에서 피를 찾았을지도 모르겠다. 두 번째 시나리오는 식물이나 다른 곤충을 섭취하는 데에 유용한 흡수형 구기가 발달한 곤충을 포함한다. 그런 곤충 일부가 우연한 기회에 초기 포유류나 파충류를 물었고 또 우연히 그런 동물의 피를 소화시킬 수 있는 적절한 효소를 보유하고 있었을 수도 있다. 그리고 자신처럼 흡혈 능력을 가진 후손을 낳았을 것이다.

이런 진화론적 경로에서 탄생했든 아니면 전혀 다른 경로에서 기원했든, 마침내 흡혈 곤충의 전성기가 찾아왔다. 약 20만 년 전 최초의 현생 인류가 나타났을 때, 일부 흡혈 곤충은 새로운 숙주로 눈길을 돌렸을 수도 있다. 아니 솔직히 말하면, 그 이전의 인류 친척들과 이미 긴밀한 관계를 구축했고 그들과 더불어 진화했을 가능성이 더 높다. 어찌 되었건, 대략 20만 년 전에 박쥐의 조상으로 추정되는 이들이 살았던 동굴에서 출현한 빈대는 흡혈 곤충 전체를 놓고 볼 때 비교적 젊은 축에 속한다. 오늘날에 알려진 전체 흡혈 곤충은 1만 4,000종에 이르고 인간을 규칙적으로 흡혈하는 곤충만도 300~400종이 된다. 그리고 빈대는 그들 중 하나에 불과하다.

인류와 흡혈 곤충이 동거해 온 역사에서 보면 비교적 최근의 일이지만, 어쨌든 흡혈 곤충에 대한 우리의 불쾌한 반응은 문학과 과학 논문에 잘 기록되어 있다. 게다가 그런 두려움의 일부는 근거가 매우 확실했다. 인류는 오래 전부터 특정한 흡혈 곤충들이 인간의 질병을 퍼뜨린다고 의심했다. 그러다가 19세기에 들어서 처음으로 특정 곤충과 특정 질병을 과학적으로 연결시킬 수 있었다. 인류가 과학적으로 증명한 최초의 질병 매개 곤충은 집모기의 일종인 쿨렉스 피피엔스 퀸크파스시아투스 Culex Pipiens Quinquefasciatus로 1877년 스코틀랜드 출신의 의사 패트릭 맨슨Patrick Manson이 발견했다. 맨슨은 중국에서 연구하던 중에 곤충 체내에 존재하는 병원균인 사상충의 유충을 발견했다. 맨슨의 뒤를 이어 과학자들은 바이러스, 박테리아, 원충protozoa 등 수십 종의 흡혈 곤충에 기생하는 많은 병원미생물病原微生物을 발견하게 된다.

이런 병원체는 각기 다른 방식으로 곤충의 몸을 이용한다. 가령 일부는 특정 바이러스와 박테리아처럼, 동종의 개체 수를 기하급수적으로 늘리기 위해 곤충의 몸을 이용한다. 또 일부는 말라리아 원충처럼 곤충의 몸에 기생하면서 증식으로 개체 수를 늘리는 동시에 분화를 통해 새로운 형태로 변화한다. 또 다른 일부는 맨슨이 집모기에서 발견했던 사상충의 유충이 가느다란 실 같은 벌레로 성장하듯이, 단순히 형태를 바꾸되 증식하지 않는다. 어떤 형태로 발달하고 증식하든, 각 병원체는 감염된 곤충의 무는 행동을 통해 숙주에서 숙주로 확산된다. 결국 병원체는 새로운 숙주에서 증식하거나 성충으로 성장하고, 그런 다음 작은 새끼들을 많이 치며, 새끼들은 다시 어떤 곤충이 그 숙주를 물면 그 곤충의 몸으로 옮겨간다. 그리하여 그 주기가 다시금 시작한다.

곤충이 질병을 매개한다는 사실이 확인된 이후 수십 년에 걸쳐, 빈대에 대한 두려움이 확산되었다. 가령 미국 공중위생국의 부국장이었던 윌리엄 콜비 러커William Colby Rucker가 1912년 이렇게 선언했다. "빈대는 굴욕의 대상이 아니다. 오히려 매우 긍정적인 위험이다. 어쩌다가 집 안에서 빈대가 나타나면, 그것은 우발적인 사건일 뿐일지도 모른다. 그러나 집 안에 빈대가 계속 나타나는 것은 위생에 무관심하다는 것을 뜻한다."

빈대가 위험한 곤충인지 아닌지를 증명하기 위해 과학자들은 빈대로 온갖 실험을 진행했다. 특히 미생물이 빈대 체내에서 생존할 수 있는지, 만약 생존할 수 있다면 사람과 사람 사이로 이동할 수 있는지 추적하기 위해 빈대를 의도적으로 다양한 미생물에 감염시키려고 노력했다. 1904년에 있었던 실험이 좋은 예다. 런던 의학대학원의 연구가 허버트 더럼Herbert

Durham은 빈대가 오늘날 말레이시아에 해당하는 지역에서 각기병을 확산시킨 주범인지 여부를 증명하기 위한 연구를 진행했다(다양한 증상을 동반하는 각기병은 티아민thiamine이라고 불리는 비타민 비1B1이 부족해서 생기는 질병으로 호흡곤란부터 심장 기능 상실과 죽음까지 유발할 수 있었지만, 당시에는 그 원인을 아무도 몰랐다). 더럼은 쿠알라룸푸르에 있는 정신병원 및 종합병원Lunatic Asylum and General Hospital에서 각기병 환자들이 입원한 병동을 뒤져 빈대를 수집했고, 빈대들의 흡혈 식사를 위해 며칠에 한 번씩 두 마리의 원숭이를 먹이로 제공했다. 결과적으로 말해, 더럼의 실험은 원숭이들을 감염시키는 데 실패했다. 거의 비슷한 시기에 말레이 제도에 머물던 영국인 과학자 제이 터르셔스 클라크J. Tertius Clarke가 그 아이디어를 조금 더 발전시켰다. 그는 20마리 남짓한 빈대를 으깨어 물과 섞은 다음 원숭이의 피부 아래에 직접 주사했다. 이번에도, 아니 적어도 클라크가 원숭이를 관찰한 3주 동안 "원숭이의 상태가 꽤 좋았다."

20세기 초부터 1960년대 무렵까지 여러 과학자들이 빈대를 온갖 종류의 미생물에 감염시키기 위해 비슷한 실험을 했고, 과학 저널을 통해 결과를 발표했다. 그런 시험은 한센병, 발진티푸스, 결핵, 장티푸스, 페스트 같은 세균성 감염증, 인플루엔자, 뇌척수염, 황열, 소아마비 같은 바이러스성 감염증, 샤가스병, 흑열병, 말라리아, 동양피종이라고도 불리는 리슈마니아 증oriental sore, 수면병 같은 원충 감염 등을 포함했다. 이외에도 빈대가 질병 매개 곤충이라는 여러 주장들이 있었다. 가령 빈대가 다리와 생식기에 심각한 부종과 염증을 유발하는 상피병을 확산시키는 사상충을 옮길 수 있다는 아이디어와, 빈대가 쥐가 걸리는 암과 모종의 관계가 있다는 주장이 대표적이다. 유싱어는 저서에서 빈대가 옮긴다고 확증된 것이 아니라고 추정되는 서른두 가지 질병을 열거하면서 이렇게 말했다. "빈대는 인간의 많은 질병이나 병원성 미생물을 확산시킨다고 여겨진다…… 그러나 대부분의 경우는 결정적인 증거가 부족하다."

심지어 1960년대 이후 지구상의 일부 지역에서 빈대가 박멸되다시피 했던 수십 년 동안에도, 새로 발견된 감염증의 매개체로 빈대가 거론되었다. 예컨대 1970년대에는 비B형 간염을 전파하는 주범으로 빈대가 지목되었다. 비형 간염은 1960년대부터 발견된 바이러스성 질환으로 심각한 간 손상을 유발하고 어떤 경우에는 성 접촉을 통해 확산된다. 오늘날 코트디부아르라고 불리는 상아 해안Ivory Coast의 성매매 업소에서 발견된 열대빈대 실험을 포함해, 광범위한 감염 지역에서 수집한 빈대 몇 마리가 비형 간염 검사에서 양성을 보일 때도 종종 있었다. 그러나 실험 결과에 따르면 그런 빈대는 번식을 못 하거나 살아남지 못했다. 1980년대에는 연구의 초점이 인간 면역 결핍 바이러스Human Immunodeficiency Virus 즉 에이치아이브이HIV로 옮아갔다. 특히 미국과 프랑스의 과학자들은 1983년에 후천성 면역결핍증후군Acquired Immunodeficiency Syndrome, 즉 에이즈AIDS라는 무서운 신종 질환을 빈대와 연결시켰다. 한편 1980년대 말 에이즈 공포가 극에 달했을 때, 남아프리카공화국의 비트바테르스란트 대학교University of Witwatersrand의 바이러스 연구팀이 빈대와 열대빈대에게 에이치아이브이에 감염된 혈액을 공급함으로써 에이치아이브이를 감염시키려고 노력했다. 에이치아이브이는 빈대 체내에서 짧게는 네 시간 길게는 8일까지 생존했지만, 번식하지는 못했다. 또한 미국 질병통제예방센터의 콜로라도 주 포트 콜린스Port Collins 지부의 매개전파 바이러스 질환부서Department of Vector-Borne Viral Disease 소속 연구가들은 열대빈대인 시멕스 헤미프테루스를 대상으로 비슷한 실험을 진행했다. 결과는? 남아프리카공화국의 연구팀과 미국 질병통제예방센터의 연구팀 모두 빈대가 에이치아이브이를 전파할 가능성이 매우 낮다는 결론을 내렸다.

20세기에 진행된 어떤 실험도 빈대와 질환을 성공적으로 연결시키지 못했다. 오늘날까지도 빈대가 인간에게 유해 미생물을 감염시킨다고 확인된 사례는 없다. 그러나 빈대가 지난 10년간 급속도로 밀려들자 빈대의 질병 매개체 역할에 대한 두려움이 이내 되살아났다. 예컨대 노스캐롤라이나 주립대학교의 과학자들은 묘조열 다른 말로 고양이 할큄병cat scratch fever을 유발시키는 박테리아인 바르토넬라Bartonella 발생과 빈대와의 상관관계를 밝히려고 노력했다. 바르토넬라가 노숙자 쉼터와 호스텔 등등 미국 남부 전역의 빈대 창궐지에서 나타났기 때문이다. 2013년 그들 과학자는 그동안 실험한 모든 빈대에서 바르토넬라의 흔적을 발견하지 못했다고 발표했다. 한편 오하이오 주립대학교의 어떤 곤충학자는 빈대가 배설물을 통해 병원균을 전파시킬 수 있는지 알고 싶었다. 그래서 빈대들이 흡혈 식사를 하고 배설하는 것을 관찰했을 뿐 아니라 빈대가 숙주의 몸에 얼마나 자주 배설하는지 계산하기 위해 식사와 배변 간의 시간 간격과 두 행위 사이의 거리도 기록했다. 만약 빈대가 숙주의 몸에 정기적으로 배설하고 병원체가 빈대의 배설물에서 살아남을 수 있다면, 특정 질병이 이런 식으로 전파될 가능성을 완전히 배제할 수만도 없다.

2011년 나는 시카고에서 열린 빈대 회의에 참석했을 때 이 연구 분야에서 가장 논란이 뜨거운 어떤 논문에 대해 알게 되었다. 빈대 회의에 참석하기는 그때가 처음이었다. 논문은 질병통제예방센터가 발행하는 과학 학술지 《신종 감염병Emerging Infectious Disease》의 편집자에게 보내는 편지 형식으로 발표되었다. 캐나다의 임상 학자들은, 작금의 빈대 귀환은 특정 항생제에 면역력을 진화시킨 두 가지 유해 박테리아가 확산되었기 때문일 수 있다고 주장했다. 메티실린 내성 황색포도상구균 즉 엠아르에스에이MRSA와 반코마이신 내성 장구균vancomycin-resistant enterococcus faecium인 브이아르이VRE이다. 엠아르에스에이와 브이아르이는 1980년대부터 전 세계에서 출현하기 시작했고, 오늘날까지도 우리의 건강을 크게 위협한다. 특히 면역계가 약화된 입원 환자들을 위험에 빠뜨리는 것으로 악명이 높다. 그들 캐나다 의사들은 논문에서, 밴쿠버의 다운타운 이스트사이드Downtown Eastside의 일부 주민들이 병원을 방문했을 때에 빈대가 그들과 동행했다고 주장한다. 그 동네는 엠아르에스에이와 브이아르이 감염증 발병률이 높을 뿐 아니라 "노숙자, 빈곤층, 에이치아이브이 · 에이즈 감염자, 주사용 마약 사용자 비율이 매우 높다." 그들은 그 동네에 거주하던 환자 세 명에게서 빈대 다섯 마리를 채집했고, 세 마리에서는 엠아르에스에이를 두 마리에서는 브이아르이를 발견했다. 그러나 이제껏 빈대에 관한 질병 매개체 연구가 그랬듯이, 그들도 빈대가 사람들 사이에 엠아르에스에이와 브이아르이를 전파시킬 수 있다는 것은 증명하지 못했다. 내가 이야기를 나눠 본 회의 참석자들은 그들의 연구에 회의적인 반응을 보였고, 이 글을 쓰는 지금까지도 그들의 주장은 과학적으로 입증되지 못했다.

빈대가 습성과 행동으로 볼 때 질병 매개 곤충으로 의심받는 것도 당연하다. 인간을 규칙적으로 무는 수백 종의 흡혈 곤충 중에서, 전염병을 전파할 수 있는 곤충이 얼마나 되고 또 그런 곤충 모두가 퍼뜨릴 수 있는 질병이 총 몇 개일지 정확한 숫자를 알기는 힘들다. 그러나 곤충을 매개로 발생하는 인간의 가장 중요한 질병은 40개 남짓하고, 그런 질병과 관련 있는 곤충은 수십 종에 이르며, 그들 곤충은 다시 약 여섯 개의 집단으로 나눌 수 있다. 그리고 각 곤충은 한정된 몇몇 숙주만 공격하고, 이는 장기간에 걸쳐 숙주와 곤충이 밀접하게 얽혀 진화하고 적응하기 때문이다. 이 목록에 포함되는 곤충으로는 말라리아, 웨스트 나일 바이러스, 다양한 열병 등을 옮기는 모기, 발진티푸스를 전파시키는 벼룩, 수면병과 사상충증을 유발하는 흡혈 파리 등이 있다. 또한 빈대의 먼 사촌이자 키스벌레라고도 불리며 미군이 베트콩 색출 도구로 사용하려다가 실패했던 트리아토마 인페스탄스를 포함해 침노린재 곤충들도 목록에 이름을 올린다. 특히 키스벌레는 숙주가 잠을 자는 동안 열대 기생충인 트리파노소마 크루지Trypanosoma Cruzi를 옮김으로써 샤가스병을 확신시키는 주범으로 일컬어진다. 미국 남부부터 남미 전역에서 널리 유행하는 샤가스병은 초기에 감지하기가 어려워 치료 시기를 놓치기 일쑤고, 이렇게 초기에 치료하지 않고 방치할 경우 만성적인 질환으로 악화되어 대개 치명적인 심장 질환을 유발한다. 빈대의 다른 가까운 친척들도 비록 인간에게는 아니지만 질병을 확산시킬 수 있다. 예를 들어 제비빈대라고 불리는 오에시아쿠스 비카리우스Oeciacus Vicarius는 새들 사이에 버기 크리크 바이러스buggy creek virus와 몇몇 다른 조류 질병을 옮길 수 있다. 한편 제비빈대라는 이름은 말 그대로, 제비들이 가파른 바위 절벽에 깃털과 진흙으로 지은 둥지에 얹혀산다고 붙여진 것이다.

그렇다면 질병을 옮기는 곤충이 이렇게 다양한데도, 특히 흡혈 곤충인 빈대가 거기에 포함되지 않는 것은 왜일까? 어쩌면 빈대가 특정 병원체와 긴밀한 관계를 형성할 수 있는 적절한 시기와 장소에 있지 않았기 때문일 수도 있다. 곤충과 미생물의 관계들 대부분은 오랜 시간에 걸쳐 형성되고, 심지어 인간이 그들 사이에 끼어들기 훨씬 전부터 관계가 구축된다. 가령 키스벌레와 트리파노소마 크루지 사이의 역사는 4,000만 년 전으로 거슬러 올라갈 수도 있다. 이후 그들의 관계는 기름칠한 톱니바퀴처럼 순조롭게 흘러가고 있는데 적어도 9,000년 전에 인간이 무심코 그들의 관계에 끼어들었다. 한편 키스벌레는 우연찮게도 커다란 덩어리 식사를 소화시킬 수 있는 능력을 포함해 트리파노소마 크루지를 인간에게 옮길 때에 도움이 되는 독특한 특징을 보유한다. 그리고 트리파노소마 크루지 바이러스는 감염된 혈액에서 극미량만 발견되고, 대부분의 곤충은 그 기생충이 생명을 유지하기 위해 필요한 양의 혈액을 제공할 수 있을 만큼 덩치가 크지 않다. 또한 키스벌레는 흡혈 곤충으로는 상당한 대식가이며 그래서 식사 중간에 배설을 할 수 밖에 없다. 바이러스로 뒤범벅이 된 키스벌레의 배설물은 결국 사람의 피부에 남아 가려움을 유발하고, 가려워서 긁은 생채기를 통해 혈류로 잠입할지도 모른다. 반면 빈대는 그 기생충은 물론이고 다른 어떤 병원미생물과도 장기적인 관계를 구축한 것처럼 보이지 않는다.

　빈대가 질병 매개체로서 부적합할 수 있는 또 다른 요인은 대부분의 무는 곤충들과 달리 빈대와 인간의 관계가 매우 친밀하다는 점이다. 질병 매개 곤충들은 대개 아주 넓은 지역을 무대로 활동한다. 모기나 흡혈 파리들은 식사를 찾아 수 킬로미터를 날아갈 수도 있고, 벼룩은 한 번에 33센티미터 이상을 뛰어올라 다른 숙주에게로 옮아갈 수 있다. 이들 곤충은 종종 여러 동물들은 물론이고 다양한 사람들의 혈액을 빨아 먹는다. 다시 말해 우리 각자는 다양한 혈액으로 차려진 뷔페에서 한 가지 음식에 불과하다. 그들 곤충이 특히 질병이 유행하는 지역에서 특이한 식사를 많이 할수록, 병원미생물을 확산시킬 가능성이 커진다. 물론 빈대도 이동 능력이 있지만, 자기 힘만으로는 멀리 갈 수 없다. 빈대 한 마리가 다양한 숙주를 흡혈할 수 있는 가능성은 딱 두 가지다. 첫째는 숙주에 몰래 얹혀서 새로운 지역으로 이동하는 것이다. 둘째는 인구밀도가 높거나 많은 사람들이 끊임없이 돌고 도는 지역에 사는 것이다. 그러나 현실에서 빈대 대부분은 하나의 집이나 방에서만 살고, 결국 평생에 걸쳐 흡혈하는 인간 숙주가 매우 한정적이다. 심지어는 평생 하나의 숙주에서만 흡혈할 수도 있다. 이런 시나리오에서는 전염성 질환에 감염된 사람이 빈대에 물릴 가능성은, 게다가 그 빈대가 그 전염병의 원인균을 삼켰다가 새로운 숙주에게 감염시킬 가능성은 극히 희박하다.

반면에 빈대가 질병 매개체로서의 능력을 보유한다고 주장하는 가설도 있다. 그러나 이 가설은 빈대가 진정한 의미의 생물학적 전파가 아니라 질병을 기계적으로 전파시킨다고 주장한다. 생물학적 전파는 미생물이 무심코 인간 숙주에게로 옮아가기 전에 곤충의 체내에서 성장하거나 증식하는 생물학적 과정을 거치는 것에 반해, 기계적인 전파는 병원체를 보유한 사람이나 곤충 혹은 동물에 의해 새로운 인간 숙주에게로 단순 전달되는 것을 말한다(만일 이 가설이 옳다면, 이론적으로는 엠아르에스에이와 브이아르이가 이런 식으로 확산되었을 수 있다). 매우 이례적이기는 해도, 생존력이 강한 바이러스나 박테리아가 빈대의 구기나 여타의 신체 기관에 기생하는 시나리오도 생각할 수 있다. 빈대는 그 병원체를 사람의 체액이나 혈액에 문질러 전이시키는데, 가장 유력한 침입 지점은 벌어진 상처 부위 또는 입, 눈, 코같이 외부 세상과 연결된 신체 부위에 존재하는 흡수성 점막이다. 그런 다음 병원미생물은 혈류에 침입하고 감염을 유발할 수 있다. 현재까지 이 시나리오는 과학적으로 증명되지 않았다. 그러나 만약 빈대가 선택할 수 있는 숙주가 제한적이라는 점이 정말로 빈대의 질병 전파 능력을 저해한다면, 이는 고려할 가치조차 없는 시나리오일 수 있다. 미생물들은 대개 숙주의 체외 환경에서는 오랫동안 생존하지 못하기 때문이다. 또한 미생물이 빈대의 구기에서 생존할 가능성도 매우 낮고, 특히 빈대가 새로운 숙주로 옮겨가는 데 필요한 시간을 고려할 때는 더욱 그렇다. 하지만 아파트 건물같이 인구밀도가 매우 높은 거주지는 예외일 수 있다. 그런 곳에서는 빈대가 더욱 짧은 시간에 더 많은 사람들과 접촉할 가능성이 열려 있기 때문이다. 그러나 아직까지는 빈대가 이런 유형의 생활공간에서 질병을 유발한다는 확실한 증거는 어디에도 없다.

그렇다면 빈대가 정말로 질병을 유발할 수 없다고 생각해도 될까? 버지니아 공대의 곤충학자들은 아직까지 누구도 빈대와 질병과의 관계를 확실히 증명하지 못한 것은 조사 대상을 잘못 골랐기 때문일 수 있다는 가설을 내놨다. 2013년 버지니아 공대 곤충학자들은, 빈대를 대상으로 시험한 바이러스성 병원체 대부분은 흡혈 곤충을 매개체로 삼아 전파된다는 사실이 증명된 적 없다고 주장했다. 예컨대 에이치아이브이가 흡혈 곤충의 체내에서 성공적이고도 규칙적으로 생존한다는 기록은 어디에도 없다. 에이치아이브이 등등 많은 바이러스의 경우, 곤충과 함께한 역사가 길지 않기 때문에 또는 곤충의 체내에서 생존하고 증식한 경험이 없기 때문에, 진화적으로 급격히 도약해서 빈대를 자신들의 숙주 목록에 새롭게 포함시킬 가능성은 없어 보인다.

오히려 버지니아 공대의 연구팀은, 빈대가 박쥐와 조류 같은 동물의 체내에서 아주 오래 전부터 기생하고 있던 바이러스를 퍼뜨리는 시나리오가 더욱 가능성이 높다고 주장한다. 그런 바이러스는 빈대에서도 생존할 뿐 아니라 조류들 간에 또는 박쥐들 간에 전파되도록 진화했을 수도 있다. 만일 그런 상황에서, 키스벌레와 트리파노소마 크루지 기생충의 관계에서처럼 우리 인간이 그들의 관계에 갑자기 끼어든다면 우리는 아직까지 알려지지 않은 질병에 접촉하게 될 수 있다.

어쨌든 이제까지 밝혀진 대로 빈대가 질병을 전파시키지 못한다면, 빈대는 무해한 곤충일까? 꼭 그렇지만은 않다. 가령 빈대에 물리면 즉각적인 피부 반응을 나타내는 사람들이 많다. 20세기 초반에 활동한 어떤 피부과 전문의의 말마따나 빈대는 "피부에 많은 문제를 유발할 수 있다." 빈대의 입은 아주 작아서 피부에 명확한 자국을 남기지 않고, 또한 작은 피하 주사기처럼 아무런 저항 없이 순식간에 피부를 찌를 수 있다. 그러나 빈대에 물린 후에는 빈대 침에 함유된 단백질이 알레르기 반응을 일으킬 수 있다. 사람에 따라서 그리고 각자의 독특한 면역 시스템에 따라서, 이런 알레르기 반응은 가렵고 부어오른 피부, 발진 등의 증상을 동반할 가능성이 크다.

빈대 물림으로 유발되는 더욱 심각한 증상은 바로 혈액 수포이다. 언젠가 곤충학 학회에 참석했을 때의 일이다. 미국 농무부 소속의 어떤 연구가가 사람들로 가득 찬 회의실에서 옆 걸음질 치며 내게 다가왔고, 프레젠테이션 틈틈이 자신의 희한한 빈대 경험에 대해 들려주었다. 그는 2009년 빈대 실험을 하던 중에 우연히 빈대에 물렸고, 그 후에 피부의 모세혈관에 염증과 출혈을 유발하는 피부 혈관염이 생겼다. 이번에 빈대에 물린 것은 사고였지만 예전에 일부러 빈대에 물린 적이 있었다고 그가 말했다. 30여 년 전 캘리포니아 주립대학교 데이비스 캠퍼스에 다녔을 때, 대학원 동기를 도와주기 위해 실험실에서 키우던 빈대와 이에게 직접 수혈해 준 것이다. 당시에는 빈대에 물려도 커다란 문제는 없었고, 그저 발진만 조금 나타났을 뿐이었다. 그러나 이번에는 피부 혈관염이 생기자 그는 수십 년이 흘렀음에도 자신의 면역 시스템이 빈대의 알레르겐allergen*을 기억하고 있었고 그래서 급성 통증 반응이 나타난 것

---

* 알레르기성 질환의 원인이 되는 항원.

이라고 추론했다. 아마도 그의 추론이 옳을 것이다. 실제로 음식과 약물은 물론이고 곤충에 물려 발생하는 알레르기 반응은 시간이 흐름에 따라 악화되는 경우도 종종 있다. 이는 면역 시스템이 그런 알레르겐에 대해 갈수록 강력하고 표적화된 공격을 개시하기 때문이다.

그뿐 아니라 빈대는 천식과 지극히 드문 사례지만 과민증의 원인이 될수 있다. 특히 아나필락시스Anaphylaxis라고도 불리는 과민증은 전신 발작을 일으키는 알레르기 반응으로 자칫 생명을 위협할 수 있다. 또한 빈대에 물리면 사람들은 가려워서 피부를 긁어 생채기를 내고, 그 상처를통해 다양한 미생물이 체내로 침투해서 2차 감염증에 걸리기도 한다. 10년 전쯤 나도 그런 2차 감염으로 병원 응급실에 실려 갔다. 게다가 빈대 한 마리가 한 번에 빨아 먹을 수 있는 혈액은 소량이지만, 매일 수백혹은 수천 마리의 빈대에 물린다면 혈액 손실이 누적되어 급기야 빈혈이 생길 수도 있다.

빈대에 자발적으로 수혈하는 사람들조차 건강에 문제가 생길지도 모른다. 헤럴드 할런도 내게 그런 문제를 호소한 적이 있었다. 2011년 그의사무실을 찾아갔을 때 그는 빈대에게 혈액 식사를 제공하는 시범을 보여 주었다. 그러면서 자신이 독특한 면역반응을 일으킨 적이 있었는데, 아마도 빈대 개체 수를 늘리기 위해 흡혈 횟수를 평소의 두 배로 늘린것과 무관하지 않을 성싶다고 말했다. "일종의 불안증세가 나타났고 미열도 있었습니다." 그가 말했다. "게다가 좀체 그런 경우가 없는데 소화불량 증세도 약간 있었습니다." 그래서 그는 먹이 주는 횟수를 줄였고, 그러자 증상이 말끔히 사라졌다고 했다. 유싱어의 저서에도 비슷한 내용이 나온다. 유싱어는 빈대에게 직접 수혈해 주었던 7년간 헤모글로빈수치가 정상 이하로 떨어졌다고 했다(헤모글로빈은 적혈구 내에 존재하는 단백질로 허파에서 몸 전체로 산소를 운반하는 역할을 한다). 유싱어가 경구용 철분제를 복용하고 철분 주사를 맞은 다음에도 증상은 지속되었고, 빈대에게 수혈을 일절 중단하자 그제야 호전되었다.

빈대가 이토록 다양한 신체 반응을 유발하니, 의사들이 빈대 물림 증상을 진단하기가 어려운 것도 놀랄 일은 아니다. 그러나 문제는 의사들의 오진이나 불확실한 진단이 순전히 환자들의 몫으로 돌아온다는 점이다. 예를 들어 아노키를 진찰했던 피부과 의사는 그의 몸에 생긴 발진이 빈대 때문인지 아닌지 몰라 쓸데없는 스테로이드 주사까지 놓았고, 내 주치의도 내게 불필요한 라임병 검사를 받게 했다. 훨씬 심각한 사례들도 있다. 그런 사례의 거의 대부분은, 인구통계학적으로 빈대에 가장 취약한 계층인 노인, 장애인, 극빈자 들에게 가해지는 의료적 방치의 우려스러운 징후를 보여 준다.

예를 들어 보자. 편의상 그녀를 셜리라고 부르자. 2012년 버지니아 공대의 디니 밀러의 연구팀은 버지니아 북부 애팔래치아 산맥의 가장자리에 위치한 공공택지개발단지에서 빈대 예방 전략을 시험하고 있었다. 나는 그런 밀러의 연구팀을 따라다니다가 당시 72살이었던 셜리를 만났다. 우리가 방문한 대부분의 아파트는 깨끗했지만, 병원 청소부로 근무하다 은퇴한 셜리의 아파트에서는 빈대가 발견되었다. 그것은 지난 1년 반 동안 그 단지에서 발생한 스물두 번째 빈대 출현 사례였다.

우리가 아파트로 들어가자마자 분홍색의 핫팬츠를 입고 입술선 너머까지 립스틱을 바른 셜리는 빈대에 물린 자국을 보여 주었다. 양 팔뚝과 다리에 부푼 자국이 선명했고, 빈대에 물린 데가 너무 가려워서 피가 날 때까지 긁었다고 했다. "여길 보세요. 빈대에 물려서 이렇다오." 그녀는 약간 늘어지는 억양으로 말했다. 그러면서 빈대 때문에 고생한 지가 "상당히 오래"라고 덧붙였다. 내가 그녀와 이야기를 나누는 동안, 밀러의 연구팀은 셜리의 비좁은 침실을 조사했다. 새해 전야에 쓰는 플라스틱 왕관, 조화, 그녀가 좋아하는 레슬링 선수가 직접 서명한 사진이 든 액자 등을 포함해서 작은 장신구들이 사방에 어지럽게 흩어져 있었다. 밀러의 남편이자 기술자였던 팀 맥코이Tim McCoy가 그런 잡동사니 가운데서 흰색과 오렌지색이 섞인 연고를 발견했다. 피부를 파고 들어가 기생하는 작은 진드기가 옮기는 옴을 치료할 때 사용하는 국부용 피레스로이드인 5퍼센트 페르메트린이었다. 그녀는 주치의에게서 그 연고를 처방받았다고 했다. 주치의는 그녀의 팔다리가 부은 것이 빈대가 아니라 가려움을 유발하는 진드기 때문이라고 진단한 것이다. 그래서 그녀는 피가 흐르는 상처 부위에 살충제인 피레스로이드를 바르고 있었다. 밀러에 따르면 5퍼센트 페르메트린 연고의 농도는 해충 방역업자가 침실에 사용하도록 허용된 양의 열 배를 넘는다고 했다. 격분한 밀러는 셜리에게 살충제를 처방한 의사에게 전화를 걸어 그의 비서와 격렬한 언쟁을 벌였고, 셜리에게 내린 진단은 명백한 오진이며 따라서 다른 치료가 시급하다고 강경하게 주장했다. 밀러의 개입 덕분에 셜리는 그날 늦게 히드로코르티손hydrocortisone 연고를 받을 수 있었다. 그러나 셜리는 페르메트린도 버리지 않았다. 일주일쯤 후에 버지니아 연구팀이 확인 전화를 걸어 물어보니 셜리는 페르메트린 연고 한 통을 다 썼다고 말했다.

빈대로 말미암아 신체가 지각하는 실질적인 위협은 정신 건강에 미치는 영향에 비하면 아무것도 아니다. 아노키가 빈대를 냉동고에 보관한 치기는 애교로 보일 정도로, 훨씬 더 깊고 어두운 영역으로 치닫는다. 2012년 미시시피 주립대학교에서 위생곤충학과 수의곤충학을 연구하는 곤충학자 제롬 고더드Jerome Goddard와 같은 대학 부속병원의 리처드 데샤조Richard DeShazo는 빈대 피해에 관한 게시물이 올라온 135개의 블로그와 온라인 포럼을 조사한 결과를 발표했다. 특히 키가 크고 목소리가 쩌렁쩌렁한 고더드는 언젠가 미국의 코미디 케이블 채널 〈코미디 센트럴 Comedy Central〉의 유명 진행자인 스티븐 콜버트Stephen Colbert와 빈대를 두고 농담조로 티격태격 논쟁을 벌이기도 했던 인물이다. 고더드와 데샤조가 그 조사를 시작한 것은 빈대가 유발하는 심리적 고통의 패턴을 밝히기 위해서였다. 조사를 시작하기 전에 그들은 그런 고통이 외상 후 스트레스 장애post-traumatic stress disorder의 증상과 비슷할 거라고 막연히 추측했다. 그들의 추측이 맞았을까? 조사 결과에 따르면, 빈대 관련 게시물의 80퍼센트 이상이 "악몽, 빈대와 관련된 경험이 자꾸 되살아나는 플래시백flashback, (빈대와 마주치지 않기 위한) 과잉 각성, 불면증, 불안감, 회피행동, 인격 장애" 등을 포함하는 심리적 피해를 호소했다. 고더드와 데샤조가 조사한 빈대 관련 게시글 중에서 게시자에게 외상 후 스트레스 장애 확진을 내릴 수 있을 만큼 테스트에서 높은 점수를 받은 것은 하나뿐이었다. 그렇지만 몇몇 게시물은 적어도 외상 후 스트레스 장애의 일부 증상에 부합하는 내용을 포함했다. 무엇보다도 놀라운 사실은 다섯 개의 게시물이 자살 충동이나 자살 시도를 드러냈다는 점이다.

사람들이 호소하는 여러 증상 중에서 특히 불면증은 다른 증상들을 악화시키고 빈대에 대한 정신적 반응을 안타깝게도 긍정적 피드백으로 전환시킬지 모른다(언젠가 어떤 곤충학자는 "우리 모두는 수면 박탈이 어떤 결과를 낳는지 잘 압니다. 그런데 빈대보다 더 심각한 수면 부족 원인이 있을까요?"라고 되물었다). 사실 불면증의 원인은 빈대 자체라기보다는 잠을 자는 동안 빈대에 물리는 것에 대한 불안감, 빈대 방역에 쏟아부은 돈과 시간에 대한 걱정, 물린 부위의 가려움일지도 모르겠다. 이것은 며칠에서 몇 주, 심하면 몇 달에 걸친 수면 장애로 이어질 수 있고, 빈대를 깨끗이 박멸한 다음에도 지속될 수 있다. 원인이 무엇이든 수면 부족은 사회적 상황에서 느끼는 불안감부터 집중력이나 반응성이 떨어지는 것까지 모든 문제로 발전할 가능성이 크다. 게다가 집중력이나 반응성에 생기는 문제는 아주 심각한 후유증을 낳는다. 가령 그런 문제로 미국에서는 매년 최소 10만 건의 자동차 사고가 발생한다. 그뿐 아니라 러시아 체르노빌 원전 폭발 사고와 엑손Exxon의 유조선인 밸디즈Valdez 호의 기름 유출 사고 같은 대형 참사도 그런 문제에서 기인했다. 이런 맥락에서 볼 때, 불쾌한 빈대 경험으로 마치 좀비처럼 무기력증에 빠진 피해자들로 가득한 세상은 심각한 우려를 자아내기에 충분하다.

인터넷에서 135개의 블로그 게시글을 무작위로 선택한 결과가 반드시 모든 빈대 피해자들을 대변한다고 볼 수는 없다. 무엇보다 그런 게시물이 자기 보고 형식의 주관적인 글일 때는 더욱 그러하다. 요컨대 그런 게시글은 진위 여부를 확인할 방법이 없다. 그러나 빈대가 깊은 심리적 외상을 유발할 수 있다는 아이디어를 지지하는 과학적 실험과 사례연구들이 있다. 2012년 캐나다 몬트리올의 공중보건 및 공공주택 전문가들이 발표한 연구 결과도 그중 하나다. 그들 전문가는 주거 환경 부적합성 실태 조사를 받던 아파트 단지 두 곳에서 91명의 입주자들을 대상으로 예비 조사를 실시했다. 그들 중 빈대 피해자는 39명이었고, 나머지는 빈대가 나타나지 않았다고 응답했다. 그런 다음 연구가들은 빈대 피해자들을 대상으로 불안감, 우울증, 수면의 질 등을 측정하는 표준 시험을 실시했다. 결과부터 말하면, 아파트에 빈대가 들었던 주민들은 빈대 피해를 입지 않은 입주민들에 비해 불면증과 일반적인 불안증을 경험할 가능성이 훨씬 높았다. 또한, 비록 연구가들이 확실한 상관관계를 증명하지 못했지만 어쨌든 그들은 우울증 증상을 보이는 경향도 있었다. 게다가 우울증 증상은 이제까지 불안감이나 우울 장애의 전력이 없는 사람들에게도 **나타났다**(이 조사 보고서를 읽다가 예전에 병원에서 진찰받았을 때의 기억이 떠올랐다. 내과 의사는 진찰하는 동안 내 책에 대해 이런저런 이야기를 나누었고, 그러다가 불쑥 말했다. "집 안에 빈대가 있다고 생각하는 사람들 중에 간혹 진정제가 필요한 사람들이 있습니다. 그럴 때면 신경안정제인 바륨을 처방하곤 합니다.").

한편 2012년 뉴욕에서 활동하던 일단의 정신과 전문의들은 일곱 명의 정신 질환자들이 경험한 빈대 사건과 그로 인한 정신적 외상을 시간 순으로 기록했다. 그들 환자 모두 거대하고 복잡한 뉴욕의 병원 시스템에서 정신과 치료를 받았다. 위의 두 사례 모두에서 의사들은 빈대 피해자들의 경우 "삶의 질과 심리적, 사회적 기능이 손상"되었다고 결론 내렸다. 요컨대 불쾌한 빈대 경험은 이미 정신적으로 나약한 사람들의 사회적 안전망을 무너뜨렸다. 예를 들어 공공주택에서 혼자 살며 편집성 정신분열증을 앓고 있던 40대 후반의 여성 환자는, 그녀가 다니던 교회에 빈대가 나타나자 그녀가 빈대를 옮겼을 거라는 정황적인 이유만으로 교회에서 쫓겨났고 남자 친구도 아파트에 발길을 뚝 끊었다. 또한 정신분열성 정동장애와 조울증을 앓고 있던 50대 초반의 남성 환자는 그의 아파트가 빈대와 각종 문제로 혼란의 도가니가 되자, 담당 사회복지사마저 방문을 거부했다.

사회적 기피 현상은 정신과 진단을 받은 환자나 사회복지사업의 수혜자들에게만 국한되는 문제가 아니다. 빈대 피해를 입은 내 친구들과 많은 사람들도, 빈대 때문에 소중한 사람들과의 관계가 깨졌고 친구를 잃었다고 솔직히 인정했다. 더군다나 친구와 가족들과의 사회적 교류를 스스로 피할 뿐 아니라 그런 교류에서 거부당했다고 입을 모았다. 화려한 싱글족의 삶을 만끽하던 사람들도 빈대로 홍역을 치른 후에 생각이 달라졌다고 말했다. 이제는 데이트나 하룻밤 정사를 시도할 때 성적 접촉으로 전염되는 질환보다 상대의 집에 빈대가 있을까 봐 더 걱정된다는 것이었다. 내가 인터뷰했던 모든 빈대 경험자들의 말을 종합해 보면 이런 결론이 나온다. 빈대로 사회적 교류가 끊겨 외로워졌다, 빈대 때문에 수치감을 느꼈다, 빈대 퇴치법을 찾다 보니 미친 사람 같은 기분이 들었다, 전문적인 빈대 방역을 위해 집 안을 청소하고 준비하는 과정이 마치 현실에 대한 통제력을 잃어 가는 것처럼 느끼게 만들었다. 지금도 오하이오 중부에 위치한 공공주택을 방문했을 때 만났던 어떤 입주민의 이야기가 생생히 기억난다. 나이도 많은 데다가 신체장애까지 있었던 그는 4년간 빈대로 죽을 고생을 했고, 빈대 때문에 아들들과 손자들을 만나는 것조차 여의치 않았다고 말했다. 빈대로 어떤 기분이 들었는지 묻자 그는 눈물 젖은 회색 눈으로 나를 쳐다보면서 말했다. "내 평생 가장 비참한 기분이 들었던 일 중 하나였다오."

이외에도 뉴욕의 사례연구에는, 집 안에 실제로 빈대가 있거나 빈대에 물렸다는 확실한 증거가 전혀 없는데도 불구하고 빈대 망상에 빠진 두 명의 환자가 포함되었다. 30대 남성이었던 한 환자는 심지어 6주간이나 항정신병 약물을 복용하고 치료를 받고 나서도 매일 표백제로 집 안을 쓸고 닦아야 한다는 생각을 떨쳐 버릴 수 없었다. 다른 한 명은 75살의 여성이었고, 그녀는 플라스틱 카드나 투명 테이프에 들러붙은 먼지와 보풀을 병원으로 가져오곤 했다. 그녀는 폴폴 날리는 그런 작은 입자가 빈대라고 생각했다. 이런 행동은 비단 빈대만이 아니라 다른 모든 상상의 곤충에게로 확산되는데 이는 망상성 기생충 감염delusory parasitosis

이라고 불리는 정신장애 환자들의 보편적인 증상이다. 1930년대 후반에 관련 논문을 최초로 발표한 스웨덴의 신경학자 카를 악셀 에크봄Karl-Axel Ekbom의 이름을 따서 에크봄 증후군ekbom syndrome이라고도 불리는 망상성 기생충 감염은 곤충이나 벌레 또는 진드기가 피부를 파고든다고 착각하는 정신 질환이다. 개중에는 자신을 감염시킨 기생충이 아직 과학계에 알려지지 않은 새로운 종이라고 생각하는 에크봄 증후군 환자들도 있다. 이런 망상은 다시, 기생충은 물론이고 아무것에도 감염되지 않았다고 주장하는 의사, 곤충학자, 해충 통제 조사관들을 믿지 못하게 만든다. 가령 어떤 전문가가 그들이 제시하는 증거물이 빈대가 아니라고 말하면 그들은 먼지와 보풀이 든 봉투나 용기를 다른 전문가에게 보내는 식이다.

망상이 더욱 심각해지면, 자신을 괴롭히는 상상의 벌레를 끄집어내기 위해 가위나 족집게로 피부를 후벼 파는 상황까지 악화될지도 모른다. 오랫동안 곤충 공포증을 앓아 온 초현실주의 화가 살바도르 달리Salvador Dali도 발작을 일으킨 중에 자해를 시도한 적이 있다. 아마 그 발작은 에크봄 증후군 때문이었을 걸로 추정된다. 달리는 자서전 《나는 세계의 배꼽이다La vie Secrete de Salvador Dali》에서 그 사건을 들려준다. 언젠가 파리를 방문했다가 편도염에 걸린 달리는 호텔 침대에 누워 휴식을 취하다가 천장에서 벌레 두세 마리가 기어가는 것을 보았다. 그 후 잠깐 잠이 들었다가 깨어 보니 천장에 벌레가 한 마리밖에 보이지 않았다. 그래서 그는 다른 벌레들이 자신에게로 떨어졌다고 확신했고, 미친 사람처럼 자신의 몸 구석구석을 살펴보았다. 마침내 목 뒤에 들러붙은 벌레를 발견했고 그 벌레가 진드기나 빈대라고 생각했다. 달리는 벌떡 일어나 거울 앞에 서서 목 뒤를 비춰 보았다. 거울을 통해 그 벌레가 확실히 보였건만 떼어낼 수가 없었다. 다급한 마음에 그는 피가 날 때까지 손톱으로 그 벌레를 짓이겼지만, 그것은 그 자리에서 꿈짝도 하지 않았다. 그는 자서전에 이렇게 기록했다. "그 벌레는 마치 내 살갗으로 이뤄진 것 같았다. 이미 내 몸과는 떼려야 뗄 수 없는 신체의 고유한 한 부분이 된 것만 같았다. 더 이상 그것은 벌레가 아닌 것 같았다. 마치 가장 끔찍하고 재앙적인 질병인 샴쌍둥이의 작은 배아처럼 무서운 세균 덩어리가 되어 내 등에서 자라고 있는 것 같았다." 그런 다음 그는 면도날을 집어 들어 그 벌레를 도려내고 말았다. 호텔의 객실 청소부가 피범벅이 된 달리를 발견했고, 매니저에게 알렸다. 그리고 매니저의 연락을 받고 왕진 왔던 의사는 달리에게 빈대가 사실은 작은 점이라고 말해 줬다.

　뉴욕의 정신과 의사들이 발표한 논문에 포함된 마지막 세 가지 사례 연구는, 세 명의 젊은 여성들의 슬픈 이야기를 들려주었다. 모두가 20대 초반이었던 그들은 실제 빈대 피해자들이었고, 그 경험으로 기존의 정신적 문제가 악화되거나 잠재된 정신적 문제가 발현되었다(약물 남용과 어릴 적 학대 경험이 있었던 한 명을 포함해 두 명은 이전부터 양극성 장애를 앓았고, 나머지 한 명은 이제껏 정신 병력이 없었지만 궁극적으로는 불안과 우울증 그리고 급성 적응 장애 진단을 받았다). 그들의 경우 빈대 경험은 중증의 신경쇠약을 유발했고, 이는 사실 그다지 놀라운 일도 아니다. 빈대는 심지어 최상의 상황에서도 감당하기 힘든 문제일지 모르는데 하물며 정신 상태가 불안정한 사람에게야 오죽할까. 요컨대 그런 사람들에게 빈대는 파괴적인 영향을 미친다. 특히나 그들 중 두 명의 경우는 빈대가 자칫 목숨까지 앗아갈 뻔했다. 급성 적응 장애 진단을 받은 여성은 다시는 예전의 정상적인 생활로 돌아갈 수 없을지도 모른다는 두려움에, 술을 마신 다음 해열진통제인 아세트아미노펜acetaminophen 22알을 삼켜 음독

자살을 시도했다. 한편 양극성 장애를 앓고 있던 한 여성은 아파트에서 빈대 방역 작업을 하던 중에 비록 시도하지는 않았지만 뉴욕의 한 다리에서 투신자살할 생각까지 했다.

안타깝지만 모두가 자살 충동을 이겨내는 것은 아니다. 2013년 몬트리올에서 발표된 보고서를 보면, 양극성 장애와 경계성 성격장애를 앓던 62세의 여성에 관한 이야기가 나온다. 그녀는 그런 정신 질환 외에도 알코올중독자에 상습 도박자였으며, 20대 중반 이후 무려 세 차례나 자살을 시도했다. 언젠가 약 6주에 걸쳐 그녀의 아파트에 빈대가 두 번 출현했는데, 공교롭게도 그 기간 동안 알코올중독과 도박중독이 재발했고 특히 도박으로 많은 돈을 잃었다. 그런 일련의 불행을 겪은 후에 어느 날 잠을 자다가 한밤중에 깨어 보니 잠옷에 피 한 방울이 묻어 있었다. 그녀는 빈대가 돌아왔다고 그래서 더 나은 세상으로 가고 싶다는 내용의 유서를 썼다. 그리고 한 친구에게는 이메일도 보냈다. "나는 지금 완전히 공황 상태야. 좀 전에 잠옷 소매에서 피 한 방울을 보았거든. 흡혈귀들이 다시 돌아온 것이 분명해. 산 채로 먹힐지도 모른다는 두려움 속에서 더는 살 수 없어…… 더는 못 참아. 그럴 바에는 차라리 내 스스로 목숨을 끊는 게 나아…… 네게 이메일을 쓰면서 와인 한 병과 알약 200알을 삼켰어. 이제는 아무 느낌도 없고 완전히 텅 빈 기분이야. 정말 못 견디겠어……."

그녀는 상사에게 전화를 걸어 내일 출근하지 않을 거라고 말했다. 상사는 그녀의 목소리에서 무언가 심상치 않은 기운을 느끼고 경찰에 신고했다. 그러는 사이 그녀는 건물 17층에 있는 자신의 아파트 발코니로 나갔다. 신고를 받은 경찰이 늦지 않게 도착했건만 그녀를 설득하지 못했다. 그녀는 발코니에서 투신했다.

빈대가 불러온 비극적이고 가슴 아픈 이런 이야기들을 접하면서, 나는 빈대 탐사에 임하는 나 자신의 정신 상태를 돌아보게 되었다. 이토록 깊이 파헤치는 것이 정상일까? 빈대의 기원이 어디고 왜 존재하는지를 궁금해 하고 알고자 하는 것이 정상일까? 내게 무슨 문제가 있는 걸까? 나는 빈대가 나타났을 때에 빈대를 없애고 앞으로 나아가려고 노력하는 대신에, 정반대 방향을 선택했고 빈대에 깊은 집착을 갖게 되었다. 그러나 내 집착은 빈대가 죽지 않았다고, 언제 어디서라도 빈대가 나타날 수 있다고, 빈대가 나타나기 전의 옛 시절로 다시는 돌아가지 못할 거라고 생각하는 강박과는 전혀 달랐다. 오히려 나는 회피하거나 끊임없는 걱정 속에서 사는 대신에, 더 많은 것을 찾고자 했다. 더 많은 이야기, 더 많은 과학, 더 많은 노래와 예술을 찾고 싶었다. 나는 오직 빈대와 빈대의 지난 이야기에 대해 알고 싶다는 순수한 마음에서 빈대 탐사를 시작했다. 그런데 어느 순간 내 빈대 탐사는 강박이 되었다. 가능한 한 많은 것을 알게 된다면 그 괴물을 정복하는 데에 도움이 될 것처럼 그 일에 매달렸다. 내 빈대 탐사 여행의 끝은 어디일까?

어느 날 컴퓨터를 켜 놓은 상태로 밤늦게까지 일하고 있었다. 텅 빈 화면에 커서만 깜빡이는 컴퓨터 모니터 아래에는 할런이 선물로 준 작은 유리병이 고이 모셔져 있었다. 그 병 안에는 죽은 빈대 몇 마리가 알코올에 담겨 있었다. 유리병 옆에는 여러 가지 빈대 장난감과 친구가 내 결혼 선물로 주었던 빈대 모양의 고무도장이 놓여 있었다. 그리고 책상 위에는 유싱어의 저서와 낡은 노트 몇 권이 펼쳐져 있었다. 나는 어떤 양식이 짠 하고 나타나기를 내심 기대하며, 유싱어의 저서와 노트의 책장을 홀홀 넘기며 내용들을 훑어보았다.

나는 빈대의 두 가지 기원에 대해 또다시 궁금해졌다. 수십만 년 전

박쥐 동굴에 최초로 나타난 빈대들은 어디서 왔을까? 지난 20년간 전 세계에서 동시다발로 나타난 것처럼 보이는, 살충제에 저항성을 가진 빈대들은 어디서 나온 걸까? 그러나 각각의 기원에 얽힌 비밀을 푸는 것은 불가능할 것 같았다. 그래도 한두 가지 가능성이 높은 기원설을 선택해서 끝까지 파 보면 어떻게든 결론이 나올 성도 싶었다. 나는 더 많은 기록과 메모를 조사했다. 특히 빈대의 재출현에 관한 이론들과 아프리카나 동부 유럽 어딘가로 추정되는 잠정적 기원에 관한 이론들을 집중적으로 탐구했다. 나는 케냐, 남아프리카공화국, 콩고로 향한 유싱어의 빈대 여행은 물론이고 여행 계획을 세웠다가 예기치 못한 변고로 끝내 이루지 못했던 체코슬로바키아 여행에 대해 생각했다. 나는 노트를 내려놓은 다음, 연락처 목록을 뒤지고 항공권 가격을 알아보기 시작했다.

7장

돈

: 빈대 경제학의 골드러시

라스베이거스 레드록 리조트Red Rock Resort의 5층에 위치한 대회의장이었다. 빨간 골프 셔츠를 입은 대머리 남자가 무대에 올라 2012년 빈대대학교 북미 정상회의Bed Bug University North America Summit 참석자들을환영하면서 불도그처럼 흥분해서 펄쩍펄쩍 뛰었다. 3회 차인 이번 회의에는, 빈대 경제학이 얼마나 성장했는지 직접 확인하기 위해 참석한나를 포함해, 빈대에 대해 토론하고 네트워킹을 쌓기 위해 북미 각지에서 400명 이상이 참석했다. 흰색 천을 씌운 기다란 회의 테이블에 앉은200명의 참석자들은 잔뜩 기대감에 부풀어 무대 위의 남자를 바라보았다. 해충 방역업자와 곤충학자들은 물론이고, 호텔, 여름캠프, 대학교등등 빈대 재출현으로 가장 큰 타격을 입은 여러 업종의 대표자들이 참석했다. 빨간 셔츠를 입은 그 남자가 열정적인 목소리로 이틀간의 일정을 간략히 설명했고, 스케줄은 강좌와 사교 모임이 빡빡하게 짜여 있었다. 그런 다음 회의의 첫 번째 연사 중 한 사람을 소개했다. 확성기에서흘러나오는 음악이 회의장을 가득 채웠다. 일렉트로닉 팝 듀오 엘엠프에이오LMFAO의 〈파티 록 앤섬Party Rock Anthem〉이었다.

오늘 밤은 집 안에 파티 록이 가득 울려 퍼지네

모두 재밌게 놀아

우린 너희들 정신을 쏙 빼놓을 거야

모두 재밌게 놀아

완벽한 염소수염에 안경을 쓰고 큰 키에 맞춤 양복을 멋들어지게 차려 입은 첫 번째 발표자가 놀라움과 당혹스러움이 뒤섞인 찌푸린 얼굴로 무대의 계단을 올라갔다. 그는 무대 양편에 설치된 두 대의 대형 스크린에 깜빡거리던 파워포인트 슬라이드 영상을 정지시켰고 옷깃에 고정된 마이크를 만지작거렸다.

"나는 이것이 바로……." 그가 입을 열었다.

우린 모두 보고 싶어……

"여러분이 음악으로 회의 시작을 알리는 방식을 동의하지 않는 이유라고 생각……."

네가 흔드는 모습을

"전날 밤에 술을 몇 잔 걸치고 이야기를 나누는……."

파티 록이 흐르는 클럽에서 예쁜 여자를 봐

그녀는 내 옆에 있어 웅?

클럽에 왔으니까 우리는 쉬지 않고 춤을 추지

그녀는 무대가 제 것인 양 엉덩이를 흔들어

갑자기 음악이 끊겼다. 청중의 낄낄거림이 잦아들자, 발표자는 첫 번째 슬라이드를 가리켰다. 그는 영국 셰필드 대학교University of Sheffield의 곤충학자인 마이클 시바 조시Michael Siva-Jothy였다. 슬라이드의 문구는 이랬다. "당신의 적을 알라: 순수 연구가 빈대 통제에 왜 중요할까." 시바 조시는 셰필드 대학교의 진화 곤충학자와 생태 곤충학자들로 구성된 연구팀이 영국에서 빈대가 재출현하기 전부터 빈대 연구를 하고 있었다고 설명했다. 그러면서 애초 연구를 시작한 계기는 빈대 재출현의 미스터리를 풀거나 빈대를 퇴치할 새로운 방법을 찾기 위해서가 아니라, 빈대의 기이한 짝짓기 습성과 면역 체계를 이해하기 위해서라고 덧붙였다.

암컷 빈대의 생식계는 면역계의 역할을 겸한다. 수컷이 생식기를 암컷의 몸 아무 데나 폭력적으로 찔러 대는 짝짓기 방식은 감염증을 유발하고, 암컷은 주요 생식기관을 진화시켜 그런 감염에 대비한다. 면역 세포로 가득한 주머니인 정자유도관이 그것이다. 그리고 암컷과 수컷 모두는 체내외에 기생하는 다양한 박테리아 때문에 강력하고 독특한 방어 체계가 필요하다. 하지만 빈대가 재출현한 까닭에 빈대의 생명작용에 관한 연구에 새로운 지평이 열렸다. 요컨대 빈대의 행동과 면역 체계 그리고 교미 방식을 이해하는 것은 종국적으로 빈대와 싸우는 데 도움이 될 수 있다. 그 회의장에 그토록 많은 해충 방역업자들이 참석한 것도 바로 이런 이유에서였다.

시바 조시는 빈대의 짝짓기를 간략히 설명한 다음, 빈대의 성생활과 면역계의 기이한 역학의 미스터리를 풀기 위해 자신의 연구팀이 진행한 일련의 실험을 소개했다. 예컨대 어떤 실험에서는 과학자들이 수컷 빈대 한 마리를 거름종이로 테를 두른 평평한 작은 접시에 올려놓았다. 이름하여 "짝짓기 운동장mating arena"이었다. 그러고는 최근에 흡혈 식사를 해서 배가 부른 암컷과 식사를 하지 않은 암컷을 짝짓기 운동장에 풀었다. 수컷 빈대가 어떤 암컷을 더 좋아하는지 알아보기 위해서였다. 나중에 과학자들은 암컷만 바꾸어서 똑같은 실험을 했다. 이번에는 멸균 주사기로 공기를 주입해서 몸통을 인위적으로 빵빵하게 키운 암컷을 사용했다. 이번 실험의 목적은 풍만한 암컷의 몸통이 수컷을 끌어당기는 성적 매력을 발휘하는지, 아니면 또 다른 요소가 있는지를 알아보는 것이었다. 과학자들은 행여 수컷이 나름의 독특한 이상형을 가지고 있을 가능성에도 대비해서 배불리 먹인 암컷과 굶긴 암컷 그리고 인위적으로 공기를 주입한 암컷으로 계속 짝짓기 대상을 바꿔가면서 수십 차례 실험을 반복했다. 실험 결과를 간단히 설명하면, 뚱뚱한 암컷일수록 수컷에게 더욱 인기가 있었고, 심지어 풍만한 몸매가 인위적으로 만든 것일 때도 그랬다. 게다가 수컷은 빵빵한 몸매를 가진 암컷과 짝짓기할 때 성공률이 더 높았다. 굶은 암컷은 짝짓기 운동장의 바닥이나 옆쪽으로 납작한 몸통을 바짝 안쪽으로 밀어붙여 복부를 보호할 수 있었던 반면, 풍만한 몸매를 가진 암컷들은 복부가 둥글게 부풀어 그렇게 할 수가 없었기 때문이다.

시바 조시는 또 다른 일련의 실험을 소개하는 슬라이드를 공개했다. 먼저 연구가들은 수컷 빈대를 죽여 생식기를 잘라 냈다. 그런 다음 생식기 외부에 어떤 미생물이 기생하는지 확인하기 위해 생식기를 배양접시에 문질렀다. 분석 결과로 보면, 수컷의 생식기는 그야말로 곰팡이의 소굴이었다. 특히 항생제인 페니실린을 생산하는 유기체의 친척뻘인 두 종의 페니실륨penicillium이 다량 검출되었다. 이외에도 바실루스bacillus라고 불리는 간균, 엔테로박터균enterobacter, 미구균micrococcus, 포도상구균staphylococcus, 길항균*인 스테노트로포모나스stenotrophomonas, 관절 포자균 속arthrobacter에 포함되는 다양한 박테리아도 우글거렸다. 비슷한 실험을 통해 빈대의 외골격에 기생하는 네 종류의 미생물이 추가로 확인되었고, 빈대가 살았던 실험실 안 용기에서 채취한 샘플에서도 동일한 종류의 미생물이 발견되었다.

이번에 시바 조시가 보여 준 슬라이드는, 과학자들이 멸균 주사기나 수컷 생식기에 기생하는 미생물을 배양한 용액을 묻힌 주사기로 여러 집단의 암컷 빈대를 찌르는 과정을 보여 주었다. 연구팀은 그런 주사기로 일부 암컷은 정자유도관을 직접 찔렀고, 나머지 빈대들은 보호 주머니가 없는 복부의 반대편을 찔렀다. 결과적으로 말해, 멸균 주사기는 찌른 부위와는 상관없이 아무런 피해를 입히지 않았다. 그러나 미생물이 묻은 주사기는 정자유도관이 없는 부위에 최악의 상처를 남겼다. 이렇게 볼 때 정자유도관은 암컷 빈대의 성병을 예방하기 위한 선천적인 도구의 역할을 한다고 할 수 있다.

시바 조시가 발표한 프레젠테이션에서 대미를 장식한 일련의 슬라이드는 빈대의 일반적인 행동에 관한 연구에 초점이 맞춰져 있었다. 연구팀은 이번 실험들을 위해 빈대들을 커다란 밀폐 공간에 가두었고, 빈대들은 그 안에서 마음껏 식사하고 원하는 곳이면 어디든 은신처를 마련할 수 있었다. 대체로 빈대는 먹이원과 가능한 한 가까운 곳에서 생활한다. 하지만 시바 조시 연구팀의 실험에서 보면, 먹이원 주변의 구조가 단순할수록 빈대가 다른 곳에서 은신처를 찾을 가능성이 더 컸다. 심지어 먹이원에서 상당히 멀리 떨어진 곳까지 진출하기도 했다. 다른 말로 숨을 곳이 적은 매끈한 표면은 빈대가 더욱 안락한 은신처 공간을 찾도록

---

* 병원균에 대한 천적 기능이 있는 미생물.

만드는 듯했다.

　나는 시바 조시의 프레젠테이션을 들으면서 노트북에 연신 메모를 했다. 한편으로는 그런 실험들이 새로운 해충 방역법을 찾는 것과 무슨 관련이 있을지 궁금했다. 미래에는 진짜 흡혈 식사를 한 덕분에 산란이 가능한 암컷 빈대들을 수컷으로부터 보호하려고 인공적으로 몸을 부풀린 암컷 빈대들을 미끼로 사용하게 될까? 유전공학적인 방법으로 빈대의 면역 체계를 교란시키거나 생식기를 직접 공격하기 위해 액상의 공생 미생물을 빈대들에게 살포할까? 침대의 복잡한 구조를 단순화시키면 빈대를 쉽게 찾을 수 있을까?

　시바 조시가 마지막 슬라이드를 설명할 즈음, 빨간 골프 셔츠를 입은 진행 요원들이 참석자들로부터 질문을 받기 위해 마이크를 들고 회의장을 돌아다녔다. 어떤 곤충학자가 실험실에서 수컷 대 암컷의 비율을 신중하게 균형 맞춘다면 암컷들이 수컷들에게 마구잡이로 찔려 죽음에 이르는 사고를 예방할 수 있을지 물었다. 시바 조시는 암수의 비율이 중요한 요소가 아닐 거라고 대답했다. 한편 어떤 해충 방역업자는 암컷 빈대들이 식사 후에 수컷들의 짝짓기 공격을 피하기 위해 방구석으로 이동한다는 주장이 사실인지 물었다. 이에 시바 조시는 단호하게 "아닙니다"라고 대답했다. 그러나 일부 방역업자들은 그의 대답을 듣고 고개를 저었다.

　마지막 질문 중 하나는 켄터키 대학교의 마이크 포터에게서 나왔다. 그는 단순한 구조를 회피하는 빈대의 뚜렷한 습성을 고려할 때, 빈대들이 매트리스와 박스 스프링을 덮씌운 부드러운 커버를 싫어할지 물었다. 그의 질문을 들으면서 나는 내 침대에 씌워 놓은 지퍼형 매트리스 커버를 떠올렸다.

"그렇다고 생각합니다." 시바 조시가 대답했다. "그러나 단순히 커버를 씌우는 것만으로 빈대가 완벽히 퇴치된다는 생각은 너무 단순합니다. 온갖 복잡한 요소들이 포함됩니다. 긍정적인 일부 효과가 있을 수도 있지만 보이지 않는 결과도 있다고 생각합니다."

시바 조시의 발표가 끝난 후에 나는 복도 건너편에 있는 다른 회의장으로 느릿느릿 걸어갔다. 아까의 대회의장과 크기가 엇비슷한 그곳에 45개 가까운 공급업체들의 부스가 길게 늘어서 있었다. 부스 하나당 가격은 최하 1,000달러였다. 다양한 빈대 관련 제품들이 전시된 부스마다 판매원들은 사탕, 봉제 빈대 인형, 열쇠고리 등으로 잠재 고객들의 발길을 붙잡기 위해 애쓰고 있었다. 빈대의 디엔에이를 채취하는 면봉 키트와 100여 년 전 우리의 증조부모님 세대가 침대 다리 밑에 두었던 접시를 본뜬 현대적인 플라스틱 받침대도 있었고, 심지어 빈대 탐지견들도 있었다. 특히 냄새로 빈대를 찾아내도록 훈련된 래브라도 잡종견은 즉석 시연까지 가능했다. 이외에도 방향유와 다양한 "100퍼센트 천연 성분"으로 만들었다고 자랑하는 25비 스프레이 살충제, 바이엘 크롭사이언스, 에프엠시FMC, 바스프 등등의 거대 화학 기업들이 제조한 살충제, 업무관리와 고객 발굴 그리고 광고를 위한 컴퓨터 소프트웨어, 10년 계약을 제공하는 빈대 방역 프랜차이즈업체, 규조토나 분말 독약을 틈새와 구멍에 분사하는 정밀 살포기, 전기 가열 장치와 프로판가스 가열 장치, 미국곤충학회, 특수 필터를 장착한 진공청소기, 두 종류의 해충 방역업계지, 매트리스와 박스 스프링 커버, 자가 발열식 여행 가방 견본품 등도 눈에 띄었다. 여담이지만 나는 훗날 스카이몰Skymall에서 자가 발열식 여행 가방 광고를 보게 된다.

그 많은 부스 중에서 내 발길을 멈추게 한 것은 빈대 살충제도, 빈대

라스베이거스에서 열린 2012 빈대 대학교 북미 정상회의 전시장

감지기도, 더군다나 빈대 관련 교육서비스도 아니다. 수신자부담의 알파벳 전화번호* 1-800-BEDBUGS를 광고하는 부스 앞에서 나는 발을 멈추었다. "절대 잊을 수 없는 전화번호The Number No One Forgets"라는 그 업체의 광고 문구가 딱 어울렸다. 몇 달 후 실제로 뉴욕의 지하철에서 그 전화번호를 보았는데, 지하철 객차 길이만 한 광고 포스터는 높이도 전략적으로 사람들의 눈높이에 딱 맞춰져 있었다. 친절한 인상에 턱수염을 기른 남자가 부스를 지키고 있었다. 내가 다가가 그 전화번호에 대해 묻자, 그는 자신을 마이클 아이즈만Michael Eisemann이라고 소개하며 인상만큼 친절하게 설명해 주었다.

아이즈만의 사연은 이랬다. 그는 1990년대에 디트로이트에서 상업용

---

* 미국 전화기에는 각 숫자마다 알파벳이 적혀 있다.

부동산 관리자로 일했다. 2009년 마침내 관리자에서 소유주로 '신분 상승' 할 준비가 되었고, 그래서 가진 돈을 거의 털어 생애 처음으로 건물을 매입했다. 디트로이트의 뉴 센터New Center에 위치한 47세대짜리 주상복합건물이었다. 당시에는 좋은 투자처럼 보였다. 미국 전역을 강타한 금융 위기가 되레 그에게는 절호의 기회였다. 부동산 가격이 폭락해서 아파트 소유주들은 애초 매입 대금의 4분의 1 가격에 건물을 팔 수 밖에 없었던 것이다. 아이즈만은 그 건물을 일종의 서민 보급형 주택으로 개조할 계획이었다. 그러나 공사를 위해 건물을 폐쇄한 지 2주가 지났을 때 아이즈만은 건물 관리인에게서 전화를 받았다. 아이즈만의 기억에 따르면, 그 관리인은 다음과 같이 물었다고 한다. "이제 빈대 문제는 어떻게 해결하실 생각입니까?"

거의 비슷한 시기에 디트로이트 시 당국은 관내 부동산 사업자, 세입자, 곤충학자, 시 의원들로 빈대 전담반을 조직해서 공청회를 열었다. 공청회에 참석한 아이즈만은 참석자들의 성난 반응으로 회의장 분위기가 얼마나 험악했는지를 지금도 기억한다. 참석자들은 집주인들이 뒷짐 지고 나 몰라라 한다며 비난했고, 특히 아파트에 빈대가 나타난 것에 대해 책임 있는 태도를 보이지 않는다고 목소리를 높였다. 어떤 참석자는 '소송'을 하겠다고 고함을 쳤고, 아이즈만은 자신의 새로운 투자가 수많은 법적 분쟁으로 무참히 실패할 수도 있다는 생각에 온몸이 얼어붙었다.

그런데 회의장에서 격렬한 언쟁을 듣고 있던 중에 한 가지 아이디어가 떠올랐다. 사실 그는 1993년 무렵부터 인기 있는 1-800 전화번호를 판매하는 사업을 하고 있었다. 그는 생각했다. '알파벳 전화번호로 어떤 단어 조합이 좋은지 잘 알잖아?' 그건 바로 1-800-BEDBUGS였다. 만일 그 번호에 대한 소유권을 갖는다면 전국 각지에 라이선스를 판매할 수 있을 것이고, 각 지역에서 운 좋은 한 명의 해충 방역업자만이 그 번호를 사용할 권리를 갖게 될 것이다.

회의장을 나서자마자 아이즈만은 그 번호를 추적하기 시작했다. 안타깝게도 《포춘Fortune》 500대 기업 중 한 곳이 이미 그 번호를 소유하고 있었다. 아이즈만은 서비스를 제공하는 다국적 기업이라는 사실 외에 회사명은 밝히기를 거부했다. 불행 중 다행히도 그 회사는 전화번호에 'bed bugs'라는 단어를 사용하지 않았고, 대신에 1-800-233-2847이라는 숫자로만 사용했다. 구체적으로 말하면 그 회사는 무작위로 생성된 많은 전화번호를 일괄로 구매했었는데, 1-800-233-2847도 그중 하나였던 것이다. 아이즈만은 그 회사의 글로벌 마케팅 최고 책임자와 직접 연락을 취해 전화번호를 구매하기 위한 협상을 시작했고, 매매가 체결되기까지 장장 6개월이 걸렸다. 그렇다면 그 전화번호의 가격은 얼마였을까? 아이즈만은 그 가격을 알려 주지 않았다.

1-800-BEDBUGS의 소유권을 획득한 후에 아이즈만은 뉴욕, 시카고, 신시내티, 앨라배마 등등 미국 각지의 15~20개 지역에서 활동하는 방역업자에게 라이선스를 판매했다. 한편 아이즈만은 그 번호가 광고 반응률을 20~40퍼센트가량 상승시키는 효과가 있다고 자랑했다. 심지어 어떤 거대 화학 회사가 그 번호에 100만 달러를 제시했지만, "그 번호의 잠재적 가치가 훨씬 더 크다고 생각"한다며 제안을 거절했다. 그리고 이번에도 그는 회사명을 가르쳐 주지 않았다. 내가 구체적인 액수를 알려 달라고 아무리 졸라도 그의 입은 절대 열리지 않았다. 그 전화번호로 얼마나 벌어들이는지 또는 디트로이트에서 소유하고 있는 건물 네 채보다 수익성이 더 좋은지를 물어도 묵묵부답이었다. 내가 들은 대답은 "수익성이 꽤 좋습니다"라는 것과 그 번호를 소유하는 것이 집주인 역할과

별로 다르지 않다는 것이 다였다. "전화번호의 라이선스를 판매하는 비즈니스는 화장실이나 빈대로 골치 아픈 일이 없다는 점만 빼면 아파트 임대 사업과 비슷하죠."

나는 나머지 부스들을 찬찬히 둘러보면서 사진도 찍고 메모도 했다. 그리고 한쪽 통로에 모여 있던 일단의 방역업자들과 이야기도 나누었다. 내가 빈대에 관한 책을 집필 중이라는 사실을 알게 되었을 때 그들은 각자의 휴대전화를 뒤져 자신들이 경험했던 최악의 빈대 발생 사례를 촬영한 사진과 동영상을 보여 주었다. 그중에서도 시각 장애를 가진 남자가 살던 맨해튼 아파트를 촬영한 사진들은 그야말로 끔찍했다. 사진 주인은 작품 사진이라도 되는 양 자랑스럽다는 듯이 사진들을 휙휙 넘기며 말했다. "집주인은 글쎄 이것이 곰팡이라고 생각했답니다." 급기야 엄지와 검지로 화면을 확대시켜 매트리스 가장자리의 침대보가 검게 변색된 부분을 보여 주었다. 내 눈에도 얼핏 검은 곰팡이처럼 보였지만, 사실은 빈대 배설물이었다. 주변에 있던 다른 방역업자들도 그의 사진들을 보고는 낮은 탄식을 뱉었고, 이내 자신의 사진들을 보여 주며 누구의 사진이 더 끔찍한가를 두고 경쟁을 벌이기 시작했다.

이들 외에도, 나는 정상회의에서 여러 분야의 사람들을 만나 빈대에 얽힌 다양한 이야기를 들었다. 가령 라스베이거스의 호텔 업계에 종사하는 어떤 여성은 디디티를 다시 사용할 수 있으면 좋겠다고 말했다. 또한 각자가 빈대에 관한 책을 저술했다는 소위 작가 세 명은 대수롭지 않다는 듯 자신의 책을 읽어 보았는지 지나가는 투로 물으면서 명함을 슬쩍 내 손에 쥐어 주었다. 한편 롱아일랜드에서 활동하는 어떤 방역업자는 언젠가 신경이 곤두선 호텔 관리자로부터 기자들에게 시달려 본 적이 있느냐는 질문을 받았다고 말했다. 그뿐 아니라 텍사스에 본사가 있는 베드 리퍼Bed Reaper의 한 직원은 팀원들이 사용하는 작업 차량의 사진들을 보여 주었다. 영구차를 개조한 차량으로 외부를 노란색을 칠해 눈에 확 띄었고 내부에는 살충제가 든 깡통들이 관 안에 들어 있었다.

이런 네트워킹 모임들은 필 쿠퍼Phil Cooper가 없었다면 하나도 성사되지 못했을 것이다. 필 쿠퍼가 바로 정상회의의 창설자이다. 또한 미국 동북부에 위치한 베드버그 센트럴Bedbug Central이라는 작은 업체의 창업자이고, 그 회사가 바로 정상회의를 주최한다. 그뿐 아니라 그는 〈파티 록 앤섬〉으로 정상회의의 개회를 선언했던 정열적인 빨간 골프 셔츠의 남자이며, 동생인 릭 쿠퍼와 공동으로 경영하는 쿠퍼 페스트 솔루션즈의 최고경영자이기도 하다. 릭 쿠퍼라는 이름이 귀에 익다고? 맞다. 앞서 소개했던 저명한 곤충학자로 1980년대 초 학자들에게 빈대를 연구하라고 촉구했던 그 사람이다.

2007년 쿠퍼 형제는 빈대가 박멸되지 않을 거라는 사실을 예감했다. 얼마 지나지 않아 해충 방역 의뢰가 줄을 잇고 정보 요청이 폭주하는 것이 불가피하다고 판단한 필 쿠퍼는 그런 사태에 대비해서 웹사이트를 개설했다. 3년간 일요일 아침마다 웹 개발자와 머리를 맞대고 노력한 끝에 마침내 빈대 퇴치 관련 제품 리뷰, 일반적인 정보, 디아이와이DIY 방역법 등을 소개하는 베드버그 센트럴 홈페이지BedBugCentral.com를 완성했다.

2009년이 되자 베드버그 센트럴은 쿠퍼 페스트 솔루션즈의 공식적인 자회사가 되었고, 정규 직원을 처음으로 채용했다. 같은 해에 빈대에 관한 언론의 광란이 일반 대중의 두려움에 불을 지폈고, 시대의 흐름에 따라 필 쿠퍼의 웹사이트도 변신을 시도했다. 단순히 정보를 제공하던 데서 벗어나 빈대 관련 제품을 직접 판매하기 시작했고, 공급업자들과 제품을 적극적으로 홍보했다. 오늘날 필 쿠퍼는 그런 공급업자와 제품을 포함하는 시스템을 혼합음료인 쿨에이드에 비유해 "베드버그 센트럴 쿨에이드Bed Bug Central Kool-Aid"라고 부르면서 가장 환상적인 조합이라고 주장한다. 더군다나 구글 애드센스Google AdSense에도 가입했고, 덕분에 원한다면 어떤 기업이든 그의 웹사이트에서 광고할 수 있게 되었다. 이는 베드버그 센트럴이 보증하지 않거나 심지어 좋아하지 않는 제품을 판매하는 기업도, 그의 웹사이트에서 아무런 조건 없이 광고할 수 있다는 뜻이다.

2009년에 베드버그 센트럴은 또 다른 모험을 감행했다. 빈대 관련 교육 서비스를 제공하는 빈대 대학교였다. 빈대 대학교는 방역업자들에게 빈대 관리를 위한 실전훈련캠프 프로그램을 제공했다. 본사에서 진행되는 그 프로그램의 회비는 1인당 2,000달러였다. 또한 회비가 몇백 달러인 전국 순회 빈대 로드쇼와, 내가 라스베이거스에 참석한 것과 같은 빈대 정상회의도 개최했다. 그뿐 아니라 베드버그 센트럴은 2008년부터 베드버그 텔레비전BedBug TV이라는 유튜브 채널을 운영 중이다. 그 채널은 서비스를 시작하고 채 4년도 되기 전에 87개의 동영상을 업로드하고 누적 조회수가 거의 150만 건에 육박하게 된다. 특히 빈대 유무를 확인하기 위해 침대를 점검하는 방법에 관한 동영상은 조회수가 50만 건이 넘었다.

2010년 9월 베드버그 센트럴은 오직 빈대만을 위한 사상 최초이자 최대 규모의 전미 회의를 개최했다. 쿠퍼 형제는 애초 225명 정원의 회의를 계획했다. 그러나 반응이 아주 뜨거워서 신청자가 정원보다 세 배나 많았고, 대부분을 대기자 명단에 올려야 했다. 결과적으로 제1차 빈대 대학교 정상회의는 360명의 참석자들이 시카고 외곽의 호텔 회의실을 가득 메웠고, 참석자들은 "사실상 샹들리에에 매달리다시피" 했다고 필 쿠퍼가 여러 차례 말했다. 한편 베드버그 센트럴은 약 70명의 기자들에게 출입증을 발급했다. 덕분에 지상파 방송사의 대표적인 아침방송 프로그램들인 시비에스의 〈더 얼리 쇼The Early Show〉와 에이비시ABC의 〈굿모닝 아메리카Good Morning America〉가 반대 정상회의를 현지 생방송으로 전국에 방영했고 《뉴욕타임스》도 전면에서 그 정상회의 소식을 전했다.

2년 전 내가 라스베이거스 정상회의에 참석했을 무렵에는 빈대 관련 시장이 이미 성숙했고 그래서 언론의 관심도 많이 수그러들었다. 아니 적어도 필 쿠퍼는 그렇게 생각했다. 그러나 그의 경쟁자들은 언론 보도가 줄어든 것은 베드버그 센트럴의 인기가 하락한 것과 밀접한 관련이 있다고 주장했다. 시장이 성숙했기 때문이든 인기가 줄어들었기 때문이든, 무려 650명이 참석했던 2차 정상회의에 비해 3차 회의의 참석률이 30퍼센트 정도 감소한 것은 틀림없는 사실이었다. 취재 나온 언론사도 지역의 몇몇 제휴 방송사와 《라스베이거스 선Las Vegas Sun》 그리고 나를 포함해서 여섯 곳이 전부였다. 그러나 400명의 참석들은 회비로 595달러를 냈고 만일 부스를 임대하려면 회비는 거의 두 배로 껑충 뛰었다. 한편 행사 후원업체는 실버, 골드, 플래티넘 이렇게 3등급으로 나뉘었고 각 등급의 후원금은 5,000달러, 7,000달러, 1만 달러로 책정되었다. 업체들은 등급에 맞는 후원금을 내면, "베드버그 센트럴"이라고 선명하게 새겨진 펜, 노트, 프로그램 팸플릿 등으로 가득 채운 기념품 가방이나 모든 참가자가 부착한 검은색과 빨간색의 이름표, 또는 유럽식 아침 식사, 맥주 시음회, 전문가와의 밤 중 하나에 상호명을 광고할 수 있었다. 특히 호텔 로비의 바에서 열리는 전문가와의 밤 행사는 친목 모임으로 과학자와 발표자들이 음료권을 직접 나눠주었다.

시바 조시가 우간다 국경 산악 지대의 동굴들에 서식하는 빈대 친척을 연구하기 위해 케냐로 방문할 계획이라는 소식을 알게 된 것은 전문가와의 밤에서였다. 그 곤충은 박쥐빈대의 일종이었는데, 가뜩이나 특이한 빈대과 곤충의 표준적인 생식계에 견주어도 생식계가 매우 독특했다. 가령 수컷인데도 정자유도관이 완벽히 발달된 암컷처럼 보이는 것들도 있다. 바로 이런 점이 시바 조시 연구팀의 흥미를 끌어 연구 주제로 간택된 것이었다. 시바 조시와 동료 몇몇은 이미 케냐를 여러 차례 방문했고, 처음에는 유싱어의 저서에 나온 내용들을 바탕으로 케냐 전역에서 박쥐 동굴들을 찾아다녔다. 수십 년 전 유싱어가 연구 조사를 위해 방문했던 박쥐 동굴들 말이다. 나는 온몸이 달아오르기 시작했다. 어쩌면 일부나마 유싱어의 경로를 추적하기 위해 아프리카를 방문할 수 있는 절호의 기회일 수도 있었다. 나는 몇 가지 질문을 한 다음 적절한 타이밍을 엿보며 인내심을 갖고 차분히 귀를 기울였다. 잠깐 대화가 끊겼을 때 기회다 싶었다. 그래서 짐짓 가벼운 말투로 시바 조시에게 케냐 여행에 작가를 동행할 생각이 없는지 물었다. 그가 나를 한참 쳐다보더니 동굴을 탐험해 본 경험이 있는지 물었다. 나는 없다고 대답했다. 그러자 이번에는 밀실 공포증이 있는지 물었고, 나는 잘 모르겠다고 대답했다. 그는 코끼리 유골과 수십만 마리의 박쥐로 가득한 동굴 이야기를 들려주면서 내 제안을 완곡히 거절했고, 급기야 대화 주제를 바꾸었다.

시바 조시 일행이 하나둘 자리를 뜨자, 나도 자리에서 일어나 어슬렁거리며 돌아다니기 시작했다. 나는 술을 홀짝이면서 이런저런 대화를 귀동냥했다. 연구가들과 방역업자들은 각자의 빈대 경험을 솔직하게 주고받았고, 해충 방역 산업 소재로 즐겁게 대화했다. 그러나 이번처럼 과학자들과 방역업자들이 언제나 즐겁게 어울리는 것은 아니다. 학술회의

나 상업 박람회와는 달리, 빈대 정상회의는 과학과 산업을 억지로 결합시켰다. 과학자들은 프레젠테이션 주제에 대해 아무런 제약을 받지 않았고, 복도 반대편의 전시장에서 판매되는 제품들이 효과가 없음을 보여 주는 데이터를 공개했다. 한편 베드버그 센트럴은 행여 과학자들이 소개하는 제품에 잠재적인 갈등 요소가 있어도 그것을 솔직히 알리도록 요구하지 않았다. 일부 연구가들은 자신이 침을 튀기며 이야기하는 바로 그 기술을 직접 발명했고, 또 많은 연구가들은 화학약품이나 여타의 제품을 판매하는 기업들로부터 후원금을 받았다. 물론 프레젠테이션에서는 그런 관계에 대해 아무도 명백하게 언급하지는 않았다(내가 만나본 거의 모든 미국인 빈대 연구가들은 거대 화학 기업들로부터 규칙적으로 후원금을 받고, 그들은 해당 기업의 살충제를 시험하고 다른 연구들에 도움을 제공한다. 이런 학계와 산업 간의 공생 관계는 어느 정도는 빈대 연구에 대한 연방 정부의 지원금이 턱없이 부족하기 때문이다). 심지어 과학적 근거가 전혀 없는 제품을 판매하는 공급업체들도 일부 있었다. 그러자 비판가들은 악덕업체조차도 회의 참가비라는 명목으로 당당히 돈을 내고 참석한다는 뜻을 넌지시 내비치며, 그런 기업을 정상회의에 포함시키는 베드버그 센트럴의 의도에 의문을 제기했다.

　게다가 빈대의 복잡한 습성으로 말미암아 되레 더욱 까다로운 문제를 유발하는 제품들도 있었다. 다양한 방충 커버 제품이 대표적인 경우다. 연구가와 방역업자 대부분은 그런 제품이 적어도 곰팡이처럼 보이는 빈대 얼룩으로부터 침대를 보호하는 효과가 있음에 동의한다. 또한 그런 커버 제품은 침대 나무 프레임의 이음새와 박스 스프링 아랫면에 박힌 나사 머리의 작은 틈새같이 빈대의 잠재적 은신처를 원천 봉쇄시켜 빈대 퇴치를 쉽게 만드는 것도 사실이다. 그러나 시바 조시의 프레젠테이션에서 보면, 인위적으로 부드럽게 만든 표면은 빈대를 박멸하기는커녕 방 안의 다른 은신처를 찾도록 만들 수 있다. 그뿐 아니라 쿠퍼 페스트 솔루션즈와 프로텍트 에이 베드Protect-A-Bed와의 관계도 문제를 더욱 복잡하게 만든다. 둘은 오래 전부터 사업 관계를 맺어오고, 심지어 필 쿠퍼는 프로텍트 에이 베드의 제품 디자인에 도움을 주었다. 매트리스 커버 등 각종 기능성 침구를 생산하는 브랜드인 프로텍트 에이 베드는 빈대 정상회의에서도 제품을 대대적으로 전시했다(필 쿠퍼는 프로텍트 에이 베드의 주주가 아니라고 주장하지만 그 회사와의 관계에 대해서는 자세한 언급을 회피했다). 나는 라스베이거스 정상회의가 열린 회의장과 전시장이 실밥과 실 보푸라기로 가득하다는 사실을 깨달았고, 그런 틈새시장조차 빈대 산업의 민낯을 여지없이 드러내는 것 같았다. 실 한 오라기만 끌어당겨도 거의 모든 사람들의 상충적인 이해관계가 드러날 판이었다.

베드버그 센트럴의 사업 전략과 홍보 원동력이 무엇인지 경쟁자들이 모를 리 없었다. 라스베이거스 정상회의가 막을 내리고 몇 주 후에 나는 베드버그 센트럴의 어떤 경쟁업자로부터 뜬금없는 이메일을 받았다. 내가 애니멀 플래닛Animal Planet의 텔레비전 프로그램 〈인페스티드Infested〉가 방영한 빈대 에피소드를 트위터에 올렸는데, 그는 그것에 크게 분노했다. 베드버그 센트럴이 운영하는 유튜브 채널 베드버그 텔레비전을 진행하는 스타 곤충학자인 제프 화이트Jeff White가 그 에피소드에 등장한다는 이유에서였다. "제프 화이트와 베드버그 센트럴은 자신들이 빈대 산업의 중심이라고 생각하는 게 분명합니다." 화가 난 그가 주장했다. "그러나 실상 그들은 빈대 산업에서 판매하거나 홍보하고 또는 수수료를 챙길 수 있는 것이라면 아무거나 그러모으는 영리기업입니다. 말하자면 빈대 세상의 월마트인 셈입니다." 그런 다음 자신이 제공하는 열처리

서비스의 성공률은 99.125퍼센트라고 덧붙였다. 나는 그의 작업을 직접 보고 싶었지만, 그럴 수 없어 너무 아쉬웠다. 사실 예전에 그의 회사를 방문하고 싶다고 제안했다가 거절당한 적이 있었던 것이다. 심지어 그는 내가 돈을 받고 트위터에 그 글을 올렸다고 비난했다(물론 나는 그러지 않았다). 나는 하도 어이가 없어서 애꿎은 컴퓨터 화면만 멍하니 쳐다보았다.

그러나 그의 이메일은 필 쿠퍼에 대한 가장 강경한 비판가에 비하면 아무것도 아니었다. 만일 베드버그 센트럴이 빈대 세상의 월마트라면, 런던에서 해충 방역업자로 일하는 데이비드 케인David Cain은 마이클 무어Michael Moore*다. 옅은 푸른색 눈동자에 건장한 케인은 언제 어디서나 검은색 골프 셔츠와 가죽 바지 그리고 목이 긴 검은색 작업용 장화를 고집한다. 나는 빈대 정상회의가 열렸던 대회의장 옆에 있던 카지노 라운지에서 케인을 만났다. 담배 연기가 자욱한 그곳에서 케인은 자신의 온통 검은색 옷차림이 앨버트 아인슈타인에게서 영감을 받았노라고 말했다. 아인슈타인도 매일 같은 스타일의 옷을 입었는데, 아침마다 무슨 옷을 입을지 고민하는 데 쓸데없이 머리를 쓰고 싶지 않아서였다고 한다. 그뿐 아니라 그의 장화도 나름의 장점이 있었다. 빈대가 심하게 들끓는 곳을 들어갔다 나올 때 무거운 장화발로 쿵쿵 걸으면 다리에 붙어 있던 빈대들이 추풍낙엽처럼 떨어져 나갔다.

케인이 운영하는 해충 방역업체 베드버그 사Bed Bugs Ltd.는 2005년 창업 때부터 오직 빈대만 취급한다. 그는 창업 이래로 지금까지 방역 작

---

* 미국의 영화감독이자 작가이며 세계화, 다국적기업, 총기 소유에 대한 적극적인 비판가로 유명하다.

업 건수가 2만 4,000건에 이르고, 자신은 서번트 증후군savant syndrome*
환자처럼 방 안에서 한 마리의 빈대까지 찾아내는 탁월한 능력이 있다
고 자랑했다. 또한 케인은 2007년부터 빈대 관련 교육 서비스를 제공하
는 베드버그비웨어 홈페이지BedBugBeware.com도 직접 운영한다. 얼핏 보
면 영국판 베드버그 센트럴처럼 보이고, 직접적인 경쟁자라고 해도 무방
할 성싶다. 하지만 케인에게 그 말을 하려면 각오를 단단히 해야 한다.
나는 무심코 그 말을 했다가 일장연설을 들었다.

　케인은 자칭 빈대 자경단으로 빈대 산업에서 마주치는 모든 것을 흑
백으로 엄격하게 구분했다. 즉 옳거나 그르거나 둘 중 하나였다. 그런 그
에게 빈대 산업을 돈벌이로 생각하는 쿠퍼 형제의 영리적 접근법이 곱
게 보일 리 만무했다. 아니, 나쁜 예의 전형으로 보였다. 런던에서 그의
빈대 방역 서비스는 평균 140파운드다. 이를 미국 달러로 환산하면 약
190달러인데, 미국인들이 그런 서비스를 이용할 때 부담해야 하는 비
용에 비하면 새 발의 피다(소문에 따르면 맨해튼의 부촌인 어퍼 이스트사이
드Upper East Side에 사는 어떤 주민은 빈대 방역에 7만 달러를 지불했고, 이
는 개인 주택에 들어간 빈대 방역비로 내가 들어 본 것 중 최고액이었다). 웹사
이트에서 무료로 공개하는 제품 시험 결과 말고도 케인은 인터넷에서도
활발히 활동한다. 특히 인터넷 포럼인 베드버거 홈페이지BedBugger.com에
서 두 번째로 많은 글을 게시한다. 그가 빈대 관련 제품과 서비스에 대
해 올린 게시물만도 1만 건이 넘고, 도움을 요청하는 수많은 사람들에
게 무료로 조언을 제공했다. 또한 빈대 대학교 정상회의에 빠짐없이 참

---

*뇌 기능 장애를 가지고 있는 사람들 중 일부가 특정 분야에 천재적인 재능을 보이는 증후
　군이다.

석하고 질의응답 시간에 과학자들의 특허와 입수한 여러 건의 불법적 결탁을 공개함으로써 또는 복도에서 사람들과 논쟁을 벌임으로써 그 행사를 감시하는 경찰의 역할을 자처한다. 한편 케인은 라스베이거스 정상회의에서 필 쿠퍼가 베드버그 센트럴의 직원들에게 그의 대화를 감시하도록 시켰다고 내게 말했지만, 필은 그 주장을 일축했다.

케인도 필 쿠퍼만큼이나 냉정하고 얄짤없었다. 전문가들과의 밤 행사에서 처음 만났을 때 케인은 자신의 런던 사업장에 있는 빈대 박물관에 대해 흔쾌히 설명해 주었다. 박물관은 빈대와 관련 있는 미술품과 서적 그리고 독특한 기념품을 모아서 그가 직접 만든 것이다. 그러나 두 번째 만났을 때는 태도가 돌변했다. 내가 자신이 좋아하지 않는 기사를 쓴 장본인이라는 사실을 알게 된 까닭이었다. 심지어 내 기사에 공식적으로 반박하는 보고서를 준비 중이라고 말했다. 한편 케인은 정상회의에서 처음 만났을 때를 시작으로 이후 몇 달에 걸쳐 납득하기 힘든 행동을 이어 갔다. 자신의 이름으로 특허받은 빈대 감지기의 샘플과 자신이 집필한 책 한 권을 공짜로 주었고 자신의 인생담도 일부 털어놓은 반면, 나를 조롱하는 이메일도 보냈다. 심지어는 다른 사람들을 조롱하는 내용의 이메일을 보내면서 나를 숨은 참조로 지정하기도 했다. 게다가 은어와 비속어의 정의를 제공하는 온라인 사전 사이트 어번 딕셔너리 Urban Dictionary에 어떤 경쟁자의 이름을 설명하는 단어를 등재하는 무례를 저지르기도 했다. 그뿐 아니라 점심식사 겸 인터뷰를 위해 뉴욕 퀸스 Queens의 롱아일랜드 고속도로 Long Island Expressway에 위치한 에콰도르 식당에서 만났을 당시에는 내 의사와는 상관없이 만나고 헤어질 때 굳이 포옹으로 인사했고, 한창 대화를 나누다가도 갑자기 대화를 끝내기도 했다. 게다가 그는 빈대 관련 도메인 주소를 350개 이상 소유했고,

그의 윤리 시험을 통과하지 못하는 빈대 관련 사업자에게는 그 주소를 절대 양도하지 않았다.

케인에 따르면 베드버그 센트럴은 "빈대 카르텔"이다. 그는 베드버그 센트럴이 주최하는 모든 정상회의와 전 세계에서 개최되는 그것과 비슷한 모든 모임에 회비를 내고 참석한다. 사람들이 그런 모임에서 무엇을 하는지 감시하기 위해서라고 그는 말했다. 말인즉슨 참석자들이 솔직해지도록 하기 위해, 아니 적어도 그들이 솔직하지 않다는 사실을 그가 알고 있다는 점을 그들에게 보여 주기 위해서 말이다("만약 내가 그런 모임에 나타나지 않으면 부패한 바보들은 자신들이 이겼다고 생각할 겁니다"라고 그는 말했다). 그런 케인에게도 아군이 있다. 베드버그 센트럴을 곱게 보지 않는 다른 비판가들도 내가 그들의 이름을 공개하지 않는다는 조건 하에 이렇게 말했다. 베드버그 센트럴은 특정 제품을 홍보해 주는 대가로 수만 달러를 챙기고 남의 제품 아이디어는 물론이고 때로는 예전 사업 파트너들의 아이디어까지 훔치는 "사기 조직"이다.

반면에 좋게 생각하면, 쿠퍼 형제와 베드버그 센트럴은 아메리칸드림의 전형으로 여겨질 수도 있다. 그들은 일찌감치 시장의 틈새를 발견했고 그 틈새를 메울 사업을 시작했으며 그것을 수익성 좋은 사업으로 성장시켰다. 베드버그 센트럴은 창업 당시부터 제휴업자와 업체들에게 매년 연말연시 저소득층 가정과 다양한 쉼터에 빈대 방역 서비스를 기부하도록 촉구했다. 돈으로 환산하면 30만 달러가 넘을 것으로 추정된다. 그러나 그들은 후속 조치를 취할 의무가 없었고, 그래서 그런 방역 서비스가 얼마나 효과적이었는지 확인하기는 불가능하다. 한편 릭 쿠퍼는 뉴욕에 빈대가 재등장한 처음 수년간 시 당국의 빈대 대처에 도움을 주었다. 베드버그 센트럴을 지지하는 팬들도 많다. 어떤 팬은 나와 인터뷰하던 중에 베드버그 센트럴의 접근법은 "대학의 객관적인 연구와 민간 시장의 결혼"이며 베드버그 센트럴이 없다면 빈대 산업이 어떻게 되었을지 생각만 해도 소름이 돋는다고 말했다.

나는 필 쿠퍼에게 케인 같은 비판가들을 어떻게 생각하는지 끈질기게 물었다. 그러자 그는 돈을 버는 것은 나쁜 일이 아니라고 항변하면서 베드버그 센트럴을 시작했을 때의 이야기를 들려주었다. "나는 자금을 끌어모으고 돈을 벌 수 있는 모든 잠재적 방법을 고려했습니다. 그러니까 내 말은, 아니 딱 까놓고 말해 나는 조금도 꿀릴 것이 없었습니다. 베드버그 센트럴은 비영리단체가 아닙니다." 그러면서 그는 덧붙였다. "사람들이 베드버그 센트럴이 빈대 세상의 월마트이며 효과 유무와 상관없이 아무거나 판매한다고 말하는 것을 알고 있습니다. 내 대답은 딱 하나뿐입니다. 절대 그렇지 않습니다…… 우리는 제품을 아주 까다롭게 선정합니다." 그는 빈대 관련 기업들이 베드버그 센트럴의 사업 파트너가 되려면 돈을 내야 한다는 소문에 대해 억울한 마음도 털어놓았다. 물론 돈을 받는 것은 맞지만 사람들이 주장하듯 큰 액수는 아니라고, 구체적으로 각 기업은 1년에 수만 달러가 아니라 7,500달러 선을 지불한다고 말했다. 게다가 그것에 불평을 토로하는 파트너들이 하도 많아서 그 사업 모델을 수정했다고 말했다.

그는 사업 파트너들이 자신을 좋아하는 만족스러운 팬으로 남아 주기를 바란다. "베드버그 센트럴이 운영하는 빈대 대학교 훈련 캠프에 참가했던 사람들을 만나 보셨나요? 그들과 이야기도 해 보고 인터뷰도 해 보겠습니까? 그들은 우리를 신이라고 생각할 겁니다."

소비자의 관심을 끌고 시장점유율을 끌어올리기 위한 빈대 관련 기업들의 경쟁이 갈수록 치열해짐에 따라, 전 세계에서 신흥 시장으로 부상하는 빈대 산업에서 비슷한 드라마가 펼쳐진다. 비록 미국 시장이 대부분을 차지하지만 말이다(영국과 호주에서는 신제품 관련 법규가 미국보다 엄격하고, 이는 빈대 세상에서 쿠퍼 파와 케인 파가 대립하는 부분적인 이유일 수도 있다. 요컨대 그것은 비단 윤리의 문제일 뿐만 아니라 문화의 문제이기도 하다). 베드버그 센트럴의 연 매출은 100만 달러 선이다. 이 수치는 최소한 그것의 수백 배가 될 것으로 추산되는 빈대 산업 전체의 총매출에 비하면 새 발의 피에 불과하다. 2011년 빈대 사업은 미국에서만도 총 4억 900만 달러를 벌어들였다. 이 수치는 열처리같이 일반적으로 능숙한 개입이 필요한 다양한 방역법, 살충제, 탐지견 등등 오직 전문적인 서비스와 제품만을 포함한 것이다. 다른 말로 소비자에게 직접 판매하는 방식의 제품 매출은 포함하지 않았다. 그런 제품은 2013년 기준으로 아마존에서는 8,000종 이상, 구글 쇼핑에서는 약 1만 3,000종이 판매되었다. 또한 변호사 비용, 우발적인 화재 사고 후 복구 비용, 뜻하지 않은 살충제 중독에 따른 치료비, 새로운 영리보험 증서 등도 포함되지 않았다. 특히 영리보험은 방역업자들에게는 안전망의 역할을 하고 호텔, 부동산 소유주, 대학, 직원들을 출장 보낸 기업 등에게는 빈대 피해를 보상해 준다.

심지어 빈대 자체도 상품이 되었다. 수요가 있기 때문이다. 실험실에서 빈대들을 키우고자 하는 연구가들과 개를 빈대 탐지견으로 훈련시키고자 하는 사람들이 살아 있는 빈대를 원했다. 영국의 곤충 기업인 시멕스스토어CimexStore는 2012년 한 해에만도 살아 있는 빈대 3만 5,000~4만 마리를 판매했다. 가격은 1단계 유충이 마리당 20펜스, 성충은 1파운드였다. 시멕스스토어는 생명 주기별 죽은 빈대를 합성수지로 보존해서 실물 학습 도구용으로 판매한다. 심지어 모형 매트리스의 한쪽 구석에 빈대들을 늘어놓은 표본 상자도 맞춤 제작이 가능하다. 한편 미국에서는 일부 곤충학자들이 실험실에서 빈대 개체군을 유지하고 관리하는 비용을 충당하기 위해 빈대 한 마리당 1달러에서 1.25달러에 판매하는 반면, 민간 기업들은 2~6달러 선으로 가격을 책정할 수도 있다. 시멕스스토어는 탐지견 훈련을 위해 첨단 기술이 적용된 고가의 제품도 판매하고, 살아 있는 빈대의 체취를 묻힌 띠종이를 다섯 개짜리 한 팩에 배송료를 포함해서 120달러나 받는다.

2011년 빈대 시장은 성장세를 이어갔다. 가령 미국에서 관련 제품의 매출액 기준으로 볼 때 빈대는 개미, 흰개미, 바퀴벌레, 쥐, 좀 같은 계절 해충, 거미에 이어 일곱 번째 해충임에도 불구하고, 수익률의 성장 속도가 가장 빠르다. 이듬해인 2012년에는 빈대 산업이 미국 남부보다는 서부와 중서부에서 번성했다. 그러나 빈대 출현 사례가 전체적으로 증가했음에도 불구하고 미국 전체의 빈대 관련 총매출은 4억 100만 달러로 전년도에 비해 약간 감소했다. 전 세계적으로도 빈대는 여전한 골칫거리였다. 2011년에 발표된 업계의 설문 조사에 따르면, 아프리카, 호주, 유럽, 북미에서 활동하는 방역업자들은 빈대가 가장 다루기 까다로운 해충이며 심지어 개미나 흰개미 또는 끈질긴 생명력으로 악명이 높아 핵폭탄이 터져도 끄떡없다고 여겨지는 바퀴벌레보다도 박멸하기가 더 어렵다고 응답했다. 미국에서 빈대 방역 건수는 지난 10년 동안 아홉 배나 증가했다.

그렇다면 빈대 시장의 미래는 어떨까? 기업들은 빈대로 계속해서 돈을 벌 수 있을까? 차세대 빈대 제품은 무엇일까? 나는 이런 질문들의 단서를 찾기 위해 미국 특허청의 데이터베이스를 샅샅이 뒤졌다. 얼마 지나지 않아 스프레드시트 프로그램을 사용해서 빈대와 관련된 기존의 모든 특허를 시간 순으로 도표를 작성할 수 있었다. 2012년 기준, 전 세계에서 어떤 식으로든 빈대와 관련 있는 특허와 공개 특허출원이 5,000건에 육박했다. 특히 공개 특허 대부분은 지난 40년간 집중적으로 이루어졌다. 하지만 1970~1990년대에 공개된 특허들은 빈대는 물론이고 곤충 수백 마리에도 잠재적으로 사용할 수 있다고 두루뭉술하게 주장했다. 이런 꼼수 덕분에 특허권자는 자신이 발명한 화학약품에 잠재적인 모든 사용법을 등록시킬 수 있었다.

특허가 가장 많이 출원한 기간은 1992~2012년이었다. 이 20년 동안 공개된 특허와 특허출원이 그전보다 960퍼센트 대폭 증가했다. 대부분은 살충제였지만, 제품화를 위해 반드시 거쳐야 하는 엄격한 효능 시험과 안전성 시험을 통과한 것은 극소수에 불과했고, 심지어 빈대용 살충제는 단 한 건도 없었다(파울 뮐러와 가이기 사가 1935년 새로운 화학물질을 발명했을 때도 사정은 다르지 않았다. 그 화학물질이 바로 디디티이다. 오죽하면 뮐러가 이렇게 한탄했겠는가. "상황은 정말이지 절망적으로 보인다. 이미 이 주제에 대한 논문이 수도 없이 많이 발표되었고 특허를 취득한 살충제도 부지기수다. 그러나 특허받은 살충제가 그토록 많은데도 제품으로 시장에 나와 있는 것은 하나도 없다……").

1992~2012년에는 열 장치, 냉동 시스템, 매트리스 방충 커버, 빈대 방지 가구, 방충제, 생물 농약biological agent 등에 대한 특허도 증가했다. 특히 살충제 다음으로 가장 큰 항목은 트랩, 모니터, 탐지기 같은 감시 도구를 포함했는데, 사실 이런 도구들은 150년 전에 처음으로 특허출원된 빈대 관련 기술과 조금도 다르지 않았다. 한층 업그레이드된 도구로는 화학물질을 감지하는 센서가 부착된 전자 냄새 검출기 일명 전자 코 electronic nose가 있었는데, 들리는 말에 따르면 탐지견보다 빈대 냄새를 포착하는 능력이 더 뛰어나다고 한다. 한편 말벌들이 달콤한 냄새를 좋아한다는 점에 착안한 도구도 있다. 침 없는 말벌들이 빈대 냄새를 달콤

한 설탕물 냄새로 인지하도록 훈련시키는 것이다. 훈련된 말벌들을 내부에 카메라가 설치된 통에 풀어 놓고, 카메라가 말벌들의 움직임을 녹화한다. 발명가들의 주장대로라면, 말벌들이 빈대 냄새를 맡으면 크게 흥분하고 카메라가 그런 광란의 움직임을 포착해 경고를 발한다. 심지어 미래형 트랩은 콩 이파리의 독특한 갈고리 기능에서 영감을 얻을지도 모르겠다. 실제로 콩 이파리의 갈고리 기능을 발견한 캘리포니아의 몇몇 과학자들은 그것에 착안한 합성 갈고리 라이선스를 얻기 위해 노력 중이다. 그들의 계획은 일단 라이선스를 획득하고 나서 깔개, 의류, 침대 다리나 헤드보드를 감쌀 수 있는 천 테이프 등등으로 제품화한다는 것이다. 또는 페르몬을 함유한 트랩도 유력한 후보인데, 현재 런던 의학대학원 소속 연구가들이 상품화하기 위해 노력 중이다.

최근에 출원된 특허 중에 이미 제품화되어 시중에서 유통되는 것들도 있다. 침대 다리 밑에 놓는 접시 모양의 다양한 플라스틱 트랩, 이산화탄소나 페로몬을 미끼로 사용하는 상자, 다양한 끈끈이 트랩이 대표적이다. 사실 접착제 같은 끈끈한 표면의 효과성에 대해서는 지금도 과학자들 사이에 의견이 엇갈린다. 하지만 그런 논란에도 불구하고 끈끈이 트랩은 여전히 시중에서 판매되고 있다. 빈대를 사람이나 다른 빈대들에게 유인하는 화학물질들로 처리한 끈끈이 트랩인 버기베드BuggyBeds를 예로 들어 보자. 버기베드는 에이비시의 리얼리티 쇼 〈샤크 탱크Shark Tank〉의 2012년 시즌 첫 회에 등장했고, 그날 방송은 640만 명이 시청한 걸로 알려 졌다. 그 쇼에서 출연자들은 다섯 명의 엔젤 투자자angel investor*들로 구성된 패널에게 사업 아이디어를 홍보하고 투자를 유치한

---

* 신생 기업이나 벤처기업에 투자하는 사람을 일컫는다.

다. 그들 엔젤 투자자가 바로 샤크shark, 상어들인데, 가장 유명한 샤크는 엔터테인먼트 업계의 거물이자 억만장자이며 미국 프로농구팀 댈러스 매버릭스Dallas Mavericks의 구단주인 마크 큐번Mark Cuban이다.

그날 방송에서 첫 번째 출연자는 발만 사용할 수 있는 안마사들을 위한 장치를 판매하는 벤처기업 대표로, 샤크들의 관심을 이끌어 내지 못했다. 두 번째 출연자는 뉴저지에서 온 두 명의 여성이었고 그들은 침실 모형을 들고 등장했다. 마리아 쿠르치오Maria Curcio와 베로니카 펄롱고 Veronica Perlongo였다. 결과적으로 그녀들의 아이디어는 패널 전원의 눈과 귀를 사로잡았다. 쿠르치오가 말했다. "제가 지금 들고 있는 단순한 1인용 침대 모형조차 수천, 아니 수만 마리 빈대들에게 은신처를 제공할 수 있습니다! 빈대들은 당신의 침대에 숨어 살면서 당신의 피를 빨아 먹고 가렵고 빨갛게 부풀어 오른 자국을 남기게 됩니다!"

"당신의 집에 빈대가 있는데도 당신은 전혀 모르고 있을 수도 있습니다." 펄롱이 말하자 멋진 정장을 차려입은 샤크들은 몸을 긁으며 꼼지락거렸다. 이번에는 쿠르치오가 자신들이 고안한 빈대 트랩은 "빈대를 유인하고 트랩에 가두어 죽입니다"라고 설명했다. 그러자 샤크들은 일제히 관심을 보이며 상체를 앞으로 기울였다. 그러나 패널들을 진짜로 흥분시킨 순간은 그 뒤에 찾아왔다. 쿠르치오와 펄롱고가 할인 소매업체인 벌링턴 코트 팩토리Burlington Coat Factory와 건축자재 유통업체인 홈디포 Home Depot 같은 매장을 통해 빈대 트랩을 이미 15만 달러어치나 판매했고, 특허권과 상표권을 500만 달러에 매입하겠다는 제안을 받았지만 버기베드가 그 이상의 가치가 있다고 생각해서 거절했다고 말했을 때였다. 뉴저지의 두 여성이 원하는 것은 월마트 같은 대형 할인마트에 진출하기 위한 도움이었다. 〈샤크 탱크〉 역사상 처음으로 패널 전원이 공동제안을 했고("이 거래를 성사시키고 싶어 몸이 근질거리는 군요."), 쿠르치오와 펄롱고가 그 제안을 받아들였다.

그로부터 몇 주 지나지 않아 그들의 계약은 백지화되었다. 내가 인터뷰 약속을 잡으려고 연락을 취했을 때 버기베드도 에이비시도 그 이유를 말해 주지 않았다. 하지만 버기베드는 이내 남아프리카 유통업체 숍라이트Shop-Rite, 미국의 슈퍼마켓체인 어소시에이티드Associated와 멧 푸드Met Foods, 건축자재 유통업체 트루 밸류 하드웨어True Value Hardware와 에이스 하드웨어Ace Hardware, 아마존 등에서 판매되기 시작했다. 버기베드 웹사이트의 면책조항을 보면 이렇게 나와 있다. "버기베드 탐지기는 해충 방지제도 살충제도 퇴치제도 완화제도 아니다. 유일한 용도는 해충을 유인해서 탐지하는 것이다."

빈대와 관련해 전문적인 제품이나 서비스를 제공하는 업체들의 문제는 소비자의 기대와 현실 사이의 괴리라고 어떤 컨설턴트가 진단했다. 빈대가 사람들을 괴롭히는 방식이 여느 해충들과는 다르고, 그래서 사람들은 전문가라면 빈대를 퇴치할 수 있을 거라고 생각한다. 물론 다른 해충에 대해서도 사람들은 이런 기대를 갖지만, 바퀴벌레 한두 마리는 피를 빨아 먹는 빈대 한 마리에 비할 바가 못 된다. 그렇기 때문에 해충 박멸 산업이 아니라 해충 방역 산업으로 불린다고 그 컨설턴트가 말했다. 해충 박멸 산업은 나쁜 사업 모델일 것이다. 가령 방역업자들이 우리의 집에서 곤충을 한 마리도 남김없이 죽인다면 그들은 결국 파산하지 않겠는가. 그 컨설턴트에 따르면, 오히려 방역업자들은 자신의 정직하지 못한 행위에 잠깐 양심이 찔리더라도 눈 질끈 감고 일부 해충을 살려둘 필요가 있다고 한다. 훗날 나는 그 컨설턴트가 최악이라고 말한 업체들을 포함해 많은 빈대 관련 기업들에게 이런 방역 대 박멸의 문제를 제기했다. 그들은 입을 맞추기라도 한 듯 대답이 똑같았다. 자신들은 철저하게 박멸에 초점을 맞추느라고, 자신들 말고 다른 업체들 쉽게 말해 악덕업체들이 단순한 방역에 만족한다고 주장했다. 당연한 말이지만 그 컨설턴트는 양심적인 해충 방역업자와 서비스를 추천해 주지만, 그에게 그런 목록을 받으려면 컨설팅 비용을 지불해야 한다.

그러나 하나의 주거 공간에서 해충을 완전히 박멸하는 것조차 매우 힘들 수 있다. 특히 인구밀도가 높아서 사람들이 북적거리는 곳에서는 더욱 그렇다. 가령 도시에서는 우리 집의 쥐가 이웃의 쥐고 우리 집의 바퀴벌레가 이웃의 바퀴벌레다. 그렇다면 빈대는 어떨까? 물론 빈대도 우리와 이웃 모두의 공동 소유다. 해충은 집과 집 사이의 벽을 통해서, 복도를 따라서, 연결된 지하실을 건너서 이웃집으로 이동하고 그래서 임대차계약과 각종 권리증으로 구분되는 눈에 보이지 않는 모든 경계가 해충에게는 아무런 의미가 없다. 그렇다면 교외의 단독주택은 어떨까? 비록 이웃에게 옮길 가능성은 낮겠지만, 넓은 면적으로 인해 방역 비용이 올라가는 것은 차치하고라도 방역하는 것조차 어려울 수 있다. 한편 아파트나 주택 혹은 빌딩이 고가의 전문가적 서비스를 이용해서 꼼꼼하게 방역한다면, 빈대에서 완전히 해방될까? 어림없는 소리다. 빈대들이 이웃 아파트나 주택 혹은 빌딩을 통해 옮겨 오거나 임신한 암컷 한 마리가 여행객의 가방에 숨어 와서 새 둥지를 틀면, 모든 것이 다시 시작이다.

기대 대 현실은 일반인도 구입할 수 있는 빈대 제품과 관련해서도 서로 충돌한다. 우리는 제품의 라벨에 적혀 있는 약속을 믿고 싶어 한다. 특히 새벽 2시에서 동틀 무렵까지 빈대가 우리 몸을 노략질할 때를 놓치지 않으려고, 옷을 다 입은 채로 손전등을 확 움켜쥐고 침대에 누워 뜬눈으로 밤을 지새울 경우에는 더욱 그렇다. 우리는 운동 장비, 주름

개선 크림, 야채 절단기 등의 쓸데없는 물건들이 옷장과 잡동사니로 가득 찬 서랍장 한쪽 귀퉁이에 점점 쌓여감에도 불구하고, 기적 같은 제품 하나가 나타나서 침대의 성스러움을 보호해 주기를 기대한다. 대개의 경우 이런 믿음은 애매모호한 약속에서 비롯한다. 가령 자사 제품이 "닿기만 해도 빈대를 죽인다"고 주장하는 기업이 있을 수 있다. 이런 문구를 보고 소비자는 집 안에 있는 모든 빈대를 완전히 박멸시킨다는 뜻으로 확대해석한다.

빈대 시장의 폭발적인 성장과 빈대에 대한 우리의 기억상실은, 경제학자들이 비대칭 정보asymmetric information라고 부르는 현상을 떠받치는 환상의 짝꿍이다. 비대칭 정보는 이론적으로 볼 때, 거래의 한쪽 당사자가 상대쪽 당사자에 비해 특정 제품의 효용에 관한 지식을 충분히 갖지 못하는 경우를 일컫는다. 기술적인 혹은 과학적인 지식이 없다면, 특히 특정 해충에 관한 기본적인 생물학, 심리학, 행동에 관한 지식이 없거나 각 제품이 그런 지식을 어떻게 활용하는지 모른다면 소비자는 정보에 입각해 현명한 구매 결정을 할 수 없다. 당연한 말이지만 자유 시장 경제에서는 거의 모든 사람이 제품을 만들고 판매할 수 있다. 또한 그들은 무언가가 실제로 어떻게 작용하는지에 대한 소비자들의 지식 부족과 정보 부족을 비교적 자유롭게 악용하고, 별다른 제제 없이 제품의 효능에 대해 터무니없는 주장을 하기도 한다. 적어도 판매자의 관점에서 볼 때 악의적인 사람들이 관심을 기울이기 시작할 때까지는 그렇다.

미국에서는 무너진 기대가 종종 법적 분쟁으로 이어진다. 빈대와 관련해 가장 유명한 소송 중 하나는 뉴욕 월도프 아스토리아 호텔에 대한 손해배상 소송으로, 보도에 따르면 청구 금액이 무려 1,000만 달러라고 한다. 원고의 주장을 정리하면, 2007년 월도프 아스토리아에 투숙했을 때에 빈대에 물렸고, 이후 트라우마가 너무 심해졌으며, 결국 빈대에 물리고 3년이 지났음에도 불구하고 법적 소송을 제기하기로 결정했다. 2013년 말 현재 그 소송은 뉴욕 주 대법원에서 심의 중이다. 한편 이번 소송 말고도 월도프 아스토리아에 대한 소송은 몇 건 더 있었다. 그러나 빈대 소송에 휘말린 것은 월도프 아스토리아만이 아니었다. 사실 미국 각지에서 호텔과 모텔을 상대로 소송이 제기되었다. 비록 대부분의 소송은 아스토리아처럼 손해배상 청구액이 크지 않지만 말이다. 대개는 투숙객이 호텔을 상대로 소송을 제기하지만, 꼭 그렇지만은 않다. 가령 2013년 캐나다의 퀘백 호텔Hotel Quebec은 투숙 중에 빈대에 물렸다고 여행 전문 웹사이트에 악평을 올린 투숙객을 고소했다. 언론이 그의 악평을 보도하면서 일이 커지자 호텔 측은 그의 이야기가 날조되었고 호텔의 평판을 크게 손상시켰다고 주장했다. 보도에 따르면 호텔은 9만 5,000달러의 손해배상 청구 소송을 제기했다.

빈대와 관련된 모든 소송을 추적하는 것은 어렵지만, 소송 대부분은 연방 법원이 아니라 주 법원에서 이뤄지고 비록 확실치는 않지만 호텔과 투숙객 간의 분쟁보다는 세입자와 집주인 사이의 분쟁이 더 일반적이다. 이제까지 가장 큰 빈대 소송은 2010년 아이오와 주 대법원에 제기되었고, 빈대 재출현 이후 최초의 빈대 집단소송이었다. 저소득층 아파트 단지에 거주하는 약 300명의 세입자가 지난 2년간 빈대에 시달리며 고생했지만 아파트 소유주가 적절한 조치를 취해 주지 않았다면서 집단소송을 제기한 것이다. 보도에 따르면 원고들은 총 740만 달러의 손해배상을 청구했다. 한편 단일 세입자에 대한 최대 보상액은 메릴랜드 주 아나폴리스Annapolis에서 나왔다. 한 세입자가 빈대에 감염된 아파트를 임대했다고 주장하면서 집주인을 상대로 소송을 냈고, 배심원단은 원고의 손을 들어 주면서 집주인에게 80만 달러를 지급하라고 판결했다.

그러나 그런 거액보다는 소액 손해배상 청구 소송이 더 일반적이다. 가령 미네소타에 거주하던 36세의 여성은 2012년 여름 미니애폴리스Minneapolis에서 북동쪽으로 20분 정도 떨어진 방 두 칸짜리 작은 아파트로 이사했다. 그녀를 편의상 캐리라고 부르자. 이사를 하고 보니, 아파트에는 전 세입자의 짐이 거의 그대로 있었다. 더구나 아파트는 아주 지저분한 데다가 담배 냄새와 젖은 개에게서 나는 불쾌한 냄새에 절어 있었다. 벽은 누렇게 변색했고 바닥은 머리카락 범벅이었다. 사실 캐리는 미국의 부동산 시장 붕괴에 따른 피해자였다. 미니애폴리스에 있던 그녀의 집이 압류당하는 바람에 어쩔 수 없이 아파트를 임대해야 했던 것이다. 그러나 새 아파트의 지저분하고 끔찍한 상태는 그녀의 절망에 아무런 도움이 되지 못했다.

캐리와 아파트 주인은 십수 년 전부터 알던 사이였다. 독신자 모임에서 처음 만난 그들은 다른 회원들과 어울려 야구 경기도 하고 바비큐 파티도 하고 보드게임도 했었다. 캐리에게 집이 필요한 상황이 되자, 그가 먼저 자신의 아파트로 이사하라고 제안했다. 그러나 이사를 하고 난 뒤에는, 아파트가 아무리 지저분하고 마음에 들지 않아도 막상 그녀가 할 수 있는 것이 거의 없었다. 보증금으로 1,800달러와 첫 달치 월세를 이미 지불한 데다가, 2년 전에 해고를 당해 은행 잔고가 바닥이었고 그간 실업수당으로 빠듯하게 살아온 터라 다른 아파트를 구할 여력도 없었다. 그녀의 예전 집 대출금의 상환 기간도 지났다. 그녀가 할 수 있는 일이라곤 이삿짐을 푸는 것뿐이었다.

밴에서 짐을 부리기 전에 캐리는 아파트 청소부터 해야 했다. 웬만한 한 개 소대 규모의 친구들이 도와주었지만, 예전 세입자의 짐과 쓰레기를 치우는 것만도 거의 하루 종일이 걸렸다. 심지어 냄새나는 소파는 얼마나 큰지 현관문을 빠져나가질 못해서 분해해 내다 버려야 했다. 또한 담배 연기로 절어 누렇게 변색한 벽을 표백제와 수세미로 닦아 내는 데만 장장 여섯 시간이 걸렸다. 카펫은 도저히 손을 쓸 수 없는 상태였지만, 집주인이 직접 둘러보러 오겠다고 약속하기에 일단 그의 말을 믿고 기다리기로 했다. 캐리는 마침내 강아지 세 마리와 애견용품 그리고 침대와 소파를 아파트로 옮겼다. 그럼 다음 어떻게든 아파트에 정을 붙이려고 노력했다.

이사하고 며칠이 지났을 때였다. 아침에 눈을 뜬 캐리의 왼쪽 팔목 안쪽에 오돌토돌 뭐가 돋아 있고 가려웠다. 6일째가 되자 두드러기가 난 것처럼 얼굴, 목, 어깨가 붉은 반점으로 뒤덮였고 왼쪽 눈은 너무 부어서 뜨기 힘들 정도였다. 그녀는 인근의 개인 병원에서 진찰을 받았고 프레드니손prednisone 처방전과 끈적거리는 연고를 받았다. 그러나 중증 알레르기 반응이라는 것 외에 다른 명확한 진단은 듣지 못했다. 그녀는 당분간 회복될 때까지 부모님 댁에서 지내기 위해 강아지들과 몇 가지 짐을 간단히 챙겼다. 부모님 댁에서 며칠을 지내자 두드러기와 발진이 사라졌다. 그즈음 캐리는 며칠 전 친구에게서 들었던 말이 생각났다. 그녀의 증상이 빈대에 물린 것일 수도 있다는 이야기였다. 그래서 둘은 손전등과 플라스틱 봉투를 들고 아파트로 돌아갔다. 수색 작전은 이내 끝났다. 침대보 아래와 애완견의 집에서 빈대 몇 마리를 발견했고, 심지어 침실 구석의 거미줄에서도 빈대가 걸려 있었다. 그들은 빈대를 봉투에 담아서 아파트를 나왔다.

캐리는 이튿날 짐을 빼서 창고에 맡겼다. 그리고 침대에 유기인계 살충제로 몇 년간 미국에서 실내 사용으로 등록되지 않았던 말라티온

malathion을 살포했다. 일주일 후 돌아가 살펴보니 매트리스 위에 빈대 대여섯 마리가 죽어 있었다. 그녀는 말라티온을 또다시 살포했고 나머지 가구에는 규조토를 뿌렸다. 다행히도 미네소타 주 법에는 곤충과 해충을 포함해서 주거에 부적합한 환경으로부터 세입자를 보호하기 위한 조항이 있었다. 캐리는 그 조항을 근거로 아파트 임대계약을 파기했고, 집주인에게 보증금과 월세를 돌려 달라고 요구했다.

집주인으로부터 답변을 기다리는 동안 캐리는 며칠 머물지 않았음에도 친분을 쌓았던 이웃들과 이야기하기 위해 아파트를 다시 찾았다. 먼저, 바로 아래층에 살던 가족을 찾아갔다. 실업자인 중년 부부가 10대 아들 둘과 23살인 딸 그리고 4살짜리 외손녀와 함께 살고 있었다. 그들이 들려준 말에 따르면, 그 건물에 빈대 문제가 발생한 지가 1년도 넘었다고 했다. 심지어 딸과 외손녀 그리고 아들 중 한 명은 밤에 빈대에 물리지 않으려고 몇 달 전부터 마당에 텐트를 치고 잠을 잤으며, 다른 아들은 건물 지하실의 딱딱한 플라스틱 의자에서 새우잠을 잔다고 했다. 부부도 잠자리에 들기 전에 침대에 알코올을 뿌리는 의식을 매일 밤 치르고, 잠을 자다가도 알코올을 추가로 뿌리기 위해 몇 번을 일어난다고 했다.

복도 맞은편의 집에는 뇌출혈로 거동이 불편해서 파트타임으로만 일하는 여성이 살았다. 그녀의 집에도 빈대가 있었지만, 그 사실을 끝내 인정하지 않았다. 주민들은 건물에 처음으로 빈대를 들여온 주범이 그녀일 거라고 의심했다. 그런 의심은, 집주인들이 세입자들에게 공동 쓰레기장에 침대를 내다 버리라고 요구하면서 시작되었다. 1년 전쯤 아들과 아들의 여자 친구가 어디선가 공짜로 얻어온 그녀의 침대는, 다른 주민들의 침대에 비해 빈대 배설물이 월등히 많았고 매트리스 커버도 몇 겹이나 썩어 있었던 것이다. 또한 같은 건물에 살던 집주인의 집에서도 빈대가 나온다는 소문이 돌았지만, 그도 그 사실을 인정하지 않았다. 그뿐 아니라 그는 보증금과 월세를 돌려 달라는 캐리의 요구를 거절했다. 그래서 그녀는 민사소송을 제기하고 부동산 전문 변호사를 고용했다. 결국 그들은 2,700달러에 합의했다. 그로부터 채 한 달도 지나기 전에 그녀의 전 집주인은 새로운 세입자를 들였는데, 이번에는 1년치 월세를 현금으로 미리 받았다고 한다.

캐리가 운이 좋았다고 말할 수는 없지만, 적어도 빈대 법규가 마련된 주에 살았던 것은 다행스런 일이다. 미국에서는 미네소타를 포함해 스물두 개 주만 그런 법률을 시행한다. 이들 법률 대부분은 소송과 여타 법률 분쟁이 있은 후에 제정되었다. 미국 의회는 호텔 객실과 공공주택에 대한 주 정부의 빈대 감염 실태 조사를 지원하기 위해 2009년 "빈대가 물게 하지 마라 법Don't Let the Bed Bug Bite Act"을 발의했지만, 결국 수포로 돌아갔다. 또한 기존 법률 중에 집주인이 부동산을 '해충 청정 구역'으로 유지해야 한다고 명시한 것도 일부 있지만, 여기에 빈대가 항상 포함되는 것도 아니다. 이는 논쟁과 불확실성이라는 빌미를 제공한다.

빈대 관련 법률이 빈대 관련 소송을 억제할지는 아무도 단언할 수 없다. 그러나 이제까지는 그렇지 못했다. 일례로 1931년 미네소타 세인트폴St. Paul에서 집주인과 세입자가 빈대 문제로 법적 다툼을 벌였고, 세입자는 약 76리터의 휘발유로 빈대 방역 작업을 했지만 성공하지 못했다. 이에 판사는 집주인에게 임대료 반환금과 법적 비용으로 50.95달러를 세입자에게 지불하라고 판결했다. 반면 1887년 뉴욕의 한 법원에서는 세입자에게 불리한 판결이 내려졌다. 해당 판사는 뉴욕 시에 거주하는 세입자에게 빈대와 그 밖의 수많은 해충들은 절대 예상치 못한 사건이 아니라고 주장했다.

라스베이거스 정상회의의 마지막 날, 예정된 모든 프레젠테이션이 마무리될 무렵 환경보호청에서 나온 두 명의 대표가 무대에 올랐다. 그들은 효과가 없는 제품들로부터 소비자들을 보호하기 위해 마련된 규제 조치를 설명할 계획이었다. 그들이 무대에 오르자 일부 청중이 마뜩잖다는 듯 몸을 뒤척이며 투덜거렸다. 정상회의 전후로 나는 일부 참석자들과 이야기를 나눌 기회가 있었다. 대화를 하던 중에 몇몇은 환경보호청에 대한 공공연한 불신을 드러냈다. 빈대 문제를 인정하는 것에 너무 미온적이라고 비난하는 사람들도 있었고, 확실한 지침이나 지원을 서둘러서 제공하지 않고 너무 꾸물댄다고 불편한 심기를 드러낸 사람들도 있었다. 하지만 무엇보다 나쁜 것은 환경보호청이 최소 위험 살충제로 분류된 25비 화학물질을 허술하게 관리하는 것이라고 입을 모았다. 무대에 오른 환경보호청 관계자들은 청중의 불만 섞인 웅성거림을 외면하려고 애쓰는 기색이 역력했다. 동시에 그들은 객석의 웅성거림에 파묻히지 않으려고 목소리를 높여야 했다. 그들의 요지는 환경보호청이 25비 관련 문제를 해결하기 위해 노력 중이라는 것이었다. 그러나 아직까지도 기업들이 효능 데이터에 관한 질의에 성실하게 정보를 제공하지 않는다고 어려움을 토로했다. 그들이 무대를 내려가자 청중에서는 더욱 큰 불만의 목소리가 터져 나왔다.

환경보호청에 이어 정상회의의 마지막 발표자가 무대에 올랐다. 연방거래위원회Federal Trade Commission의 법률 대리인이었다. 청중의 웅성거림이 잦아들었다. 연방거래위원회는 거짓된 광고 메시지로부터 소비자들을 보호하는 기관이며, 미국 국무부와 함께 반독점법을 집행한다. 연방거래위원회의 가장 잘 알려진 조항은 원치 않은 텔레마케팅 전화로부터 사람들을 보호하는 수신 거부권Do Not Call Registry이다. 연방거래위원회의 법률 대리인이 도입부의 슬라이드를 소개하는 동안 나는 새로운 사실을 깨달았다. 이제 기업들은, 호텔과 부동산 소유주들을 상대로 제기되는 민사소송과는 차원이 다른 법적 행동을 고려해야 한다는 사실이었다.

연방거래위원회의 법률 대리인은 불공정하거나 기만적인 행위나 관행을 명시하는 연방거래위원회법 제5조에 의거해서, 모든 기업이 특정한 광고 메시지를 뒷받침하는 적법하고 신뢰할 수 있는 증거를 반드시 제시해야 한다고 설명했다. 달리 말하면, 광고나 마케팅 캠페인에서 특정 제품이 빈대를 100퍼센트 박멸한다고 주장한다면, 해당 기업은 그 주장을 뒷받침하기 위한 과학적 연구를 실시하고 유효한 결과를 확보해야 한다. 또한 연방거래위원회가 요구한다면 기업들은 위원회가 검토할 수 있도록 연구 결과를 제출해야 하고 시험 결과는 제3의 전문가들로부터 확인을 받아야 한다. 곤충학자들이 또다시 웅성거리기 시작했지만, 분위기는 아까처럼 탄식 섞인 투덜거림이 아니라 긍정적인 소란스러움이었다. 이미 많은 공급업자들이 집으로 돌아갔거나 회의장을 떠난 터라, 그들이 그 소식에 환호했는지 아니면 정신이 번쩍 들었는지 확실치 않았다.

연방거래위원회의 법률 대리인이 "최근의 법 집행 사례"라는 제목의 슬라이드를 상영하자 여기저기서 박수가 터져 나오기 시작했다. 25비 빈대 제품을 판매한 기업 두 곳을 상대로 연방거래위원회 사상 처음으로 법적 행동을 취한 사례를 소개하는 내용이었다. 하나는 계피, 레몬그라스, 정향, 박하 등으로 만든 레스트 이지Rest Easy라는 제품이었는데, 제품 라벨에 "유기적 방법으로 빈대를 죽이고 쫓아낸다"라는 문구를 포함시켰다. 다른 하나는 시더유가 주재료인 베스트 예트Best Yet라는 제품으로, 라벨에는 빈대와 여타 해충에 사용할 수 있는 "화학물질 무첨가 해충 방역 제제"라고 광고했다.

그런데 사람들의 기대와는 달리, 연방거래위원회 법률 대리인의 입에서 뜻밖의 이야기가 나왔다. 그런 스프레이 제품들은 여전히 시장에서 판매될 수 있다는 것이었다. 그러자 들뜬 분위기가 찬물을 끼얹은 듯 확 가라앉았다(실제로 몇 달 후에 그 두 제품은 오프라인과 온라인 모두에서 여전히 판매되었다). 연방거래위원회는 해당 사례에 따라서 기업에게 세 가지 조치를 취할 수 있는 권한밖에 없다. 첫째, 광고 문구를 바꾸도록 강제하고, 둘째, 벌금 같은 재정적 불이익을 부과하며, 마지막으로 거짓 광고 메시지에 속아서 제품을 구입한 소비자들에게 환불하도록 명령하는 권한이다. 만일 벌금액이 아주 많다면 또는 환불해 주어야 하는 소비자들이 아주 많다면, 벌금형으로 회사의 생존이 위험해질 수도 있다. 심지어 반복적으로 위반하는 기업들은 빈대 시장에서 영원히 퇴출될 수도 있다. 비록 완벽하지는 않지만 그래도 의미 있는 출발이었다.

8장

기이한
발진

: 여행의 심리적 대가

'저 모습에는 영원히 익숙해질 것 같지 않아.' 데이비드 케인의 사무실을 들어가다가 나는 익숙한 광경을 보고 생각했다. 그는 자그마한 유리병에 든 빈대들에게 자신의 팔뚝을 식사 거리로 내어 주고 있었다. 검은색 가죽 바지에 검은색 셔츠를 입은 그의 복장은 여전했다. 8개월 전 라스베이거스 빈대 대학교 정상회의에서 만났을 때도, 그로부터 약 두 달 후 뉴욕 퀸스의 어떤 에콰도르 식당에서 만났을 때도 그 차림이었다. 케인의 베드버그 사는 런던 남부의 산업 단지에 위치했다. 자그마한 사무실은 퀴퀴한 담배 냄새로 찌들었고 서류 뭉치와 상자들로 어지러웠으며 작은 유리그릇에는 점심에 먹다 남은 밥풀이 덕지덕지 붙어 있었다. 나중에 알고 보니 케인은 애완견 마다가스카르를 위해 밥을 남긴 것이었다. 마다가스카르는 사무실의 바닥에 깔아 놓은 종이 판지 아래 숨어 있는 바퀴벌레들을 쫓아낸다고 했다. 케인은 빈대가 든 작은 유리병을 왼팔과 가슴 사이에 단단히 끼워 고정시켰고, 자유로운 오른손으로 종이, 머그컵, 재떨이가 어지럽게 널린 사이에서 컴퓨터로 일을 했다. 자판을 두드리면서 그는 적절한 관련 정보를 공개하지 않은 채 빈대 기술로 돈을 버는 소위 빈대 학자들에 대해 일장 연설을 했다. 그들이 "쿠키 단지에 손을" 집어넣고 "파이에 손가락을" 갖다 대는 형국이라고 비꼬았다. 나는 먼저 그에게 허락을 구한 다음 휴대전화로 사진을 두 장 찍었다.

그날은 최종 목적지인 체코공화국으로 가는 도중에 나흘 일정으로 잠깐 들렀던 영국에서의 마지막 날이었다. 향후 빈대 여행을 인도해 줄 몇 가지 잠재적 단서를 추적한 후에 나는 빈대 재출현이 동유럽에서 시작됐다는 아이디어를 직접 조사하기로 결심했다. 아울러 로버트 유싱어가 그토록 가고 싶어 했지만 끝내 실현하지 못한 모험도, 그 정신을 이어받아 내가 대신 실현해 보기로 마음먹었다. 하지만 그 전에 마쳐야 할 숙제가 있었다. 런던에 잠시 체류하는 동안 케인의 빈대 방역 작업 모습을 직접 보고 싶었던 것이다. 그는 이제까지 총 2만 건이 넘는 방역 작업을 했고 성공률이 매우 높다고 주장한다. 타이밍이 좋았다. 내가 방문하기 얼마 전부터 그는 런던 시내의 많은 호텔에서 새로운 열처리법을 시작했고, 나는 그것이 어떻게 진행되는지 직접 눈으로 보고 싶었다.

"사실 우리는 18개월 전부터 화학약품 사용을 사실상 중단했습니다." 그는 화학 회사들을 싸잡아 비난하고 살충제 저항성에 대한 학문적 연구가 비록 지적인 차원에서는 흥미롭지만 방역 산업에는 즉각적인 도움이 되지 않을 거라고 안타까워하면서 말했다. "우리는 적어도 지난 12개월 동안은 호텔 객실에 화학약품을 사용하지 않았습니다."

나는 열처리법이 어떻게 작용하는지 물었지만, 그는 대답을 거부했다. 또한 자신이 사용하는 다른 빈대 방역법에 대해서도 입을 꾹 다물었다. 사실 예전에도 들은 적이 있는데, 그는 내가 그의 일을 참관하려면 비밀 유지 합의서에 서명해야 할 거라고 말했다. 대신에 그는 동문서답만 들려주었다. 가령 자신의 방법들이 아주 효과적이어서 어떤 경쟁업자가 공동으로 작업하자는 거짓 제안을 하며 그의 사무실에 왔다가 그의 성공 비밀을 풀기 위해 면봉으로 사무실 집기에 묻은 화학물질의 샘플을

유리병에 든 빈대들에게
자신의 팔로 흡혈 식사를
제공하고 있는 데이비드 케인

채취해 갔다는 둥, 또 다른 경쟁업자는 자신이 특허출원한 빈대 모니터를 복제한 짝퉁을 만들었지만 실패했다는 둥 말이다. 그리고 짝퉁을 만들었다는 그 경쟁업자는 케인이 빈대를 유인하기 위해서가 아니라 쫓아버리기 위해 디자인했던 샘플을 베꼈고, 그래서 결국 빈대를 유인하는 모니터를 베끼려던 시도는 수포로 돌아갔다고 덧붙였다. 어쨌건 현장에 데려가 달라는 내 요청을 그는 딱 잘라 거절했다. 내가 적절한 훈련을 받지도 않았거니와 그가 일하는 데 거추장스럽게 방해만 될 뿐이라는 이유에서였다. 또한 케인은 고객들의 프라이버시를 보호해야 할 의무가 있는데, 행여 오지랖 넓은 기자에게 그들의 신분이 노출될까 봐 염려했다.

나는 더 이상 그를 조르지 않았다. 대신에 라스베이거스에서 처음 만나 이야기를 나누었을 때에 귀에 못이 박히도록 들었던 빈대 박물관을 살펴보는 것으로 만족했다. 케인의 컬렉션은 전통적인 관점에서의 박물관이 아니었다. 오히려 케인의 수집품은 네 개의 플라스틱 통에 보관되어 있었고, 각 통은 다양한 빈대 장식품으로 가득했다. 케인은 7년 전부터 빈대 소품, 장난감, 책들을 수집했지만 아직 체계적으로 정리하지 않았다. 우리는 그가 가져온 플라스틱 통 두 개의 뚜껑을 열고 뒤죽박죽 뒤섞여 있는 내용물을 뒤지기 시작했다. 나머지 두 개는 창고에 있어서 그날 꺼내 볼 수가 없었다.

첫 번째 통은 예전의 해충 방역 광고와 매뉴얼 그리고 수십 년 전에 발표된 공중보건 관련 논문으로 가득했다. 또한 뉴저지 연안에 위치한 빈대 섬Bed Bug Island, 뉴욕의 빈대 골목Bed Bug Alley의 사진도 있었다. 빈대 섬은 지금도 구글 맵을 통해 찾을 수 있지만 빈대 골목은 더 이상 존재하지 않는다. 나는 1962년 머메이드 극장Mermaid Theatre에서 공연했던 블라디미르 마야콥스키의 연극 〈빈대〉의 팸플릿을 집어 들었다. 케인은 그때 이후로 〈빈대〉가 영국에서 공연된 적이 없다고 말했다. 그래서 내가 2012년에 브루클린에서 그 연극을 보았다고 말했을 때 케인은 놀라는 듯했다. 나도 런던에 빈대가 재출현하는 동안 아무도 그 연극을 공연하지 않았다는 사실에 케인 못지않게 놀랐다. 우리는 통 속으로 고개를 처박듯이 하며 예전에 사용했던 독물들을 하나하나 살펴보았다. 발모르 베드버그 머더Valmor Bed Bug Murder의 라벨을 복제한 것, 목걸이용으로 제작된 살충제 용기의 미니어처, 케인의 말에 따르면 디디티 브랜드인 베드버그 킬러 포이즌Bed-Bug Killer Poison을 보관했던 유리병 등이 보였다. 한편 유리병의 라벨에는 이렇게 적혀 있었다. "맹독성으로 반드시 어린이들의 손이 닿지 않게 하고 음식물과 별도로 보관해야 한다." 무엇보다 빈대 보드게임이 내 눈길을 끌었다. 그것을 통에서 꺼내 상자의 표지 사진을 유심히 살펴보았다. 사진에는 모터로 작동되는 흔들리는 침대에 알록달록한 플라스틱 빈대들이 놓여 있었고 커다란 족집게로 빈대들을 집어내는 여러 명의 손만 나왔다. 그 사진은 내 어린 시절과 빈대가 무엇인지조차 몰랐던 때에 대한 향수를 불러일으켰다.

두 번째 통에는 빈대 장난감이 가득했다. 버그 미 낫Bug Me Not이라는 브랜드가 만든 빈대 색깔의 매니큐어 병, 옅은 파란색 진주, 빛바랜 엽서 뭉치 등이 있었다. 특히 거의 벌거벗은 상태로 빈대 사냥에 몰두하는 빅토리아시대의 여성들을 묘사한 외설적인 그림엽서 시리즈도 있었다. 한편 1800년대 초에 출판된 《잉글랜드와 영국의 법령집Statutes at Large of England and Great Britain》 제2권도 있었는데, 모서리와 책갈피에는 빈대가 남긴 얼룩이 선명했다. 케인은 그 책이 자신이 발견한 책 중에서 빈대의 배설물이 남아 있는 가장 오래된 책이라고 말했다.

케인은 《위기의 도시들Critical Cities》이라는 제목의 책을 집어서, 1900년대 초반 해충 출몰과 사회 개혁으로 런던의 모습이 어떻게 변했는지 설명하는 장을 펼쳐 보여 주었다. 가령 흑백사진 한 장에는 지금도 런던 북쪽에 존재하는 소머스 타운Somers Town의 빈민가에서 나온 돌무더기가 찍혀 있었는데, 당시 그곳 빈민가는 공공주택 근대화를 위해 철거되었다. 사진을 보면 납작하고 테두리가 없는 플랫캡을 쓰고 두툼한 겨울 외투를 걸친 남자들이 그 동네에 만연했던 네 종류의 해충 모형을 불태우고 있었다. 쥐, 바퀴벌레, 벼룩, 빈대였다. 남자들은 속이 시원하다는 듯 희희낙락한 표정이었다.

빈대 박물관 관람을 마쳤을 때 어느덧 케인과 헤어져야 할 시간이 다 됐다. 나는 그의 사무실을 나와 황량한 산업 지구의 거리를 지나 복스

1930년, 소머스 타운의 빈민가에서 빈대와 여러 해충 모형들을 불태우고 있는 남자들

홀Vauxhall 지하철역으로 가서 킹스 크로스Kings Cross행 지하철에 몸을 실었다. 나는 킹스 크로스 역 주변의 번잡한 호스텔에 묵었는데, 우연히도 그곳은 80여 년 전에 빈대 모형을 불태웠던 소머스 타운의 빈민가와 걸어서 멀지 않은 거리였다.

나는 지하철에 올라 사람들 사이를 비집고 용케 자리에 앉았다. 무언가를 읽기에는 너무 피곤해서 케인을 만났을 때에 휴대전화로 찍은 사진들을 휙 넘겨보았다. 책상에 앉아서 빈대가 담긴 유리병 주둥이를 팔에 대고 먹이를 주는 케인의 사진에 눈길이 머물렀다. 갑자기 옆구리가 간지럽기 시작했다.

이틀 전에 나는 통풍도 안 되고 무늬만 샤워실인 작은 플라스틱 캡슐 안에서 샤워를 하다가 옆구리에 반점이 돋아 있는 것을 발견했다. 빨갛게 약간 부푼 얼룩덜룩한 반점이 청바지의 허리 부분 바로 위쪽에 가로로 나 있었다. 아니 어쩌면 잠을 자며 뒤척이다가 티셔츠와 잠옷 바지가 벌어져 드러난 허리 부분일지도 모르겠다. 나는 그것을 좀더 잘 보려고 몸을 오른쪽으로 뒤틀어 목을 길게 빼고 살펴보았다. 무언가에 쓸려서 생긴 자국일까?

내가 킹스 크로스 호스텔을 선택한 것은 편의 시설 때문이 아니었다. 샤워 캡슐이 그랬듯 오히려 편의 시설은 열악했다. 런던 의학대학원 그리고 세인트 팽크러스 국제 기차역St. Pancras International과 가깝다는 이유로 그곳을 선택했다. 특히 팽크러스 역에서는 런던에서 북서쪽으로 약 250킬로미터쯤 떨어진 셰필드로 운항하는 정기 노선이 있었다. 셰필드에 있는 셰필드 대학교가 내 목적지 중 하나였다. 나는 프라하로 날아가서 모험을 계속하기 전에 런던 의학대학원과 셰필드 대학교의 빈대 전문가들을 찾아가고 싶었다. 내가 머문 호스텔의 주요 투숙객은 관광과 유흥을 찾아 런던을 방문하는 전 세계의 젊은이들이었다. 고로 호스텔에서 빈대를 발견해도 놀랄 일이 아니었다. 내가 머무는 동안에도 투숙객이 100명을 훌쩍 넘었다. 나와 마주쳤던 여행객들은 꽤나 깔끔한 편이었지만, 지저분한 투숙객도 많았고 가뜩이나 비좁은 객실에 소지품을 여기저기 흩어 놓은 투숙객도 적지 않았다.

나는 2년간 빈대 연구에 몰두한 덕분에 이제는 빈대에 대한 노이로제에서 벗어났다고 생각했다. 그러나 몸에 생긴 원인 모를 발진을 보자 예전에 두 번이나 빈대에 물렸을 때의 기억들이 전부 되살아났다. 짧은 것은 5년, 긴 것은 거의 10년 전의 기억임에도 불구하고 이번 발진은 예전의 것과 어딘지 달라 보였다. 무엇보다 이번에는 확실하게 도드라진 두드러기 같은 증상이 없었다. 그러나 붉은색과 붓기는 예전과 비슷했고,

특히 발진이 일직선으로 나 있었는데, 이는 빈대에 물렸을 때 흔히 나타나는 모양이다. 후텁지근한 샤워 캡슐에서 몸을 닦고 청바지에 억지로 두 다리를 집어넣으려고 낑낑대면서 나는 객실에 놓인 다섯 개의 2층 침대에 대해 생각했다. 침대 위에는 담요와 베개가 아무렇게나 놓여 있었고, 투숙객들이 체크아웃 할 때 침대 시트와 베갯잇은 의무적으로 프런트에 반환해야 하는 반면 담요와 베개는 굳이 그럴 필요가 없었다. 또한 침대 아래에 뒹구는 여행 가방과 배낭에 대해서도 생각했다. 열린 지퍼 사이로 여행안내 책자와 옷가지 뭉치가 삐죽 튀어나와 있었다. 더욱 나쁜 것은, 객실에 잠금장치가 된 개인용 로커가 없었기 때문에 가장 귀중한 소지품을 담은 가방을 머리맡에 두고 잠을 잤다는 사실이었다. 행여 컴퓨터나 휴대전화를 분실한다면 아무 일도 할 수 없게 될 터였다. 게다가 야간 비행기로 뉴욕에서 런던까지, 기차로 히스로 공항Heathrow Airport에서 패딩턴 역Paddington Station까지, 그런 다음 지하철로 런던 시내 곳곳을 이동하면서 스쳐 갔던 수많은 사람들과 여행 가방에 대해 생각했다. 그뿐 아니라 런던에 도착한 날도 떠올랐다. 오후 2시 체크인 시간보다 일찍 도착하는 바람에 전 세계에서 날아온 가방들로 바닥부터 천장까지 가득 채운 보관소에 내 가방을 맡겼던 것이다.

객실로 돌아와서 나는 빌린 이불솜과 이불 커버를 샅샅이 조사했고 매트리스를 손으로 꼼꼼히 쓸어 보았으며 매트리스 가장자리를 더듬으면서 솔기를 뒤집어 보기도 했다. 아무것도 찾지 못했다. 어쩌면 빈대에 물린 자국이 아닐지도 몰랐다. 하지만 객실에 있는 나머지 침대들과 불룩하게 솟은 여행 가방들을 보자 의심을 떨쳐 버릴 수가 없었다. 구석구석까지 온 방을 점검할 시간이 없었다. 하물며 낯선 사람의 땀이 묻은 침대 시트나 소지품을 만져 보고 싶은 마음도 없었다. 행여 그렇게 했다가 현장에서 들키기라도 하면 낭패 아니겠는가. 어떤 말로도 쉽게 정당화하기 어려운 행동일 터였다("지금 뭐하세요?", "어, 저요? 그냥 빈대가 있나 둘러보고 있었어요. 절대 무언가를 훔치려던 게 아니에요.").

내키지는 않지만 적어도 아직까지는 이 미스터리를 해결할 수 없다는 사실을 받아들일 수밖에 없었다. 그날에 여러 건의 만남이 예정되어 있어서 캔버스 가방을 주섬주섬 뒤지며 필요한 모든 물건을 챙겼는지 다시 한 번 확인했다. 노트북, 녹음기, 카메라, 충전기, 보조 배터리, 변압기, 노트, 생수, 지갑, 메모지. 언제나처럼 무거운 가방을 오른쪽 어깨에 둘러매자, 새삼 무게감이 확 느껴졌다. 문들이 죽 늘어선 좁은 복도를 지나갈 때 발진이 생긴 부분이 가방에 쓸려서 따끔거렸다. 이제 두 번째 시나리오가 떠올랐다. 아마도 발진은 빈대에 물린 자국이 아닐지도 몰랐다. 어쩌면 전날 모직 숄을 두르고 몇 시간이나 걸어 다녔을 때에 가방이 움직이면서 옆구리가 숄에 쓸렸는데도 내가 몰랐던 것일 수 있었다. 맞다, 어쩌면 옆구리의 발진은 발진이 아니라 그냥 쓸린 자국일지도 몰랐다.

나는 출근하는 시민들 틈에 끼어 호스텔에서 런던 의학대학원까지 20분가량 걸어가면서 두 가지 시나리오를 곰곰이 되씹었다. 나는 그곳에서 화학 생태학자인 제임스 로건James Logan을 만나서 그의 팀이 페로몬을 미끼로 사용하는 빈대 트랩을 어떻게 만드는지 알아볼 작정이었다. 작은 카페를 지나칠 때마다 발진의 원인에 대한 생각이 자꾸 바뀌었다.

목적지에 다다랐을 무렵 나는 발진이 가방 때문이라는 시나리오에 대해 열심히 생각 중이었다. 그러나 런던 의학대학원의 고전적인 석조 건물 외관을 보자 그 생각이 머릿속에서 싹 사라졌다. 건물 2층의 발코니들을 올려다보았다. 의학적으로 중요하다고, 아니 적어도 1929년 건물이 완공되었을 당시에 중요하다고 여겨졌던 여덟 가지 유해 동물이 장식되어 있었다. 빈대, 벼룩, 파리, 이, 모기, 쥐, 뱀, 진드기. 이번에는 목을 길게 빼고 건물의 유명한 프리즈frieze*를 쳐다보았다. 공중위생이나 열대 의학에 공헌한 과학자 스물세 명의 이름이 새겨져 있었다. 프리즈 어딘가에는 스코틀랜드 출신의 의사로 런던 의학대학원을 설립한 패트릭 맨슨의 이름도 있었다. 앞서 소개했듯이 맨슨은 1877년 모기에서 사상충 애벌레를 발견함으로써 곤충이 질병 매개체라는 사실을 최초로 발견한 인물이었다.

육중한 여러 문들을 지나가서 경비원에게 내 이름을 말했다. 로비의 벽을 따라서, 예전의 의료 도구와 여러 신기한 물건들이 전시된 유리 상자들이 있었다. 로건이 데리러 오기를 기다리는 동안 각 유리 상자에 붙은 설명을 찬찬히 읽어 보았다. 유리 상자 하나에는 1946년에 발행된 〈당신과 당신의 아이들You and Your Children〉이라는 제목의 팸플릿이 있었는데, "어둠에 대한 공포"와 "당신의 자녀가 당신에 대해 생각하는 것"이라는 두 챕터로 구성되었다. 다른 상자에는 구식의 분만겸자obstetric forceps** 다섯 개가 가죽 두루마리 케이스에 나란히 전시되어 있었다. 그런데 그것을 보니 왠지 마음이 불편했다. 언젠가 편자공들이 편자를 박는 모습을 본 적이 있는데 그들이 사용하던 도구 가방이 떠올랐기 때문이다. 또한 덴먼Denman의 천공기라는 라벨이 붙은 두꺼운 가위도 있었다. 옆에 있는 작은 설명서에 따르면, 제왕절개술이 안전하다고 여겨지기 이전에 난산일 경우 태아가 좀더 순조롭게 질을 빠져 나오도록 태아의 두개골에 구멍

---

* 방이나 건물의 윗부분에 그림이나 조각으로 띠 모양의 장식을 한 것.
** 질 입구에 끼인 태아의 머리가 잘 나오지 않을 때 머리를 잡아끌어 분만을 쉽게 도와주는 집게 모양의 도구.

을 뚫는 데 사용했다고 한다. 나는 몸서리를 치면서 자리에 앉았다.

15분 정도 기다렸을까 마침내 로건이 급히 달려와 늦어서 미안하다고 사과하며 악수를 청했다. 젊고 호리호리한 체격의 로건은 깔끔한 카키색 면바지에 체크무늬 셔츠 차림이었다. 그는 나를 데리고 널찍한 계단을 내려가서 학생들로 시끌벅적한 지하 카페테리아로 갔다. 우리는 환한 분위기의 카페테리아에서 구석에 있는 낮은 의자에 자리를 잡았고, 이내 로건의 동료로 곤충학자인 메리 캐머런Mary Cameron이 합류했다. 먼저 우리는 내 프로젝트와 영국에서 내가 방문한 몇몇 전문가들에 대해 가벼운 대화를 나누었다(로건은 실명을 공개하지 않는다는 조건으로 "조심하는 것이 좋은 두 사람이 있습니다"라고 경고했고, 개중에는 잘 모르면서도 아는 척 떠드는 사람들이 있다고 덧붙였다). 그런 다음 로건과 캐머런은 자신들의 팀이 진행하는 연구에 대해 속성 특강을 해 주었다. 간단히 말하면, 곤충이 화학물질로 상호 의사소통하는 방식을 밝히고 그것을 활용할 방법을 찾는 것이었다. 구체적으로 말하면 화학물질을 미끼로 사용하는 빈대 트랩을 만드는 것이 궁극적인 목표라고 했다. 이를 위해 그들은 빈대 배설물 샘플을 지속적으로 수집했다. 왜 하필 배설물이었을까? 배설물에는 빈대들이 맛있는 흡혈 식사를 한 후 은신처로 돌아가는 데 도움을 주는 집합페로몬이 포함되어 있다는 생각에서였다. 그럼 현재 그들의 연구는 어떤 단계에 있을까? 어떤 화학물질이 빈대들을 유인하는 최상의 미끼가 될지 찾기 위해 화학물질의 범위를 줄이는 중이라고 했다.

공식적인 인터뷰 시간이 끝났을 때 로건이 벌떡 일어나더니 자신들의 연구 활동을 직접 보여 주겠다며 연구실로 안내했다. 그는 미로 같은 복도와 계단을 황새걸음으로 성큼성큼 걸어 곤충 실험실로 갔고, 나는 그의 뒤를 총총 따라갔다. 각 실험실의 천장은 낮고 둥글었다. 그리고 각 실험실마다 그물벽이 쳐진 육각형 네트큐브가 선반과 나란히 세워져 있었다. 생김새가 딱 커다란 모기장 같았다. 그 안에는 모기와 흡혈 파리가 갇혀 있었는데, 상당수는 먼 지역에서 수십 년 전에 채집한 모기와 흡혈 파리의 후손들이었다. 빈대들은 흰색의 작은 냉장고처럼 생긴 인큐베이터 안에 있었지만, 내가 방문했을 때가 너무 늦은 오전이라서 내부를 볼 수는 없었다. 실험실에서 키우는 대부분의 빈대와 마찬가지로, 로건의 빈대들도 빈대의 전형적인 24시간 주기리듬에 맞춰 생활했다. 이는 인간의 낮과 밤 주기와 정반대인 환경에서 산다는 뜻이었다. 어떤 연구 조교가 빈대가 든 유리병 하나를 보여 주었는데, 자신의 몸에 반응이 생기는지 알아보기 위해 자신의 팔을 식사 거리로 제공하고 있다고 말했다. 그 모습을 보자 발진이 생긴 옆구리가 갑자기 가렵기 시작했고, 또다시 원인에 대한 의심이 모락모락 피어올랐다.

로건을 따라 밀실 공포를 유발하는 흰색 타일의 방으로 들어가면서 나는 그 생각을 애써 머리에서 몰아냈다. 방은 야외 활동 시에 비상용 구명 장비나 외상 치료용 구급상자로 사용하는 은색의 보온 가방 몇개, 간이침대 하나를 제외하면 거의 텅 비어 있었다. 그 은색 가방들은 인체가 발산하는 고휘발성의 화학물질들을 채집하는 데 사용된다고 로건이 설명했다. 카이로몬kairomone*이라고도 불리는 그 화학물질은, 모기와 여타 곤충은 물론이고 어쩌면 빈대가 먹잇감의 위치를 확인하는 데 도움을 준다고 알려져 있다. 이쯤에서 실험 과정에 대해 알아보자. 누군가가 그 가방 안으로 들어가면 플라스틱 관들이 여과된 깨끗한 공기를

---

* 식물이 곤충을 유인하기 위해 뿜어내는 꽃향기처럼 물질을 생성한 생물보다 이에 접촉한 생물에 유익한 효과를 미치는 물질.

주입하고 공기와 그 사람의 체취를 다시 외부로 배출한다. 그런 다음 과학자들은 체취를 모아 화학 성분의 특징을 확인하기 위해 질량분석계에 주입한다(한편 과학자들은 빈대의 배설물에서 페로몬을 채취하기 위해 규모는 작지만 비슷한 기법을 사용했다). 이제는 카이로몬이나 페로몬에 대한 빈대의 반응을 측정할 차례다. 이를 위해 과학자들은 빈대 머리 부분을 절단해서 더듬이와 약한 전극을 연결시킨다. 여담이지만 빈대 머리의 세포는 절단한 후에도 약 30분에서 한 시간까지 살아 있다. 특정한 냄새에 대해 전기 자극이 나타난다는 것은 빈대가 그 화학물질을 감지할 수 있다는 뜻이다.

우리가 다음 번에 방문한 연구실은 두꺼운 검은색 커튼을 쳐서 외부의 빛을 완벽하게 차단했고 을씨년스러운 붉은색 전등이 밝혀져 있었다. 꼭 암실 같은 그 연구실에서 나는 로건의 동료인 위생곤충학자 에일리 로빈슨Ailie Robinson의 실험을 지켜보았다. 먼젓번 방에서와는 달리 로빈슨은 살아 있는 빈대와, 트랩으로 사용할 만한 다양한 화학물질을 섞은 혼합기체로 실험했다. 먼저, 가운데에 투명 플라스틱 접시가 놓이고 내부에 일련의 관이 설치된 작고 가벼운 상자에 빈대들을 집어넣은 다음, 관의 각기 다른 입구를 통해 실험 기체와 대조 기체를 각각 투입한다. 동작 포착 소프트웨어는 빈대들이 트랩 후보 냄새와 대조 냄새 중에서 어느 주위로 몰려드는지, 혹은 아무 목적 없이 그저 방황하는지를 확인하기 위해 빈대들의 움직임을 추적한다. 로빈슨은 다음 번 실험에 사용할 빈대들이 담긴 작은 플라스틱 병을 내게 건네주었고, 로건과 로빈슨은 내게 냄새를 맡아 보라고 말했다. 플라스틱 병을 코밑에 바짝 갖다 대고 숨을 들이키자 역겨운 사향 냄새가 코를 찔렀다. 또다시 내 몸에 생긴 발진이 떠올랐다.

실험실 투어를 마친 후, 로건을 따라서 미로 같은 실험실들을 빠져나왔다. 그리고 회의와 텔레비전 녹화 시간에 늦은 로건은 런던 의학대학원 상업 자문 부서의 안내 책자를 주며 작별 인사를 했다. 그 부서의 책임자가 바로 로건이었다.

그날 밤 여행 짐을 샅샅이 점검하고 또한 컴퓨터를 도둑맞는 것과 한 보따리의 빈대를 만나는 것 중에 무엇이 더 나쁜지 생각하느라 또다시 거의 뜬눈으로 지새웠다. 이튿날 일찍 호스텔을 나와 세인트 팽크러스 역에서 오전 7시 55분 기차를 타고 셰필드로 향했다. 두 시간의 기차 여행 중에 노트를 훑어보고 잠깐 졸았던 시간 말고는, 기차 짐칸의 여행 가방들 틈에 찌부러져 있는 내 배낭과 킹스 크로스 호스텔의 창고에 맡겨 둔 여행 가방에 대해 생각했다. 셰필드 기차역에 도착하니 늦은 아침이었고 보슬비가 내리고 있었다. 잽싸게 역사를 빠져나와 빗속을 달려 택시를 잡아타고 셰필드 대학교로 향했다. 내가 탕 소리 나게 문을 닫자 택시가 달리기 시작했다. 나는 택시 창문을 때리는 빗줄기를 바라보면서 내가 앉은 이 자리에 오늘 하루, 지난 한 주간, 지난 한 달간 얼마나 많은 승객이 앉았을지 궁금했다. 그런 생각을 하자 옆구리가 또 근질거렸다.

이윽고 셰필드 대학교에 도착했다. 나는 지루한 기색이 역력한 경비원을 지나 엘리베이터를 타고 지하 2층에 위치한 진화 및 생태 곤충학 연구실로 갔다. 그곳에서 마이클 시바 조시를 만나기로 되어 있었다. 맞다. 익숙한 이름일 터이다. 라스베이거스 빈대 정상회의에서 엘엠에프에이오의 〈파티 록 앤섬〉이 흘러나오는 가운데 무대에 올랐던 그 과학자이다. 시바 조시는 여전히 말쑥한 정장 차림이었는데, 그날 늦은 오후에 런던 왕립학회Royal Society in London에서 정책 브리핑을 할 예정이라 그렇게 차려입은 것이었다. 나는 전망 좋은 널찍한 그의 사무실에 놓인 기다란 탁자를 사이에 두고 그와 마주 앉았다. 책상에 있던 세 대의 애플 컴퓨터 모니터의 화면 보호기가 내 눈길을 끌었다. 화면 가득 멋진 곤충 사진들이 연속해서 바뀌고 있었다. 끝부분이 둥그렇게 휘어진 선글라스 같은 겹눈을 가진 파리, 날아다니는 모습의 딱정벌레, 외상성 교미에 한창 열중하고 있는 빈대 한 쌍.

시바 조시는 실험실에서 이뤄지는 빈대 연구에 대해 간단히 설명했다. 당시는 몇몇 핵심 연구가들이 학위를 마쳤거나 승진을 위해 다른 연구소로 이직한 후라 재정비가 한창이었다. 약 20분간 그의 설명을 들은 다음 나는 그가 케냐에서 진행한 빈대 연구로 대화의 주제를 슬며시 바꾸었다. 저번 라스베이거스 정상회의에서 나를 포함시켜 달라고 부탁했다가 거절당했던 그 여행 말이다. 시바 조시는 비록 여행 경비 문제가 해결된다고 해도 다음 번 아프리카 조사 여행에 내가 참여할 가능성이 희박하다고 미리 경고했다. 그래서 나는 당장에는 당사자인 그의 입을 통해 이제까지의 케냐 여행에 대한 생생한 이야기를 듣는 것으로 만족해야만 했다.

2004년 로버트 유싱어의 저서로 무장한 시바 조시와 동료 둘은 다양한 빈대를 찾을 수 있을 거라는 희망을 품고 케냐로 날아갔다. 석사과정의 대학원생이던 리처드 네일러Richard Naylor와 키가 크고 삐쩍 마른 체형의 독일 출신 곤충학자 클라우스 라인하르트Klaus Reinhardt였다. 케냐는 최상의 지리적 여건에서 흥미로운 곤충 종들을 가장 다양하게 발견할 수 있다는 장점이 있었다. 그중 하나는 아프리카 박쥐빈대로서 널리 알려지진 않은 아프로시멕스 콘스트릭투스Afrocimex Constrictus였는데, 우리가 알고 있는 일반 빈대와 매우 가까운 친척이되 생식계가 훨씬 복잡하다. 바로 이 점 때문에 시바 조시 일행이 아프로시멕스 콘스트릭투스에 관심을 가졌다. 한편 유싱어는 저서에서 자신이 아프로시멕스 콘스트릭투스를 발견한 동굴들을 자세히 소개했는데, 50년 전에 출판된 유싱어의 저서는 빈대들이 서식하는 많은 동굴의 위치를 설명하는 유일무이한 책이었다.

"만약 살아 있는 특정 종의 빈대나 박쥐빈대를 찾고자 한다면 유싱어의 저서가 최고의 출발점이라고 생각합니다. 그의 글이 아주 흥미로운 데다가 완벽하고, 게다가 사실상 매우 정확해서 어디를 가야 할지 결정할 때 최고의 길잡이가 됩니다." 시바 조시가 본격적인 이야기보따리를 풀기에 앞서 말했다.

시바 조시 일행은 현지 가이드인 조지프Joseph, 조지George와 함께 미니버스를 타고 3주간의 대장정에 올랐다. 그들은 유싱어의 저서를 복사한 사본을 안내 책자 삼아 동굴들을 찾기 위해 케냐의 방방곡곡을 헤맸다. 세 명의 과학자 중에서 시바 조시만이 유싱어의 저서를 소장했는데 초판본으로 아주 희귀하고 소중해서, 훼손되거나 분실될까 걱정되어 감히 여행에 들고 다닐 수 없었기 때문에 복사본을 가지고 다녔다. 유싱어의 설명을 따라가면서 시바 조시 팀은 현지인들에게 박쥐가 살고 있는 동굴을 알고 있는지 물었다. 박쥐가 있는 곳에 박쥐빈대도 있을 것이니 말이다.

시바 조시 팀은 많은 동굴을 찾아냈다. 줄잡아도 스물네댓 개나 되었다. 유싱어가 설명한 동굴들 말고도, 나이로비Nairobi 인근에 위치한 규조토 광산에 동굴이 하나 있었다. 들리는 말에 따르면 완벽한 군집체를 이룬 박쥐들이 서식한다고 했지만 시바 조시 팀은 직접 확인하지는 못했다. 낯선 이방인들을 광산에 들였을 때의 책임이 두려웠던 광부들이 시바 조시 일행을 광산에 들이지 않았기 때문이었다. 나이로비 외곽의

키암부Kiambu에 위치한 실낙원 공원Paradise Lost Park에도 동굴이 있었는데, 시바 조시 팀은 그곳에서 청동색 태양새sunbird, 가슴이 계피 색깔인 벌잡이새bee-eater, 등 부분이 검정색인 때까치puffback를 보았다. 그러나 그 동굴은 개발이 많이 되어 있어서 전깃불이 동굴 내부를 환하게 밝혔고 결국 그들이 찾던 야생 생물은 흔적조차 없었다. 케냐의 인도양 연안에 있는 몸바사Mombasa 섬의 시모니Shimoni에도 동굴들이 있었는데, 예전에 잔지바르Zanzibar의 노예시장으로 가는 길에 노예들이 머물던 곳이었고 오늘날에는 관광지로도 유명하다. 그러나 시모니의 동굴들에도 박쥐가 서식하지 않았고 따라서 빈대도 없었다. 그뿐 아니라, 비록 썰물 때에만 접근이 가능했지만 어쨌든 자칭 성자聖者라는 어떤 현지인의 도움을 받아 스멜라니Smelani 동굴을 찾아냈다. 그는 그 동굴이 성스러운 곳이라면서, 시바 조시 팀을 그곳으로 안내하겠지만 동굴에 들어가려면 조건이 있다고 말했다. 제단에 케냐 은화 다섯 개를 헌금하고 좋은 일이 생기게 해 달라고 기도한 다음 신발을 벗어야만 동굴로 들어갈 수 있다는 조건이었다. 일행은 그가 시키는 대로 했다. 시바 조시는 동굴 바닥이 족히 수천 마리나 되는 "바퀴벌레 천지"였다고 말했다. 또한 박쥐 구아노로 뒤덮인 가시를 맨발로 밟았는데, 가시가 발바닥 앞쪽의 볼록한 부분에 박혔었다고 고생담을 털어놓았다. 하지만 그 모든 노력과 고생이 허사였다. 박쥐는 수천 마리나 있었지만 빈대는 한 마리도 없었다.

행운의 여신이 마침내 엘곤 산Mount Elgon에서 시바 조시 팀에게 미소를 보냈다. 해발 4,267미터인 엘곤 산은 사화산으로 케냐와 우간다의 국경에 위치하며 1,121제곱킬로미터에 걸쳐 광활하게 뻗어 있다. 또한 표범, 물소, 푸른원숭이, 스컹크처럼 흰색과 검은색의 털을 가진 콜로부스원숭이Colobus Monkey, 바위너구리, 300종이 넘는 조류들이 서식하는 자연 보호 구역인 엘곤 산 국립공원의 중앙에 우뚝 솟아 있다. 시바 조시는 그곳에 코끼리도 있다면서, 코끼리 무리는 엘곤 산의 등성이에 점점이 박혀 있는 많은 동굴들을 돌아다니며 동굴 벽에 엄니를 문질러 생존에 필수적인 소금을 얻는다고 설명했다. 나는 코끼리 이야기를 듣다가 문득 떠오르는 것이 있어 끼어들었다. 예전에 리처드 프레스턴Richard Preston의 《위험 지대*The Hot Zone*》에서 읽었던 내용과 비슷하다고 말이다. 프레스턴의 저서는 1980년대와 1990년대 마르부르크 바이러스Marburg virus와 에볼라 바이러스Ebola virus로 인한 치명적인 출혈열出血熱 발병에 대해 설명한다.*

"맞습니다. 바로 그 동굴들입니다." 시바 조시가 말했다.

"그런 동굴에 가려 했다는 말씀이세요? 내가 반문했다.

그는 고개를 끄덕였다. 그러자 나는 차분하고 세련된 그의 언행에도 불구하고 내 눈앞에 있는 그가 전형적인 미치광이 과학자라는 생각이 불쑥 들었다. 체코공화국에서 나 홀로 빈대 모험을 계속하는 편이 더 나을 성싶었다.

시바 조시는 2004년을 시작으로 총 세 번에 걸쳐 케냐를 방문했다. 첫 번째 방문에는 마르부르크 바이러스가 있을지도 모르는 동굴에 대한 대비가 매우 부족했다고 시바 조시가 솔직히 인정했다. 특히 응와리샤 Ngwarisha 동굴, 마켄게니Makingeny 동굴, 키툼Kitum 동굴을 처음 탐험했을 때에는 도장용 종이 마스크, 방호복, 광견병 바이러스에 감염된 박쥐

---

* 독일 마르부르크 등지에서 처음 발견되었다고 해서 마르부르크 바이러스라고 불린다. 에볼라 바이러스는 아프리카 수단과 콩고민주공화국에서 최초로 발병했고 발병지 주변에 있는 강 이름에서 따왔다. 형태학적, 임상적 특성은 마르부르크 바이러스와 거의 동일하다. 치사율이 매우 높다.

에게 물리는 것을 막아줄 장갑, 헤드램프만 착용했다. 키툼 동굴은 《위험지대》를 통해 유명해진 바로 그 동굴이었다. 더군다나 키툼 동굴을 처음 방문했을 때에 그들은 이런 최소한의 보호 장구조차 착용하지 않았다. 키툼에서 독일 출신 곤충학자인 라인하르트는 살아 있는 박쥐빈대 세 마리가 구아노로 뒤덮인 바닥을 기어가는 것을 발견하고 "오, 맙소사! 오, 맙소사!"를 연발했다. 그러자 그의 외침에 수백 마리의 박쥐가 깜짝 놀라 일시에 날아올랐다. 시바 조시 일행은 동굴을 좀더 탐험했고 동굴벽의 갈라진 균열 부분에서 많은 빈대를 발견했다. 그리고 인근의 마켄게니 동굴에서는 더 많은 빈대를 찾았다. 아니, 마켄게니 동굴에는 빈대가 우글거렸다. 점심을 먹으며 잠시 휴식을 취한 후에 그들은 마침내 보호 장구를 착용하고 동굴에 다시 들어갔다. 결과적으로 말해 그들은 마켄게니 동굴의 빈대가 자신들이 그토록 찾아 헤매던 아프로시멕스 콘스트릭투스라는 것을 확인하게 된다.

그때부터 시바 조시 팀에는 일정한 행동 양식이 생겼고, 이후 몇 년간 두 차례에 걸쳐 케냐를 방문했을 때도 그 양식을 따랐다. 물론 다음번 여행부터는 얼굴 전체를 가리는 전면 방독면으로 더욱 완벽히 무장했다. 엘곤 산 기슭의 숲 속 빈터에 자리 잡은 야영지에서 매일 아침 6시 어스름하게 동이 틀 무렵, 모닥불 위에 요리되는 달걀, 토스트, 커피 냄새를 맡으며 잠을 깼다. 매일 아침이면 시계처럼 정확히 소나기가 약 30분 정도 내렸다. 그렇게 한 차례 소나기가 지나간 후에 미니버스를 타고 40분을 달려 엘곤 산의 분화구까지 올라갔다. 그곳에서부터는 고산병과 사투를 벌이면서 키 작은 대나무와 나한송이 우거진 숲 속을 도보로 이동했고, 가는 길에 붉은이마앵무새와 콜로부스원숭이들을 마주쳤다. 산마루에 오르면 대나무 숲은 사라지고 대신에 화산암과 잔디밭이 나타났고, 그렇게 동굴의 입구까지 이어졌다. 그곳에서 차 한 잔을 마신 후에 보호 장구를 전부 착용하고 지퍼 달린 작은 가방을 허리춤에 찼다. 그 가방 안에는 빈대를 채집할 때 필요한 족집게와 에탄올을 가득 담은 플라스틱 튜브가 있었다. 그렇게 모든 준비를 마친 다음 동굴 안으로 들어갔다.

"박쥐 동굴에 가본 적이 있습니까?" 시바 조시가 말을 멈추고 불쑥 물었다.

"아뇨." 나는 여행 경험이 부족하다는 것을 절감하며 마지못해 인정했다.

"박쥐 동굴들은 모두가 대동소이합니다. 냄새가 진동을 합니다. 사방이 박쥐 배설물로 뒤덮여 있기 때문입니다." 시바 조시는 엘곤 산의 동굴들은 냄새도 심하지만 위험하고 "아주, 아주 무섭죠"라고 덧붙였다. 온도가 27도 이상으로 올라갔는데, 대부분은 동굴의 천장에서 서식하는 수십만 마리의 이집트과일박쥐들이 내뿜는 체온 때문이었다. 사람들이 동굴에 들어가면, 수십만 마리의 이집트과일박쥐들이 흥분해서 꽥꽥 소리를 지르며 날개를 펄럭거리고, 그런 경고음은 물결처럼 개체군 전체로 퍼진다. 박쥐들이 일제히 움직이고 과학자들의 헤드램프에서 나오는 밝고 환한 빛이 어둠을 가르자 양파리louse fly, 박쥐파리, 벼룩, 빈대가 동굴 천장에서 떨어지거나 일본의 가미카제 조종사들처럼 불빛을 향해 달려들었다. 시바 조시는 그 상황이 "마치 조용히 내리는 빗속을 걷듯 무언가가 우두둑 부드럽게 쏟아지는 곳을 걸어가는 기분"이었다고 말했다. "만약 10분만 시간을 따로 내준다면 동굴에서 당신을 뜯어 먹으려는 모든 포식자들에 대해 말해 주겠습니다. 그들은 당신의 따뜻한 몸을 향해 곧장 달려듭니다."

또한 돌이 수북하게 쌓여 지반이 불안정한 곳도 있었는데, 개중에는 높이가 1.5미터에 달하는 것도 있었다. 그런 돌무더기에서 발을 헛디디면 빙하 크레바스에서처럼 크게 떨어질 수도 있다. 게다가 깊은 균열들이 얼기설기 교차하는 동굴 천장에서 돌이 떨어질 때마다 이런 위험한 지형은 수시로 바뀌었다. 빈대를 채집하는 동안 이런 일이 발생하지 않을 거라는 보장이 없었다. 또한 코끼리도 하나의 위험 요소였다. 코끼리들은 소금을 얻기 위해 아무 때나 동굴로 들어올 수 있었다. 그뿐 아니라 비록 가능성이 낮기는 해도 우간다와 케냐의 국경 지대에 숨어 활동하는 반군들의 공격을 받을 위험도 있었고, 이런 만일의 사태에 대비해 에이케이AK 47로 무장한 공원 경비대와 함께 움직여야 했다. 그러나 아프리카인 가이드들이 시바 조시 일행과 함께 동굴 안으로 들어가는 것을 거부한 까닭은 이런 물리적, 신체적 위험 때문이 아니었다. 사나운 하이에나를 때려잡기 위해 곤봉을 항상 휴대하는 마사이족Maasai인 조지프와 성인식 때 남자다운 용맹성을 증명하기 위해 앞니를 발치한 조지에게 그런 위협은 사실 큰 문제가 아니었다. 오히려 시바 조시의 기억에 따르면, 조지프와 조지가 동굴에 들어가려 하지 않은 까닭은 그곳이 악령으로 가득 차 있었기 때문이었다.

시바 조시 일행은 일단 동굴에 들어가면 대략 두 시간 반을 머물렀다. 그동안 빈대를 채집하고 온도와 습도를 측정하기 위해 동굴 벽에 데이터 이력 기록기data logger를 고정시켰다. 그리고 바깥으로 나와서 보호 장구를 벗고 허리춤에 찬 가방도 풀어서 모든 것을 커다란 쓰레기봉투에 몽땅 집어넣었다. 그런 다음 진드기 등 흡혈 곤충이 들러붙었는지 자신과 다른 팀원들의 몸을 샅샅이 살폈다. 아무 이상이 없으면 그들은 잔디밭과 나한송 숲을 지나 산을 내려와서 미니버스에 몸을 실었다. 야영지로 돌아오면 우선 샘물에서 끌어온 물로 몸을 씻고 구운 염소 고기로 저녁 식사를 한 다음, 오후 6시 해가 지고 얼마 지나지 않아 텐트로 들어가서 잠을 청했다. 그러나 시바 조시는 한밤중에 몇 번이고 놀라 잠에서 깼다. 그럴 때면 비록 셰필드 대학교 연구실에서는 자신의 맨 다리를 빈대들에게 흡혈 식사 거리로 제공했던 경험이 있음에도, 동굴에서 흡혈 곤충이 딸려 왔다는 생각에 불을 환하게 켜고 온몸을 살폈다. 텐트 안을 샅샅이 뒤졌지만 아무것도 찾지 못했다.

"빈대 몇 마리 채집하자고 왜 그렇게까지 위험을 무릅쓰세요?" 인터뷰가 끝나 갈 즈음 내가 물었다. "그처럼 위험한 곳을 왜 굳이 가세요?"

"간단합니다. 과학이 나를 흥분시키기 때문입니다. 별다른 돈벌이도 되지 않은 일을 왜 계속 하냐고요? 내가 무언가를 발견하는 것에 엄청난 희열을 느끼는 어린아이이기 때문입니다." 그가 어깨를 으쓱하며 대답했다. "그런 위험을 감수하지 않으면 과학을 할 수 없습니다. 그 이상도 그 이하도 아닙니다. 그것이 첫 번째 이유라면, 다른 이유는 우리 모두가 언젠가는 죽는다는 것입니다. 솔직히 말해 나는 자전거를 타고 출근하다가 버스에 부딪혀 피투성이가 되어 죽는 것보다 박쥐 동굴의 깊은 골짜기에 떨어져 죽는 편이 낫습니다."

그날 오후는 시바 조시의 빈대 실험실을 둘러보고 어떤 대학원생이 현미경 아래에서 빈대를 해부하는 모습을 구경하며 보냈다. 그런 다음 셰필드 대학교를 출발해서 미리 예약해 둔 호스텔로 발길을 옮겼다. 잔뜩 찌푸린 잿빛 하늘에서 비가 계속 내려 도로 사정은 오전보다 더 안 좋았다. 도로들은 미끄러운 데다가 사방으로 휘어진 것 같아서 초행길인 내게는 마치 미로처럼 보였다. 두 번이나 길을 잘못 들고 25분을 걸어서 겨우 막다른 골목에 있는 가파른 주택가 언덕에 도착했다. 언덕 꼭대기에서 길은 끝이 났고, 회반죽을 바른 하얀 주택 한 채가 서 있었다.

민들레로 뒤덮인 앞마당의 잔디밭을 지나 현관으로 들어갔다. 한쪽에는 쓰레기 더미가 쌓여 있었고 그 옆에 매트리스 세 개가 포개져 있었다. "흠." 나는 눈으로 매트리스를 훑어보면서 속으로 신음을 흘렸다. 내 눈에는 때도 묻지 않은 새 매트리스처럼 보였다. 또다시 옆구리가 가렵기 시작했다.

실내로 들어가니 세르지오Sergio와 파블로Pablo라는 두 청년이 체크인 수속을 도와주었다. 한 청년은 구닥다리 컴퓨터로 작업 중이었고 다른 청년은 주변을 서성이고 있었다. 둘 다 실직한 기술자였는데 일자리를 구하기 위해 고국인 스페인을 떠나 영국으로 건너왔고, 공짜 숙소를 제공받는 대가로 호스텔에서 잡일을 거들고 있었다. 나는 들어오면서 보았던 매트리스에 대해 물어보았고, 그들은 아무 말 없이 어깨만 으쓱했다. 그래서 그들에게 빈대bed bug가 어떤 곤충인지 아냐고 물었다.

"나쁜 벌레요bad bug?" 세르지오가 반문했다.

"아뇨. 그 '배드'가 아니라 침대를 말하는 '베드'요, 베드 버그."

"잘 모르겠는데요."

내가 머물 객실은 여자 전용이었고, 1인용 침대 네 개가 나란히 붙어 있었다. 침대에는 매트리스를 감싼 갈색 시트에 퀴퀴한 곰팡이 냄새가 풍기는 물방울무늬 이불이 덮여 있었다. 바닥은 무늬가 새겨진 카펫이 깔려 있었는데, 딱 봐도 아주 오랫동안 진공청소기를 돌리지 않은 것 같았다. 런던에서 머물렀던 호스텔과 마찬가지로 가방을 보관할 수 있는 곳은 침대나 바닥뿐이었다. 그날 밤 룸메이트는 중국 상하이에서 온 젊은 여성이었고, 그녀는 여행 가방을 자신의 침대 위에 올려놓았다. 나중에 알고 보니, 그녀는 혼자서 제인 오스틴Jane Austen의 발자취를 쫓으며 영국 전역을 여행 중이라고 했다. 그녀가 침대 위에 올려놓은 가방을 보니 한숨이 절로 나왔고, 어쩔 수 없이 나도 침대 위에 가방을 올려놓았다. 가방이 침대에 털썩 떨어지는 순간에 가방 옆에서 작고 까만 무언가가 잽싸게 움직이는 듯했고 나는 기겁하며 펄쩍 뛰었다. 작은 얼룩을 뚫어지게 쳐다보면서 천천히 가까이 다가갔다. 빗속에서 다른 숙소를 찾아 돌아다니는 것은 피하고 싶었지만, 어쨌든 이 호스텔은 예약이 꽉 차서 방을 바꿔 줄 수 없었고 나도 많은 빈대와 하룻밤을 보낼 마음이 눈곱만큼도 없었다. 얼굴을 매트리스 가까이 대고 살펴보니 까만 얼룩은 그냥 단순한 검은색 보푸라기였다.

벽들이 점점 조여 오는 것처럼 갑갑했기에 객실을 나와서 카펫이 깔린 삐걱거리는 계단을 내려와 1층 여기저기를 둘러보았다. 계단도 객실 바닥과 마찬가지로 대대적인 청소가 필요해 보였다. 눅눅한 부엌에 세탁기 한 대가 있었는데 커다란 종이가 테이프로 붙어 있었다. "고장." 창문 밖을 보니 빨랫줄에서 빗물이 뚝뚝 떨어지고 있었고, 그 모습을 보니 불현듯 '도대체 침대 시트를 어떻게 세탁할까?'라는 생각이 들었다. 행여내 발진이 빈대 때문이고 그래서 옷가지를 뜨거운 물로 세탁하거나 건조기로 말리고 싶어도 방법이 없어 보였다. 주변에 누가 있는지 휙 둘러보고 아무도 없다는 사실을 확인한 다음, 옷을 올려 옆구리를 살펴보았다. 이제 붓기는 완전히 가라앉았지만 여전히 빈대에 물렸다는 확실한 증거는 없었다.

휴대전화가 윙 소리를 내며 메시지가 도착했음을 알렸다. 예전에 시바 조시와 함께 케냐로 빈대 탐험을 갔던 독일 출신 동료로 이제는 셰필드 대학교에서 파트타임 연구원으로 있는 클라우스 라인하르트가 보내온 메시지였다. 내가 셰필드에 오면 잠깐 만나기로 약속했었다. 얼마 지나지 않아 나는 호스텔에서 가까운 술집에 앉아 있었다. 우리는 환하게 불이 밝혀진 술집에서 맥주 두 잔을 시켜 놓고 이내 빈대 이야기에 빠져들었다. 라인하르트는 최근에 전체 빈대류 곤충 중에서 가장 원시적인 형태라고 알려진 프리미시멕스 카베르니스Primicimex Cavernis를 찾아 미국 텍사스의 오스틴을 다녀왔다고 했다. 그는 미국인 곤충학자와 함께 프리미시멕스를 찾아서 어떤 동굴을 탐험했는데, 후끈한 열기가 가득한 그곳은 예전에 텍사스 정부가 박쥐 구아노를 채취하던 동굴 중 하나였다(박쥐 구아노에 함유된 질소는 뛰어난 비료가 된다). 박쥐에게서 나와 공기 중으로 퍼지는 것으로 알려진 광견병 바이러스와 유독성의 암모니아 가스로부터 몸을 보호하기 위해 방독면을 착용했음에도 불구하고, 라인하르트는 동굴 내부의 오염된 공기를 가슴 가득 들이마셨다. 그는 표정까지 찌푸리면서 그 공기가 정말 끔찍했다고 말했다. 결과적으로 그들은 프리미시멕스를 찾지 못했다. 그는 빈대에 관한 저서를 조만간 출판할 예정이었고, 우리는 그의 책에 대해 잠깐 이야기를 나눈 후에 남은 맥주 잔을 비우고 헤어졌다. 한편 그는 저서의 세부 내용에 대해서는 극도로 말을 아꼈다.

호스텔로 돌아와 보니 부엌에서 왁자지껄한 소리가 들렸다. 30대 후반이나 40대로 보이는 열두어 명의 남자들이 브랜디와 맥주를 손에 들고 노트북으로 축구 경기를 보고 있었다. 런던의 호스텔에서 보았던 파티광 젊은이들과는 달리, 나중에 알고 보니 그들은 경기 불황 속에서도 열심히 일거리를 찾아다니는 일용직 근로자들이었다. 그들의 고향도 국적도 아주 다양했다. 일감을 찾아 잉글랜드와 스코틀랜드 각지는 물론이고 리투아니아, 러시아, 남아프리카공화국, 스페인에서 온 사람들이었다. 대부분은 현지 에너지 기업에서 태양 전지판을 설치하는 일을 하고 있었다. 또한 프리랜서 요리사도 한 명 있었는데, 그는 나를 부엌 구석자리에 앉혀 놓고 장장 30분에 걸쳐 불화로 얼룩진 자신의 슬픈 가족사를 들려주었다. 한편 예전에 금융업계에 종사했지만 지금은 삶의 목적을 찾는 중이라고 말한 어떤 사람은 내게 피시앤드칩스fish and chips 맛집을 알려 주었다.

누군가가 작은 브랜디 잔을 건네주었고 나는 그것을 홀짝거렸다. 영어가 서투른 한 남자가 그런 내 모습을 보고 웃더니, 자신이 브랜디를 마시는 방식을 직접 보여 주겠다면서 잔을 연거푸 들이키는 호기를 부렸다. 나는 몇몇과 빈대에 관해 대화를 시도했지만, 실직한 기술자였던 세르지오와 마찬가지로 그들 대부분도 내 말뜻을 이해하지 못했다. 두어 시간 부엌에서 그들과 함께 머물면서 나는 브랜디를 몇 잔 마셨다. 잔을 비우기가 무섭게 또다시 잔이 채워지는 바람에 거절할 틈이 없었다. 마침내 자리에서 일어나 계단을 살금살금 올라가서 열쇠로 객실 문을 열고 들어가 침대에 몸을 누였다. 그날 밤은 브랜디로 취기가 올라 잠에 곯아떨어지는 바람에 빈대에 대한 걱정에서 해방되었다.

이튿날 아침 일찍 일어났을 때도 여전히 비가 내리고 있었다. 새로 물린 자국도 새로 생긴 발진도 없었다. 만약 습하고 우중충한 그 호스텔에 빈대가 살고 있었다면 나를 찾지 못한 것이리라. 옷을 입고 짐을 꾸린 다음 부엌으로 내려가서 사방에 흩어진 맥주잔과 더러운 접시 사이에서 차 한 잔을 만들어 마셨다. 간밤에 상하이에서 온 내 룸메이트 말고 유일하게 브랜디 파티에 참석하지 않았던 친절한 영국인이 나를 기차역까지 태워 주었다. 마침내 11시 27분에 출발하는 기차에 올라 런던으로 향했다. 전날과 마찬가지로 두 시간여의 기차 여행 동안 거의 대부분은, 객차 짐칸에서 다른 승객들의 가방들과 섞여 있는 내 배낭과 지금까지 빈대 모험을 해 오면서 방문한 모든 장소에 대해 생각했다. 어찌 되었건 빈대에 물린 자국이 아닌 것이 거의 확실해졌음에도 불구하고 옆구리의 발진이 다시 근질거리기 시작했다.

런던에 돌아온 후에는 데이비드 케인의 연락을 기다리며 호스텔에서 시간을 보냈다. 로비에 앉아서 이제까지 기록한 메모를 읽고 몇 가지를 추가로 기록했으며 이곳에서 하룻밤을 더 견딜 자신이 있는지 곰곰이 생각했다. 그러는 중에 한 남자가 로비로 들어오더니 빈 방이 있는지 물었다. "죄송하지만 예약이 꽉 찼어요." 프런트를 지키던 북유럽 출신의 인상 좋은 여직원이 말했다. 그 남자가 호스텔을 나가고 얼마 지나지 않아 또 다른 남자가 들어와서 빈 방이 있는지 물었고, 이번 남자도 예약이 꽉 찼다는 대답을 듣고 발길을 돌렸다. 내가 로비에서 앉아 있던 한시간 사이에 열두엇 남짓한 여행자들이 방을 구하러 왔다가 허탕을 치고 돌아갔다. 그중 한 여성은 포기했다는 듯 두 손을 들어 올리며 런던 시내 모든 호스텔에 빈 방이 하나도 없다고 투덜거렸다. 그녀가 나간 후 프런트 직원에게 하루 종일 이랬는지 물었다. "네, 아침부터에요." 그녀가 말했다. 이는 내가 발이 묶였다는, 즉 이 호스텔에서 하룻밤을 더 지내는 것 외에 다른 대안이 없다는 뜻이었다.

드디어 기다리던 문자메시지가 왔다. 케인은 친절하게도 자신의 사무실을 찾아오는 방법도 일러 주었다. 그런데 아리송한 메시지가 있었다. "런던 의학대학원을 방문하지 않았기를 바랍니다."

"왜 그렇죠?" 내가 답장을 보냈다.

"대학 교수라는 양반들이 집먼지 진드기를 빈대로 혼동합니다. 나중에 사무실에 오시면 문제의 텔레비전 동영상을 보여드리겠습니다." 그는 비비시BBC의 뉴스 동영상을 들먹였고, 몇 달 후 나는 유튜브에서 그 동영상을 직접 보았다. 그 대학원의 과학자 중 한 명이 현미경을 통해 집먼지 진드기처럼 보이는 무언가를 관찰하고 있는 장면이 실제로 등장했다. 그러나 알고 보니, 그것은 비비시의 실수였다고 한다. 촬영 후 편집하는 과정에서 실수로 그 문제의 장면을 포함시켰던 것이다.

케인의 사무실까지 지하철을 이용했고, 저번처럼 그와 함께 반대 박물관을 탐험했다. 그리고 다시 지하철을 타고 호스텔로 돌아와 카레로 간단히 저녁을 해결하고 나니 또 밤이 찾아왔다. 여행 가방을 걱정하며 거의 뜬눈으로 밤을 새우는 것도 이제 하룻밤밖에 남지 않았다는 사실로 나 자신을 애써 위로했다. 이번에는 셰필드로 1박 2일 여행을 가기 전에 머물렀던 객실이 아닌 다른 객실에 투숙했다. 그러나 도토리 키 재기였다. 저번과 마찬가지로 2층 침대 다섯 개가 놓여 있었고, 전 세계에서 온 젊은이들이 침대 하나씩을 차지했다. 그들은 호스텔로 귀가하는 시간이 제각각이었고, 술에 취해 바닥에 놓인 여행 가방에 걸려 넘어지기도 했다. 게다가 코를 고는 사람도 이를 가는 사람도 있었고 적어도 한 명은 발 냄새가 정말 고약했다. 나는 미처 해가 뜨기도 전에 일어나서 마지막으로 샤워 캡슐에서 샤워를 한 다음 짐을 꾸려 호스텔을 나섰다. 지하철을 이용해 패딩턴 역으로 가서 기차를 갈아타고 히스로 공항으로 가는 긴 여정을 시작했다. 몇 시간 후면 나는 프라하에 있을 터였다.

9장

종의
기원

: 빈대 기원의
  비밀을 밝혀라

"그놈들이 우리 머리 위에 오줌을 쌀 겁니다." 온드르제이 발빈이 프라하의 지슈코프Žižkov 지역에 위치한 어두침침한 술집에서 경고했다. 그때는 박쥐 서식지에서 빈대를 채집하는 동안 작은 박쥐들이 내 머리에 오줌을 쌀 거라는 생각이 마냥 재미있기만 했다. 그러나 24시간도 채 지나기 전에 1,260마리의 박쥐들이 내 머리 위에 자리하고 있을 때는 재미고 뭐고 생각할 겨를이 없었다. 큰생쥐귀박쥐라고 불리는 미오티스 미오티스myotis myotis였다. 프라하에서 북쪽으로 약 72킬로미터 떨어진 두바Dubá의 한 아파트 다락에 있는 나무 서까래에 그 박쥐들이 체코공화국에서 두 번째로 큰 군집체를 건설했다. 나는 박쥐들이 질러 대는 날카로운 울음소리와 지독한 암모니아 냄새 때문에 혼미해져서, 우리가 할 일에 대해 발빈이 끊임없이 쏟아 내는 말을 이해하는 것조차 힘들었다. 거의 1분마다 박쥐 한 마리가 무리에서 떨어져 나와 급강하했다. 나는 박쥐가 스쳐 지나갈 때마다 움찔 놀랐다. 물론 박쥐가 나를 해치지 않을 거라는 사실은 잘 알았다. 박쥐들은 사람이 아니라 딱정벌레에 관심이 있었고, 더군다나 종종 개체 수를 세거나 자신들과 동거하는 빈대를 채집하기 위해 가파른 나무 계단을 올라오는 과학자들에게 익숙했다. 그러나 무언가를 안다고 그것에 대한 본능적인 반사 반응이 없어지는 것은 아니다. 나는 여기보다 몇백 배나 많은 박쥐들이 사는 동굴을 상상하려고 애를 썼고 만일 시바 조시의 빈대 모험에 동행했었더라면 케냐의 동굴들에서는 내가 어땠을까 새삼 궁금해졌다. 그래도 깜짝 놀라는 것은 어쩔 수가 없었다.

나는 박쥐들의 화장실에서 안전거리를 유지한 채로, 박쥐의 개체 수를 세는 공인계수사official bat counter인 즈데네크 비타체크Zdeněk Vitáček에게서 빌린 헤드램프를 조절했다. 비타체크는 인근의 체스카 리파 박물관Česká Lípá Museum에서 박물학자로 일하고 있었다. 그리고 발빈이 조잡한 족집게, 접은 거름종이를 넣은 플라스틱 병, 알코올로 채워져 있는 작은 용기를 건네주었다. 나는 이런 물건과 함께 공책, 펜, 카메라, 녹음기를 떨어뜨리지 않으려고 씨름했다. 그러면서 속으로는 기자가 먼저인지 연구조수 노릇이 먼저인지 헷갈린다고 생각했다. 나는 굴뚝 근처의 천장에서 무리를 이룬 채 잡담이라도 나누듯 재잘대는 박쥐들을 눈으로 쫓았고, 발빈은 그곳이 빈대를 발견할 가능성이 가장 높은 장소라고 했다. 나는 빈대 채집 도구들을 바지 주머니에 쑤셔 넣고 공책을 꺼내서 메모를 했다. 내가 마음속으로 박쥐들과 벌이는 소리 없는 전투는 까마득히 모른 채, 발빈은 굴뚝 쪽으로 성큼성큼 걸어가더니 족집게로 빈대를 집어 올리기 시작했다. 한편 비타체크는 경사진 천장에 만들어진 그림자 부분에 손전등의 강한 빛을 비추면서 빈대의 개체 수를 세기 시작했다.

프라하의 카렐 대학교Charles University에서 곤충학 박사과정을 밟고 있던 발빈은 전 세계를 대상으로 집단유전학 조사를 진행하던 노스캐롤라이나 주립대학교의 연구팀에게 빈대 표본을 보내 주었다. 내게 발빈을 소개시켜 준 사람들이 바로 그 연구팀이었다. 발빈은 나와 몇 달에 걸쳐 이메일을 주고받고 계획을 세운 후에, 체코공화국과 슬로바키아를 탐험하

두바의 한 아파트 다락에서 빈대를 채집하고 있는 온드르제이 발빈

는 12일간의 여행 일정 대부분에서 내 가이드가 되어 주기로 동의했다.

발빈은 7년 전부터 논문 준비를 위해 두바의 박쥐 서식지와 비슷한 환경에서 빈대를 채집해 왔다. 그가 원한 것은 박쥐빈대인 시멕스 피피스트렐리Cimex Pipistrelli였고, 그래서 비타체크 같은 박쥐 전문가들의 뒤를 졸졸 따라다녔다. 한편 유럽 토착종인 큰생쥐귀박쥐는 멸종 위기 종은 아니지만, 유럽 전역에서 생태학적으로 중요한 종으로 여겨지고, 주요 동식물을 보호하기 위한 유럽연합의 나투라Natura 2000 프로그램에 의해 보호받는다. 게다가 유럽 전역에서 큰생쥐귀박쥐만 모니터링하는 전문가만도 약 20명에 이른다. 그들의 임무는 각 개체군의 개체 수를 집계하고, 심지어 두바의 경우처럼 사람들이 살고 있는 아파트 건물에 있는 것일지라도 박쥐 서식지를 파괴하지 않고 있는 그대로 보호하는 일이다.

그러나 발빈이 대부분의 박쥐 서식지에서 발견한 것은 박쥐빈대인 시멕스 피피스트렐리가 아니라 빈대 다른 말로 시멕스 렉툴라리우스였다. 이는 시멕스 렉툴라리우스가 주로 인간과 연결 지어진다는 점에서 볼 때 뜻밖의 발견이었다. 심지어 아파트 다락의 박쥐 서식지들에 기생하는 빈대들은 한두 층만 내려가면 맛있는 먹잇감이 지천인데도, 사람이 아니라 박쥐를 선택했다. 그 발견을 계기로 발빈은 연구의 초점을 박쥐 빈대에서 시멕스 렉툴라리우스로 변경했다. 결국 그는 유럽 전역의 방역업자들로부터 빈대 표본을 수집했고, 운 좋게도 대서양 건너 미국의 노스캐롤라이나 주립대학교 연구가들과 협력하게 되었다. 그러나 발빈은 그들 연구팀의 누구도 직접 만난 적은 없었다. 발빈이 체코에서 채집한 빈대들의 유전학적 분석 결과는, 살충제에 저항성이 있는 빈대 종들의 동유럽 기원설을 뒷받침하는 하나의 근거가 되었다. 이것은 내가 프라하를 방문한 여러 이유 중 하나이기도 했다.

약 15분이 흐르자 나는 감각을 마비시키던 박쥐들의 울음소리와 냄새에도 익숙해졌다. 공책을 바지 뒷주머니에 찔러 넣고 박쥐 무리로 좀더 다가갔다. 이제는 털로 덮인 몸통과 크고 둥근 귀가 잘 보였다. 자세히 보니 주름이 가득한 박쥐 얼굴과 섬세한 날개는 분홍색이었다. 나는 카메라를 꺼내 사진을 찍기 시작했다. 이제 더는 박쥐가 갑자기 무리에서 빠져나와 내 옆을 스쳐 비행해도 움찔하지 않았다(나는 박쥐들이 광견병 바이러스나 다른 바이러스에 감염되었을까 생각하다가 무심코 그 생각을 큰 소리로 입 밖으로 내자 발빈이 경고했다. "당신이 잡으려고 하면 박쥐가 물 겁니다." 나는 카메라를 주머니에 다시 집어넣은 다음 채집 도구를 손에 들고 미끄러운 박쥐 구아노를 지나 굴뚝 벽 쪽으로 다가갔다. 살아 있는 빈대는 구긴 거름종이가 든 병에, 죽은 빈대는 알코올을 채운 용기에 각각 나눠서 담아야 했다).

한 걸음 정도 떨어져서 보니 굵은 모래가 섞인 시멘트를 바른 굴뚝은 박쥐 배설물과 빈대 배설물로 생긴 짙은 갈색 얼룩으로 도배되어 있었다. 그리고 갈라진 좁은 틈새와 구멍에는 그것보다 약간 밝은 갈색 점들이 수없이 박혀 있었는데, 바로 빈대들이었다. 나는 좀더 다가갔고 헤드램프를 앞뒤로 움직이면서 은신처에 숨은 빈대들을 잡으려고 애를 썼다. 오호라! 나는 족집게로 빈대 한 마리를 집어 틈새에서 조심스럽게 꺼내 어느 용기에 담아야 할지 확인하기 위해 눈앞으로 가까이 가져왔다. 빈대의 가느다란 다리가 공기 중에서 발길질을 해 댔다. 살아 있는 빈대였다. 나는 큰 병의 뚜껑을 열어 빈대를 거름종이에 떨어뜨린 다음 뚜껑을 닫았다. 벽으로 다시 돌아가서 빈대를 또 찾았다. 그런데 이번 빈대는 다리가 움직이지 않았고, 그래서 알코올이 담긴 병으로 직행했다. 세 번째로 찾은 빈대는 살아 있었지만, 손이 떨려서 그만 바닥에 떨어뜨리고 말았는데 하필 박쥐 배설물 위로 떨어졌다. 하지만 애써 찾은 빈대를 이렇게 허망하게 놓칠 수는 없었다. 나는 겁에 질려 재빨리 은신처로 돌아가려는 빈대를 찾기 위해 몸을 구부려 주변을 주의 깊게 살폈다. 찾았다! 나는 빈대를 얼른 집어 큰 용기의 뚜껑을 열고 친구 곁으로 보내 주었다.

어느 순간부터 빈대를 찾는 것이 게임이 되었다. 첫 번째 단계는 짙은 갈색의 구아노 얼룩과 그것보다 색깔이 약간 옅은 빈대를 구분하는 것이었다. 그 다음에는 족집게로 집기 전에 빈대가 살아 있는지 죽었는지부터 확인했다. 우리는 죽은 빈대보다는 살아 있는 빈대가 더 많이 필요했고 채집할 시간도 그리 넉넉하지 않았기 때문이다. 처음에는 생명의 징후를 알아보지 못했다. 그러나 10분 후 나는 살아 있는 빈대가 심지어 제자리에서 죽은 듯이 가만히 있을 때에도 뭐라고 딱 꼬집어 말할 수는 없지만 생명의 에너지를 발산한다는 것을 알 수 있었다. 살아 있는 빈대는 색깔이 좀더 옅고, 언제든 달릴 수 있도록 다리의 자세도 좀더 의도적이었다. 일단 살아 있는 빈대를 발견해서 족집게로 집고 나면, 채집통을 손바닥에 대고 탁탁 쳐서 이미 용기 안에 들어 있는 빈대들이 바닥으로 떨어지도록 만든 다음 뚜껑을 열어 새로 잡은 빈대를 집어넣고 뚜껑을 닫았다. 차츰 확실한 리듬이 생겼다. 찾고, 잡고, 탁탁 치고, 열고, 떨어뜨리고, 닫는다. 그리고 그 과정을 반복한다. 나는 빈대를 잡을 때면 기쁨의 환호성을, 박쥐의 배설물 속에서 놓치면 욕설을 내뱉었고 바닥에 떨어진 빈대는 이내 내 등산화 발에 밟혀 으깨졌다.

채집통이 가득 찼을 무렵 미국의 작가인 찰스 부코스키Charles Bukowski의 자서전에서 읽었던 어떤 문구가 떠올랐다. 그가 제2차세계대전 당시 징병을 기피했다는 이유로 경비가 느슨한 필라델피아의 모야멘싱Moyamensing 교도소에 감금되었을 때에 관한 내용이었다. 부코스키는 교도소에서의 첫날 저녁에 코트니 테일러Courtney Taylor라는 사기꾼과 누가 빈대를 더 많이 잡는지 돈내기를 했다(소문에 따르면 테일러는 빈대를 반으로 잘라 각 반쪽을 죽 늘려 온마리처럼 보이게 하는 수법으로 부코스키를 속였다고 한다). 혼자서 빈대 게임을 하다 어느 순간 나는 무의식적으로 발빈을 상대로 경쟁을 하고 있었다. 어떻게든 발빈을 이기려고 기를 쓰면서도 머릿속으로는 불과 이틀 전 프라하에 도착했을 때의 일을 떠올렸다. 나는 호스텔 객실에 놓인 2층 침대의 구석구석을 손전등으로 주의 깊게 살폈었고, 그날 늦게 호텔 매니저와 함께 체코 맥주인 감브리누스Gambrinus를 두 잔 마셨다. 그러자 술기운이 올라 용기가 난 김에, 낮에 침대에서 발견한 빈대 배설물의 희미한 얼룩들에 대해 물었다. 그러자 매니저는 예전에는 그 호스텔에 빈대가 있었다고 순순히 인정하면서도, 최근에는 빈대가 나타난 적이 없다고 단호하게 말했다.

내 머리 위로 무언가가 한 방울 떨어졌다. 그런 다음 또 한 방울이 떨어졌다. 박쥐의 오줌이었다.

프라하는 체코공화국의 최대 역사 유적지인 보헤미아Bohemia 지역의 중앙부에 위치하고, 보헤미아의 역사는 기원전 2세기까지 거슬러 올라간다. 보헤미아의 동쪽은 모라비아 지방과 접해 있고, 그곳 역시도 오랜 역사가 살아 숨 쉬는 광활한 대지다. 특히 모라비아는, 로버트 유싱어를 비롯해 1950년대와 1960년대 곤충학자들이 빈대라고 불리는 시멕스 렉툴라리우스가 서식하는 남부 지방과 박쥐빈대라고 불리는 시멕스 피피스트렐리가 번성하는 북부 지방을 구분하는 천혜의 경계선이라고 생각했던 곳이다. 유싱어는 1968년 늦여름 자신의 동료로서 모라비아에 사는 달리보르 포볼니를 방문할 계획을 세웠다. 유싱어는 이번 여행에서 두 마리 토끼를 잡을 참이었다. 우선은 빈대를 채집할 계획이었다. 그리고 빈대와 박쥐빈대의 서식지가 남북으로 확연히 갈린다는 가설을 증명하는 데 이론적으로 도움을 주고자, 자연적인 경계선처럼 보이는 그곳을 직접 찾아갈 생각이었다.

유싱어가 건강상의 문제로 여행을 취소하지 않았더라면, 체코슬로바키아에서 포볼니와의 두 번째 만남이 성사되었을 것이다. 유싱어와 포볼니는 10년 전인 1950년대 말, 런던의 왕립곤충학회 회의에서 처음 만났다. 첫 만남에서 포볼니는 유싱어의 주머니에서 삐죽 튀어나온 무언가에 눈길이 갔다. 자신이 빈대에 대해 작성했던 논문의 재판이었다. 포볼니는 모라비아 지방에 있는 큰생쥐귀박쥐의 서식지 두 곳에서 빈대 즉 시멕스 렉툴라리우스를 발견했다고 논문에서 밝혔다. 바로크 양식의 슬라프코프 성Slavkov Castle과 크르슈티니Křtiny에 위치한 순례 교회의 탑에 있는 박쥐 서식지였다. 유싱어는 포볼니의 연구에 매혹되었다. 사실 포볼니의 논문은 빈대가 박쥐 서식지에 기생한다는 사실을 사상 최초로 문서로 기록한 것이었다. 그리고 유싱어는 이것이, 빈대가 인류나 인류의 초기 친척들에게로 관심을 옮기기 전에, 본래는 박쥐를 숙주로 흡혈했다는 증거라고 생각했다. 유싱어는 포볼니의 연구에 단단히 매혹되어서, 박쥐를 사랑하는 빈대를 자신의 눈으로 직접 확인하기 위해 모라비아에 사는 새 친구를 꼭 만나야겠다고 결심했다. 그뿐 아니라 포볼니가 빈대와 박쥐빈대의 서식지를 남북으로 확연히 구분시킨다고 주장한 이른바 지리적 경계선도 직접 연구하고 싶었다.

수십 년이 흐른 후 어떤 인터뷰에서 포볼니는, 어디를 가든 체코의 비밀경찰들이 24시간 미행할 수 있는 불편한 상황에서도 유싱어가 체코슬로바키아를 방문했다고 주장했다. 그러나 그들 사이에 오갔던 편지는 그의 주장과 다른 이야기를 들려주었다. 둘이 몇 달에 걸쳐 유싱어의 체코 여행을 계획했음에도 불구하고 당시 공산국가였던 체코슬로바키아로부터 적절한 비자는 물론이고 여러 가지 허락을 받을 수 없어서 계획이 무산되었다고 나와 있는 것이다. 인터뷰를 위해 미화되었을 가능성이 있었지만 그럼에도 포볼니의 주장이 완전히 이상한 것만도 아니었다. 냉전시대에 동서를 막론하고 유럽의 정부들은 외국 과학자들이 스파이일 가능성을 염두에 두고 일일이 감시하고 추적하는 것이 일반적이었다. 예컨대 1963년 포볼니가 워싱턴과 캘리포니아 등등 미국의 여러 도시를 출장차 방문했을 때 에프비아이FBI는 체코슬로바키아에서 온 곤충학자의 일거수일투족을 추적해서 빠짐없이 기록했다. 심지어 그가 버클리에 있는 와이엠시에이YMCA에 투숙했을 때는 그 이유가 "출장 경비가 부족해서"라고 상세히 기록했을 정도였다. 또한 에프비아이는 1954년에 자

1958년. 런던의 왕립곤충학회에
참석한 달리보르 포볼니(왼쪽),
로버트 유싱어(가운데),
윌리엄 차이나(William China,
오른쪽)

국민인 유싱어의 개인 파일도 만들었는데, 아마도 그가 빈대에 관한 저
서를 준비하면서 연구 조사를 위해 해외여행을 자주 다녔기 때문일 것
이다.

포볼니의 주장대로 유싱어가 체코슬로바키아를 방문했든 아니든, 그
둘은 10여 년에 걸쳐 우정을 나누면서 편지 왕래를 계속했다. 특히 몇몇
편지에서 유싱어는 《빈대과 곤충에 관하여》 저서에 필요한 연구를 위해
포볼니에게 동유럽에 서식하는 빈대 표본을 보내 달라고 간곡하게 부탁
했다. 그럴 때마다 포볼니는 모라비아와 보헤미아 지역의 교회와 다락에
있는 박쥐 서식지에서 빈대들을 채집한 다음, 버클리까지 산 채로 도착
할 수 있도록 자신의 피로 흡혈 식사까지 먹여서 국제우편으로 보내 주

었다. 포볼니는 그런 빈대가 박쥐빈대라고 생각했지만, 유싱어는 포볼니에게 보내는 편지에서 그가 보내준 것은 박쥐빈대가 아니라 시멕스 렉툴라리우스라고 주장했다.

1964년 포볼니는 아프가니스탄 잘랄라바드Jalalabad에 있는 낭가르하르 대학교Nangarhar University가 신설한 의과대학에서 동물학을 가르치는 데 도움을 주고자 방문했고, 그는 그 대학교에서 활동한 최초의 곤충학자로 이름을 남기게 된다. 1965년 아프가니스탄에 넉 달간 머물면서 포볼니는 잠깐씩 짬을 내어 빈대 사냥 여행을 떠났고, 마침내는 유럽 토착종으로 큰생쥐귀박쥐의 가까운 친척인 생쥐귀박쥐가 서식하는 동굴에서 시멕스 렉툴라리우스를 발견했다. 사람들의 혈액이 주식인 빈대 말이다. 포볼니는 잡은 빈대들을 먹여 살리느라 직접 수혈했고, 급기야 혈포血胞가 생겼다. 그래서 어쩔 수 없이 자신의 역할을 대신해 줄 현지인 유모를 돈을 주고 고용했다. 그는 체코슬로바키아로 돌아오면서 빈대들을 가져왔고 버클리에 있는 유싱어에게 우편으로 보냈다.

그런데 캘리포니아 주 식품농무부의 식물 검역 담당 공무원들이 포볼니가 보낸 빈대들을 압수했고, 이 사건은 둘을 바짝 긴장시켰다. 그러나 결국 사건이 원만히 해결되어 빈대 소포가 유싱어의 실험실로 무사히 도착했다. 게다가 다행스럽게도 빈대 중 일부가 아직 살아 있었다. 덕분에 유싱어는 포볼니가 박쥐 서식지에서 잡아 보내준 빈대들이, 사람들을 흡혈했던 빈대들과 번식할 수 있는지 알아보기 위해 이종교배 실험을 시작할 수 있었다. 만약 그 빈대들이 알을 낳고 또한 그들의 새끼들도 번식할 수 있다면, 이는 포볼니의 빈대와 유싱어의 빈대가 이질종이 아니라 그저 다른 숙주에서 기생하는 동일종일 가능성을 시사했다. 실험은 성공적이었고, 유싱어는 포볼니에게 편지를 보냈다. "여기서 가장 흥미로운 점은 인간을 흡혈하는 빈대의 기원에 관한 이론에서 가장 중요한 틈을 자네가 메웠다는 사실이라네." 아프가니스탄에서 포볼니가 발견한 빈대들이 어쩌면 빈대의 기원과 관련해 잃어버린 고리일 수 있었다. 다시 말해 포볼니의 빈대들은, 인간을 흡혈하는 빈대가 인간이 만든 구조물에서는 물론이고 동굴에 서식하는 박쥐와도 공생한다는 아이디어를 확실히 뒷받침하는 첫 번째 증거였다. 포볼니가 그 빈대들을 빈대과 곤충의 조상적 기원ancestral origin으로 여겨지는 중동 지역에서 발견했다는 사실은 덤으로 얻은 보너스였다.

1966년 유싱어와 포볼니는 "잠재적 빈대 토착종의 발견The Discovery of a Possibly Aboriginal Population of the Bed Bug"이라는 제목의 논문을 공동으로 집필했다. 그들은 빈대의 진화가 현생 인류의 진화보다 시기적으로 앞섰을 수 있다고 주장했다. 또한 빈대가 본래는 박쥐의 피를 빨아 먹다가 인간으로 옮겨 갔다는 것을 잠정적으로나마 증명할 수 있었다. 그러나 당시 그들에게 허락된 연구법은 딱 두 가지뿐이었다. 하나는 빈대의 생김새, 특히 암컷의 독특한 생식기관인 정자유도관의 모양과 빈대 머리의 크기를 단순 비교하는 것이었다. 다른 기법은, 디엔에이를 함유한 구조물로서 대부분의 세포핵에 존재하는 염색체의 개수를 조사하는 방법이었다. 그들의 연구 결과로만 보면 그들의 가설이 옳다는 것을 뒷받침했다. 그러나 자신들에게 허락된 도구가 아주 제한적이었음을 잘 알았던 유싱어와 포볼니는 향후 자신들의 연구를 확인해 주거나 뒤집을 추가 증거가 나타날 가능성을 열어 두었다.

만약 유싱어가 90살까지 살았더라면 빈대와 박쥐빈대를 구분한다는 눈에 보이지 않는 모라비아의 경계선이 틀렸다는 사실에 실망했을까? 아마 그랬을 성싶다. 2006년 발빈은 빈대의 활동 무대인 모라비아 남부

에서 박쥐빈대를, 반대로 박쥐빈대의 아성인 북부에서 빈대를 발견했다
(부질없는 생각일 수도 있지만, 혹시 체코슬로바키아 여행을 계획대로 추진할
만큼 건강했더라면 유싱어가 이 사실을 직접 발견했을지도 모르겠다). 아니,
실망하지 않았을지도 모른다. 오히려 빈대가 두바의 어떤 아파트 다락처
럼 인간과 가까운 곳에 있는 박쥐 서식지에서도 번성하고 또한 어떤 젊
은 과학자가 빈대의 기원에 관한 미스터리의 틈을 메우기 위해 빈대들을
계속 채집하고 있다는 사실에 기뻐했을 가능성이 더 크지 싶다. 또한 유
싱어는, 빈대과 곤충들 간의 관계를 밝히기 위해 체코의 빈대는 물론이
고 전 세계 곳곳에 서식하는 빈대들의 디엔에이 지도를 완성하려고 애
쓰는 집단유전학자들에게도 큰 박수를 보냈을 것이다.

다시 프라하로 돌아가 보자. 최근에 재출현한 빈대의 기원 즉 살충제
에 저항성이 있는 빈대의 확산 경로를 밝히는 연구가 궁금했던 나는 프
라하 동쪽의 주택가에 자리한 체코 국립보건원의 복합 단지를 방문했
다. 그곳에서 국립보건원 산하 설치류 및 해충 방역을 위한 국가표준연
구소National Reference Laboratory for Rodent and Insect Control 소장인 프란티셰
크 레티히František Rettich를 만난 다음, 타일이 깔린 기다란 복도를 지나
곤충 실험실로 갔다. 실험실은 썩은 우유처럼 시큼한 냄새가 진동했다.
아니 실험실만이 아니라 복도에도 그 냄새가 퍼져 있었다. 냄새가 어디
서 나오는지는 정확히 몰라도 가능성 높은 출처는 많았다. 무엇보다 실
험실 한쪽 벽에 설치된 기다란 금속제 선반들에는 크기가 작은 독일 바
퀴벌레, 크기가 큰 미국 바퀴벌레, 유명한 마다가스카르 휘파람바퀴벌레
가 담긴 두꺼운 유리병들이 올려져 있었다. 마치 그 모습이 괴기스러운
사탕 진열대 같았다. 특히 내가 유리 너머로 마다가스카르 휘파람바퀴
벌레의 인상적인 생김새를 뚫어지게 쳐다보자 레티히는 그 바퀴벌레들

은 연구 목적이 아니라 "단순히 재미를 위해" 보관 중이라고 말했다. 데이비드 케인의 런던 사무실에 있던 바퀴벌레들이 어딘가에 숨어 모습을 드러내지 않았던 것과는 달리, 그곳에 있는 바퀴벌레들은 몸통 전체를 고스란히 보여 주었다. 두껍고 반짝이는 마디 구조의 몸통은 내 손바닥보다도 길었고, 태엽이 다 풀린 장난감처럼 유리병의 바닥에 바짝 엎드린 채 움직이지 않았다.

마주 보는 벽에도 똑같은 선반들이 설치되어 있었다. 그 위에는 개미들이 생활하는 뚜껑 없는 유리 수족관들이 놓여 있었고, 개미가 얼마나 작은지 눈을 가늘게 뜨고 집중해서 쳐다보아야만 다리가 보일 정도였다. 또한 선반 위에는 다양한 종류의 파리와 모기가 살고 있는 그물 상자들도 있었는데, 입구는 쪽진 머리처럼 단단히 묶여 있었다. 연구가들은 상자 안의 곤충이 필요할 때마다 묶인 매듭을 푼다고 했다. 죽은 파리로 가득한 파리끈끈이 세 개가 검정파리들이 빼곡히 들어찬 밀폐 용기 옆에 동그랗게 말린 채로 놓여 있었다. 레티히는 특히 검정파리들이 하도 탈출을 잘해서 그물 상자로도 가두어 두기 힘들다고 말했다.

유리 진열대에서 멀리 떨어진 한쪽 구석에는 망사 천과 고무줄로 입구를 밀봉한 플라스틱 컵 일곱 개가 있었다. 그리고 그 컵들은 살충제에 저항성이 있는 빈대들의 차지였는데, 총 다섯 개의 개체군이 있었다. 그중 네 개의 개체군은 체코공화국 전역의 가정에서 채집한 것이었고 나머지 한 개의 개체군은 미국의 한 호텔에서 채집해 물 건너 온 것이었다. 상의에서부터 양말과 신발까지 온통 흰색으로 치장한 대학원생 즈덴카 갈코바Zdeňka Galková가 하나의 컵에서 고무줄을 풀어 볏짚 색깔의 어린 빈대들을 보여 주었다. 갈코바는 빈대 연구를 시작한 지 겨우 넉 달밖에 되지 않았고, 그래서 그들 빈대를 영구적인 안식처 즉 아래의 선반에 놓인 17개의 유리병으로 옮길 시간이 없었다. 유리병 17개는 내가 보기에는 좀 많지 않나 싶었다. 그 많은 유리병을 빈대로 가득 채우려면 먼저 개체 수를 늘려야 했다. 그러나 피를 공급해 줄 다른 동물들이 없는 실험실에서는 개체 수를 늘리는 것이 녹록지 않다. 갈코바는 인공 급혈 장치를 만들 계획이라고 말했다. 나는 그녀에게 그동안 빈대들이 무슨 피를 먹었는지 물어보았다. 그러자 그녀는 대답 대신 바짓가랑이를 걷어 올려 희미한 분홍색 자국을 보여 주면서 대략 컵 입구와 크기가 비슷한 그 자국이 4주 전에 빈대들에게 수혈한 영광의 상처라고 말했다.

갈코바는 일단 개체 수를 충분히 늘린 후에 빈대들을 대상으로 살충제 실험을 할 예정이었다. 연구소 전체의 주요 연구 분야 중 하나였던 살충제 실험은 살충제를 등록하고 라벨의 내용을 결정하기 위한 제품 효능을 평가하는 실험이다. 유럽연합의 법규에 따라서, 살충제는 미국의 환경보호청과 매우 흡사한 등록 과정을 거치지만 단 한 가지 뚜렷한 차이가 있다. 시트로넬라유와 그것의 "100퍼센트 천연 성분" 사촌들이 유럽연합의 법망에서는 빠져나갈 허술한 구멍이 없다. 대신에 이런 성분을 포함하는 살충제를 등록하고 싶은 기업들은 다른 모든 제품과 똑같은 효능 시험을 거쳐야 하고, 수수료는 약 500달러 선이다. 한편 레티히는 그런 기업들에게 효능 시험을 하지 말라고 조언한다고 말했다. 이유인즉슨, 자신의 경험에서 보면 식물에서 추출한 방향유가 빈대에게서 좋은 냄새가 나도록 만드는 것 외에 다른 효과가 없기 때문이라고 했다. "꼭 해야겠다면 효능 시험을 해 주겠지만 테스트 비용이 꽤 비쌉니다." 그가 말했다. "시험해 봤자 어차피 살충 효과가 없다는 결과가 나올 터이니 그냥 500달러를 아끼십시오."

곤충 실험실이 있는 복도 끝에 레티히의 사무실이 있었는데, 천장이 높고 벽은 온통 크림색이었다. 나는 그 사무실에서 67살의 기생 곤충학자로부터 프라하의 빈대에 대해 배웠다("이미 4년 전에 은퇴했어야 했는데, 아직도 연구실을 떠나지 못하고 있습니다"라고 그는 말했다). 갈코바와 마찬가지로 그도 머리부터 발끝까지 흰색 복장이었는데, 나중에 알고 보니 그 복장은 화학물질이나 피가 묻을 경우 쉽게 포착할 수 있도록 연구소에 근무하는 모든 사람들에게 적용되는 안전 요건이었다.

질병 매개체 관리가 전문 분야인 레티히는 주로 모기와 진드기 같은 흡혈성 절지 곤충을 연구한다. 그러나 지난 10여 년에 걸쳐 프라하에서 빈대 문제가 발생하자 그의 책임이 빈대에까지 확대되었다고 레티히가 투덜거렸다. 어느 정도 대화가 무르익자 그는 "빈대 문제를 처음 접한 것은 1980년대 중반"이었다고 말했다. 한 친구로부터 아파트에서 딱정벌레를 잡도록 도와 달라는 부탁을 받아 그의 아파트를 방문했을 때였다. 그때까지도 빈대를 직접 본 적은 없었지만 친구를 괴롭히는 고문 기술자가 딱정벌레가 아니라는 것 정도는 단박에 알아차렸다. 당시 체코에서는 머릿니와 바퀴벌레가 일반적이었던 반면 빈대는 아주 드문 해충이었고, 레티히는 살충제에 저항성이 없던 빈대들을 쉽게 처리할 수 있었다. "나는 친구의 아파트 전체에 피레트린을 뿌렸다오. 한 방으로 완벽하게 빈대를 처리했죠."

이후에 그가 들려준 이야기는 내가 체코 여행 중에 들었던 다른 이야기들과 일치한다. 제2차세계대전을 거치면서 빈대가 널리 확산되었다. 그러다가 종전 후에 일시적인 휴지기가 찾아왔다. 여기에는 빈대 피해 주택에서 가구를 끌어내어 불태운 것도 효과가 있었고, 디디티와 여타 살충제도 한몫 거들었다. 그러다가 1968년 체코슬로바키아에 민주화 바람이 불었을 때였다. 소련은 소위 프라하의 밤으로 일컬어지는 개혁 바

람을 잠재우고 이 국가를 공산권으로 다시 끌어들이기 위해 체코슬로
바키아를 무력 침공했다. 내가 인터뷰했던 많은 체코인들에 따르면, 소
련이 장갑차와 탱크 부대만을 이끌고 온 것이 아니라고 했다. 체코에 대
규모 빈대 부대도 끌고 왔다고 주장했다. 한편 레티히는 그들과는 생각
이 달랐다. 어쨌든 이후 빈대는 체코슬로바키아가 디디티로 다시 한번
박멸할 수 있게 될 때까지 전국을 공포에 빠뜨렸다(체코슬로바키아에서는
1974년 디디티 사용이 금지되었다). 그때부터 공산국가 체코슬로바키아에
서는 빈대가 거의 나타나지 않았다. 해외여행이 엄격하게 제한된 데다가
당시 빈대도 피레스로이드계 살충제에 저항성이 없었던 것이 이유 중 하
나였다. 그러다가 2006년을 전후로 빈대가 다시 나타났다. 빈대가 재출
현한 이유에 대해 체코인들이 들려준 이야기들은 낯설지 않았다. 여행
증가, 중고 가구 구매, 살충제 저항성.

프라하가 현대 빈대의 유력한 기원처럼 보이는 것은 사실이다. 무엇보
다 동유럽 최대 도시 가운데 하나이고, 전 세계로부터 여행객들을 끌어
들이는 유명 관광지가 아닌가. 그러나 살충제에 저항성이 있는 미국 빈
대들이 동유럽에서 건너왔다는 이론과는 시기적으로 아귀가 맞지 않는
다. 만약 2006년에 빈대들이 대규모로 재등장하기 시작했다면 살충제
에 저항성이 있는 빈대가 미국 땅에 도착한 것은 1990년대였으니, 프라
하의 빈대가 미국 빈대의 조상일 가능성은 없어 보였다.

좋다, 빈대가 동유럽에서 시작해 서유럽과 미국으로 확산된 것이 아
니라고 하자. 그렇다면 체코의 빈대는 어디서 왔을까? 레티히는 살충제
에 저항성을 가진 빈대들이 아프리카 어딘가에서 기원했을 가능성을 주
장했다. 반면 프라하 시민들은 레티히와는 달리, 공산주의시대의 유물
로 도시 곳곳에 남아 있는 거대한 아파트 단지에서 빈대가 확산된 것에

대해 중국과 베트남 이민자들을 원인으로 꼽는다고 그가 덧붙였다. 레티히는 그들 이민자가 체코인들의 눈에는 "이상한 습관"을 가진 것처럼 보인다고 말했다. 그들이 체코인들보다 해충에 덜 호들갑스러운 것도 그런 이상한 습관 중 하나였다. 또한 체코인들이 빈대 확산의 또 다른 주범으로 지목하는 인구 집단이 있었다. 동유럽 전역에서 인구가 갈수록 증가하는 가난한 소수민족으로 흔히 경멸적인 의미로 집시Gypsy라고 불리는 로마족이었다. 비록 프라하 시내의 일부 아파트 건물의 경우 세대인들 대다수가 로마족이기는 하지만, 대부분의 로마족은 사회의 주변부나 도시의 외곽 또는 시골의 판자촌에서 생활한다. 따라서 대중교통 등여타 공유 공간에서 프라하 시민들과 로마족들이 물리적으로 연결될 가능성은 충분하다.

빈대 과외를 마친 후 레티히가 건물 밖까지 배웅해 주었다. 호스텔을 향해 걸어가면서 내 머릿속은 복잡했다. 혹시 살충제에 저항성이 있는 빈대의 기원을 추적하는 일이, 내가 런던의 호스텔에서 빈대에 물렸는지 아닌지에 대한 내면의 갈등만큼이나 무의미한 것은 아닐까? 내가 이야기를 해 본 모든 사람의 주장은 등장인물만 다를 뿐 큰 줄거리는 비슷했다. 빈대가 20세기 중반에 어느 순간 깜짝 사라졌다가 반세기가 흐른 후 다시 나타났고, 확산의 원인으로 지목되는 사람이나 지역은 대개 그런 주장을 펼치는 사람과는 인구 통계학적으로 다른 집단에 속한다는 것이다. 이는 우리 인간이 우리 대 그들, 익숙한 것 대 이질적인 것을 구분하는 타고난 성향이 있음을 고려할 때 놀라운 일도 아니었다. 하물며 질병이나 전염병과 관련해서는 특히 그렇다. 인류 전체와 아주 밀접하게 얽히고설킨 역사를 가진 빈대에 대해서도 마찬가지였다. 빈대는 지위고하, 남녀노소, 인종 등 사람을 가리지 않고 피를 빨아 먹도록 진화했다. 요컨대 빈대 앞에서는 모든 인간이 평등하다. 그러나 우리는 빈대가 언제나 다른 누군가에게 속한다고 생각한다.

내가 프라하의 북서쪽에 위치한 동네에서 만난 방역업자들은 빈대 확산의 책임을 마약중독자들에게 돌렸다. 독일과 접경하는 소도시 리트비노프Litvínov의 한 고층 아파트 단지에서 나는 여성 세 명의 뒤를 졸졸 따라다녔다. 그들은 발빈에게 체코어를 속사포처럼 쏟아냈고 나는 발빈에게 통역을 부탁했다. 순진한 인상에 키가 작았던 한 명은 아파트 관리인이었는데 종이가 한가득 담긴 파란색 플라스틱 바구니를 들고 다녔다. 다른 두 명은 국가와 계약을 맺고 그 아파트 단지에 파견된 해충 방역업체의 직원들이었다. 발빈은 기다란 복도를 지나갈 때 아파트 관리인의 말을 통역해 주었다. 마침 우리가 지나가던 아파트 구역에 한때 마약중독자들이 살았고, 그들은 대부분의 시간을 흔히 필로폰이라고 불리는 메타암페타민을 만들어 복용하면서 보냈다. 이후 그들은 아파트 단지에서 추방되었고, 얼마 전에는 다루기가 아주 까다로웠던 어떤 입주민도 쫓겨났다. 그 입주민은 복도 끝의 비좁은 원룸 아파트에 살았는데, 그곳에서는 널따랗게 펼쳐진 정유 공장 주변으로 무성한 푸른 숲이 내려다보였다. 그의 아파트는 너무 지저분해서 청소 담당자들이 무더기로 쌓여 있는 빈대 사체를 쓸어 내야 했다고 관리인이 허풍쟁이 어부처럼 양손을 크게 벌리면서 말했다. 복도 아래의 원룸 아파트도 예전에 마약중독자가 살았는데, 금색 잉크로 "인생은 파티다"와 "땅속으로 꺼져"라는 영어 낙서가 쓰여진 벽들은 온통 빈대 배설물 얼룩으로 뒤덮여 있었다.

관리자가 한 아파트의 문을 열고는 방역 전문가들이 들어가도록 한쪽으로 비켜섰다. 나는 그들 중 한 명이 아파트를 방역하는 동안 완전히 넋을 놓고 관찰했다. 그녀의 이름은 한나 스미슈코바Hana Smíšková였고

17년차 경력의 베테랑이라고 했다. 그녀는 내가 이제껏 보았던 방역 전문가들과는 확연히 달랐다. 짧은 펑키 헤어스타일, 검은색의 인조 속눈썹까지 붙인 짙은 눈 화장, 반짝반짝 빛나는 둥근 공 모양의 귀걸이, 회사명이 새겨진 빨간색의 직원용 티셔츠, 빛바랜 청바지, 빨갛게 칠한 손톱, 두꺼운 은 장신구. 그녀는 신발 위에 보호 장화를 덧신고 손에는 라텍스 장갑을 착용했음에도 안면 마스크는 목에 대롱대롱 걸려 있었다. 스미슈코바는 함박 미소를 지으며 케이 오트린K-Othrine 통을 배낭처럼 등에 매고 기다란 금속제 분사구로 온 방에 물방울이 뚝뚝 떨어질 때까지 천장이며 낡은 마루 할 것 없이 눈에 보이는 모든 곳에 살충제를 뿌렸다. 케이 오트린은 독일의 바이엘 크롭사이언스가 만든 피레스로이드계 살충제 브랜드이다. 맞다, 로봇으로 작동되는 화학 도서관과 실험실을 구비한 그 화학 회사 말이다. 나는 모든 방역 작업이 이런 식으로 이뤄지는지 물었다. 발빈이 내 질문을 통역해 주자, 벽에 살충제를 분사하던 스미슈코바는 일손을 멈추지 않은 채 어깨 너머로 고개를 돌려 나를 쳐다보면서 그렇다고 대답했다(몇 달 후 나는 미국의 어떤 빈대 전문가에게 사방에서 살충제 방울이 뚝뚝 떨어질 때까지 분사하는 방식이 정말 일반적인지 물어보았다. "필요 이상으로 일반적이죠." 그가 대답했다. "빈대와 관련해서는 단호한 처방이 필요합니다.").

그날 스미슈코바의 동료는 그녀가 소속된 방역 회사의 사장 딸인 렌카 쿠체로바Lenka Kučerová였고, 쿠체로바는 우리를 만나고 얼마 지나지 않아 아버지가 돌아가신 후부터 어머니가 경영하던 그 회사를 물려받는다. 그들은 약 한 시간 반 동안 열한 개의 아파트에 살충제를 분사했고, 아파트 한 곳당 머무는 시간이 평균 채 10분도 안 됐다. 반면 뉴욕의 내 아파트를 방역하는 데도 그랬고 미국에서 듣거나 직접 관찰한 방역 작업의 경우 소요 시간은 대개가 한 시간 안팎이었다. 마약중독자가 살았던 두 채의 원룸 아파트는 비어 있었지만 대부분의 아파트에는 사람들이 살고 있었다. 스미슈코바와 쿠체로바는 살충제를 꼼꼼하되 신속하게 분사했고 침대, 이불, 소파, 베개, 벽, 바닥 등을 살충제로 흠뻑 적셨다. 살충제 통이 비면, 먼저 백색 분말을 통에 부은 다음 빨간색 플라스틱 양동이에 수돗물을 가득 받아 와서 통에 부었다.

노부인이 홀로 사는 아파트를 방문했을 때였다. 아파트는 담배 냄새에 절어 있었다. 스미슈코바와 쿠체로바는 노부인의 베개에서 기어 다니는 빈대들을 발견했다. 그러자 발빈이 채집통과 족집게를 들고 잽싸게 달려가서 여성 빈대 박멸자들이 살충제를 뿌리기 전에 여남은 빈대를 무사히 구출했다. 빈대들은 얼마 전에 식사를 했는지 몸통이 빵빵하게 부풀어 있었다. 스미슈코바와 쿠체로바는 노부인에게 빈대가 나온 베개를 얇은 쓰레기봉투에 담았는데 봉투가 너무 작아서 입구를 묶지 못했다고 말했다. 물론 체코어로 말이다. "그들은 베개를 당장 버려야 한다고 말하고 있어요." 발빈이 통역해 주었다. 노부인은 고개를 끄덕이더니 양팔에 물린 자국을 보여 주면서 담배를 많이 피워 걸걸해진 목소리로 통증을 호소했다.

복도 반대편의 집에서 초췌한 얼굴을 한 여성이 문을 열었고, 어린 아들이 그녀의 다리 사이에서 얼굴을 빼꼼 내밀었다. 내 손에 들려 있던 공책과 펜을 보더니 그녀가 관리인에게 새된 목소리로 욕설을 해댔다. 물론 나는 이해를 못 했지만, 어쨌든 협상을 한 후에 그녀가 한쪽으로 비켜서서 우리를 들여보내 주었다. 스미슈코바 일행이 아파트에 하나뿐인 방에 들어가서 방 중앙을 턱 하니 차지한 침대의 가장자리에 흩어져 있는 빈대 얼룩을 보여 주는 동안 그녀는 팔짱을 긴 채 가만히 서 있었다. 플라스틱 장난감과 옷가지들이 벽을 따라서 몇십 센티미터 높이로 군데군데 쌓여 있었다. 나는 빈대의 은신처가 될 만한 장소를 하나하나 세다 보니 머리가 어질어질해질 지경이었다. 집주인이 한 이웃에게서 샀다는 나무 서랍장을 가리키면서 그곳이 바로 빈대의 온상이라고 말했다.

그 아파트를 나오면서 쿠체로바가 들려준 말을 옮기자면, 그 아파트는 다른 회사가 이미 여섯 번이나 방역을 했는데, 그들은 분무식으로 피레스로이드를 살포했지만 빈대가 없어지지 않았다. 그러면서 쿠체로바는 자신들의 방법이 더 효과적이라고 자랑했다. 적어도 관리인이 플라스틱 바구니에 넣어 다니고 군데군데 형광색 표시가 된 아파트 지도에 따르면, 그 단지의 여러 세대에서 그들의 방법이 효과적인 것은 사실이었다. 총 350세대 중 31세대에서 빈대가 발견되었고, 관리인은 쿠체로바의 회사가 방역 작업을 맡은 이후로 상황이 좋아지고 있다고 말했다. 메모를 하면서 나는 궁금증이 생겼다. 전 세계에서 피레스로이드계 살충제에 저항성을 가진 빈대가 출몰하는 마당에, 그 살충제가 과연 얼마나 더 효과를 발휘할 수 있을까?

쿠체로바의 회사는 인근의 모스트Most에 있었고, 그 도시에는 피레스로이드계 살충제를 사용하는 업체가 한 곳 더 있었다. 쿠체로바의 회사가 빈대 방역 작업을 처음 의뢰받은 것은 2006년이었다. 오늘날 쿠체로바와 스미슈코바가 처리하는 해충 작업 열 건당 아홉 건이 빈대 방역 작업이고, 그들은 매년 약 2,000건의 작업을 처리한다. 여기에는 첫 번째 작업이 실패해서 재처리하는 건수도 포함된다. 그들은 자신들의 빈대 박멸 성공률이 높은 편이며, 피레스로이드계 살충제를 분사하는 방법이 이제까지는 효과적이라고 말했다. 나는 그들에게 지역의 곤충학자나 유전학자 또는 여타의 과학자들과 협력하는지 물었다. 그들의 대답에 따르면, 그런 교류의 기회 자체가 없었다. 대신에 빈대 박멸자 콤비에게 주어진 교육 기회는 화학 회사들이 후원하는 해충 방역 산업 회의가 유일하고, 그런 회의에서 신제품에 대한 설명과 사용법을 배운다.

피레스로이드계 살충제는 빈대 방역에 널리 사용된다. 체코와 마찬가지로 미국도 실내 방역에는 피레스로이드계 살충제가 주로 사용되고, 체코에서는 지금도 실내에서 카바메이트계 살충제를 사용할 수 있다. 다시 프라하로 돌아가자. 다음 날 나는 발빈과 함께 홀로 활동하는 자칭 빈대 전문가를 따라 나섰다. 그가 기차간식 아파트railroad apartment*의 한 세대에서 매트리스, 이불, 침대 세 개에 피레스로이드를 꼼꼼하게 분사하는 과정을 지켜보았다. 평수가 꽤 넓었던 그 아파트에는 로마족이 살고 있었는데, 아버지와 성인이 된 아들 둘이었다. 이번에도 빈대를 끌어들인 주범은 마약중독자였다. 아들 하나가 지역의 호스텔을 자주 들락거렸을 뿐 아니라 필로폰 중독자였다. 마약 때문인지 아니면 잦은 호스텔 출입 때문인지는 중요하지 않았다. 집 안에서 빈대가 발견된 곳은 그의 침대가 유일했고, 발빈은 빈대들을 잡아서 플라스틱 용기에 담았다. 그리고 며칠 후 나는 쇼핑몰의 커피숍에서 또 다른 방역업자를 잠깐 인터뷰했다. 프라하에서 활동하는 그는 키가 컸고 반백이 된 머리에서 연륜이 느껴졌다. 그는 빈대 방역에 세 가지 살충제를 사용한다고 말했다. 두 가지는 피레스로이드계였고, 나머지 하나는 그의 비밀 무기였다. 1년에 대략 70건의 빈대 방역 작업을 하는데 그중 약 10퍼센트에서 비밀 병기를 사용한다고 말했다. 알고 보니 그것은 프로폭서와 비슷한 카바메이트계 살충제였다. 프로폭서는 지금도 미국 환경보호청과 오하이

---

*좁은 방이 일렬로 줄지어 있고 각 방이 다음 방과 연결되는 구조의 싸구려 아파트.

오 주 정부 간에 사용 허가를 둘러싸고 힘겨루기가 한창이다. 어쨌든 그의 비밀 병기는 빈대 방역에 효과적이었다. 현재까지는 말이다.

좀더 동쪽의 빈대 상황이 궁금했던 발빈과 나는 고물 기차를 타고 슬로바키아 동부에 위치한 코시체Košice로 갔다. 슬로바키아는 예전에 체코공화국과 함께 체코슬로바키아를 양분했다가 1990년대 초 체코공화국과 분리되었고, 이를 두고 역사학자들은 군사적 충돌 없이 평화적으로 분리되었다는 의미에서 벨벳 이혼velvet divorce이라고 부른다. 또한 나는 로마족 정착촌들이 정말로 빈대 문제의 온상인지, 만일 그렇다면 로마족은 빈대가 어디서 옮아왔다고 생각하는지 알고 싶었다. 슬로바키아에는 체코공화국보다 더 많은 로마족이 거주했는데, 발빈은 코시체 외곽에 있는 로마족 정착촌 두 곳과 연줄이 닿았다. 그곳 정착촌을 담당하던 지역의 공무원들은 우리의 방문 요청을 의아하게 생각했지만 어쨌든 방문을 허가해 주었다.

우리는 야간 기차를 이용했고, 나는 객차 승무원에게서 빌린 베개와 담요로 딱딱하고 좁은 2층 침대에 누워 긴 여행을 간신히 버텼다. 승무원은 기차에 빈대가 나타난 적은 한 번도 없었다고 주장했다. 기차는 여행 내내 거의 한 시간마다 작은 간이역에 도착했고, 그럴 때면 알아듣기 힘든 안내 방송이 나오는 바람에 발빈과 나는 거의 뜬눈으로 밤을 새웠다. 마침내 아침 일찍 코시체에 도착했고, 걸어서 인근의 버스 터미널로 이동한 다음 버스 시간표 때문에 잠시 우왕좌왕하다가 노바차니Nováčany라는 작은 마을로 가는 버스에 올랐다. 노바차니는 최소한 서기 1,300년대로 거슬러 올라가는 오래된 마을로 거리가 조용하고 깨끗했으며 조경도 깔끔했다. 우리는 인근의 로마족 정착촌으로 우리를 안내해 주기로 발빈과 미리 약속이 된 시장市長을 만나기 위해 노란색 시청 건물을 찾아갔다.

시장과 그의 비서가 우리를 기다리고 있었다. 둘 다 중년 여성으로 멋진 바지와 블라우스 차림에다가 완벽한 헤어스타일을 하고 있었다. 그들은 부드러운 미소로 우리를 맞아 주었지만, 아무도 영어를 하지 못했고 나는 슬로바키아어를 몰랐기 때문에, 이번에도 나는 발빈의 통역에 의존해야 했다(체코어와 슬로바키아어는 서로 의사소통이 가능할 만큼 아주 비슷하다). 우리는 잠깐 사교적인 인사말을 주고받았고, 나는 연신 미소를 짓고 고개를 끄덕이며 대화에 참여했다. 얼마 후 발빈과 나는 얇은 재킷을 어깨에 걸친 시장과 비서를 따라 시청 건물을 나와서 로마족 정착촌을 향해 걸어갔다.

가까이 가서 보니 정착촌은 말 그대로 판자촌이었다. 나무판자, 돌, 벽돌을 얼기설기 갖다 붙이고 경사진 양철 지붕을 머리에 인 집들이 다닥다닥 붙어 있었다. 그 판자촌에 약 200명이 거주했다. 높다란 나무 막대기에 매달린 위성안테나가 지붕 위로 우뚝 솟은 집들이 간간히 눈에 띄었다. 그 모습이 마치 잿빛 막대 사탕 같았다. 우리는 가파르고 지저분한 길을 따라서 마을로 들어갔고, 나는 장작 화로에서 나오는 메케한 연기 때문에 코가 간지러웠다. 그러나 그 냄새도 뚜껑 없는 하수구에서 올라오는 지독한 썩은 내를 없애 주지 못했다. 시장이 집집이 돌아다니며 현관문을 두드리자 사람들이 열린 창문 너머로 낯선 침입자들을 물끄러미 내다보았다. 그런 모습을 보자 나는 우리가 이곳을 찾은 이유에 근본적인 회의가 들었다. 유럽에서 가장 가난하고 소외받는 로마족 사람들에게 빈대가 있는지 묻는다는 아이디어는 더 이상 호기심이나 저널리즘에서 비롯된 행위가 아니라 그저 무심함의 소치처럼 생각되었다.

그러나 이미 되돌리기에는 너무 멀리 왔고, 그래서 나는 시장을 따라서 가가호호 방문하면서 발빈이 대화를 통역해 주면 메모를 했다. 가정 방문 결과는? 최근 몇 년간 코시체에서 구입한 중고 가구에서 옮아온 빈대 때문에 고생한 주민이 일부 있었지만, 지난 30~40년간 집단촌 전체에 빈대가 광범위하게 확산된 적은 없었다. 빈대가 여행 짐에 숨어서 집단촌을 들락거렸을 가능성도 없어 보였다. 영국에서 학교를 다녔고 축구 코치가 되기 위해 공부 중이라고 완벽한 영어로 말하던 한 청년의 경우처럼 여행을 다녀온 주민이 아주 없었던 것은 아니지만 대부분은 집에서 멀리 나가지 않았다. 또한 직장이나 사교 모임을 통해 빈대가 정착촌 내부로 유입되었거나 외부로 빠져나갔을 가능성도 없어 보였다. 시장은 그곳 로마족의 수입은 정부가 제공하는 생활 보조금이 거의 유일하다고 말했다. 백인 슬로바키아인들이 그들을 고용하는 것을 꺼리는 것도 이유 중 하나라면서, 자신은 가끔 노바차니에서 그들에게 일자리를 찾아 주려 노력한다고 덧붙였다. 학교의 상황도 크게 다르지 않았다. 물론 개중에는 백인 아이들과 로마족 아이들을 모두 받아주는 학교도 일부 있었다. 하지만 그런 학교에서조차도 백인 학생과 로마족 학생은 물과 기름이었다. 솔직히 슬로바키아의 학교들은 예전 미국의 흑백분리정책처럼 운동장에서는 물론이고 교실과 급식실에서 백인 학생과 로마족 학생을 분리, 차별하는 것으로 악명이 높다. 직접적인 상호작용이 이뤄지지 않는다면 빈대는 하나의 커뮤니티에서 다른 커뮤니티로 전파되지 않는다.

다음 날에는 넓은 부지에 조성된 루니크Luník 9라고 불리는 공영 주택 단지를 찾았다. 그곳은 슬로바키아에서 가장 큰 로마족 집단촌이었다. 최대 수용 인원이 2,500명이었지만, 계절에 따라서 수용 인원의 약 3~4배인 7,000~1만 명이 거주하는 그곳은 그야말로 도떼기시장이나 다름없었다. 미처 우리가 도착하기 전인데도, 우리가 그 주택 단지를 방문할 계획이라는 말을 들은 사람들은 깜짝 놀라면서 강도나 폭행을 당할 수 있다고 경고했다. 심지어 코시체에서 머물렀던 작은 호스텔의 주인은 처음에는 좁은 층계에서 나와 마주칠 때마다 상냥하게 말을 걸어주었지만, 내가 로마족의 거주지를 방문할 예정이라고 말한 이후에는 내게 일절 말을 걸지 않았다. 하지만 내가 루니크 9에서 마주한 상황은 사람들이 내게 경고한 것과는 달랐다. 물론 그 주택 단지는 경제적으로 매우 궁핍했다. 깨진 창문이 부지기수였고 쓰레기 더미가 곳곳에서 2미터 가까운 높이로 쌓여 있었다. 또한 1년에 두 차례, 마치 정확한 시계처럼 집단 간염이 발병했고 식수도 이틀에 한 번 제한적으로 급수되었다. 그뿐 아니라 주민 대부분이 불법 거주자라는 경고도, 일부 고층 건물이 붕괴 직전이라는 경고도 들어맞았다. 그럼에도 그곳에는 시 공무원들과 경찰은 물론이고 사회복지사들과 의사 한 명이 상주하고 있었다. 게다가 유치원도 운영되었고 몇몇 생활필수품 가게도 입주해 있었다. 무엇보다도 주민들은 우리 일행이 버스에서 내려 시장의 사무실로 걸어가는 동안 유심히 쳐다보았지만, 그들의 시선은 악의가 아니라 호기심이 어려 있었다.

그런데 시장은 약속과는 달리 사무실에서 우리를 맞아주지 않았고, 심지어 의사는 간호사를 시켜서 우리를 쫓아냈다. 사회복지사들은 친절했지만 기자들과의 대화가 금지되어 있다면서, 발빈에게 우리더러 금발에 밝은 녹색 조끼를 입은 여성 시 공무원을 찾아가 보라고 제안했다. 그녀는 널찍한 안뜰 건너편에서 정화 처리되지 않은 하수를 삽으로 퍼서 쓰레기통에 담는 남자 인부들을 감독하고 있었다. 또한 사회복지사들은 우리가 단지를 둘러보는 것은 환영하며 자발적으로 응하는 주민들과는 이야기를 해도 좋다고 선심을 썼다.

평일이었음에도 불구하고 루니크 9 단지는 주민들로 꽉 차 있었다. 내 눈길이 닿는 모든 곳에 사람들이 있었다. 안뜰을 하릴없이 배회하건, 창틀에 기대 몸을 밖으로 내밀고 있건, 축구를 하건, 담배를 피우건 말이다. 우리는 사회복지사가 말한 시 공무원을 만나 대화를 시작했다. 그녀는 단지의 열악한 주거 환경과 우글거리는 벼룩에 대해 설명하면서 흥분했는지 목소리가 점점 고조되었다. 물론 슬로바키아어로 말이다. 그녀는 정부로서는 할 수 있는 노력을 다한다면서, 자신이 감독하고 있는 위생 시설의 청소 및 소독 말고도 해충 방역은 1년에 한 번, 쥐 방역은 1년에 두 번 실시한다고 덧붙였다. 그러나 그런 노력으로는 충분하지 않았다. 일자리에 관한 한, 상황은 노바차니와 비슷하면서도 좀더 심각했다. 거의 모든 주민들이 생활 보조금에 의존해서 생활했고 일할 수 있는 기회는 좀체 없었다. 그녀는 45분 동안 온갖 불만들을 쏟아낸 다음 마침내 우리를 놓아주었다.

우리는 길모퉁이에서 만난 어떤 가족에게 말을 걸었는데, 발빈이 빈대에 대해서 묻자 이가 하나도 없는 아버지가 웃음을 터뜨렸다. 그 웃음은 우리가 그곳을 방문한 이유를 알겠다는 의미였다. 그는 자신의 집에는 빈대가 없고 이제까지 한 번도 빈대가 나타난 적이 없었다고 말했다. 그런 다음 안뜰 건너편에 있는 다른 건물을 가리키면서 그곳에는 빈대가 나타났다고 했다. 우리는 좀더 걷다가 어린아이들을 무릎에 앉혀 말을 태워 주고 있던 소녀들을 만나 빈대에 대해 물어보았고, 빈대가 무엇인지 모른다는 대답을 들었다. 또한 안마당에 앉아 있던 몇몇 사람들과 이야기를 더 나누었고, 우리에게 뛰어왔다가 큰 소리로 질문하고는 그대로 달아나는 아이들을 보며 웃음을 짓기도 했다. 잠시 후 우리는 올챙

이배에 아디다스Adidas 셔츠를 입은 남자의 뒤를 따르는 일단의 남자들과 마주쳤는데, 나중에 알고 보니 그는 루니크 9의 비공식 입주자 대표였다. 그는 우리가 누구고 왜 왔는지 등등 여러 가지 질문을 던졌다. 발빈이 성의껏 대답했고 그는 고개를 끄덕이며 빈대에 관한 진짜 이야기를 들려주겠노라고 했다. 말인즉슨 로마족 정착촌에 본래부터 빈대가 있었던 것이 아니라 주민들이 중고품 할인점이나 바자회에서 구입한 중고 가구를 따라 유입되었다는 것이었다. 그런 가구의 본래 주인은 로마족이 아니라 백인 슬로바키아인들이라고 그가 목소리를 높였다. 그의 요지는 빈대 확산의 책임은 백인 유럽인들에게 있다는 이야기였다.

그날 저녁 나는 술집 바깥에 놓인 벤치에 앉아서 슬로바키아인 방역업자 마로시 바초Maroš Bačo를 인터뷰했다. 나는 지난 10년간 재출현한 빈대의 기원에 대해 그가 어떻게 생각하는지 알고 싶었다. 그러나 내가 미처 그의 생각을 알아내기도 전에 그가 먼저 치고 들어왔다.

"당신은 빈대가 미국 벌레라고 생각합니까? 미국에서 시작해서 유럽으로 퍼졌다고 생각합니까?"

"당신은 그렇게 생각하시나요?" 내가 되물었다.

"정확히는 모르겠습니다."

나는 미국의 집단유전학자, 곤충학자, 해충 방역업자들이 각기 주장하는 다양한 가설에 대해 들려주었다. 살충제에 저항성이 있는 빈대가 동유럽에서 기원했을 거라고 의심하는 사람들도 일부 있다고 덧붙였다. 그러자 바초가 이의를 제기했다. 자신이 슬로바키아의 해충 방역 산업에 종사한 지가 21년째인데, 1999년인가 2000년인가에 빈대를 처음으로 직접 보았다고 했다. 당시 그는 슬로바키아의 수도인 브라티슬라바Bratislava에 위치한 아파트 두세 곳을 방역하면서 피레스로이드계 살충제를 사용했다. 그 살충제는 온라인 토론방에서 미국의 해충 방역업자들로부터 처음 알게 되었다고 한다. "정말이지 효과 만점이었습니다." 이듬해에 그는 정확히 기억은 나지 않지만, 빈대 방역 작업을 20~50건 정도 처리했고 그 살충제가 여전히 효과적이었다고 주장했다. 그 다음 해에는 작업 건수가 더욱 늘어났고 그때까지도 피레스로이드계 살충제로 성공적으로 방역할 수 있었다. 그러나 빈대 관련 작업이 해마다 수백 건에 달하는 요즘에는 사정이 달라졌다고 바초가 말했다. 피레스로이드계 살충제가 더 이상 효과가 없다는 것이었다.

빈대는 코시체보다 관광객들이 훨씬 더 많이 찾아오는 브라티슬라바에 갈수록 더욱 깊숙이 파고들었다. 심지어 일부 최신식 고급 호텔에서도 빈대가 득실댔다.

"호텔에 미국 관광객들이 묵는다면 빈대 문제가 더욱 심각해집니다." 그가 빙그레 웃으며 말했다.

"그러니까 빈대가 미국에서 건너온다는 말씀이시군요." 나도 싱긋 웃으며 말했다.

"그도 그럴 것이 우리가 호텔에서 빈대 방역 작업을 한 것은 손에 꼽을 정도입니다. 아마도 열에 예닐곱 번은 미국인이 다녀간 다음이었습니다."

"제길, 한 마리 놓쳤어요." 발빈이 말했다. 나는 메모하던 손을 멈추고 그의 팔을 쳐다보았다. 우리는 다시 프라하로 돌아왔고, 때는 내가 동유럽에서 체류하는 마지막 날이었다. 발빈과 나는 카렐 대학교에 있는 그의 사무실에 마주 앉아서 지난 열흘 동안 채집한 빈대들을 다양한 모양의 플라스틱 통에 담아 작은 테이블 위에 펼쳐놓았다. 리트비노프의 한 아파트에 거주하는 노부인의 베개에서 잡은 열두어 마리, 프라하에 사는 어떤 로마족의 아파트에서 채집한 열 마리, 두바의 박쥐 서식지에서 가져온 100여 마리 등이었다. 특히 아파트들에서 잡은 빈대들은 최근에 숙주들이 잠을 자는 동안 양껏 흡혈 식사를 즐긴 탓에 오동통하고 만족스러워 보였다. 그러나 박쥐 서식지에서 채집한 빈대의 몸통은 납작했다. 많이 굶주린 상태는 아니었지만 조만간 흡혈 식사가 필요할 듯했다. 발빈은 박쥐를 키우는 대학원생 친구에게서 빈대에게 식사를 제공하기 위해 박쥐 한 마리를 빌릴까도 생각했지만 차마 입이 떨어지지 않았다. 박쥐 피가 아니면 대안은 사람의 피였다. 나는 예전에 빈대에 물렸을 때 알레르기 반응과 염증으로 고생했고 그래서 응급실까지 방문했다는 이야기를 들려주면서 빈대의 식사 거리가 되는 것을 정중히 사양했다. 그래서 발빈은 빈대를 연구한 지 7년 만에 처음으로 빈대에게 자신을 먹이로 제공하는 법을 배웠다. 생전 처음 젖을 물리는 초보 엄마들처럼 말이다. "젠장, 거기가 아니라 여기야"라고 그가 말했고, 나는 속으로 안도의 한숨을 내쉬었다.

우리는 또 한 마리가 도망치는 것을 가까스로 붙잡았다. 발빈과 사무실을 같이 사용하는 지도 교수가, 본래 작은 양초를 담는 용도이지만 연구실에서 종종 배양접시 대용으로 사용하는 납작한 유리컵을 주었다. 발빈은 빈대 몇 마리를 그 유리컵에 옮겼고 팔뚝으로 컵 입구를 막은 다음 컵이 팔뚝 위에 거꾸로 서도록 뒤집었다. 첫 번째 시도에서 빈대 한 마리가 유리컵과 발빈의 피부 사이에 생긴 작은 틈을 통해 탈출을 감행했다. 빈대의 탈출은 짧게 끝났다. 지도 교수가 테이블 위에 있던 플라스틱 용기로 빈대를 재빨리 잡은 다음, 컵이 발빈의 팔에 단단히 고착되도록 노란색 테이프로 감았다.

"빈대가 무는 것이 느껴지나요?" 내가 물었다.

"아뇨. 빈대 다리만 느껴져요."

나는 의자에 앉아 몸을 꼼지락거렸다. 빈대들이 내 눈앞에 놓인 용기 안에서 끊임없이 돌아다니는 움직임이 생각했던 것보다 훨씬 신경이 쓰였던 것이다. 심지어 몸을 앞으로 기울이고 노트북에 기록할 때도 자꾸 곁눈질하게 됐다. 컴퓨터의 움직이는 배경화면처럼 빈대들은 임시 은신처로 넣어 준 구겨진 화장지 위를 연신 오르락내리락 돌아다녔다. 그즈음에는 박쥐의 피를 빨아 먹는 빈대가 사람을 감염시킬 수 있는 병원체의 숙주일지도 모른다는 생각이 더 이상 떠오르지 않았다. 그저 내 눈앞에 빈대가 있다는 사실 자체에 신경이 쓰였을 뿐이다. 수십 년간의 연구에 따르면 빈대는 다양한 박테리아, 바이러스, 기생충 등을 전파할 수 없는 것이 확실한 데다가 지난 몇 년간 위생곤충학자들에게서 빈대가 위험하지 않다는 말을 줄곧 들었다. 그러나 발빈이 아파트 건물 다락의 박쥐 서식지에서 채집한 빈대들에게 수혈하는 것을 직접 보고 넉 달이 지났을 무렵이었다. 나는 버지니아 공대 연구가들이 발표한 새로운 연구 논문을 읽다가 가슴이 철렁했다. 빈대와 질병과의 관계에 관한 한, 빈대 전문가들이 엉뚱한 곳을 연구했을 수도 있다는 가능성을 제기한 것이다. 당연한 말이지만, 버지니아 공대 연구가들의 가설은 빈대가 바이러스에 감염될 가능성이 가장 큰 장소가 인간이 아니라 동물들이 크게 무리를 지어 사는 곳이라고 추측했다. 새 떼도 하나의 가능성으로 제시되었고, 박쥐 서식지도 마찬가지였다.

그 논문을 읽은 후 나는 혹시 두바에서 했던 빈대 사냥 여행이 전 세계적으로 원인 불명의 바이러스가 확산하는 계기가 될까 봐 불안해졌다. 그래서 내 시나리오의 실현 가능성 여부를 말해 줄 수 있는 전문가를 찾기 시작했다. 마침내 감염 및 면역 센터Center for Infection and Immunity 소속의 사이먼 앤서니Simon Anthony와 전화 통화가 성사되었다.

바이러스와 야생동물 질병 전문가인 그는 어린아이를 가르치듯, 가설적 바이러스가 재앙적인 감염병을 유발하려면 거쳐야 하는 여러 고난이도 단계를 차근차근 설명해 주었다. 앤서니는 가장 먼저 생물학적, 생리학적 장애물을 넘어야 한다고 말했다. 바이러스가 빈대를 통해 박쥐에서 인간에게로 전파되기 위해서는, 빈대가 흡혈 식사를 하면서 바이러스를 빨아들이고 체내로 흡수할 수 있어야 한다. 일단 빈대의 소화관에 도달한 바이러스는 내장의 세포벽에 들러붙었다가 나중에 그런 세포를 탈출해서 빈대의 침샘으로 이동한 뒤 때를 기다리다가 빈대가 흡혈 식사를 할 때 구기를 통해 빠져나올 수 있어야 한다. 이런 식으로 전파될 수 있는 혈액 매개성 바이러스가 많지만, 모든 유기체로 침투할 수 있는 적절한 구조와 능력을 가진 바이러스는 지금까지도 극히 드물다.

설령 박쥐 바이러스가 빈대에게로 전파되어 빈대의 침 속에 포함될 수 있다손 치더라도, 그 빈대가 처음으로 마주하는 최초 감염자의 체내에는 여러 장애물이 기다리고 있다. 그리고 결과적으로 그런 장애물 때문에 바이러스는 감염증을 유발할 수 없을지도 모른다. 게다가 설령 감염증을 일으킨다 해도, 바이러스가 막다른 길에 도달할 가능성은 여전하다. 광범위한 사람들에게 전파되어 새로운 시장에 성공적으로 안착하기 위해서는, 많은 빈대들이 바이러스를 수많은 사람들에게 전파할 수 있어야 한다. 그러나 대부분의 빈대는 한 장소에서 서식하고 겨우 한 명, 많아 봤자 몇 명의 사람들만 공격한다. 또한 대부분의 사람들은 동거인 수가 제한된 가정에서 생활한다. 따라서 이런 점들을 고려할 때, 전염성이 높은 바이러스일지라도 아주 광범위하게 확산될 가능성은 없어 보인다. "고로 당신이 우려하는 일은 가능성 있는 모든 악재가 겹쳐서 나타나는 최악의 시나리오일 뿐입니다." 앤서니가 자신 있게 말했다. 요컨대

아파트 건물 다락의 박쥐 서식지에서 채집한 빈대들은 최악의 시나리오
가 아니었다.

호주의 곤충학자들은 2012년 발표한 논문에서 그 아이디어를 더욱
발전시켰다. 그들이 간단히 계산한 결과에 따르면, 2000년부터 미국에
서 재출현한 빈대의 개체 수는 총 2억 2,050만 마리에 달하지만 명백한
질병이 발발한 적은 없었다. 그들 과학자는 이렇게 결론 내렸다. "빈대가
감염원을 전파할 수 없음을 증명하기는 불가능하다. 그러나…… 여러
징후들을 종합해 볼 때 빈대에 물려서 감염성 질환에 걸릴 위험은 거의
제로에 가깝다."

다시 카렐 대학교의 발빈 이야기를 해 보자. 발빈은 박쥐 서식지에서
잡은 열다섯 마리의 빈대에게 수혈하는 일을 끝마친 후, 빈대들을 두 개
의 플라스틱 시험관에 나눠 담고는 내게 건네주면서 라벨을 붙여 달라
고 했다. 시험관의 마개는 연구소에서 자체 제작한 것이었고, 빈대에 공
기를 공급하기 위해 마개에 구멍을 뚫은 뒤 두꺼운 망사로 막았다. 나는
시험관 하나를 집어 엄지와 검지로 잡고 앞뒤로 빙글빙글 돌려 보면서
빈대들이 시험관 안에 넣어 둔 구긴 휴지 조각에 옹기종기 모여 있는 것
을 관찰했다.

발빈과 나의 빈대들이 전 세계의 침실을 침입한 살충제 저항성 빈대
의 기원을 밝히는 데 도움이 되지 않을 수도 있었다. 그러나 포볼니가
1960년대에 아프가니스탄의 박쥐 동굴에서 발견한 빈대들과 마찬가지
로, 아주 먼 과거로 거슬러 올라가면 인간을 흡혈하던 빈대의 조상과 어
떤 연결점이 있을 수도 있다. 발빈이 예전에 채집한 빈대들에게서 얻은
예비 데이터에 따르면, 채집 빈대들은 오직 사람만 흡혈하는 표본 빈대
와는 다른 독특한 유전자적 특성을 보유했다. 그러나 비록 발빈이 이종

교배가 가능한지에 대해서는 실험하지 않았지만, 두 종류의 빈대가 다른 종이라고 결론 내릴 만큼 유전자적으로 뚜렷한 차이는 없었다. 또한 박쥐에 기생하는 빈대가 사람을 흡혈하는 빈대의 기원인지 아니면 그 반대인지 확실하지 않았다. 수 세대에 걸쳐 박쥐의 피에 의존한 채로 살다가 어느 순간 지붕 아래의 아파트에서 잠을 자는 인간에게 관심을 옮겼는지도 모르겠다. 반대로 두바의 아파트 세대에서 살며 인간을 흡혈하던 일부 빈대가 수백 마리의 박쥐가 발산하는 따뜻한 체온에 이끌려 다락으로 진출했다가 아예 그곳에 뿌리내리고 살게 되었을 수도 있다.

"라벨을 붙이고 있어요?" 발빈이 물었다. 내가 스티커 라벨에 채집 장소, 수컷과 암컷의 개체 수, 통관고유부호를 기입하는 동안 발빈은 수혈을 마쳤고, 시험관을 몇 개 더 완성했다. 나중에 다 마치고 보니, 총 58마리의 빈대가 여섯 개의 시험관에 분산 수용되었다. 베갯잇에서 잡은 빈대들과 프라하의 로마족 아파트에서 채집한 빈대들이 각각 시험관 하나씩을 꿰찼고, 박쥐 서식지에서 포획한 빈대들이 나머지 네 개의 시험관을 차지했다. 발빈은 캐비닛에서 완충재를 덧댄 작은 봉투를 꺼내더니 시험관 여섯 개를 모두 담았고, 봉투 옆쪽에 구멍 여섯 개를 뚫었다. 이제 발빈과 나의 빈대들은 노스캐롤라이나 주립대학교가 있는 미국으로 출발할 준비를 마쳤다. 그곳에서 우리 빈대는 세계에서 모인 여러 빈대들과 만나게 될 터였다. 어쩌면 그곳 과학자들이 우리 빈대의 유전적 물질을 토대로 빈대 이야기를 완성할 수도 있지 않을까? 또한 유전자를 분석해 보면 우리 빈대가 혈액 공급원을 인간에게서 박쥐로 갈아탄 새로운 빈대 종의 기원으로 밝혀질지도 모른다. 만일 그렇다면 그것은 홍적세 시기에 현생 인류의 조상에게 처음으로 빈대를 전파했던 본래 숙주, 즉 박쥐로의 극적인 귀환일 것이다.

프라하 여행에서 돌아오고 거의 6개월이 지났을 즈음 나는, 노스캐롤라이나 주립대학교에서 박사 학위를 받은 후 털사 대학교University of Tulsa에서 조교수로 있는 워런 부스에게 전화를 걸었다. 나는 박쥐빈대 대 인간빈대에 대한 내면의 논란에 종지부를 찍고 싶었다. 두바에서 채집한 빈대에서 얻은 데이터가 빈대의 기원을 밝히는 데 도움이 되었을까? 부스는 빈대가 인간에게서 박쥐에게로 옮아갔는지 아니면 그 반대인지를 확인할 수 있었을까?

"이런 데이터를 보면 당신 스스로도 알아낼 수 있을 거라고 생각합니다." 부스는 박쥐를 흡혈하는 빈대와 인간을 숙주로 삼은 빈대의 유전정보를 담은 3차원 지도를 설명해 주었다. 그는 유전자 패턴을 이해하기 위해 책상 위에 그 지도를 붙여 두었다고 했다. 부스의 연구는 기초적인 예비 실험이며 아직 공식적으로 발표되지 않았다. 그러나 부스는 두바의 아파트 다락에 있는 박쥐 서식지에서 채집한 빈대 말고도 다른 여러 출처의 빈대들도 연구에 포함시켰다. 구체적으로 말해, 유럽 전역의 엇비슷한 스물네댓 이상의 박쥐 서식지에서 얻은 115마리의 표본과 각 박쥐 서식지가 있는 지역의 주택 마흔여덟 곳에서 사람들을 흡혈하던 99마리의 빈대를 연구했다. 그런 데이터를 바탕으로 작성한 유전자지도는 빈대들의 미소부수체들을 확실히 드러냈다. 미소부수체는 디엔에이 내부에 존재하는 반복적인 메시지인데 동일 표본에서 하나의 빈대가 나머지 빈대들과 어떻게 연결되는지를 나타낸다. 지도에 표시된 유전정보는 두 개의 그룹으로 뚜렷이 분리되었는데, 하나는 박쥐에 기생하던 빈대의 유전정보였고 다른 하나는 인간을 흡혈하던 빈대의 유전정보였다. 그러나 둘 사이에 뚜렷한 차이가 하나 있었다. 인간에 기생하던 빈대들은 한 곳을 중심으로 밀집된 형태인 반면, 박쥐를 흡혈하던 빈대들은 좀더 분산된 모양을 띠었다.

"박쥐 서식지에서 채집한 모든 개체군에서 박쥐빈대는 인간을 숙주로 삼는 빈대들보다 유전적 다양성이 훨씬 컸고, 두 종류의 빈대 사이에 관련성이 매우 낮았습니다." 부스가 말했다. 말인즉슨 박쥐 서식지에서 사는 빈대와 인간의 생활공간에서 기거하는 빈대 사이에 공통된 유전 정보가 별로 없었고, 이는 두 종류의 빈대가 상호작용하지도 이종교배하지도 않았다는 뜻이다. 이것은 또한 지도상의 데이터가 두 개의 확연한 그룹을 형성한 이유다. 데이터만 놓고 보면, 이런 차이는 최근이 아니라 아주 오래 전에 형성된 것이 분명했다. 구체적으로 말하면 대략 25만 년 전이다. 게다가 박쥐에 기생하던 빈대의 유전적 다양성이 더 높다는 사실은 빈대가 인간과 살기 위해 분리되었을 때 유전적 병목현상genetic bottleneck*이 발생했음을 암시했다. 앞서도 설명했듯이 박쥐 기생 빈대가 유전적으로 더 다양하다는 것은 지도상에 나타난 기준점들이 더욱 분산되어 있다는 데서 알 수 있다. 새로운 숙주에게로 맨 처음 옮겨간 개척자들은 후손들에게 모든 유전적 물질을 제공해야 했고, 궁극적으로 유전적 다양성이 줄어들었다.

"그렇다면 이런 데이터가 의미하는 것은 박쥐에 기생하는 빈대가 인간에게로 옮겨가는 과정이 지금도 진행 중이라는 뜻인가요?" 내가 물었다.

"네, 그렇습니다. 그것도 아주 오래전에 시작된 과정입니다." 부스가 대답했다.

부스의 데이터와 분석 결과가 사실로 확인된다면, 이것은 빈대가 인

---

* 외부적 요인 등에 의해 개체 수가 급감한 후 다시 증가할 때, 살아남은 유전자형만 후대로 유전되어 후속 세대의 개체 수가 증가하더라도 유전적 다양성은 낮아지는 현상.

간에게서 박쥐에게로 옮아가서 전혀 새로운 종을 창시하고 있다는 아이디어가 틀렸음을 의미한다. 오히려 빈대가 그 반대 방향으로 이동한다. 이번 연구 결과는 대략 50여 년 전 유싱어와 포볼니의 연구와 연속선상에 있는 것으로, 새로 밝혀진 유전정보는 그들의 연구를 이론적으로 뒷받침한다. 당시에는 유전학 연구에 필요한 과학 도구가 아직 발명되기 전이라 그들은 그런 유전정보를 밝혀내지 못했었다. 부스와 발빈의 연구는 빈대의 기원이 사실상 현생 인류의 기원보다 앞선다는 것을 증명했다. 만약 그들의 유전학적 데이터가 옳고 빈대가 약 25만 년 전에 박쥐에게서 인간과 비슷한 숙주로 옮겨 갔다면, 빈대의 출현이 현생 인류가 아프리카에서 처음으로 출현했던 시기보다 5만 년이나 앞서는 것이다. 요컨대 약 25만 년 전에 빈대들이 박쥐와 인류의 초기 조상들과 함께 동굴에서 살았고 시간이 한참 흐른 뒤에야 비로소 빈대가 호모 사피엔스를 만나게 되었다. 그런 다음 일부 빈대는 야영지와 마을, 도시로 인간에 무임승차해서 떠나가고 나머지는 동굴에 잔류함에 따라 빈대 개체군이 두 집단으로 분리되었다.

시간이 흐름에 따라 각 빈대 집단은 독특한 변이 과정을 겪으며 진화했고, 결국에는 그런 변이가 행동적, 생태적, 생리학적 차이를 만들었다. 동굴과 현생 인류 거주지 사이에 교류가 없자 빈대들의 유전자 풀은 갈수록 고립되었다. 심지어 오늘날에도 두바의 아파트 다락처럼 사람들이 살고 있는 건물에 위치한 박쥐 서식지에서 빈대가 발견되지만, 박쥐를 흡혈하는 빈대는 사람들이 사는 아파트로 내려갈 시도를 하지도, 아파트에 살고 있을지도 모르는 빈대들과 교류하지도 않는다. 대신에 박쥐들이 다락이나 교회, 성도 동굴만큼이나 좋은 서식지라는 사실을 발견했을 때 빈대도 숙주를 따라서 그런 곳으로 이사했을 가능성이 크다.

이들 빈대들이 이혼한 것은 분명한 사실이지만 두 개의 독립적인 종으로는 확실히 갈라서지 못한 것을 보면, 박쥐빈대와 인간빈대가 아주 오래 전에 이혼한 것은 아님을 알 수 있다. 어쩌면 현재 전 세계에서 벌어지고 있는 현상은 박쥐에서 인간으로 숙주를 갈아타는 빈대의 진화적 분리 과정인지도 모른다. 다시 말해 우리의 집에 같이 사는 빈대가 나무의 몸통에서 뻗어 나오는 가지처럼, 박쥐를 흡혈하는 형제에게서 분리되어 새로운 길을 개척하는 초창기 선각자일 수 있다는 이야기다. 우리가 현재 맞닥뜨린 빈대는 진화적인 관점에서 볼 때 막 첫걸음을 뗀 상태다. 빈대는 홍적세 시기에 인류를 처음 만났고, 고대 이집트의 무덤 건설 노동자들의 침대에서 함께 잠을 잤고, 인류 역사의 모든 정복 전쟁과 여행을 통해 지중해 지역에서 전 세계로 퍼져 나갔고, 디디티의 대대적인 공격으로 재앙적인 결과를 맞이했다가 다시 부활했고, 현대의 가정과 연구실에 침투했고, 완벽한 틈새 경제를 창조했고, 사람들을 자살로 내몰았고, 우리의 음악, 문학, 미술에 영향을 미쳤다는 사실과는 상관없이 진화론적으로 볼 때 그렇다. 우리는 지금 빈대가 진짜 '우리의 벌레'가 되어 가는 과정을 보고 있다.

빈대의 조상적 기원보다 더욱 대답하기 힘든 질문은 내가 빈대 연구를 시작하게 된 근본적인 물음이다. 10여 년 전에 미국에 침투한 빈대들이 어디서 기원했을까? 내 아파트에 나타났던 빈대들의 기원은 어딜까? 이 질문에 관한 한, 부스의 연구 결과는 매우 실망스러웠다. 그의 팀은 유럽의 주택들에서 채집한 빈대들을 대상으로 피레스로이드계 살충제와 관련이 있는 녹다운 저항성 또는 유전적 돌연변이를 분석했다. 결과적으로 유럽 빈대들의 돌연변이 유형은 미국 빈대들에게서 나타나는 돌연변이 종류와 다르다는 사실을 발견했다. 이는 유럽이나 미국에서 발견된 빈대가 상대방의 주요한 원천이 아니라는 뜻이다. 이는 다시, 슬로바키아의 방역업자 마로시 바초가 브라티슬라바에서 처리했던 빈대들이 미국인 관광객들을 따라온 것이 아닐 수도, 반대로 동유럽이 전 세계적으로 확산되는 빈대 재출현의 온상지가 아닐 수도 있다는 뜻이다.

그러나 현재는 어느 한쪽을 확신할 만큼 유전적 증거가 충분하지 않다. 부스는 동유럽이 현대 빈대의 기원이라는 아이디어를 지지한다. 반면에 호주 웨스트미드 병원Westmead Hospital의 위생곤충학자들과 다른 연구가들은 살충제에 저항성을 가진 빈대의 기원이 아프리카라는 가설에 무게를 둔다. 이를 확실히 알려면 과학자들은 전 세계에서 빈대들을 채집해 유전자 흐름을 지도로 작성해야 한다. 그들이 일부 지역의 몇몇 박물관과 아파트 건물에서 채집해 분석한 빈대만으로는 부족하다. 훨씬 더 많은 빈대가 필요할 것이다. 아니 어쩌면 억세게 운이 좋아 저항성 빈대가 처음으로 출현한 지역에서 알맞은 빈대를 채집함으로써, 하나의 기원이나 여러 기원을 아주 신속하게 밝혀낼 수도 있다. 물론 정말이지 억세게 운이 좋아야 하겠지만 말이다. 그러나 이런 경우에도 빈대들의 유전물질을 데이터베이스에 추가하고 분석한 다음 재확인 과정을 거칠 필요가 있을 것이다. 게다가 재출현 빈대의 기원에 관한 연구는, 빈대의 조상적 기원에 관한 유싱어와 포볼니의 연구를 깊이 있게 다시 고찰하고 당시에는 존재하지 않았던 유전적 기법을 사용함으로써 50년의 격차를 어느 정도 메울 수 있을 것이다.

나는 부스와의 통화를 마치면서 만족감과 약간의 실망스러움을 동시에 느꼈다. 유싱어의 연구가 어떤 식으로든 계속 이어지고 있다는 사실은 만족스러웠지만, 내가 빈대 탐험을 시작하게 되었던 질문들에 대해서는 여전히 완벽한 대답을 찾지 못했다는 사실이 약간 실망스러웠다.

그러나 나만 그런 것은 아니었다. 수십 명의 과학자들도 그 문제에 관한한, 나와 같은 처지였다. 과학은 우여곡절과 놀라움으로 가득한 길고 역동적인 과정이자, 가장 흥미로운 일부 질문들에 대한 대답을 찾는 데 아주 오랜 시간이 걸리는 학문이다. 심지어 여러 세대가 걸릴 수도 있다.

앞으로도 인류가 살충제에 저항성을 가진 빈대의 기원을 찾을 수 있을지는 확실하지 않다. 과학적, 논리적 도전은 차치하고라도 또 다른 큰 장애물은 돈이다. 빈대는 과학 연구를 지원하는 주요 기관들로부터 별다른 관심을 끌지 못한다. 특히 미국 국립과학재단National Science Foundation, 농무부, 국립보건원, 환경보호청, 질병통제예방센터 등등 곤충이나 곤충과 관련된 방역 기법에 관한 연구에 자금을 지원하는 기관들로부터는 더욱 그렇다. 그렇다면 이처럼 재정적 지원이 부족한 이유는 뭘까? 두 가지 커다란 이유가 있다. 첫째, 빈대가 확실한 질병 매개체 곤충이 아니기 때문이다. 둘째, 빈대가 단일 연구주제가 될 만큼 흥미로운 생명체인지에 대해 기관들이 아직까지는 확신이 없다는 것이 이유다.

그래도 포기하기는 이르다. 상황이 변할 여지는 충분하다. 예컨대 빈대와 아르보바이러스Arbovirus*에 관한 가설들이 많아진다면, 빈대가 현재 알려진 것보다 인체 건강에 더 큰 위협인지 여부를 확인할 필요가 있을 것이다. 또는 현재 진행 중인 새로운 종으로의 빈대 진화가 더욱 명확해진다면, 돈줄을 쥔 기관들이 빈대를 더욱 가치 있는 연구 주제로 여길지도 모른다. 종 분화speciation는 우리 주변의 어딘가에서 항상 일어나고 있을 가능성이 높지만, 현행범으로 붙잡는 것은 매우 이례적이다. 그렇다고 빈대가 그런 이례적인 사건의 주인공이 되지 말라는 법이 있을까?

---

*절지동물에 의해 전염되는 바이러스의 총칭.

요컨대 빈대는 종 분화 과정을 직접 관찰할 수 있는 흥미로운 모델이 될 수도 있다. 게다가 모든 연구들이 그렇듯, 가장 단순한 동인도 있다. 바로 우리의 호기심이다. 무언가가 어떻게 작용하는지 알고 싶은 욕구는 과학적 탐구를 시작할 충분한 이유가 아니겠는가.

수십만 년 전 빈대의 조상적 기원과 최근에 재출현한 빈대의 기원과는 상관없이, 빈대 탐험으로 내가 깨달은 한 가지 진실은 빈대가 그 누구도 아닌 우리의 빈대라는 것이다. 인류 전체가 빈대의 존재에 일조했다. 애초에 빈대를 동굴에서 주택으로 이사시킨 것도 인간이었고, 나아가 전 세계로 퍼뜨린 것도 우리 인간이었다. 빈대는 인간이라는 동물의 독특한 특징들에 적응함으로써 이 숙주를 흡혈하도록 진화했고 사회적 동물인 인류가 여행하고 상호작용하는 내내 인류의 꽁무니를 따라다녔다. 오늘날, 우리는 합성 살충제를 사용함으로써 저항성 유전자를 가진 새로운 빈대종을 탄생시켰다. 요컨대 우리는 빈대를 싫어하고 혐오하지만, 역설적이게도 그런 빈대를 창조한 것 또한 우리 인간이었다.

이런 양식은 빈대에게만 국한되지 않는다. 현대에 발병하는 대부분의 전염병도 그렇다. 우리는 우리의 신체와 농작물에 피해를 입히는 다양한 해충, 우리의 건강을 위협하는 질병, 우리의 몸에 기생함으로써 에너지를 빨아 먹는 기생충 등과 언제나 적대적인 관계를 유지한다. 그러나 어떤 해충도 어떤 전염병도 어떤 기생충도 인간이 없었다면 존재할 수 없었다. 해충, 질병, 기생충 모두는 생존을 위해 우리의 농작물이나 주택 혹은 신체를 이용하도록 진화했다. 우리는 이런 전염병의 생태학적 은신처의 근원을 창조하고 유지하는 동시에 박멸하기 위해 노력한다. 대체로 우리는 갈수록 정교해지는 과학적, 기술적 도구를 앞세워 그런 전염병과 싸운다. 예컨대 빈대를 박멸하기 위해 빈대의 생물학을 이용하는 것처럼 말이다. 가끔은 그런 전술이 매우 현명할 때도 있다. 그러나 전 세계를 디디티로 도포하는 것처럼 깊이 생각하지 않은 채 근시안적인 접근법을 시도하기도 한다. 빈대와 우리 인간 모두는 생존하기 위해 그리고 편안하며 살기 좋은 각자의 공간을 만들기 위해 노력할 따름이다. 그리고 그것은 우리의 생이 다하는 순간까지 계속될 무도회다.

공포와 호기심과 기쁨

2주 전 이 책의 원고를 출판사에 넘긴 후 나는 시카고에서 열린 어떤 회의에 참석했다. 미국 과학 진흥 협회American Association for the Advancement of Science의 연례 회의로 세계 최대 규모의 과학자 단체가 주최하는 과학 관련 회의이다. 수천 명의 과학자들이 참석하고 수백 개의 심포지엄과 워크숍 그리고 전문가 회의가 열리는 것 외에도 대략 400명의 기자들이 새로운 과학 연구 결과를 보도하고 네트워킹하기 위해 모였다. 출장 계획이 마무리되었을 때 나는 편집자와 검토자들이 내 원고를 검토하고 각자의 의견을 정리하는 동안 적어도 두어 달 빈대에서 벗어날 수 있다는 생각에 안도감을 느꼈다.

뉴욕에 폭설이 내려 비행기 출발이 지연되는 바람에 나는 밤늦게야 호텔에 도착했다. 동료 기자인 친구와 묵기로 한 객실로 올라가 짐을 풀고 회의 준비를 하면서 우리는 다음 날 계획에 대해 이야기를 나누었다. 특히 각자가 진행 중인 프로젝트에 관한 근황을 주고받았다.

"마침내 출판사에 원고를 넘겼어." 내가 말했다.

"세상에 빈대 책이라니! 행여 빈대에 물릴까 봐 이제는 호텔 가기도 무서워." 친구가 말했다. "이제까지 빈대를 한 번도 본 적이 없어."

나는 웃음을 터뜨리며 말했다. "이번에도 힘들지 싶은데. 이 호텔에서 빈대가 나올 가능성이 얼마나 될까?"

여행으로 피곤했던 나는 이내 침대로 기어들어 깊은 잠에 빠져들었고, 이튿날 아침 알람시계가 울리기도 전에 일어났다. 커튼이 단단히 여며져 있어 햇살이 들어올 가능성은 전혀 없었다. 비몽사몽간에 몸을 쭉 뻗으면서 두 손을 마주 대고 비볐다. 아얏! 오른손 집게손가락이 아팠다. 그리고 간지럽기도 했다. 예전에도 겪어 본 익숙한 통증이었다. 나도 모르게 두 눈이 크게 떠졌다. 안 돼! 이럴 순 없어!

나는 고개를 세차게 흔들었다. 마치 그렇게 하면 통증이 사라지기라도 할 듯이 말이다. 그러나 되레 목 뒷부분이 아팠고, 손가락에 느껴지는 것과 똑같은 묵직한 통증이었다. 팔을 뻗어 목 뒤쪽을 만져 보니 통증 부위가 뜨거웠고 약간 부어 있었다. 맙소사, 마치 점자처럼 손가락 끝에 한 줄로 나 있는 오돌토돌한 작은 돌기까지 만져졌다. 이 나쁜 놈들!

시계를 확인하니 새벽 5시 30분이었고, 옆 침대에 자던 친구는 아직도 한밤중이었다. 나는 이불을 박차고 일어나서 친구가 깨지 않도록 까치걸음으로 화장실로 가서 문을 조용히 닫았다. 눈을 감은 채로 전등 스위치를 켰다. 몇 초 후 눈을 뜨고 거울에 비친 내 모습을 바라보았다. 목 오른쪽이 눈에 띌 만큼 확연히 부풀어 있었고 양팔에는 빨간 반점이 올라 있었다. 나는 좀더 자세히 보려고 거울에 얼굴을 갖다 댄 다음, 고개를 이리 저리 돌리며 목에 돋은 돌기들을 확인했다. 물린 자국이 확실했다. 절대 다른 것일 리가 없었다.

회의는 지금부터 네 시간 후에나 열릴 터이지만 나는 도무지 다시 잠을 청할 수가 없었다. 방으로 돌아가서 친구를 불러 깨웠다.

"사라? 사라?"

친구가 뒤척였다.

"사라, 이렇게 일찍 깨워서 미안해." 내가 말했다. "이 방에 빈대가 있는 거 같아. 거의 확실해."

사라가 벌떡 일어나 앉더니 놀란 토끼눈으로 나를 쳐다보았다. "뭐라고? 정말? 확실해? 어떻게 빈대가 있지? 농담 아니지?"

결국 내가 옳았다. 호텔 관리 부서에서 나온 직원 둘이 내 침대를 샅샅이 뒤졌고 내게서 정식으로 진술을 받았으며 내 목과 팔 그리고 손 사진을 찍었다. 그들이 객실을 조사하는 동안 사라와 나는 빈대 한 마리를 찾아냈는데, 몸통이 빵빵하게 부푼 암컷이었다. 십중팔구 내 피로 배를 불렸으리라. 호텔 직원 중 한 명이 그 빈대를 종이컵에 담았다.

빈대가 종이컵 바닥을 기어 다니는 것을 보면서 내가 말했다. "믿지 않으시겠지만 나는 얼마 전에 저놈들에 관한 책을 썼어요. 정말이에요."

"설마요. 농담이시겠죠." 그가 대답했다.

다른 직원이 우리를 새 방을 옮겨준 다음, 무료로 세탁해 주겠다면서 우리의 세탁물을 전부 챙겨 갔고 아침 뷔페 식사권까지 주었다. 그리고 그날 늦게 호텔의 보안 책임자가 전화를 해 왔다. 그는 내가 사용했던 침대보에서 빈대 몇 마리를 더 찾았고 그래서 침대를 내다 버렸다고 말했다. 그러면서 치료비를 전액 부담하겠으며 내가 나머지 기간 동안 호텔에서 편안히 지낼 수 있도록 모든 편의를 제공하겠다고 약속했다.

내가 이 책을 시작한 이유 중 하나는 빈대라는 곤충과 빈대가 내 아파트를 침입한 것에 대한 공포와 혐오감 때문이었다. 그러나 그게 다가 아니었다. 한편으로는 빈대에 대한 깊은 호기심도 작용했다. 도대체 이 벌레가 무엇이고 어디서 온 것일까? 빈대가 실재하는 곤충이라는 사실을 까마득히 모른 채, 어떻게 25년 가까이 살아올 수 있었을까? 만약 가능한 한 모든 방법과 수단을 동원해서라도 빈대에 대해 좀더 많이 안다면, 사라지지 않는 두려움을 극복하는 데 도움이 될까?

시카고에서의 경험은 적어도 위의 물음 가운데 하나에 답을 들려주었다. 물론 아침 일찍 일어나서 팔과 목에서 빈대에 물린 자국을 발견하는 것은 결코 유쾌한 일이 아니었다. 런던에서 생겼던 원인 불명의 발진과는 달리 이번에는 빈대에 물린 것이 확실했다. 그러나 익숙해지면 덜 힘들다는 말이 있듯, 10년 전에 똑같은 일을 당했다면 이번보다 견디기가 훨씬 힘들었을 것이다. 이제 더는 빈대가 공포의 대상이 아니다. 또는 빈대가 여행 짐에 숨어서 내 집까지 따라올까 크게 걱정하지 않는다. 나는 시카고의 그 호텔에서 전형적인 예방 조치를 따랐다. 여행 가방을 침대 위에 올려놓지 않았고 객실에서 빈대를 발견하자마자 호텔에서 세탁을 했으며 집에 돌아오자마자 또다시 세탁했고 여행 가방과 짐을 샅샅이 점검했다.

그로부터 약 넉 달이 지나는 동안 빈대가 집까지 따라왔다는 징후가 나타나지 않았고, 그동안 나는 원고 수정에 매달렸다. 이제는 빈대를 생각해도, 심지어 빈대와 하룻밤을 보내도 아무런 두려움이나 공포를 느끼지 않는다. 그뿐 아니라 혐오스러운 그 작은 괴물들에게 내키지는 않지만 경외심마저 생겼다. 빈대는 매력적인 곤충이며, 빈대가 우리 인간의 삶에 적응했을 뿐 아니라 우리의 삶을 혼란스럽게 만드는 방식은 그처럼 작은 생명체로서는 커다란 위업이다. 빈대는 생존자이고, 만약 빈대를 그런 관점으로 생각한다면 빈대의 역사와 이야기는 매우 인상적이다.

아직도 내 책상에는 헤럴드 할런이 주었던 선물이 그대로 놓여 있다. 죽은 빈대들이 담긴 작은 유리병이다. 그것을 볼 때마다 윌리엄 개스 William Gass의 단편소설 〈곤충 세상의 질서 The Order of Insects〉가 생각난다. 한때 그가 생애 최고 역작이라고 말했던 그 소설을 보면, 어떤 주부가 매일 아침마다 집 안에 나타나는 의뭉스러운 바퀴벌레 사체에 대해 설명한다. 살아 있는 바퀴벌레는 한 번도 본 적이 없었던 그녀는 처음에는 바퀴벌레 사체를 보고 섬뜩하고 무섭다는 생각뿐이었다. 그리고 고개를 돌린 채로 진공청소기로 그것을 빨아들이고, 심지어 청소기로 빨려 들어가며 내는 달그락 소리에 몸서리를 친다. 그러나 어느 순간부터는 생각이 바뀐다. 바퀴벌레의 아름다운 껍질과 딱딱한 외골격에 나타나는 완벽한 균형의 기하학적 질서를 관찰하기 시작한다. 급기야 구식 타자기의 리본 통에 바퀴벌레의 사체를 하나둘 모으기 시작하고 이따금씩 뚜껑을 열어 안에 들어 있는 불가사의한 생명체에 감탄한다. 뉴저지 태생의 빈대들이 담긴 내 유리병도 그랬다. 그 빈대들은 호기심이 아주 많은 어떤 과학자의 자발적인 수혈로 생명을 유지했었다.

호기심과 공포는 발견의 어머니이자 동인이다. 특히 공포는 우리를 두렵게 만드는 동시에 황홀경에 빠뜨려 눈길조차 돌리지 못하게 만든다. 기이하고 작고 무시하고 싶은 것들을 받아들여라. 그런 것을 배우는 데서 기쁨을 찾아라. 19세기에 오스트리아에서 출생해 20세기에 독일에서 활동한 생태학자이자 노벨 생리의학상 수상자인 카를 폰 프리슈Karl von Frisch는 1960년 《열 명의 작은 동거인Ten Little Housemates》이라는 얇은 책을 발표했다. 집 안에서 발견되는 가장 혐오스러운 위생 해충에서도 찾을 수 있는 경이로움을 다룬 그 책에서 프리슈는 빈대에 대해 이렇게 기술한다. "세상에 아무리 하찮은 동물이라도 우리가 관심을 기울이면 예외 없이 위대한 발견으로 보답해 준다."

브룩 보렐의 빈대 가이드

이 책을 쓰는 동안에도 빈대 문제를 해결할 방법을 추천해 달라는 질문을 계속 받았다. 내 대답은 한결같았다. 특정한 방법을 딱 꼬집어 말할 수는 없다. 효과적일 수 있는 방법이 아주 많기 때문이다. 그러나 만약 내가 특정한 상황에 처한다면 어떻게 대처할 것인지는 말해 줄 수 있다. 물론 내가 제안하는 방법이 빈대를 없애 주거나 빈대에 옮는 것을 막아 줄 거라고는 장담할 수 없다. 또한 내가 선호하는 방법이 당신과 생활공간을 함께 사용하는 누군가에게 적절하다고 또는 당신이 갖고 있는 신체 질병이나 정신 건강 문제에 적합하다고 말할 수도 없다. 그러니 행여 내 제안으로 무슨 문제가 생기더라도 제발 나를 고소하지는 말아 달라.

방역업체를 고용해야 할까요?

방역 전문가들은 내 대답에 곤혹스러울 것이다. 그러나 만약 내 공간에 빈대가 다시 침입했다는 의심이 든다면, 나는 방역업자에게 곧바로 전화하지는 않을 것이다. 무엇보다 내 경우는, 빈대 알레르기가 심해서 상황이 심각해지기 전에 일찌감치 빈대의 존재를 감지할 가능성이 크기 때문이다. 알레르기가 있는 나는 그렇다손 치고, 다른 사람들도 무엇 때문에 기다려야 하느냐고? 방역 비용은 비싼 데다가 빈대는 많은 살충제에 저항성을 가지고 있는 반면, 살충제 외의 다른 대안들은 전혀 효과적이지 않아서다. 나라면, 내 돈이든 아니면 집주인 돈이든 방역업자에게 수백 달러 혹은 그 이상을 쓰기 전에 빈대가 집 안에 들어왔다는 확신을 갖고 싶을 것이다. 빈대가 만연한 대도시에서 빈대 방역에 계속해서 돈을 쓰는 것은 단언컨대 금전적으로 감당하기 힘들다.

물린 자국을 발견하고 또한 잠을 자는 동안 무언가에 물린 것이 확실하다는 생각은 들지만 빈대에 물린 것인지는 확신할 수 없다면, 나는 며칠 혹은 일주일 정도 더 두고 볼 것이다. 그러는 동안 이불과 침대보 등등 빨랫감을 전부 찾아내 세탁하고 침실 구석구석까지 진공청소기를 돌리고 깨끗이 청소할 것이다. 그런데도 계속 물린다면 손전등을 사용해 매트리스, 침대 헤드보드, 박스 스프링을 샅샅이 살피면서 빈대, 빈대 몸통 잔해, 검은 배설물 얼룩을 찾아볼 것이다. 하나라도 발견한다면 그리고 오염 부위가 매우 작다면, 빈대가 서식했을 것으로 짐작되는 모든 것을 세탁해서 건조하거나 오염 부위를 열처리하고 혹은 아예 내다 버릴 것이다. 여담으로 나는 증기 분사기를 하나 구입했다. 또한 진공청소기로 꼼꼼히 청소하고 가능하다면 세탁도 다시 할 것이다. 그렇게까지 했는데도 계속 물린다면 나는 마침내 패배를 인정하고 방역 전문가에게 도움을 요청할 것이다.

빈대 방역 비용은 집주인이 내줄까요?

상황에 따라 다르다. 내가 거주하는 뉴욕의 경우는 빈대 방역 비용에 대한 금전적 책임이 거의 대부분 집주인에게 있지만, 건물의 종류가 다양하니만큼 비용을 부담하는 방식도 천차만별인 것 같다. 만일 내 집에 빈대가 다시 나타난다면, 곧장 집주인에게 연락하지는 않을 것이다. 대신에 현재 내가 살고 있는 건물을 상대로 취할 수 있는 법률적 방법부터 알아볼 것이다.

방역업자를 고용한다면 어떤 화학물질을 사용하도록 요구해야 할까요?

참으로 어려운 문제다. 그리고 시간이 흐름에 따라 계속 변할 것이다. 그러나 지금 이 순간만 놓고 보면, 나는 방역업자에게 피레스로이드와 네오니코티노이드를 섞어서 사용해 달라고 요구하고 싶다. 현재로서는 그 살충제들이 빈대에 가장 효과적인 것 같다. 그러나 빈대가 그런 합성 살충제에 저항성을 갖는다는 확실한 증거가 나타나면, 더는 적절한 선택일 수 없다. 영원히 말이다. 다른 화학물질의 경우, 내 개인적으로는 성장억제제는 고려조차 하지 않을 성싶다. 법적으로 허용된 양보다 훨씬 더 많은 양을 사용해야만 효과적인 것처럼 보이기 때문이다. 시판 중인 또 다른 화학물질에 대해서는 최근에 발표된 학술 연구를 살펴볼 것이다. 그런 문서를 어디서 찾을지 모르겠다면, 구글 학술 검색Google Scholar 같은 데이터베이스에서 빈대와 살충제를 검색어로 입력해 보거나 저명한 과학 뉴스 사이트에 올라온 글들을 확인해 보라.

100퍼센트 천연 재료로 만든 분제는 어떻게 생각하세요?

아마 규조토를 말하는 것이라 짐작된다. 규조토는 미세한 수중 유기체인 식물성 플랑크톤의 일종인 규조류 화석을 분쇄해서 만든다. 규조토와 몇몇 비슷한 분말형 제품들은 건조제로서 사실상 빈대와 다른 곤충들을 말라서 죽게 만든다. 비록 켄터키 대학교가 최근에 발표한 연구 결과에서 규조토의 효능을 문제 삼았지만, 나라면 방역업자에게 규조토를 사용하도록 할 것 같다. 만약 당신이 공기 중에 떠돌아다닐 만큼 아주 많은 양을 사용하지만 않는다면, 규조토를 사용하는 데에는 커다란 위험이 전혀 없다. 규조토가 허파에 미치는 효과에 관한 연구는 아직까지 한 번도 본 적이 없지만, 내가 생각해도 호흡기에 좋은 영향을 줄 것 같지는 않다. 게다가 일부 건조제들은 살충 성분이 함유되어 있고, 따라서 만일 당신이 직접 그런 제품을 사용할 생각이라면 라벨을 꼼꼼히 읽어 보고 사용 방법을 철저히 따라야 한다.

100퍼센트 천연 성분의 스프레이 살충제는 어떤가요?

앞서 본문에서 내가 최소 위험 등급의 살충제 성분인 25비 카테고리를 소개한 부분들을 읽고 짐작했겠지만, 적어도 내게는 25비 화학물질과 다른 모든 '접촉성 살충제'는 전혀 고려의 대상이 아니다. 그런 제품은 효능도 확실치 않은 데다가 연방거래위원회가 이런 제품을 허위 광고한 혐의로 최소한 기업 두 곳을 조사했다. 나는 이런 종류의 제품에는 단 한 푼도 쓰고 싶지 않다. 그뿐 아니라 광고에서 "천연 성분"이라는 단어를 사용하는 모든 제품에 대해서도 갈수록 의심이 깊어진다. 천연 성분이라는 말은 제품이 효과적이거나 안전하다는 뜻이 절대로 아니다. 그저 지속 가능성과 환경에 관심이 많은 선의의 소비자들에게 호감을 사려는 꼼수에 지나지 않는다.

그렇다면 최근에 미국 환경보호청으로부터 승인을 받은 식물성 살충제 님Neem은 어떤가요?

내가 님에 대해 아는 것은 하나뿐이다. 언젠가 오하이오에서 몇 달간 님으로 방역했는데도 여전히 빈대가 나타나는 어떤 주택을 본 적이 있었다. 그 집을 나온 후 몇 시간 동안이나 내 옷에서 님의 냄새가 났다. 냄새가 아주 강하다. 아마 나라면 님을 사용할 것 같지 않다.

탐지견은요?

다양한 실험에서 보면 탐지견이 빈대를 찾아내는 능력은 매우 높은 편
이지만, 많은 조건을 철저히 통제한 실험실 환경에서 이뤄진 실험 결과
라는 점을 주목해야 한다. 발표되지 않은 현장 연구들을 보면 탐지견의
빈대 색출 능력은 크게 떨어진다. 만일 방역업자가 탐지견을 사용해서
빈대를 찾아낸다면, 나라면 방역 비용을 지불하기 전에 한 가지를 확실
히 할 것이다. 내 공간에 빈대가 실제로 있었다는 것을 내 눈으로 직접
확인하는 것이다.

열처리법은 어떤가요?

단독주택에 거주하고 빈대 문제가 정말 심각하며 비용을 감당할 여력이
있다면 열처리법을 선택할 것이다. 그러나 열처리법은 현재 내가 거주하
는 브루클린 아파트에는 적절한 선택이 아니다. 많은 세대가 공동으로
거주하는 건물은 열처리가 쉽지 않기 때문이다. 대신에 전문업체에게 가
구와 다른 가재도구를 수거해 가서 빈대 박멸용으로 특별 제작된 열 탱
크로 방역해 달라고 요청할 것이다. 동시에 살충제, 분제 등등을 포함해
서 다양한 기법으로 내 아파트를 방역하도록 맡길 것이다.

훈증제는요?

열처리법에 관한 위의 대답과 같다.

트랩을 사용하면 어떨까요?

나는 빈대 알레르기가 심해서 한 마리라도 집 안에 들어오면 빈대가 트랩에 걸리기 전에 내 몸이 먼저 말해 줄 것이다. 사정이 이러해서 아마 나는 트랩을 사용하지 않을 테지만, 한 가지 예외가 있다. 예전에 빈대 문제가 아주 심각했거나 빈대 문제가 자꾸 재발하는 곳에 산다면, 침대 다리 밑에 놓는 트랩과 이산화탄소와 페로몬을 미끼로 사용하는 몇몇 방법을 함께 사용할 수도 있다. 이런 방법들은 특정 방역법의 효능 여부를 밝히기 위해 연구하는 곤충학자들이나 방역업자들에게 매우 유용한 것처럼 보인다.

비전문가들도 사용할 수 있는 시중 제품들은 어떻게 생각하세요?

나는 빈대 전문 제품들은 별로 신용하지 않는다. 그런 제품은 실질적인 살충 효과보다는 심리적인 효과가 더 큰 것 같다. 비행기 여행 중에 찌그러지거나 잃어버리기 십상인 자가 발열식 여행 가방, 효능이 확실히 검증되지 않은 끈끈이 트랩, 다양한 스프레이 살충제에 수백 달러를 투자할 가치가 없다고 생각한다. 가령 매달 한 번 이상 여행을 가는 것처럼 여행 횟수가 잦고 호텔이나 호스텔에 머문다면 집에 돌아올 때마다 여행 짐을 열처리할 수 있는 자그마한 자가 발열 상자를 구입할지도 모르겠다. 여행에서 돌아올 때 행여 따라올지도 모르는 빈대를 박멸하기 위한 나만의 방법이 있는데, 지금까지는 매우 효과적이다. 아니 적어도 내 아파트에 빈대가 처음으로 등장한 이후부터는 죽 효과적이었다. 여행에서 돌아오자마자 옷가지를 전부 세탁하고 여행 짐을 샅샅이 살펴보며 증기 분사기로 증기를 꼼꼼히 쏘인다. 이것은 빈대가 창궐했던 버지니아와 오하이오의 공공주택 단지를 방문했다가 돌아왔을 때도, 거의 3주

간에 걸쳐 유럽 전역의 호스텔과 호텔을 머물다가 돌아왔을 때도 효과
적이었다. 물론 확인할 방법은 없지만, 내가 단순히 운이 좋아서 그런 여
행 중에 빈대를 한 마리도 마주치지 않아서였을 수 있다.

빈대 없는 집을 유지할 수 있는 또 다른 방법은요?

만약 내 집에 빈대가 있다는 사실을 알게 된다면, 완벽히 밀봉되는 플라
스틱 통과 가방에 옷가지와 여분의 침구류를 담아둘 것이다. 그리고 몇
주가 걸리든 혹은 몇 달이 걸리든 빈대 문제가 말끔히 해결되었다는 확
신이 들 때까지 그대로 둘 것이다. 물론 그 전에 옷과 침구류를 고온으
로 세탁, 건조시키거나 고온의 증기로 처리해야 한다. 또한 배낭, 지갑,
재킷 등등 사람들이 많은 공공장소나 다른 사람들의 집을 방문할 때 들
고 다니는 물건은 가급적 침대에서 멀리 떨어진 곳에 보관한다. 그뿐 아
니라 다른 사람들에게 빈대를 퍼뜨리지 않기 위해 그런 물건을 자주 점
검한다. 심지어 뜨거운 김이 닿아도 상관없는 재질이라면 집을 나서기
전에 증기 분사기를 사용해서 가방, 재킷, 신발에 뜨거운 김을 쏘아 소
독한다.

호텔에 머물 때는 어떻게 해야 합니까?

나는 여행 가방이나 옷가방을 절대로 침대 위에 올리지 않는다. 방에 처
음으로 들어갈 때 문 옆에 여행 가방을 둔 다음, 매트리스는 물론이고
벽에 붙어 있지 않은 침대의 경우에는 헤드보드까지 꼼꼼히 살펴본다.
설령 빈대가 있다고 해도, 이렇게 한다고 빈대를 찾아내리라는 보장은
없지만 매트리스와 헤드보드는 빈대가 숨어 있을 가능성이 가장 큰 곳
이다. 빈대가 없는 것이 확실해지면, 옷장에 옷을 걸어두되 옷이 벽에 닿

지 않도록 주의한다. 그리고 여행 가방은 미리 조사를 마친 선반에 올려 두고, 무슨 일이 있어도 절대로 옷을 서랍장에 보관하지 않는다.

개중에는 나보다 한술 더 떠서 여행 가방을 욕실에 보관하는 사람들도 있다. 가방 때문에 욕실을 사용하기가 불편해도 상관없다면 그것도 좋은 아이디어다. 특히 룸메이트가 있을 경우에는 당연히 그의 의견도 고려해야 한다. 개인적으로는 가방이 욕실에 있으면 불편하다.

이 책을 쓰고 난 후에 행동에 변화가 있었습니까?

그렇기도 하고 아니기도 하다. 여행을 갈 때 내 짐에 대해 더욱 신경을 쓰게 되었고 여행에서 돌아온 이후에도 짐을 더욱 철저히 점검한다. 그리고 진공청소기를 사용해서 청소할 때도 더욱 깊은 주의를 기울인다. 그러나 이전부터 그래왔듯 중고 가게에서 옷을 구입한다. 예전과 달라진 점이라면, 요즘은 중고 가게에서 쇼핑할 때는 샅샅이 살펴보고 밀봉이 되는 가방에 넣어 두며 가능한 한 빨리 세탁을 한다는 사실이다. 또한 극장과 도서관 등 공공장소에도 여전히 출입하는데, 사실 이런 장소에서 빈대에 옮을 가능성은 매우 희박하다. 한편 파티에서 주최자가 무심코 "코트는 벗어서 침대 위에 올려 두세요"라고 말할 때 나는 농담을 하면서 코트를 둘 만한 다른 장소를 애써 찾는다. 그러나 주최자가 말한 곳에 코트를 두었을 때도 파티에서 빈대에 옮은 적은 한 번도 없었다. 적어도 내가 아는 한은 그렇다.

전반적으로 볼 때 나는 빈대 때문에 일상적인 삶을 포기하지 말고 평범하게 사는 것이 매우 중요하다고 생각한다. 물론 그런 행동이 스스로 빈대의 제물이 되는 지름길일 수도 있다. 그러나 중고 가게에서 쇼핑하거나 극장에 가는 등등 사실상 빈대가 삶의 모든 영역에서 당신이 좋아하는 일을 하지 못하게 만들고 당신의 결정을 지배한다면, 나는 그것 자체도 삶을 낭비하는 거라고 생각한다.

빈대가 나오는 문학작품

빈대는 유명한 많은 문학작품에 등장한다. 아래는 내가 좋아하는 몇몇 작품에서 빈대가 등장하는 부분을 발췌한 내용이다.

이번에는 밤이었다. 기차가 가파른 산악지대를 덜컹거리며 달렸고 하늘에는 반짝이는 별들이 뿌려져 있어 마치 데이지 꽃밭 같았다. 비좁은 객실에는 승객들이 신발을 벗은 채로 옆 사람의 어깨에 기대 잠을 청했다. 빈대 무리들이 낡아 뼈대를 드러낸 좌석과 침대에서 기어 나와, 마치 잘 훈련받고 의욕이 넘치는 병사들처럼 3, 4열 종대로 움직였다. 나는 여러 승객과 공동으로 사용해야 하는 위쪽 침대 구석에 이미 신문을 깔고 가루 살충제를 뿌려 두었다. 빈대들은 코담배 같은 가루 살충제를 먹었다가 자극적인 맛에 깜짝 놀랐다. 그러나 살충제 때문에 나도 코가 얼얼했고 눈이 아렸으며 숨이 막힐 지경이어서 짐을 올려 두는 선반으로 기어 올라가야 했다. 다행히도 러시아의 거대한 기차의 짐칸은 상당히 널찍한 데다가 튼튼했다. 나는 짐칸에 간신히 몸을 뉘었지만 빈대들의 화려한 기술에 여전히 식사 거리가 되었다. 또한 선반의 창살에 배겨 등이 아팠고 숨을 쉴 때마다 살충제를 들이마셨다. 그저 방랑자의 삶이 내 운명이라고 나 스스로를 납득시키는 것 외에 다른 도리가 없었다. 내 머리 위에서는 기차 지붕 위에 올라간 승객들이 돌아다니는 소리가 들려왔다.*

나는 방역업자에게 전화를 걸었고, 그는 빈대를 죽이는 기름으로 월의 바닥
을 흠뻑 적셨다. 누가 내 뇌도 죽음의 기름으로 흠뻑 적셔줄까?**

들쥐와 생쥐의 주인이시자
파리, 빈대, 개구리, 이의 주인이신 분이
명령하나니, 어서 당장 나와
이 문지방을 갉아 먹어라
기름으로 표시해 놓았으니.
그래, 어서 와라, 어서 와!
당장 시작해라! 나를 가둔 뾰족 부위는
그 별 모양 중에서 맨 앞쪽에 있다.
한 번 더 갉아 봐, 그래, 됐다.
자, 파우스트, 꿈이나 계속 꾸시지, 또 만나자구.***

판틸리우스, 그 빈대 놈이 나를 물까?
아니면 데미트리오스가 내 마음을 아프게 할까?

---

* John Dos Passos, *Dos Passos: Travel Books & Other Writings 1916-1941*, Literary
Classics of the United States, 2003, p.159
** Allen Ginsberg, *The Fall of America: Poems of These States 1965-1971*, City Lights
Books, 1972, p.131
*** Bayard Taylor, *Works of Johann von Goethe*, Riverside Press, 1883, p.54

내가 없을 때 그가 나를 헐뜯을까?*****

2층에 올라가 보니 어머니는 침대 한쪽에서 깊은 잠에 빠져 있었다. 그는 속옷만 남기고 옷을 다 벗은 다음, 어머니가 누워 있는 반대쪽으로 들어갔다. 그러나 숨이 막힐 듯 더운 데다가 방 안이 너무 답답해서 그는 바로 잠이 들지 못하고 한참을 깨어 있었다. 빈대들이 그의 다리를 물었다. 그가 반쯤 잠이 들 때마다 엘L호선 기차가 시끄러운 소리를 내며 지나가면서 방을 환하게 비추었고, 기차 진동에 집 전체가 흔들거렸다.******

"그게 정말 뭔데?"라고 콜먼이 말했다. "진드기, 그냥 진드기. 날개 없는 흡혈 파리, 말 진드기, 빈대, 촌충들, 해충 애벌레, 기니 벌레, 간흡충……"*******

살아 있는 모든 것은 나름의 긍지를 갖는다.
매발톱꽃도 긍지를 갖고 여기저기 돌아다니며 기웃거리는 찌르레기도 긍지를 갖는다.
하이에나나 빈대 같은 하찮은 생명도 존재 자체에 최소한의 긍지를 갖는다.
해충이어도 썩은 고기를 먹는 생명이어도, 미천한 존재일망정 몸을 낮추는 겸손이 있다.********

---

* Henry Harmon Chamberlin, *Horace Talks*, New World Book Manufacturing, 1940, p.101

** Langston Hughes, *Not Without Laughter*, Dover, 2008, p.285

*** Aldous Huxley, *Antic Hay*, Dalkey Archive Press, 2006, p.55

**** David Herbert Lawrence, *The Complete Poems of D. H. Lawrence*, Wordsworth Edition Limited, 1994, p.514

오래 전에 회칠한 벽들은 갈라졌고 칙칙한 회색으로 변했으며 옛날 옛적 신학자들이 야기한 커다란 전투에서 학살된 모기와 빈대들의 피로 얼룩천지였다. 그러나 이제 그들 신학자는 그 벽에 물질주의 세상에 대한 자신들의 고매한 비전을 투영시킨다.*

"나는 시간에 전적으로 순응한다." 반면에 빈대와 같은 생명력을 가진 친구 카를은 걱정이 태산 같다. 벌써 나흘이나 지났는데도 돌아온 건 부정적인 반응뿐이기 때문이다. "도무지 이유를 모르겠어." 그가 말했다. "불의의 사고가 아닌 다음에야 내가 왜 죽어야 하냐고?" 그런 다음 그는 손을 비비더니 불멸의 삶을 지속하기 위해 방 안에 스스로를 가두었다. 그는 벽지에 숨은 빈대와 같은 삶을 산다.**

그녀의 남편은 물총을 들고 저택 근처로 살며시 다가갔다고 한다. 그의 얼굴에는 고소하다는 표정이 역력했는데, 그 표정은 끊임없이 빈대가 출몰하는 더러운 매트리스를 보고 지은 것이 틀림없다(과학자들 사이에 시멕스 렉툴라리우스로 알려진 빈대는 붉은 갈색을 띠고 지독한 냄새를 풍기며 날개가 없고 음침한 흡혈 곤충으로 주택에 특히 침대에 서식한다. 빈대의 천적은 바퀴벌레다). 암살자의 샤프론 꽃 같은 애인이 오늘날 올림페 사람들의 전형적인 습관이 된 자세를 한 채 몸을 뉘었던 침대보는, 붉은 갈색을 띠고 지독한 냄새를 풍기며 날개가 없는 음침한 흡혈 곤충의 얼룩으로 뒤덮였다.***

---

* Sinclair Lewis, *Elmer Gantry*, New American Library, 1970, p.86

** Henry Miller, *Black Spring*, Grove Press, 1963, p.93(한국어판: 헨리 밀러, 《검은 봄》, 신현철 옮김, 눈, 1993)

*** Henry Miller, *Moloch: or, This Gentile World*, Grove Press, 1992, p.6(한국어판: 헨리 밀

빈대처럼 평화롭게 잠을 자다가 동이 튼 직후에 잠에서 깼다. 그러고는 내가 저승에 있는 것이 아니라는 사실에 깜짝 놀랐다. 그러나 내가 여전히 이승에 있는지는 장담하기 힘들었다. 무엇이 죽었는지 나는 모른다. 다만 나는 '생명'이라고 불리는 무언가를 구성하는 모든 것이 사라졌다는 사실만 알 뿐이다.*

쥐, 개미, 바퀴벌레, 빈대 등등 온갖 해충이 그곳에 들끓었다. 탁자, 침대, 의자, 긴 의자, 서랍장은 온통 종이, 뚜껑이 열린 파일상자, 카드, 그래프, 통계표, 갖가지 도구로 어질러져 있었다. (중략) 빈대 때문에 도저히 잠을 잘 수 없었던 우리는 아침 일찍 일어났다. 그러고는 간단히 샤워를 한 다음, 빈대가 있는지 확인하기 위해 옷가지를 샅샅이 살펴보았고 서둘러 떠날 준비를 했다.**

모든 것이 삼목 게임을 두듯이 흘러갔다. 하나가 다른 것을 취소하고, 당연한 말이지만 결국에는 마치 당신이 뚱뚱하고 피를 가득 머금은 빈대인 양, 법이 당신을 찌부러뜨린다. 순간 나는 번뜩 정신이 들었다. 그가 내 남은 평생 동안 어마어마한 금액의 이혼 수당을 규칙적으로 지불하겠는지 묻고 있었다.***

러, 《몰록》, 안정수 옮김, 강천, 1995)

* Henry Miller, *Nexus*, Grove Press, 1965, p.42(한국어판: 헨리 밀러, 《넥서스》, 송현수 옮김, 범한출판사, 1984)

** Henry Miller, *Plexus*, Grove Press, 1965, pp.356~357

*** Henry Miller, *Sexus*, Grove Press, 1965, p.405(한국어판: 헨리 밀러, 《본능》, 황성근 옮김, 산호, 1992)

그것은 어떤 미국 여성이 유럽에 대해 처음으로 떠올린 생각이다. 유럽은 불결하다. 미국인들로서는 현대의 배관 시설이 갖춰지지 않은 천국을 상상하기가 불가능하기 때문이다. 만약 빈대를 발견한다면 그들은 즉각 상공회의소에 편지를 쓰려고 할 것이다. 내가 이곳에 만족한다는 사실을 그녀에게 어떻게 설명할 수 있을까? 아마도 그녀는 내가 타락했다고 말할 것이다.*

동물의 겨울잠, 일부 하등동물들의 생명이 잠시 정지되는 것, 벽지 뒤에 숨어 끊임없이 기다리는 습성에 담긴 빈대의 경이로운 생명력, 요가 수행자의 무아지경, 환자의 근육경직 상태, 신비주의자가 우주와 연결되는 것, 세포의 불멸성, 예술가가 최적의 순간에 세상을 깨우기 위해 배우는 모든 것들.**

그가 왔을 때는 당연히 예의에 한 치의 어긋남도 없었다. 그는 사과를 했고 빈 의자에 앉은 다음 샘그라스 씨가 말을 이어가도록 방해하지 않았다. 마치 그의 귀에 아무 말도 들리지 않는 것 같았다. 드루즈파Druse 신자들, 족장들, 우상들, 빈대들, 로마네스크의 유물들, 염소와 양의 눈이 그려진 희한한 접시들, 프랑스와 터키의 관리들 등등 근동近東 여행의 모든 것들이 우리를 즐겁게 해주기 위해 제공되었다.***

처음에는 빈대가 약간 성가셨다. 그러다가 빈대들이 그의 피 맛에 점점 익숙

* Henry Miller, *Tropic of Cancer*, Grove Press, 1961, p.152(한국어판: 헨리 밀러, 《북회귀선》, 정영문 옮김, 문학세계사, 2004)

** Henry Miller, *Tropic of Capricorn*, Grove Press, 1961, p.319(한국어판: 헨리 밀러, 《남회귀선》, 오승아 옮김, 문학세계사, 1997)

*** Evelyn Waugh, *Brideshead Revisited*, Back Bay Books, 1944, p.155

해지고 그도 빈대에 물리는 것에 차츰 적응되자 그들은 평화롭게 동거하게 되었다.

　이내 그는 빈대로 풍자 놀이를 하기 시작했다. 빈대를 잡아서 벽에 대고 으깨 죽인 다음 빈대의 사체 주변에 동그랗게 표시를 하고 "클라우 시장"이라고 적었다. 그런 다음 빈대 몇 마리를 더 잡아서 죽인 다음 시의원들의 이름을 붙였다. 얼마 지나지 않아 한쪽 벽은 그가 으깨어 죽인 빈대들로 가득했고, 각 빈대에는 고위 관리의 이름이 붙었다. 그뿐 아니라 그는 빈대에 귀, 꼬리, 커다란 코, 콧수염을 그려 넣었다. 간수인 티토 랠프는 그의 장난질을 보고 화가 났지만, 대니가 자신에게 판결을 내렸던 치안판사도, 단 한 명의 경찰도 포함시키지 않았기에 불평을 입 밖에 내지는 않았다. 대니는 사법체계를 매우 존중했다.*

침상이 위아래로 두 개가 있었고, 각각은 짚으로 된 매트리스와 한 쌍의 회색 담요가 깔려 있었다. 담요는 더러운 데다가 두꺼운 종이 마냥 뻣뻣했고 벼룩, 빈대, 이가 들끓었다. 저기스가 매트리스를 들추자 그 아래에서 우글거리던 바퀴벌레들이 저기스만큼이나 크게 놀라서 황급히 달아났다.**

---

* John Steinbeck, *Tortilla Flat*, Penguin Books, 2000, p.8(한국어판: 존 스타인벡,《토르티야 臺地》, 이근삼 옮김, 금성출판사, 1990)

** Upton Sinclair, *The Jungle*, Upton Sinclair, 1920, pp.188~189(한국어판: 업튼 싱클레어,《정글》, 채광석 옮김, 페이퍼로드, 2009)

감사의 말

책을 쓰겠다는 꿈이 그 자체로는 조금도 이상할 것 없다. 그러나 사람들이 역겨워하고 질색하는 무언가에 관한 책을 쓰겠다면 이야기가 달라질 수도 있다. 빈대에 관해 수없이 대화 상대가 되어 주고 끊임없이 용기를 불어넣어 준 남편 마이크 바실레프스키와 양가 가족과 친지 그리고 친구들에게 가장 먼저 고맙다는 말을 하고 싶다. 그분들은 몇 년간이나 내가 쏟아 내는 빈대에 대한 엄청난 양의 정보를 한결같은 열정으로 받아 주었고, 그 점이 진짜 감사하다.

또한 내 대리인인 폴 루카스와 내 아이디어의 잠재력을 알아봐 주고 내가 그 아이디어를 끝까지 추구할 수 있도록 버팀목이 되어 준 장클로우 앤드 네스비트 어소시에이츠의 여러 훌륭한 직원들에게도 감사의 말을 전한다. 특히 처녀작을 선보이는 왕초보 작가인 내게 필요한 모든 도움을 아낌없이 제공해 준 편집자 크리스티 헨리에게 머리 숙여 감사한다. 또한 캐리 애덤스, 에린 디윗, 에이미 크리낵 등등 나를 물심양면으로 도와준 시카고 대학교 출판부의 모든 직원들에게도 감사 인사를 꼭 전하고 싶다.

하지만 알프레드 슬론 재단의 적극적인 도움이 없었다면 이 책은 세상의 빛을 보지 못했을 것이다. 도런 웨버, 델리아 디비아시, 소니아 엡스

타인 등등 칭송이 자자한 그 재단의 모든 구성원에게 진심으로 감사한다. 이번 출판 프로젝트 초기에 내가 출범시켰던 킥스타터Kickstarter* 캠페인에 기부해 준 모든 이들에게는 아무리 감사해도 모자란다. 특히 크리스 핸디, 마사 하비슨, 마이크 제이코벨리스, 벤 릴리, 카를 코리넥, 오스틴 리틀, 로리 매리노, 에린 민델, 제니퍼 나두, 브라이언 오길비, 에릭 피더슨, 재커리 요크에게 깊이 감사한다.

이들 외에도 고마움을 전해야 할 사람들이 아주 많다. 출판 제안서에 대한 예리한 통찰을 제공해 준 세스 플레처, 제목을 정하는 데에 영감을 주었던 제시카 시겔, 굿 스터프 다이너에서 나와 환상적인 복식조가 되어 준 에밀리 보이트, 개인적인 충고와 격려를 아끼지 않았던 메리 로치와 조니 월드먼, 자신의 작품을 사용하도록 관대히 허락해 준 화가와 사진작가들, 아드리아나 두페이, 마사 하비슨, 댄 베르가노, 나탈리 울초버 등등 초기 원고가 나올 때마다 귀중한 시간과 지혜를 나눠준 독자들과 시카고 대학교 출판부의 검토위원회, 매의 눈으로 교정해 준 줄리아 콜더론과 맷 코라이워 등, 이들 모두에게 심심한 감사를 드린다. 또한 무한한 곤충학 지식으로 이 책을 검토해 준 스티븐 도깃에게도 특별히 감사하다는 말을 전한다. 물론 이 책에 담긴 모든 사실과 설명 그리고 실수는 전적으로 내 책임이다. 미국곤충학회와 미국 군 전염병통제위원회를 포함해 참고문헌과 관련 이미지를 조사하도록 도와주었던 많은 사람들과 브루클린 공공도서관, 뉴욕 공공도서관, 베닝턴 칼리지의 크로셋 도서관, 예일 대학교의 루이스 월폴 도서관, 런던 의학대학원, 캠든 지

---

* 2009년 시작된 미국의 크라우드펀딩 서비스로 영화, 음악, 공연예술, 만화, 비디오게임 등 다양한 분야 프로젝트의 투자를 유치한다.

역 연구 및 기록보관소, 버클리 캠퍼스의 에식 곤충박물관과 밴크로프트 도서관 등의 연구가와 사서들에게도 깊은 감사를 드린다. 특히 마리아 브랜트는 내가 전국을 돌아다니면서 읽을 수 있도록 밴크로프트 도서관이 소장한 수많은 문헌을 조사하고 중요한 내용을 사진으로 찍어주었다.

마지막으로 내 감사를 받을 사람들은 나의 모든 정보원들이다. 그들의 노력과 이야기가 이 책에 포함된 사람도 있고 안타깝게도 포함되지 못한 사람들도 있지만, 나는 정보원 한 사람 한 사람 모두에게 감사드린다. 그들은 자신의 귀중한 시간과 지식을 아낌없이 내어 주었다. 내가 앞에서 소개했던 모든 사람들의 도움에도 불구하고 그들의 기여가 없었다면 이 프로젝트를 성공하지 못했을 것이다.

모두, 모두에게 정말로 감사드린다.

주의하라, 빈대가 다시 나타났다. 저자는 무조건 공포심을 조장하는 것이 아니라 빈대라는 작은 곤충의 안팎을 완벽히 해부해 빈대 주의보를 내린다. 이 책의 번역을 시작하면서 과연 저자가 빈대에 대해 무슨 말을 들려줄지 자못 궁금했다. 어쨌든 빈대는 책 속이나 언론 기사에서 간간히 접할 뿐 우리의 일상생활과 상당히 동떨어진 곤충처럼 생각되었기 때문이다. 무엇보다 누구나 피하고 싶어 하는 빈대를 알고자 하는 저자의 열의가 아주 인상적이었다. 영국, 동유럽, 독일 등지를 방문하고 곤충학회 회의와 빈대 정상회의에 참석해 학계와 산업계의 전문가들을 두루 만났으며 많은 박물관과 연구소를 찾아다니는 등 저자가 빈대를 정확히 알기 위해 얼마나 노력했는지 이 책 전반에 걸쳐 고스란히 드러난다.

저자는 자신의 빈대 탐험을 과학 전문 기자답게 다양한 과학적인 측면에서 고찰한다. 빈대의 습성, 생물학, 생리학은 물론이고 살충제의 작용기작까지 어려운 용어를 가능한 한 배제한 채 상세히 풀어 준다. 우리가 중, 고등학교 시절 과학 시간에 배웠지만 잊고 있었던 용어들이 등장하는데 책을 읽는 데 방해가 되진 않는다. 저자가 빈대 탐험을 시작한 것은 궁극적으로 볼 때 빈대의 기원에 대한 궁금증이었다. 사람들의 기억에서 오래 전에 잊혔던 빈대가 갑자기 전 세계에서 동시다발적으로 출현하는 것처럼 보이는 이유가 궁금했던 것이다. 저자의 빈대 탐험을 따라가면서 나는 내가 몰랐던 신세계를 만나는 기분이었다. 베트남전쟁 당시 미군이 밀림에 숨어 활동하는 베트콩을 색출하기 위한 염탐꾼으로 빈대를 연구했다는 것도 처음 알았다. 또한 빈대의 유전자 지도를 작성하기 위해 빈대 게놈 프로젝트가 존재한다는 사실도 충격적으로 다가왔고, 더군다나 빈대의 유전자 지도가 완성되었다는 것도 놀라웠다. 그뿐 아니라 빈대는 사람들에게 신체적 고통을 유발하는 것 외에 정신에도 견디기 힘든 고통을 준다고 한다. 발진과 가려움이야 시간이 지나면 낫기 마련이지만, 정신적 충격은 일종의 사회적 낙인처럼 후유증이 심각하다. 저자는 일부 빈대 피해자들의 경우 "삶의 질과 심리적, 사회적인 기능이 손상"되었으며, 본인의 경험처럼 사회 활동도 크게 위축되었다고 말한다.

저자에 따르면 빈대의 역사는 인류의 역사와 궤를 거의 같이한다. 빈대의 기원에 관한 가장 유력한 이론은 약 20만 년 전에 중동과 아프리카 같은 지중해 인근 지역을 기점으로 유럽과 아시아로 퍼져나갔다는 설이다. 그리고 빈대를 확산시킨 주범은 여행과 무역 등을 통해 갈수록 활동 반경을 넓힌 인류였다. 빈대가 등장하는 가장 오래된 기록 문서는 고대 이집트시대의 것이고 심지어 기독교, 이슬람교, 유대교의 경전들에도 빈대를 구체적으로 명시하거나 암시하는 구절들이 있다. 게다가 중국, 독일, 프랑스 등등의 수백 년 전 문헌에도 빈대가 등장한다. 이렇듯 인류의 그림자 같은 존재로 오랜 역사를 가진 빈대지만, 사람들에게 빈대는 공포의 대상으로 보인다. 무엇보다도 잠을 자는 동안 우리를 공격하고, 집 안 특히 침대 주변에 서식하면서 우리를 호시탐탐 노린다는 점이 빈대를 공포의 대상으로 만드는 일등공신이지 싶다. 실제로 아직까지 질병을 옮긴다고 증명된 사실이 전혀 없는데도 빈대는 억울한 누명을 자주 뒤집어썼다. 물론 빈대가 절대로 반가운 곤충은 아니지만, 그럼에도 질병을 옮긴다는 의심과 관련해서 빈대가 이 책을 통해 그런 억울한 누명에서 조금이나마 벗어날 수 있을 것 같다.

저자의 말마따나 빈대는 더 이상 음지에서만 활동하지 않는다. 브로드웨이 뮤지컬을 비롯해 미술, 문학, 음악 등등 문화계 전반을 접수했고 인터넷 공간에서도 틈새를 발견했다. 요컨대 빈대를 소재로 하는 예술 영역이 확산일로에 있다. 더군다나 소위 빈대 산업이라는 것도 선진국을 중심으로 성업 중이라고 저자는 말하면서, 그 산업이 행여 빈대에 대한 우리들의 두려움을 악용하지는 않을까 조심스럽게 우려한다.

이 책을 번역하면서 잊고 있었던 몇 년 전 일이 떠올랐다. 당시 나는 미국에 살고 있었는데, 같은 아파트 주민으로 친하게 지내던 한국인 가족이 있었다. 그들은 하와이에서 이사를 왔는데, 언젠가 뜻밖의 이야기를 들려주었다. 숙박을 해야 하는 여행은 가지 않는다는 것이었다. 하와이에서 어느 여름 딸들이 여름캠프를 다녀온 후부터 온몸에 발진이 나타났고 매일 아침 자고 나면 새로운 발진이 돋았으며 긁어서인지 염증까지 생겼다. 그 가족은 피부병을 의심하며 병원을 찾고 약을 처방받아 복용했지만 효과가 없었다. 그렇게 한참을 고생하다가 어떤 이웃으로부터 그 증상이 빈대에 물린 것이라는 말을 들었고, 그래서 그 가족은 옷가지와 침구류를 몽땅 내다 버리고 심지어 침대 매트리스도 새로 구입했다. 그리고 방역업자를 불러 집 안을 소독했다. 그런 일을 겪고 난 후에 그 가족은 혹시 빈대가 옮아올까 두려워서 간단한 나들이 외에 긴 여행을 가지 않게 되었다는 사연이었다. 나도 그들의 이야기를 들은 후 한동안 여행 가기가 두려웠던 기억이 있다. 이 책의 저자도 그 가족과 비슷한 경험을 했다. 몸에 발진이 생겼는데 원인을 몰라 이런저런 병원을 전전했고 엉뚱한 약을 처방받아 사용한 것이다. 마침내 그 원인이 빈대 때문임을 알고는 귀를 의심했고 지구상에 존재하지 않는다고 생각했던 괴이한 이 생명체에 대한 공포가 생겼다. 비단 저자와 내 예전 이웃만이 아니라, 빈대 피해를 당한 거의 모든 사람이 정신적인 외상으로 고통받는다고 저자가 말한다.

내가 살아 있는 빈대 이야기를 직접 들은 것은 그때가 처음이었다. 솔직히 나는 빈대를 이나 진드기 혹은 바퀴벌레 같은 귀찮은 벌레로만 생각했고, 제2차세계대전 중에 획기적으로 등장한 디디티로 거의 박멸되었다는 것도 잘 몰랐다. "빈대 잡다가 초가삼간 태운다"는 속담이나 "빈대 붙다"는 관용어에 등장하는 곤충이거니 생각했다. 우연인지, 저자에 따르면 빈대를 잡으려다 실제로 집을 불태운 사례가 미국에서 심심찮게 발생한다고 한다. 그러던 중 2~3년 전인가 인터넷에서 빈대 기사를 보게 되었다. 미국 뉴욕 시에 빈대가 나타났다는 기사였는데, 빈대가 극성을 부리기 시작했다는 보도였다. 이때는 한국에 귀국한 뒤라 빈대 문제가 남의 나라 얘기로만 다가왔고 별다른 감흥이 없었지만 그럼에도 마음 한 구석에는 꺼림칙한 기분이 남아 있었다. 그러다가 이 책을 번역하면서 빈대를 다시 만났다.

빈대와는 직접적인 관련이 없지만, 이 책을 번역하는 동안 가습기 살균제처럼 우리 생활 깊숙이 파고든 살충 성분의 폐해에 관한 기사를 가끔 볼 수 있었다. 얼마 전에는 가습기 살균제에 사용된 유독물질이 일부 치약에도 포함되었다는 보도가 있었다. 위생을 자부하는 오늘날 우리의 환경에 살충제가 알게 모르게 커다란 역할을 하고 있음을 알게 되었다. 나는 이렇게 살충제가 사방을 철통같이 지키는 환경에서 빈대가 재등장했다는 사실이 아주 놀라웠다. 요즘 들어 빈대가 재출현할 수 있었던 것은 인간의 살충제 남용에 따른 부작용의 하나라고 저자는 주장한다. 살충제에 대한 저항성을 발달시킨 빈대가 우리의 주거 공간을 호시탐탐 노리고 있다. 저자는 인류가 질병이나 유해하다고 여겨지는 곤충과의 전쟁에서 언제나 패자라고 말한다. 지피지기면 백전백승이라는 말이 있다. 저자가 이 책에서 증명하듯, 빈대가 어떤 곤충인지 안다면 빈대에 대한 과도한 두려움을 극복할 수 있다. 그리고 빈대의 생물학을 좀 더 철저히 연구함으로써 환경 친화적인 빈대 퇴치법을 개발할 수도 있다.

렌틸콩이나 사과 씨 혹은 저자의 말처럼 쌀알 크기에 불과한 작은 빈대에 놀랄 만큼 다양하고 신기한 사연이 가득 담겨 있다. 그런 사연 대부분이 우리 인류의 역사 및 생활과 아주 밀접한 관련이 있다. 이 책을 번역한 뒤, 물론 그런 일이 없기를 바라지만 혹시 빈대를 만나게 된다면 훨씬 너그러운 눈으로 빈대를 마주할 수 있을 것 같다.

2016년 12월
옮긴이 김정혜

참고문헌

인용문

C. Taylor, "Unwelcome Guests", *Harper's New Monthly Magazine*, December 1860.

F. Brown, The Frank C. Brown Collection of NC Folklore. Vol. V: *The Music of the Folk Songs*(Durham, NC: Duke University Press, 1962); D. Dance, *From My People: 400 Years of African American Folklore: An Anthology*(New York: Norton, 2002); A. Bontemps, "Bed Bug", *An Anthology of African American Poetry for Young People*(Smithsonian Folkway Recordings, 1990).

L. Howard, *The Insect Book: A Popular Account of the Bees, Wasps, Ants Grasshoppers, Flies and Other North American Insects Exclusive of the Butterflies Moths and Beetles, with Full Life Histories, Tables and Bibliographies* (New York: Doubleday, Page & Co., 1902).

들어가는 말

M. Singer, "Dept. of Entomology: Night Visitors", *New Yorker*, April 4, 2005.

National Pest Management Association, "Bugs without Borders Survey", 2011.

_____, "Bugs without Borders Survey", 2013.

New York Department of Housing Preservation and Development, Bed Bug Complaints and Violations from 2004 to 2010.

S. Doggett and R. Russell, "The Resurgence of Bed Bugs, Cimex spp. (Hemiptera: Cimicidae) in Australia: Experiences from Down Under", *Proceedings of the*

Sixth International Conference on Urban Pests, ed. W. H. Robinson and D. Bajomi (Budapest: Executive Committee of the International Conference of Urban Pests, 2008).

1장

A. Ginsberg, *The Fall of America: Poems of These States 1965–1971* (San Francisco: City Lights Books, 1972).

A. Girault, "Notes on the Feeding Habits of Cimex lectularius", *Psyche* 15, no. 4 (1908): 85–87.

A. Huxley, *Antic Hay* (London: Dalkey Archive Press, 2006).

A. Neundorf, *A Navajo/English Bilingual Dictionary* (Pine Hill, NM: Native American Materials Development Center, 1983).

A. Stutt and M. Siva-Jothy, "Traumatic Insemination and Sexual Conflict in the Bed Bug Cimex lectularius", *PNAS* 98, no. 10 (2001): 5683–87.

B. Cummings, *The Bed-Bug: Its Habits and Life History, and How to Deal with It* (London: British Museum, 1949).

C. Carroll, e-mail message to author, November 13, 2012.

D. Gray, *Women of the West* (Nebraska: Dorothy Kamer Gray, 1976).

D. Powers, e-mail message to author, April 12, 2012.

D. Varisco, e-mail message to author, April 10, 2012.

E. Butler, *Our Household Insects: An Account of the Insect-Pests Found in Dwelling-Houses* (London: Longmans, Green, and Co., 1893).

E. Goodman, Writing the Rails (New York: Black Dog & Leventhal, 2001).

E. Malotki, e-mail message to author, March 27, 2012.

E. McDaniel, "Fleas and Bed-Bugs", *Michigan Circular Bulletin* No. 94, Michigan State University, June 1926.

E. Panagiotakopulu and P. Buckland, "Cimex lectularius L., the Common Bed Bug from Pharaonic Egypt", *Antiquity* 73 (1999): 908–11.

E. Perlstein, Facebook message to author, November 8, 2012.

E. Strouhal, *Life of the Ancient Egyptians* (Norman: University of Oklahoma Press,

1992).

F. Ko et al., "Engineering Properties of Spider Silk", *MRS Proceedings* 702 (2002).

F. Wan and F. Fangyu Wang, *Mandarin Chinese Dictionary: English-Chinese* (South Orange, NJ: Seton Hall, 1971).

G. Arnqvist and L. Rowe, *Sexual Conflict: Monographs in Behavior and Ecology* (Princeton, NJ: Princeton University Press, 2005).

G. De Cuvier, *The Animal Kingdom, Arranged According to Its Organization; Forming the Basis for a Natural History of Animals, and an Introduction to Comparative Anatomy* (London: Wm. S. Orr and Co., 1840).

G. Levin, *Edward Hopper: An Intimate Biography* (Berkeley: University of California Press, 1995).

H. Chamberlin, *Horace Talks* (Hallandale, FL: New World Book Manufacturing, 1940).

H. Miller, *Black Spring* (New York: Grove Press, 1963).

———, *Moloch; or, This Gentile World* (New York: Grove Press, 1992).

———, *Nexus* (New York: Grove Press, 1965).

———, *Plexus* (New York: Grove Press, 1965).

———, *Sexus* (New York: Grove Press, 1965).

———, *Tropic of Cancer* (New York: Grove Press, 1961).

———, *Tropic of Capricorn* (New York: Grove Press, 1961).

I. Francischetti et al., "Insight into the Sialome of the Bed Bug, Cimex lectularius", *Journal of Proteome Research* 9 (2010): 3820–31.

J. Busvine, *Insects, Hygiene and History* (London: Athlone Press, 1976).

J. Clarke, *A Dictionary of Practical Materia Medica*, 3 vols. (1921; reprint, New Delhi: B. Jain Publishers, 2006).

J. Dos Passos, "Orient Express" in *Dos Passos, in Travel Books & Other Writings 1916–1941* (New York: Literary Classics of the United States, 2003).

J. Goddard, "Effects of Bed Bug (C. lectularius L.) Saliva on Human Skin" (presentation at the annual meeting of the Entomology Society of America, Knoxville, Tennessee, November 11–14, 2012).

J. K. Elliot, *The Apocryphal New Testament* (New York: Oxford University Press, 2005).

J. Kieran, *A Natural History of New York City* (New York: Houghton Mifflin, 1959).

J. Steinbeck, *Tortilla Flat* (New York: Penguin, 1977).

J. Stratton and A. Schlesinger, *Pioneer Women: Voices from the Kansas Frontier* (New York: Simon & Schuster, 1981).

J. W. von Goethe, *Works of Johann von Goethe, trans. Bayard Taylor* (Cambridge: Riverside Press, 1883).

Japanese translations of "bed bug"came from responses to an inquiry by the author posted to the H-Japan academic listserv, April 16, 2012.

K. Ch'ien, e-mail message to author, November 6, 2012.

L. Hughes, *Not without Laughter* (Mineola, NY: Dover, 2008).

L. Reinhardt and M. Siva-Jothy, "Biology of the Bed Bug (Cimicidae)", *Annual Review of Entomology* 52 (2007): 351–74.

M. Lehane, *The Biology of Blood-Sucking in Insects*, 2nd ed. (Cambridge: Cambridge University Press, 2005).

M. Vidas, e-mail message to author, March 23, 2012.

O. Balvin et al., "Mitochondrial DNA and Morphology Show Independent Evolutionary Histories of Bedbug Cimex lectularius (Heteroptera: Cimicidae) on Bats and Humans", *Parasitology Research*, March 6, 2012.

P. Kalm, *Kalm's Account of His Visit to England on His Way to American in 1748* (London: Macmillan, 1892).

_____, *Travels into North America* (London, 1771).

P. Lucas, e-mail message to author, November 8, 2012.

R. Dunglison, *Medical Lexicon: A New Dictionary of Medical Science* (Philadelphia: Lea and Blanchard, 1839).

R. Dunn, "Bedbugs Have Evolved to Live with Mankind", *Miller-McCune*, March 24, 2011.

R. Fogain, *Beat Bed Bugs and Other Pests: Learn How to Rid Your House of the*

Critters (Victoria, BC: Friesen Press, 2013).

R. Green et al., "A Draft Sequence of the Neanderthal Genome", *Science* 328, no. 5979 (2010): 710–22.

R. L. Usinger, *Monograph of Cimicidae* (Lanham, MD: Entomological Society of America, 1966).

R. Naylor, interview with author, July 17, 2012.

R. Overstreet, "Flavor Buds and Other Delights", *Journal of Parasitology* 89, no. 6 (2003): 1093–107.

S. Doggett and R. Russell, "The Resurgence of Bed Bugs, Cimex spp.(Hemiptera: Cimicidae) in Australia: Experiences from Down Under", *Proceedings of the Sixth International Conference on Urban Pests*, ed. W. H. Robinson and D. Bajomi (Budapest: Executive Committee of the International Conference of Urban Pests, 2008).

S. Doggett et al., "Bed Bugs: Clinical Relevance and Control Options", *Clinical Microbiology Reviews* 25, no. 1 (2012): 16492.

S. Doggett, e-mail message to author, April 9, 2012.

S. Lewis, *Elmer Gantry* (New York: New American Library 1970).

U. Sinclair, *The Jungle* (Upton Sinclair, 1920).

W. S. Burroughs, *Naked Lunch* (New York: Grove Press, 2001).

1장의 일부 내용은 저자가 기존에 발표한 글을 수정했다. 특히 빈대의 성에 관한 설명은, 과학 기자들의 팀블로그 〈아무것도 아닌 것에 대한 마지막 말The Last Word on Nothing〉의 "만세! 성기의 금요일이다Thanks God It's Penis Friday"시리즈 중 2012년 7월 27일 게스트 포스팅한 "TGIPF: 빈대와 수컷 빈대의 난폭한 성기The Bed Bug and His Violent Penis"에 나온다.

2장

Armed Forces Pest Management Board, "US Army Entomology: A Historical Perspective", http://www.afpmb.org/content/united-states-army-medical-entomology.

C. Boase, interviews with author, September 11, 2012; January 31, 2013.

C. Wheeler, "Control of Typhus in Italy 1943–1944 by Use of DDT", *American Journal of Public Health* 36 (February 1946): 119–29.

D. Biehler, *Pests in the City: Flies, Bedbugs, Cockroaches, & Rats* (Seattle: University of Washington Press, 2013).

"DDT", *Time*, June 12, 1944.

D. Kinkela, *DDT and the American Century: Global Health, Environmental Politics, and the Pesticide that Changed the World* (Chapel Hill: University of North Carolina Press, 2011).

D. Stapleton, "The Short-Lived Miracle of DDT", *American Heritage of Invention and Technology* 15, no. 3 (2000): 34–41.

Encyclopedia of Pestilence, Pandemics, and Plagues, ed. Joseph Patrick Byrne(Westport, CT: Greenwood Publishing, 2008).

Environmental Protection Agency, "DDT Ban Takes Effect", http://www2.epa.gov/aboutepa/ddt-ban-takes-effect.

F. Augustin, "Zur Geschichte des Insektizids Dichlordiphenyltrichlora than (DDT) unter besonderer Berucksichtigung der Leistung des Chemikers Paul Muller (1899–1965)"(diss., Leipzig University).

F. D. Roosevelt, "Executive Order 8807 Establishing the Office of Scientific Research and Development", in Gerhard Peters and John T. Woolley, *The American Presidency Project*, June 28, 1941.

F. Leroy, A Century of Nobel Prize Recipients: Chemistry, Physics, and Medicine(New York: Marcel Dekker, 2003).

F. Soper et al., "Typhus Fever in Italy, 1943–1945, and Its Control with Louse Powder", *American Journal of Hygiene* 45, no. 3 (1947): 305–34.

G. Sumner Jr., *Marching On: A General's Tales of War and Diplomacy* (Oakland, OR: Red Anvil Press, 2004).

G. Ware and D. Witacre, *The Pesticide Book* (Willoughby, OH: MeisterPro Information Resources, 2004).

H. Greim and R. Snyder, Toxicology and Risk Assessment: A Comprehensive

Introduction (West Sussex: John Wiley & Sons, 2008).

H. Zinsser and M. Castaneda, "Active and Passive Immunization in Typhus Fever", PNAS 20, no. 1 (1934): 9–11.

H. Zinsser, Rats, *Lice and History* (New Brunswick, NJ: Transaction, 2008).

J. Harbster, "World War II 'Scientific Manpower,'" *Inside Adams, Science, Technology, and Business*, November 10, 2010.

K. Raper, "A Decade of Antibiotics in America", *Mycologia* 44, no. 1 (1952): 1–59.

K. Reinhardt, interviews with author, September 6–7, 2012.

L. Pinto et al., *Bed Bug Handbook* (Mechanicsville, MD: Pinto & Associates, 2007).

M. Blumenson, *The Patton Papers, 1940–1945* (Boston: Da Capo Press, 1974).

M. Smallman-Raynor and A. Cliff, "Impact of Infectious Diseases on War", *Infectious Disease Clinics of North America* 18 (2004): 341–68.

Nobel Lectures in Physiology or Medicine: 1942–1962 (Singapore: World Scientific Publishing Co. Pte. Ltd., 1999).

"Obituary: Dr. Paul Muller", *Nature* 208 (1965): 1043–44.

"Paul Hermann Muller", Nobelprize.org, http://www.nobelprize.org/nobel_prizes/medicine/laureates/1948/muller-bio.html.

P. Ellis and A. MacDonald, *Reading into Science: Biology* (Cheltenham, UK: Nelson Thomas Ltd., 2003).

P. Russell, *Preventative Medicine in World War II*, vol. 7: *Communicable Diseases, Malaria* (Washington, DC: United States Army Medical Service, 1955).

Paul Muller, Nobel Prize in Physiology or Medicine, 1948, award ceremony speech, http://www.nobelprize.org/nobel_prizes/medicine/laureates/1948/press.html.

R. L. Usinger, *Monograph of Cimicidae* (Lanham, MD: Entomological Society of America, 1966).

R. MacPherson, "A Modern Approach to Pest Control", *Canadian Journal of Comparative Medicine* 11, no. 4 (1947): 108–13.

S. Meshnick and M. Dobson, "The History of Antimalarial Drugs", *Antimalarial Chemotherapy: Mechanisms of Action, Resistance, and New Directions in Drug Discovery*, ed. P. J. Rosenthal (Totowa, NJ: Humana Press, 2001).

"Super-Delouser", *Newsweek*, June 12, 1944.

T. Dunlap, *DDT: Scientists, Citizens, and Public Policy* (Princeton, NJ: Princeton University Press, 1981).

3장

A. Brown, "Insecticide Resistance and the Future Control of Insects", *Canadian Medical Association Journal* 100 (1969): 216–21.

_____, "The Insecticide-Resistance Problem: A Review of Developments in 1956 and 1957", *Bulletin of the World Health Organization* 18 (1958): 309–21.

Analysis of bed bug research trends based on database, compiled by the author, containing research articles available in major databases (PubMed, Wiley, SciDirect, Springer, Taylor & Francis, PLOS ONE, and a private list from USDA entomologist Mark Feldlaufer) using the search terms "bed bug"OR bedbug OR "bed bugs"OR bedbugs or "cimex lectularius."Databases maintained and analyzed in Microsoft Excel).

C. Barnhart, "The Use of Arthropods as Personnel Detectors", US Army Limited War Laboratory Aberdeen Proving Ground, Maryland, August 9, 1968.

"DDT—A Brief History and Status", last modified May 9, 2012, http://www.epa.gov/opp00001/factsheets/chemicals/ddt-brief-history-status.htm.

"DDT Regulatory History: A Brief Survey (to 1975)", http://www2.epa.gov/aboutepa/ddt-regulatory-history-brief-survey-1975.

D. Heyneman, interview with author, March 21, 2013.

D. Kinkela, *DDT and the American Century: Global Health, Environmental Politics, and the Pesticide that Changed the World* (Chapel Hill: University of North Carolina Press, 2011).

D. Micks, "Insecticide-Resistance: A Review of Developments in 1958 and 1959", *Bulletin of the World Health Organization* 22 (1960): 519–22.

E. G. Linsley, "Robert Leslie Usinger: 1912–1968", *Pan-Pacific Entomologist* 45 (1969): 167–84.

E. Hymoff, "Stalemate in Indo-China, Technology vs. Guerillas", *Bulletin of the Atomic Scientists*, November 1971.

E. Ross, interview with author, March 29, 2013.

H. Harlan, "My Bed Bug Population's History"(unpublished manuscript, September 2010).

———, e-mail message to author, July 22, 2011.

———, interview with author, July 8, 2011.

H. Rafatjah, "The Problem of Resurgent Bed-bug Infestation in Malaria Eradication Programs", *Journal of Tropical Medical Hygiene* 74, no. 2 (1971): 53–56.

J. Bartley and H. Harlan, "Bed Bug Infestation: Its Control and Management", *Military Medicine* 39, no. 11 (1974): 884–86.

J. Busvine, "Insecticide-Resistance in Bed-Bugs", *Bulletin of the World Health Organization* 19 (1958): 1041–52.

———, "Resistance to Pyrethrins", *Bulletin of the World Health Organization* 22 (1960): 592–93.

J. Reid, "Resistance to Dieldrin and DDT and Sensitivity to Malathion in the Bed-bug Cimex hemipterus in Malay", *Bulletin of the World Health Organization* 22 (1960): 586–87.

"Montrose Chemical Company", http://yosemite.epa.gov/r9/sfund/r9sfdocw.nsf/vwsoalphabetic/Montrose+Chemical+Corp?OpenDocument.

N. Gratz, "A Survey of Bed-Bug Resistance to Insecticides in Israel", *Bulletin of the World Health Organization* 20 (1959): 835–40.

———, "Insecticide-Resistance in Bed-bugs and Flies in Zanzibar", *Bulletin of the World Health Organization* 20 (1959): 835.

National Oceanic and Atmospheric Administration, "Persistent Organic Pollutants in the Arctic", *Arctic Pollution Issues: A State of the Arctic Environment Report*, http://www.arctic.noaa.gov/essay_calder.html.

"EPA History: Federal Insecticide, Fungicide and Rodenticide Act", http://www2.
epa.gov/aboutepa/epa-history-federal-insecticide-fungicide-and-rodenticide-
act.

R. Carson, *Silent Spring* (New York: Houghton Mifflin, 2002).

R. L. Usinger, *Monograph of Cimicidae* (Lanham, MD: Entomological Society of
America, 1966).

_____, *Robert Leslie Usinger: Autobiography of an Entomologist* (San Francisco,
CA: Pacific Coast Entomological Society, California Academy of Sciences,
1972).

R. Usinger, interviews with author, February 21, 2013; March 6, 2013.

T. Dunlap, *DDT: Scientists, Citizens, and Public Policy* (Princeton, NJ: Princeton
University Press, 1981).

Various correspondence from 1957 to 1968, Povolny folder, box 2, Usinger
Papers, Bancroft Library, University of California, Berkeley.

W. Beecher, "Bedbug May Help to Hunt Vietcong", *New York Times*, June 6,
1966.

W. Sladen et al., "DDT Residues in Adelie Penguins and A Crabeater Seal from
Antarctica", *Nature* 210 (1966): 670–73.

4장

A. Coghlan, "Bedbugs Bite Back", *New Scientist*, October 5, 2002.

A. Hunter, "Bed Bug Lingerie Infestation: Really Gross, but Health Hazard?" *CBS
News*, July 20, 2010.

A. Romero, "Insecticide Resistance in the Bed Bug: A Factor in the Pest's
Arthropods (World Health Organization, 1971).

"Bedbugs Are Biting Back", *Daily Telegraph*, April 22, 2000.

B. Winters, *Bedbugs* (Philadelphia: Quirk Books, 2011).

_____, interview with author, February 6, 2013.

Broadway World News Desk, "Pit Stop Players Play DiMenna Center 5/10",
Broadwayworld.com, April 12, 2011, http://www.broadwayworld.com/article/

Pit-Stop-Players-Play-DiMenna-Center-510-20110412.

C. Boase et al. "Interim Report on Insecticide Susceptibility Status of UK Bedbugs", *Professional Pest Controller*, Summer 2006.

C. Boase, interview with author, January 31, 2013.

_____, interview with author, January 31, 2013.

C. Longrigg, "Voracious Bed Bugs Put Bite on Budget Hotel Tourists", *Guardian*, September 8, 1997.

C. Montes et al., "Maintenance of a Laboratory Colony of Cimex lectularius (Hemiptera: Cimicidae) Using an Artificial Feeding Technique", *Journal of Medical Entomology* 39, no. 4: 675–79 (2002).

C. Saint Louis, "A Dark and Itchy Night", *New York Times*, December 5, 2012.

C. Schal, interviews with author, October 30, 2012; June 18, 2013.

CBS, "2010: Year of the Bed Bug?" December 21, 2010, http://www.cbsnews.com/video/watch/?id=7172145n.

CDC, "CDC Malaria Map Application", http://www.cdc.gov/malaria/map/.

_____, "Where Malaria Occurs", http://www.cdc.gov/malaria/about/distribution.html.

D. Anderson, "Bedbugs in Flight", *New York Times*, August 16, 2010.

D. Biehler, *Pests in the City: Flies, Bedbugs, Cockroaches, & Rats* (Seattle: University of Washington Press, 2013).

D. Friedenzohn, interviews with author, July 25, 2012; August 30, 2012.

D. Lilly et al., "Bed Bugs that Bite Back", *Professional Pest Manager*, August/September 2009.

D. Miller, interviews with author, April 18–19, 2013.

D. Moore and D. Miller, "Laboratory Evaluations of Insecticide Product Efficacy for Control of Cimex lectularius", *Journal of Economic Entomology* 99, no. 6 (2006): 2080–86.

E. Temu et al., "Bedbug Control by Permethrin-Impregnated Bednets in Tanzania", *Medical and Veterinary Entomology* 13, no. 4 (1999): 457–59.

E. Vargo et al., "Genetic Analysis of Bed Bug Infestations and Populations",

Proceedings of the Seventh International Conference on Urban Pests, Sao Paulo, Brazil, 2011.

E. Vargo, e-mail message to author, January 6, 2014.

_____, interviews with author, October 30, 2012; February 7, 2013; February 15, 2013.

Environmental Protection Agency, "Pyrethroids and Pyrethrins", last updated October 2012, http://www.epa.gov/oppsrrd1/reevaluation/pyrethroids-pyrethrins.html.

F. Sauter, e-mail message to author, November 12, 2013.

F. Zhu et al., "Bed Bugs Evolved Unique Adaptive Strategy to Resist Pyrethroid Insecticides", *Scientific Reports* 3 (2013): 1456.

F. Zhu, "Widespread Distribution of Knockdown Resistance Mutations in the Bed Bug, Cimex lectularius (Hemiptera: Cimicidae), Populations in the United States", *Archives of Insect Biochemistry and Physiology* 73, no. 4 (2010): 245–57.

G. Marush, "Bed Bugs Found in Five Residence Halls", *GW Hatchet*, November 18, 2010.

"Grove City Motel Cited for Bed Bugs", 10TV.com, September 13, 2010.

H. Harlan, e-mail messages to author, February 15, 2013; February 19, 2013.

Interviews with members from the Essig Museum curatorial team, Ohio Bed Bug Task Force meeting, January 16, 2013.

J. Busvine, "The Significance of Insecticide-Resistant Strains", *Bulletin of the World Health Organization* 15 (1956): 389–401.

J. Clark, interview with author, January 30, 2013.

J. Doll, "Are Bed Bugs Biting at the New York Public Library?", *Village Voice*, August 5, 2010.

J. Eisenberg, interview with author, January 8, 2013.

J. Greig, "Don't Let the Bedbugs Bite (or Overwhelm Your House)", *Austin American-Statesman*, October 24, 2003.

J. Howell, "A Guide to Georgia Insects: You Won't Sleep Easy with Bedbugs Around", *Atlanta Journal-Constitution*, February 14, 2002.

J. Myamba et al., "Pyrethroid Resistance in Tropical Bedbugs, Cimex hemipterus, Associated with Use of Treated Bednets", *Medical Veterinary Entomology* 16, no. 4 (2002): 448–51.

J. Salicrup, *The Three Stooges: Bed-Bugged!* (New York: Papercutz, 2012).

K. Brumback, "Bedbug Infestations Are on the Rise, Experts Say", *Cincinnati Post*, August 8, 2006.

K. Yoon et al., "Biochemical and Molecular Analysis of Deltamethrin Resistance in the Common Bed Bug (Hemiptera: Cimicidae)", *Journal of Medical Entomology* 45, no. 6 (2008): 1092–101.

L. Lapeter, "They Bite, and They're Back: Bedbugs. Really", *St. Petersburg Times*, July 3, 2005.

L. Pinto et al., *Bed Bug Handbook* (Mechanicsville, MD: Pinto & Associates, 2007).

M. Davey, "Step Right Up for the Pest Control at Bedbug Meeting", *New York Times*, September 21, 2010.

M. Deterior et al., Save the Bed Bugs, issues 1–4 (2011–2013).

M. May, "Bedbugs Bounce Back: Outbreaks in All 50 States", San Francisco Chronicle, April 8, 2007.

M. Potter, interviews with author, January 28, 2013; February 12, 2013.

———, interviews with author, November 20, 2012; January 28, 2013; February 12, 2013.

———, various e-mail messages to author, June 6, 2011–January 13, 2014.

M. Singer, "Night Visitors", *New Yorker*, April 4, 2005.

M. Takano-Lee et al., "An Automated Feeding Apparatus for In Vitro Maintenance of the Human Head Louse, Pediculus capitis (Anoplura: Pediculidae)", *Journal of Medical Entomology* 40, no. 6 (2003): 795–99.

M. West, "Waldorf Astoria Blamed for Family's Bedbugs", *Wall Street Journal*, October 21, 2010.

P. Heckman, e-mail message to author, November 11, 2013.

P. Leschen and F. Sauter, *BEDBUGS!!! The Comedy Sci-fi Thriller Rock Musical*,

ATA's Chernuchin Theatre, November 3, 2012.

Post Staff Report, "Bedbugs Continue Assault on NYC at the U.N.", *New York Post*, October 27, 2010.

R. Cooper, e-mail message to author, February 26, 2013.

_____, interview with author, January 31, 2013.

_____, interview with author, January 31, 2013.

R. Fagerlund, "The Bug Man: Bed Bugs Are Irritating but Not Harmful", *Santa Fe New Mexican*, March 9, 2003.

R. L. Usinger, *Monograph of Cimicidae* (Lanham, MD: Entomological Society of America, 1966).

R. Levine, e-mail message to author, February 27, 2013.

R. Schapiro, "Bedbugs Found in Small Area in Basement of Empire State Building", *New York Daily News*, August 21, 2010.

R. Vetter and G. Isbister, "Medical Aspects of Spider Bites", *Annual Review of Entomology* 53 (2008): 409–29.

R. Vetter, e-mail message to author, January 24, 2013.

_____, interview with author, August 13, 2012.

Research and Innovation Technology Administration, Bureau of Transportation Statistics, "T-100 International Market (All Carriers)", http://www.transtats.bts.gov/Fields.asp?Table_ID=260.

_____, Bureau of Transportation Statistics, "U.S. Air Carrier Traffic and Capacity Summary by Service Class", http://www.transtats.bts.gov/Fields.asp?Table_ID=264.

S. Jones, lab interview with author, January 15, 2013.

S. Lindsay et al., "Permethrin-Impregnated Bednets Reduce Nuisance Arthropods in Gambian Houses", *Medical and Veterinary Entomology* 3, no. 4 (1989): 377–83.

S. Morrison and C. Winston, *The Economic Effects of Airline Deregulation* (Washington, DC: Brookings Institute, 1986).

S. Oliver, *The Exterminators: Bug Brothers* (New York: DC Comics, 2006).

_____, *The Exterminators: Crossfire and Collateral* (New York: DC Comics, 2007).

Search via the INFOTRAC Newsstand database, with terms "bed bug"OR bedbug OR "bed bugs"OR bedbugs OR "Cimex lectularius", searched February 27, 2013.

Search via the New York Times website with terms "bed bug"OR bedbug, February 24, 2013.

Sudden Resurgence?"Journal of Medical Entomology, 44, no. 2 (2007): 175–78.

T. Russel, "Alone When the Bedbugs Bite", *New York Times*, November 18. 2010.

T. St. Amand, interview with author, September 15, 2011.

US Census Bureau, "International Data Base World Population: 1950–2050", updated June 2011, http://www.census.gov/population/international/data/idb/worldpopgraph.php.

US Department of State, "Open Skies Agreements", http://www.state.gov/e/eb/tra/ata/.

V. Saenz et al., "Genetic Analysis of Bed Bug Populations Reveals Small Propagule Size within Individual Infestations but High Genetic Diversity Across Infestations from the Eastern United States", *Journal of Medical Entomology* 49, no. 4 (2012): 865–75.

W. Booth et al., "Molecular Markers Reveal Infestation Dynamics of the Bed Bug (Hemiptera: Cimicidae) within Apartment Buildings", *Journal of Medical Entomology* 49, no. 3 (2012): 535–46.

W. Booth, interviews with author, March 6, 2012; February 21, 2013; September 17, 2013; January 26, 2014.

W. Brown, "Chapter 6: Resistance in the Housefly,"*Insecticide Resistance in Arthropods* (World Health Organization, 1971).

4장의 일부 내용은 저자가 기존에 발표한 글을 수정했다.
1. 거미에 관한 설명은 온라인 잡지 《슬레이트Slate》의 2013년 10월 28일자에 실린 "오명을 뒤집어쓴 억울한 거미들: 독거미에 물린 게 아닐 수도 있다Slandered Spiders:

That Probably Isn't a Brown Recluse Bite"에 포함되어 있다.

2. 인공 빈대 급식기에 관한 부분은 파퓰러사이언스 홈페이지Popularscience.com에 2013년 2월 5일에 포스팅한 "연구가들이 실험실에서 빈대들을 키우는 방식How Researchers Feed Bef Bugs In the Lab"에 나온다.

3. 유전자 분석에 관한 설명은 파퓰러사이언스 홈페이지에 2012년 7월 17일 게재한 "디엔에이 분석을 통해 빈대 확산 경로를 추적하다Using DNA to Track the Spread of Bedbugs"에 등장한다.

5장

A. Barbarin et al., "A Preliminary Evaluation of the Potential of Beauveria bassiana for Bed Bug Control", *Journal of Invertebrate Pathology* 111 (2012): 82–85.

A. Gonzalez Canga et al., "The Pharmacokinetics and Interactions of Ivermectin in Humans: A Mini-Review", *AAPS Journal* 10, no. 1 (2008): 42–46.

A. Gore, "Rachel Carson and Silent Spring", in *Courage for the Earth: Writers, Scientists, and Activists Celebrate the Life and Writing of Rachel Carson*, ed. Peter Matthiessen (New York: Houghton Mifflin, 2007).

A. Gore, introduction to *Silent Spring* by Rachel Carson (New York: Houghton Mifflin, 1994).

A. Hoerauf and R. Rao, *Wolbachia: A Bug's Life in Another Bug* (Basel, Switzerland: Karger, 2007).

A. Romero and M. Potter, "Evaluation of Chlorfenapyr for Control of the Bed Bug, Cimex lectularius L.", *Pest Management Science* 66, no. 11 (November 2010): 1243–48.

A. Rosenfeld, "The Ultimate Weapon in an Ancient War", *LIFE*, October 6, 1958.

B. Reid, Bayer senior principal scientist, interview with author, April 4, 2013.

C. Palm, interview with author, March 28, 2013.

C. Scherer, e-mail message to author, April 23, 2013.

_____, Syngenta product development, interview with author, April 1, 2013.

Centers for Disease Control and Prevention, "Acute Illnesses Associated with Insecticides Used to Control Bed Bugs—Seven States, 2003–2010", *Morbidity and Mortality Weekly Report* 60, no. 37 (2011): 1269–74.

D. Leva, of DuPont, e-mail message to author, April 23, 2013.

D. Pimentel, e-mail message to author, May 16, 2012.

Environmental Protection Agency, "Federal Insecticide, Fungicide, and Rodenticide Act (FIFRA)", last updated June 27, 2012, http://www.epa.gov/oecaagct/lfra.html.

_____, "Minimum Risk Pesticides", last updated January 3, 2013, http://www.epa.gov/oppbppd1/biopesticides/regtools/25b_list.htm.

_____, "Pesticide Fact Sheet: Chlorfenapyr."

_____, "Pesticide Fact Sheet: Insect Growth Regulators: S-Hydroprene (128966), S-Kinoprene (107502), Methoprene (105401), S-Methoprene (105402)."

_____, "Pesticide Registration (PR) Notice 91-1: Agency Actions under the Requirements of the Food Quality Protection Act", January 31, 1997.

_____, "Pesticide Registration Notice 97-1: Agency under the Requirements of the Food Quality Protection Act"; Common Mechanism Groups; EPA, Cumulative Exposure and Risk Assessment.

_____, "The Food Quality Protection Act (FQPA) Background", 1996.

_____, "What Are Biopesticides?", http://www.epa.gov/pesticides/biopesticides/whatarebiopesticides.htm.

_____, interview with author, January 29, 2014.

_____, interview with author, January 31, 2013.

G. Fox, *The Mediaeval Sciences in the Works of John Gower* (New York: Haskell House, 1966).

G. Georghiou, "Overview of Insecticide Resistance", *ACS Symposium Series* 421 (1990).

H. Richardson, "The Action of Bean Leaves Against the Bedbug", *Journal of Economic Entomology* 36, no. 4 (1943): 543–45.

"Innovative New Nanotechnology Stops Bed Bugs in Their Tracks—Literally", Stony Brook University Press Release, May 30, 2013.

J. Baker, J. "Apartment Fire Displaces 14", *Cincinnati Enquirer*, October 13, 2009.

J. Benoit et al., "Addition of Alarm Pheromone Components Improves the Effectiveness of Desiccant Dusts Against Cimex lectularius", *Medical Entomology* 46, no. 3 (2009): 572–79.

J. Charnley, United States Patent and Trademark Office, e-mail message to author, November 19, 2012.

J. Cink, BASF global project manager, interview with author, April 3, 2013.

J. Logan and M. Cameron, interview with author, May 8, 2013.

J. R. Wells, *A new and valuable book, entitled the Family Companion, Containing Many Hundred Rare and Useful Receipts on Every Branch of Domestic Economy* (Boston: Printed for the Author, 1846).

J. Southall, *Treatise on the Cimex lectularius; or bed bug* (London: J. Roberts, 1730).

————, *Treatise on the Cimex lectularius; or bed bug. The second edition with additions, by a physician* (British Library, 1783; reprint, Farminghills, MI: Gale ECCO, 2010).

J. White, interviews with author, June 6, 2011; September 20, 2012.

K. Dewhurst, *John Locke, 1632–1704, Physician and Philosopher: A Medical Biography* (London: Wellcome Historical Medical Library, 1963).

K. Haynes et al., "Bed Bug Deterrence", *BMC Biology* 8, no. 117 (2010).

K. Hilgenboecker et al., "How Many Species Are Infected with Wolbachia?: A Statistical Analysis of Current Data", *FEMS Microbiology Letters* 281, no. 2 (2008): 215–20.

L. McMurry, *George Washington Carver: Scientist and Symbol* (New York: Oxford University Press, 1981).

M. Adamczewski, Bayer CropScience research scientist, interview with author, May 24, 2013.

M. Beal, interviews with author, January 16, 2013; March 27, 2013.

M. de Scaevola, "Archives of Poitou on Bed Bugs, Letter from Secretary of the King", Argenton Berry, M. Jouineau Desloges. February 22, 1777.

M. Freese, interview with author, March 25, 2013.

M. Goodman, "Effects of Juvenile Hormone Analog Formulations on Development and Reproduction in the Bed Bug Cimex lectularius (Hemiptera: Cimicidae)", *Pest Management Science* 69, no. 2 (2013): 240–44.

M. Hertig and S. Wolbach. "Studies on Rickettsia-Like Micro-Organisms in Insects", *Journal of Medical Research* 44, no. 3 (1924): 329–74.

M. Potter et al., "Dual-Action Bed Bug Killers", *PCT Online*, March 2012.

M. Potter, "Bed Bug Insecticides, Seeking a Silver Bullet"(research presented at the BedBug University North American Summit, Las Vegas, NV, September 6–7, 2012).

———, "The History of Bed bug Management", *American Entomologist* 57 (2011).

———, "The History of Bed Bug Management—With Lessons from the Past", *American Entomologist*, Spring 2011.

———, interview with author, December 16, 2013.

M. Szyndler, "Entrapment of Bed Bugs by Leaf Trichomes Inspires Microfabrication of Biometic Surfaces", *Journal of the Royal Society Interface* 10, no. 83 (2013).

N. Jenkins, interview with author, April 25, 2013.

Ohio State University, *Thirty-Sixth Annual Report of the Board of Trustees of The Ohio State University to the Governor of Ohio for the Year Ending June 30, 1906.*

P. Cooper, interviews with author, September 6, 2012; September 7, 2012; September 20, 2012.

P. McDougall, *The Cost of New Agrochemical Product Discovery, Development and Registration in 1995, 2000, and 2005–2008 R&D Expenditure in 2007 and Expectations for 2012 Final Report*, Consultancy Study for Crop Life America and the European Crop Protection Association, January 2010.

P. Stillwell, *Battleship Arizona: An Illustrated History* (Annapolis, MD: US Naval Academy Press, 1991).

P. Stock, "The Utilization of Lethal Gases in Hygiene", *Proceedings of the Royal Society of Medicine* 31 (1938): 427–42.

Pliny the Elder, *The Natural History, trans. John Bostock* (London: Taylor and Francis, Red Lion Court, Fleet Street, 1855).

Proceedings of the Eleventh Annual Convention of the State Association of Superintendents of Poor and Keepers of County Infirmaries (Lansing, MI: Wynkoop Hallenbeck Crawford Co. State Printers, 1915).

R. Corea, "WWII Army Barracks Disinfestation Photos", New York vs. Bed Bugs, http://newyorkvsbedbugs.org/2010/08/01/wwii-army-barracks-disinfestation-photos/ (photographs confirmed by other sources).

R. Creel, "Cyanide Gas for the Destruction of Insects", *Public Health Reports* 31 (1916): 1464–75.

S. Ashmore and A. McKenney, "Coal-Tar Naphtha Distillates for Destruction of Bed-Bugs", *British Medical Journal* 459 (1937).

S. Horstmann, Bayer CropScience product development, interviews with author, May 23–24, 2013.

S. Jones, interviews with author, November 20, 2012; January 15, 2013; January 16, 2013; January 25, 2013.

T. Hosokawa et al., "Wolbachia as a Bacteriocyte-Associated Nutritional Mutualist", *PNAS* 107, no. 2 (2010): 769–74.

US Patent 8,883; US Patent 391,930; US Patent 589,465; US Patent 421,604; US Patent 132,080; US Patent 481,270.

V. Bogdandy, *Die Naturwissenshaften* 48 (1927): 474.

V. Gutsmann, Bayer CropScience product development, interviews with author, May 23–24, 2013.

V. Harraca et al., "Nymphs of the Common Bed Bug (Cimex lectularius) Produce Anti-Aphrodisiac Defence against Conspecifc Males", *BMC Biology* 8, no. 117 (2010).

V. Wigglesworth, "Memoirs: The Physiology of Ecdysis in Rhodnius Prolixus (Hemiptera). II. Factors Controlling Moulting and 'Metamorphosis'", *Quarterly Journal of Microscopical Science*, s2-77 (1934): 191–222.

＿＿＿＿, "The Function of the Corpus Allatum in the Growth and Reproduction of Rhodnius prolixus (Hemiptera)", *Quarterly Journal of Microscopic Science* 79 (1936): 91–121.

5장의 일부 내용은 저자가 기존에 발표한 글을 수정했다.
1. 콩잎 실험에 관한 설명은 파퓰러사이언스 홈페이지에 2013년 4월 9일 포스팅한 "더 효과적인 빈대 트랩 만들기Building a Better Bed Bug Trap"에 포함되었다.
2. 이버멕틴 실험에 관한 설명은 파퓰러사이언스 홈페이지에 2012년 11월 26일 포스팅한 "잠자리에 들기 전에 알약을 복용하면 빈대를 없앨 수 있을까?Can Taking a Pill before Bed Get Rid of Bed Bugs?"에 등장한다.

6장

A. Dobson, interview with author, July 15, 2013.

A. R. Ekirch, *At Day's Close: Night in Times Past* (New York: Norton, 2005).

＿＿＿＿, interview with author, August 14, 2013.

A. Teixeira et al., "Evolution and Pathology in Chagas Disease: A Review", *Memorias do Instituto Oswaldo Cruz* 101, no. 5 (2006): 463–91.

A. Zuckerman, "AIDS and Insects", *British Medical Journal* 292 (1986): 1094–95.

Alaska Oil Spill Commission, "Spill: The Wreck of the Exxon Valdez", February 1990.

B. Brotman et al., "Role of Arthropods in Transmission of Hepatitis-B Virus in the Tropics", *Lancet* 1 (1973): 1305–8.

"Bed Bugs, Insects and Hepatitis B", *British Medical Journal*, September 29, 1979.

C. Asher, *Bacteria Inc.* (Boston: Bruce Humphries, 1995).

C. Brown et al., "Natural Infection of Vertebrate Hosts by Different Lineages of

Buggy Creek Virus (family Togaviridae, genus Alphavirus)", *Archives of Virology* 155, no. 5 (2010): 745–49.

C. Campbell, "My Observations on Bedbugs", *Bats, Mosquitoes and Dollars* (Boston: Stratford Company, 1925).

C. Darrington and S. Jones, interview with author, January 15, 2013; July 10, 2013.

C. Lowe and M. Romney, "Bedbugs as Vectors for Drug-Resistant Bacteria[letter]", *Emerging Infectious Diseases*, June 2011.

Centers for Disease Control and Prevention, "MRSA Infections", http://www. cdc.gov/mrsa/definition/index.html.

_____, "Vancomycin-Resistant Enterococci in Healthcare Settings", http:// www.cdc.gov/hai/organisms/vre/vre.html.

D. Bergey, *The Principles of Hygiene* (Philadelphia: W. B. Saunders Company, 1909).

D. Thomson, "Preliminary Note on Bed-Bugs and Leprosy", *British Medical Journal*, October 4, 1913.

E. Rieder et al. "Psychiatric Consequences of Actual Versus Feared and Perceived Bed Bug Infestations: A Case Series Examining a Current Epidemic", *Psychosomatics* 53 (2012): 85–91.

E. Rieder, interview with author, August 1, 2013.

E. Vargo and C. Schal, interview with author, November 30, 2012.

F. Barre-Sinoussi et al., "Isolation of a T-Lymphotropic Retrovirus from a Patient at Risk for Acquired Immune Deficiency Syndrome (AIDS)", *Science* 220, no. 4599 (1983): 868–71.

G. Burton, "Bedbugs in Relation to Transmission of Human Diseases", *Public Health Reports* 78, no. 6 (1963): 513–24.

H. Colten and B. Altevogt, *Sleep Disorders and Sleep Deprivation* (Washington, DC: National Academies Press, 2006).

H. Durham, "Notes on Beriberi in the Malay Peninsula and on Christmas Island (Indian Ocean)", *Journal of Hygiene* IV (1904).

H. Harlan, interview with author, July 8, 2011.

H. Stelwagon, *Treatise on Diseases of the Skin* (Philadelphia: W. B. Saunders Company, 1910).

J. Arkwright, "President's Address: The Unity of Medicine", *Proceedings of the Royal Society of Medicine*, October 28, 1931.

J. Dodds Price and L. Rogers, "The Uniform Success of Segregation Measures in Eradicating Kala-Azar from Assam Tea Gardens", *British Medical Journal*, February 7, 1914.

J. Goddard and R. deShazo, "Bed Bugs (Cimex lectularius) and Clinical Consequences of Their Bites", *Journal of the American Medical Association* 301, no. 12 (2009): 1358–66.

_____, "Psychological Effects of Bed Bug Attacks(Cimex lectularius L.)", *American Journal of Medicine* 125, no. 1 (2012) 101–3.

J. Hutchison, "Leprosy and the Cimex", *British Medical Journal*, August 26, 1911.

J. Lockwood, *The Infested Mind: Why Humans Fear, Loathe, and Love Insects* (New York: Oxford University Press, 2013).

J. Peterson, e-mail messages to author, July 12, 2013; December 16, 2013; January 2, 2014.

M. Antony and D. Barlow, "Specific Phobias", in D. Barlow, *Anxiety and Its Disorders* (New York: Guilford Press, 2002).

M. Feldlaufer, interview with author, November 30, 2012.

M. J. Pritchard and S. Hwang, "Severe Anemia from Bedbugs", *Canadian Medical Association Journal* 181, no. 5 (2009): 287–88.

M. Lehane, "Blood Sucking", *Encyclopedia of Insects*, 2nd ed. (Burlington, MA: Academic Press, 2009).

_____, *The Biology of Blood-Sucking in Insects*, 2nd ed. (Cambridge: Cambridge University Press, 2005).

M. Mayans et al., "Do Bedbugs Transmit Hepatitis B?", *Lancet* 343 (1994): 761–63.

M. Paulke-Korinek et al., "Bed Bugs Can Cause Severe Anaemia in Adults", *Parasitology Research* 110, no. 6 (2012): 2577–79.

M. Ruiz Castaneda and H. Zinsser, "Studies on Typhus Fever: Studies of Lice and Bedbugs (Cimex lectularius) with Mexican Typhus Fever Virus", *Journal of Experimental Medicine* 52, no. 5 (1930): 661–68.

M. Sabou et al., "Bed Bugs Reproductive Life Cycle in the Clothes of a Patient Suffering from Alzheimer's Disease Results in Iron Deficiency Anemia", *Parasite* 20, no. 16 (2013): 1–5.

N. Hinkle, "Delusory Parasitosis", *American Entomologist* 45, no. 1 (2000): 17–25.

_____, "Ekbom Syndrome: The Challenge of 'Invisible Bug'Infestations", *Annual Review of Entomology* 55 (2010): 77–94.

N. Rogers, "Dirt, Flies, and Immigrants: Explaining the Epidemiology of Poliomyelitis, 1900–1916", *Sickness and Health in America* (Madison: University of Wisconsin Press, 1978).

National Highway Traffic Safety Administration, "Research on Drowsy Driving", http://www.nhtsa.gov/Driving+Safety/Distracted+Driving+at+Distraction.gov/Research+on+Drowsy+Driving.

P. Delaunay et al., "Bedbugs and Infectious Diseases", *Clinical Infectious Diseases* 52, no. 2 (2011): 200–210.

P. Jupp and S. Lyons, "Experimental Assessment of Bedbugs (Cimex lectularius and Cimex hemipterus) and Mosquitoes (Aedes aegypti formosus) as Vectors of Human Immunodeficiency Virus", *AIDS* 1, no. 3 (1987): 171–74.

P. Jupp and S. McElligott, "Transmission Experiments with Hepatitis B Surface Antigen and the Common Bedbug (Cimex lectularius L.)", *SA Medical Journal* 56 (1979): 54–57.

P. Jupp et al., "Attempts to Transmit Hepatitis B Virus to Chimpanzees by Arthropods.", *African Medical Journal* 79 (1991): 320–22.

P. McNamara, e-mail message to author, July 30, 2013.

P. Webb, "Potential for Insect Transmission of HIV: Experimental Exposure of Cimex hemipterus and Toxorynchites amboinensis to Human Immunodeficiency Virus", *Journal of Infectious Disease* 160, no. 6 (1989): 970–77.

R. deShazo et al., "Bullous Reactions to Bedbug Bites Reflect Cutaneous Vasculitis", *American Journal of Medicine* 125, no. 7 (2012): 688–94.

R. Gallo et al., "Isolation of Human T-Cell Leukemia Virus in Acquired Immune Deficiency Syndrome (AIDS)", *Science* 220, no. 4599 (1983): 865–67.

R. L. Usinger, *Monograph of Cimicidae* (Lanham, MD: Entomological Society of America, 1966).

S. Burrows et al., "Suicide Following an Infestation of Bed Bugs", *American Journal of Case Reports* 14 (2013): 176–78.

"Scientific Proceedings of the Twenty-Third Annual Meeting of the American Association of Pathologists and Bacteriologists", Boston, MA, March 30–31 1923.

S. Dali, S. *The Secret Life of Salvador Dali* (Mineola, NY: Dover, 1993).

S. Doggett and R. Russell, "Bed Bugs: What the GP Needs to Know", *Australian Family Physician* 38, no. 11 (2009): 880–84.

S. Doggett et al., "Bed Bugs: Clinical Relevance and Control Options", *Clinical Microbiology Reviews* 25, no. 1 (2012): 164–92.

"Seventy-Third Annual Meeting of the British Medical Association", *British Medical Journal*, November 1905.

S. Perron, interview with author, October 3, 2011.

S. Susser et al., "Mental Health Effects from Urban Bed Bug Infestation(Cimex lectularius L.): A Cross-Sectional Study", *BMJ Open* 2 (2012): e000838.

T. Cole, *Open City* (New York: Random House, 2011).

United States Nuclear Regulatory Commission, "Report on the Accident at the Chernobyl Nuclear Power Station", January 1987.

"Valid and Putative Human Skin Infestations"(presentations at the National Conference of Urban Entomology in Atlanta, GA, May 22, 2012).

V. Saenz et al., "Survey of Bartonella spp. in U.S. Bed Bugs Detects Burkholderia multivorans but Not Bartonella", *PLoS ONE* 8, no. 9 (2013): e73661

W. Booth, e-mail message to author, October 11, 2012.

W. Riley and O. Johannsen, *Handbook of Medical Entomology* (Ithaca. NY: Comstock Publishing, 1915).

W. Rucker, "The Bedbug", *Public Health Reports* (1896–1970), 27, no. 46 (1912): 1854–56.

W. Wills et al., "Hepatitis-B Virus in Bedbugs (Cimex hemipterus) from Senegal", *Lancet* 2 (1977): 217–19.

Z. Adelman et al., "Bed Bugs and Infectious Disease: A Case for the Arboviruses", *PLOS Pathogens* 9, no. 8 (August 2013).

Z. Adelman, interview with author, August 26, 2013.

6장의 일부 내용은 저자가 기존에 발표한 글을 수정했다.

1. 흡혈 곤충의 진화에 관한 설명은 파퓰러사이언스 블로그인 〈인류의 현대 전염병Our Modern Plagues〉에 2014년 1월 16일에 포스팅한 "흡혈 곤충이 어떻게 진화했을까?How Did Bloodsucking Insects Evolve?"에 나온다.

2. 살바도르 달리의 망상성 기생충 감염증에 대한 설명은 파퓰러사이언스 블로그에 2013년 10월 29일 포스팅한 "살바도르 달리는 유령 빈대에 감염되었을까?Was Salvador Dali Plagued by Phantom Bed Bugs?"에 나온다.

7장

Amazon.com search for "bed bug"("bedbug"search recommends spelling "bed bug"and Google Shopping search for "bed bug"OR bedbug (October 1, 2013).

AOL Real Estate Editors, "Tenant Faika Shaaban Awarded $800,000 for Bedbug Infestation", *AOL*, June 4, 2013 http://realestate.aol.com/blog/on/faika-shaaban-wins-annapolis-bedbug-lawsuit/.

"A Strategic Analysis of the U.S. Structural Pest Control Industry: The 2011 Season"(published April 2012).

B. Hirsch, e-mail message to author, December 19, 2013.

B. Rich et al., *American Law Reports Annotated*, vol. 4 (Rochester: Lawyers Co-

Operative Publishing Company, 1919).

"CimexScent Product to Become Available", i2LResearch Ltd., http://www.icrlab. com/news/.

C. Hoffberger, "Hotel Sues Man over Lousy Review", *Salon*, August 8, 2013, http://www.salon.com/2013/08/24/hotel_sues_man_95000_for_a_bad_trip_ advisor_review_partner/?source=newsletter.

C. Schal and E. Vargo, interview with author, October 30, 2012; Bill Donahue, e-mail message to author, January 4, 2013.

Christine Drabicki and David Drabicki v. The Waldorf-Astoria Hotel, Supreme Court of the State of New York, New York County Index No. 10114455.

"Friday Final TV Ratings: 'Shark Tank' Adjusted Up, 'America's Next Top Model' Adjusted Down", TV by the Numbers, September 17, 2012, http:// tvbythenumbers.zap2it.com/2012/09/17/friday-final-tv-ratings-shark-tank- adjusted-up-americas-next-top-model-adjusted-down/148821/.

G. Curl, e-mail messages to author, September 20, 2012; December 8, 2012; January 12, 2013; October 1, 2013.

i2LResearch USA, e-mail messages to author, November 2013.

J. Lipman, interviews and e-mail messages to author September 2012–February 2013.

K. O'Brien, "Recent FTC Initiatives"(presentation at BedBug University Summit, Las Vegas, NV, September 6–7, 2012).

_____, interviews with author, September 17, 2012, and January 17, 2013.

K. Reinhardt et al., "Potential Sexual Transmission of Environmental Microbes in a Traumatically Inseminated Insect", *Ecological Entomology* 30 (2005): 607–11.

_____, "Situation Exploitation: Higher Male Mating Success When Female Resistance Is Reduced by Feeding", *Evolution* 63, no. 1 (January 2008): 29–39.

K. Sweeney, "Pesticide Efficacy Testing Guidelines, 25b Products and the Truth About Advertising Laws"(presentation at BedBug University Summit, Las Vegas, NV, September 6–7, 2012).

Lawrence M. Delamater v. Sarah Foreman and Another, 239 N.W. 148, 149

(Minn. 1931).

"Man Slept Tight, but the Bedbugs Bite Anyway", *Jet*, July 31, 1975.

M. Berenbaum, *Bugs in the System: Insects and Their Impact on Human Affairs* (New York: Basic Books, 1995).

M. Curcio, "Bug Housing for Attracting, Monitoring, and Detecting Bugs", United States Patent Published Application 2012/0291337 A1.

_____, "Bug Housing for Attracting, Monitoring, and Detecting Bugs", World Patent 2012/158140 A1.

_____, e-mail message to author, December 12, 2012.

_____, interview with author, December 9, 2012.

M. Eisemann, e-mail message to author, December 9, 2013.

_____, interviews with author, September 6, 2012; November 27, 2012.

M. Potter et al., "Bugs without Borders: Defining the Global Bed Bug Resurgence"(National Pest Management Association, 2010).

_____, "The 2013 Bugs without Borders Survey"(National Pest Management Association, 2013).

M. Seva, "Bedbugs in the Duvet", *New York Magazine*, May 2, 2010.

M. Siva-Jothy, "Know Your Enemy: Why Pure Research in Relevant for Bed Bug Control"(presentation at BedBug University Summit, Las Vegas, NV, September 6–7, 2012).

M. Smith, of ABC, e-mail message to author, December, 12, 2012.

Nobel Lectures in Physiology or Medicine: 1942–1962 (Singapore: World Scientific Publishing Co. Pte. Ltd., 1999).

"New York's Waldorf Astoria that Heralds Itself as Embodiment of Luxury and Splendor Sued for 10 Million for Bed Bug Infestation", PR WEB, January 6, 2011, http://www.prweb.com/releases/2011/bedbugsatwaldorfastoria/prweb4943854.htm.

P. Cooper, interviews with author September 20, 2012; December 6, 2012; and subsequent e-mail messages.

R. Naylor, e-mail message to author, April 27, 2013.

S. Jennings, "EPA's Role in Bed Bug Products Exempt from FIFRA"(presentation at BedBug University Summit, Las Vegas, NV, September 6–7, 2012).

Shark Tank, "Week 1", Shark Tank video 31:52–42:11, September 14, 2012, https://www.youtube.com/watch?v=3rnBFYaWuns and http://vimeo.com/50405770.

Svetlana Tendler and Jacob Tendler v. Hilton Worldwide Inc. d/b/a Waldorf Astoria Hotels & Resorts, The Blackstone Group, L.P., Supreme Court of the State of New York, New York County Index No. 110704/2010.

Unpublished data by author of patents and published patent applications covering entire history of patents through December 31, 2012, using CobaltIP patent analyzing software, www.freepatentsonline.com, and Google Patents. Search terms through all fields: "bed bug"OR bedbug OR bed-bug OR "bed bugs"OR bedbugs OR bed-bugs OR "Cimex lectularius", across all available patent databases worldwide. Additional searches for bed bug classification (class 43, subclass 123) and historical terms such as "chinches."Irrelevant patents removed from final database.

8장

A. Robinson, interview with author, May 8, 2013.

D. Cain, e-mail message to author, December 17, 2013.

D. Cain, interview with author, May 10, 2013.

J. Logan, interview with author, May 8, 2013.

K. Reinhardt and S. Roth, "Protecting Bat Caves Conserves Diverse Ecosystems", *Bats Magazine* 31, no. 3 (2013): 2–4.

K. Reinhardt et al., "Estimating the Mean Abundance and Feeding Rate of a Temporal Ectoparasite in the Wild: Afrocimex constrictus (Heteroptera: Cimicidae)", *International Journal of Parasitology* 37 (2007): 937–42.

_____, "Temperature and Humidity Differences between Roosts of the Fruit Bat, Rousettus aegyptiacus (Geoffroy, 1810), and the Refugia of Its Ectoparasite, Afrocimex constrictus", *Acta Chiropterologica* 10, no. 1 (2008):

173–76.

K. Reinhardt, e-mail message to author, December 17, 2013.

_____, interview with author, November 8, 2012.

M. Cameron, interview with author, May 8, 2013.

M. Siva-Jothy, interview with author, May 9, 2013.

_____, personal field notes, 2004.

_____, personal photo collection.

M. Tuttle, "The Lives of Mexican Free-Tailed Bats", *Bats Magazine* 12, no. 3 (Fall 1994).

R. Naylor, e-mail message to author, December 17, 2013.

S. Wynne-Jones and M. Walsh, "Heritage, Tourism, and Slavery at Shimoni: Narrative and Metanarrative on the East African Coast", *History in Africa* 37 (2010): 247–73.

9장

A. Higgins, "In Its Efforts to Integrate Roma, Slovakia Recalls U.S. Struggles", *New York Times*, May 9, 2013.

F. Rettich, e-mail messages to author, January 5, 2014.

_____, interview with author, May 14, 2013.

Federal Bureau of Investigation File 123247, 1963, Dalibor Povolny.

Federal Bureau of Investigation File 65-30092-5094, 1954, Robert Usinger.

H. Smiškova, interview with author, May 20, 2013.

H. Sounes, *Charles Bukowski: Locked in the Arms of a Crazy Life* (New York: Grove Press, 1998).

J. Šembera, interview with author, May 21, 2013.

J. Višnička, interview with author, May 22, 2103.

K. Wawrocka and T. Bartonic'ka, "Two Different Lineages of Bedbug (Cimex lectularius) Reflected in Host Specificity", *Parasitology Research*, August 28. 2013.

L. Kučerová, interview with author, May 14, 2013.

M. Bačo, e-mail message to author, January 5, 2014.

_____, interview with author, May 16, 2013.

M. George, interview with Dalibor Povolny, *Messenger* 4, no. 1 (2004): 5–12.

Novačany and Lunik 9 interviews, May, 2013.

O. Balvin, e-mail message to author, September 20, 2013.

_____, interviews with author, May 12–22, 2013.

R. L. Usinger and D. Povolny, "The Discovery of a Possibly Aboriginal Population of the Bed Bug (Cimex lectularius Linnaeus, 1758)", *Acta Musei Moravie* (1966).

R. L. Usinger, *Robert Leslie Usinger: Autobiography of an Entomologist* (San Francisco: Pacific Coast Entomological Society, 1972).

S. Anthony, interviews with author, September 17, 2013, and January 20, 2014.

S. Doggett et al., "Bed Bugs: Clinical Relevance and Control Options", *Clinical Microbiology Reviews 25*, no. 1 (2012): 164–92.

Various correspondence from 1957 to 1968, Povolny folder, box 2, Usinger Papers, Bancroft Library, University of California, Berkeley.

"Visiting Professor Studies Parasites Carrying Diseases", *Kabul Times*, May 1, 1966.

W. Booth et al., "Host Association Drives Deep Divergence in the Common Bed Bug, Cimex lectularius"(unpublished manuscript, 2014).

W. Booth, interview with author, September 17, 2013.

Z. Galkova, interview with author, May 14, 2013.

글을 맺으며

K. von Frisch, *Ten Little Housemates* (Oxford: Pergamon Press, 1960).

T. LeClair, "Interviews: William Gass, The Art of Fiction No. 65", *Paris Review*, http://www.theparisreview.org/interviews/3576/the-art-of-fiction-no-65-william-gass.

W. Gass, *In the Heart of the Heart of the Country & Other Stories* (New York: Harper & Row, 1968)

공포, 히스테리, 집착, 박멸의 연대기
빈대는 어떻게 침대와 세상을 정복했는가

초판 1쇄 인쇄 2016년 11월 29일 **초판 1쇄 발행** 2016년 12월 8일

지은이 브룩 보렐
옮긴이 김정혜
펴낸이 연준혁

출판 4분사 편집장 김남철
편집 이승한
디자인 하은혜

펴낸곳 (주)위즈덤하우스 **출판등록** 2000년 5월 23일 제13-1071호
주소 (410-380) 경기도 고양시 일산동구 정발산로 43-20 센트럴프라자 6층
전화 031)936-4000 **팩스** 031)903-3893 **홈페이지** www.wisdomhouse.co.kr

값 18,000원 ISBN 978-89-6086-300-2 03900

국립중앙도서관 출판시도서목록(CIP)

빈대는 어떻게 침대와 세상을 정복했는가 : 공포, 히스테리, 집착, 박멸의 연대기 /
지은이: 브룩 보렐 ; 옮긴이: 김정혜. ─ 고양 : 위즈덤하우스, 2016
p. ; cm

원표제: Infested : how the bed bug infiltrated our bedrooms and took over the world
원저자명: Brooke Borel
권말부록: 브룩보렐의 빈대 가이드 ; 빈대가 나오는 문학작품
참고문헌과 색인수록
영어 원작을 한국어로 번역
ISBN 978-89-6086-300-2 03900 : ₩18000

빈대

495.6-KDC6
595.754-DDC23   CIP2016028047